读客文化

讲透
王阳明
传习录

华杉 著

江苏凤凰文艺出版社

图书在版编目（CIP）数据

讲透王阳明《传习录》/ 华杉著 . —— 南京：江苏凤凰文艺出版社，2024.1（2025.3 重印）
ISBN 978-7-5594-8249-5

Ⅰ.①讲… Ⅱ.①华… Ⅲ.①心学－研究－中国－明代 Ⅳ.① B248.25

中国国家版本馆 CIP 数据核字 (2024) 第 008372 号

讲透王阳明《传习录》

华杉 著

责任编辑	丁小卉
特约编辑	周喆　黄迪音　彭颖　王小月
封面设计	杨贵妮　陈晨
责任印制	杨丹
出版发行	江苏凤凰文艺出版社
	南京市中央路 165 号，邮编：210009
网　　址	http://www.jswenyi.com
印　　刷	三河市龙大印装有限公司
开　　本	710 毫米 ×1000 毫米　1/16
印　　张	33.5
字　　数	550 千字
版　　次	2024 年 1 月第 1 版
印　　次	2025 年 3 月第 3 次印刷
标准书号	ISBN 978-7-5594-8249-5
定　　价	89.90 元

江苏凤凰文艺版图书凡印刷、装订错误，可向出版社调换，联系电话：010-87681002。

自　序
学以润身，切己体察

学到几千年圣人传下的那一点真骨血，改掉几千年人人都有的那几个老毛病。

我猜很多读者都"读过"王阳明《传习录》的文白对照版，但是，都没读完，因为读不懂。所以，我想"填补一项国内空白"，写一部大家能读懂的《传习录》读本。

为什么会读不懂呢？因为信息量太大了！《传习录》是王阳明和弟子们的问对记录。弟子们问的是什么呢？都是"四书"——《大学》《论语》《孟子》《中庸》的内容。所以《传习录》也可以有另一个名字，叫《王阳明老师四书答疑》。另外，《传习录》还涉及大量理心之争、朱陆异同，就是理学和心学的争论、朱熹和陆九渊的异同。除此之外，还有很多儒学修养的术语。所以，如果读者对儒家思想和"四书"的内容不是非常熟悉，那么，仅仅看一下《传习录》的白话文翻译和简单注释，是根本读不懂他们在说什么的。

写这本《华杉讲透王阳明〈传习录〉》，我做了好几年的准备，先是写了《华杉讲透〈孙子兵法〉》，然后写了《华杉讲透〈论语〉》《华杉讲透〈孟子〉》《华杉讲透〈大学〉〈中庸〉》，最后才写《华杉讲透王阳明〈传习录〉》。其中，前三本已经出版，第四本《华杉讲透〈大学〉〈中庸〉》也在本书写作之前完成，即将出版。

写这本书，我立足"讲透"，力求详尽。希望一次做对，一次做全，所以差不多是把"四书"的主要内容都讲了一遍。对王阳明师徒讨论的每一句话，先介绍它在"四书"中的出处，包括原文、上下文、朱熹的解释、其他先贤大儒的看法，然后再学习王阳明的讲解。如果读者有心学习，应该说这本书完全可以满足要求了。

王阳明的学问，核心是知行合一，发挥出自己的良知良能。所以，这本书的意义，重点也不在学术上的对错，不在于到底是朱熹对，还是王阳明对，而在于我们要代入自己，切己体察，事上磨炼。我也会在书中，分享我自己事上磨炼的心得体会。

我们说"学以润身"，学习是一种行动反射，而不是为了晓得些说法。读这本书，我们能学到什么呢？就像王阳明说的，要学到几千年圣人传下的那一点真骨血，学到干货。另外就是要以书为镜去观照自己，改掉几千年人人都有的那几个老毛病。能学到一点骨血，改掉一个毛病，就算开卷有益，值了！

祝你学习进步！让我们开始吧！

华杉

2018年6月10日 于上海

2024新版序
"格物致知"是王阳明对儒学的最大贡献

本书2019年出版，五年之后，读客文化通知我要出新版，问我是否有所修订，我又把全书通读一遍，做了一点点小的修改，并增加这篇新版序。

说到王阳明的思想，大家能脱口而出的，是"致良知""知行合一""阳明心学"，不过，整个思想的起点，或者说本书的"文眼"，在于"格物致知"四字，把这四个字理解了，才能理解致良知和知行合一。《传习录》一书中，多处讨论"格物致知"，我特意把它提出来，在序言中加以说明，帮助读者阅读本书。

格物致知，出自《大学》。《大学》是儒学入门之书，阐明了儒家关于学习的内容、目标和为学的次序途径，是为整个学习开"纲目"的——"三纲八目"——三纲领，八条目。有了纲目，才知道儒学的框架和结构，后面的学习才有一个归拢处。不搞清楚纲目，后面就是一盘散沙，拎不起来。《大学》一书的全部内容，就是讲解三纲八目。

三纲领，是明明德，亲民，止于至善；八条目，是格物、致知、诚意、诚心、修身、齐家、治国、平天下。格物致知就是八条目的前两条。修身齐家治国平天下，全中国人都耳熟能详，格物致知诚意正心，以及它们和修身齐家治国平天下的关系，知道的人就不多了。

《大学》第一章说：古之欲明明德于天下者，先治其国；欲治其国者，先齐其家；欲齐其家者，先修其身；欲修其身者，先正其心；欲正其心者，先诚其意；欲诚其意者，先致其知，致知在格物。物格而后知至，知至而后意诚，意诚而后心正，心正而后身修，身修而后家齐，家齐而后国治，国治而后天下平。自天子以至于庶人，皆以修身为本。

明明德于天下，就是平天下了。你要想平天下，必须先实现治国；要治国，必须先齐家；要齐家，必须先修身……依次一直到格物。也就是说，格物是致知的必要条件，致知是诚意的必要条件……一直到平天下，依次都是必要条件关系。

反过来，只要你格物了，就一定能致知；只要你致知了，就一定能诚意；只要你诚意了……一直到平天下，依次都是充分条件关系。

总结来说，格物、致知、诚意、诚心、修身、齐家、治国、平天下，八条目依次是充分必要条件关系。什么是充分必要条件呢？意思是说，如果能从命题p推出命题q，则也能从命题q推出命题p。如果有事物情况A，则必然有事物情况B；如果有事物情况B，则必然有事物情况A，那么B就是A的充分必要条件（简称：充要条件），反之亦然。

最关键的就在这里，八条目是八步修行打通关，但由于依次是充分必要条件关系，只要你过了第一关，后面七关就全部自动打通！也就是说，你只需要做到格物，就一定实现平天下。这功夫不是太简易了吗！正如王阳明所说，如此简易洒脱！

修身齐家治国平天下，我通常引用法国社会学家塔尔德的《模仿律》来讲解。这本书的理论就是说，模仿是基本的社会现象，是社会进步的根源，对于人类的社会生活具有非常重大的意义。模仿是先天的，是我们生物特征的一部分，人们通过模仿而使行为一致。塔尔德提出了"模仿三定律"：

1. 下降律：社会下层人士具有模仿社会上层人士的倾向。

2. 几何级数率：在没有干扰的情况下，模仿一旦开始，便以几何级数增长，迅速蔓延。

3. 先内后外律：个体对本土文化及其行为方式的模仿与选择，总是优先于外域文化及其行为方式。

这个模仿三定律，基本上就完美地解释了修身齐家治国平天下，只要领导人"修身"，率先垂范，下层人士就会模仿他的行为，而且模仿一旦开始，就呈几何级数增长蔓延，从齐家到治国，全国人民都模仿而行为一致了。然后呢，由内而外，传到外国，全世界都天下归心。

在《大学》中，对"诚意、正心、修身、齐家、治国、平天下"的含义都做了讲解，偏偏没有解释什么是"格物致知"，可能是竹简断掉了，亡失了，总之是没有了。于是，朱熹在编辑四书的时候，就补写了格物致知的解释，他说：

"所谓致知在格物者，言欲致吾之知，在即物而穷其理也。盖人心之灵莫不有知，而天下之物莫不有理，唯于理有未穷，故其知有不尽也，是以《大学》始教，必使学者即凡天下之物，莫不因其已知之理而益穷之，以求至乎其极。至于用力之久，而一旦豁然贯通焉，则众物之表里精粗无不到，而吾心之全体大用无不明矣。此谓物格，此谓知之至也。"

朱熹的意思，格物致知就是即物穷理，如果你没有把天下万物都研究透，你的"知"就还没有穷尽。必须用力日久，万事万物的表里精粗没有没研究到的，才能达到"知之至"。

所以，朱熹的"格物"，就是研究事物；"致知"，是达到"知之至"，是"至"，不是"致"。

那么问题来了，按八条目的逻辑，前后是"打通关"的充要条件次序关系，如果要先格物致知才能诚意正心，而格物致知是要搞清楚全部万事万物，那格物致知永远完不成，诚意正心后面的步骤就永远开始不了。

王阳明发现了这个问题，于是他说朱熹错了！格物致知的格，不是研究，而是"格正"，是一个格子，是一个是非善恶的标准。物呢，就是你每天遇到的，要处理的每一件事物，那事物来了，你就拿出是非善恶的格子往上面一套，套得上，就是"是"，是"善"，就去做；如果套不上，就是"非"，是"恶"，就不要去做。这样，每一件事的是非善恶，都了了分明。这就是"致知"，是致良知。良知自然会知，你自己都知道，没有不知道的。

知道该怎样，那么该怎样就怎样，这就是诚意。有这个诚意，心就正了，不会"心不正"，不会跑偏，心安理得，从心所欲而不逾矩，修身齐家治国平天下就全都没问题了。这个思想，最后总结为王阳明的"四句教"：

无善无恶心之体，
有善有恶意之动，
知善知恶是良知，
为善去恶是格物。

王阳明说：格物，就是《大学》实际下手的地方，彻头彻尾，从初学到成为圣人，就这一个"格物"功夫而已，并不只在入门的开始有这一段。

　　所以可以理解为，格物就是儒家修养的全部！你从小就可以练。比如上小学一年级，上课了，这上课，就是一物，把是非善恶的标准往上面一格，应不应该认真听讲？应该！那么就每堂课都认真听讲。从小学一年级到高中三年级，每件事你都格物致知，按着正确选择去做，那么要想学不好都难！

　　作为成年人，现在每天的问题是吃饭吃多了吃出肥胖三高，喝酒喝多了伤身体，你也每一筷子都格一格，这一口该不该吃？每一杯酒都格一格，是不是不该再喝了？然后按正确的去做。你的身体健康也不会有问题了。

　　在你的整个一生当中，你所遇到的每一件事，事实上你都清楚何为正确的做法，这就是良知。你格物致知，全都依据良知处理，就是圣人！不可能不是圣人！

　　就这么简单，把这个原理理解了，就可以读王阳明了，什么"致良知""知行合一"，就跟"1+1=2"一样简单。

华杉

2023年12月19日

于华与华办公室

目 录

自 序　学以润身，切己体察 / I

2024新版序　"格物致知"是王阳明对儒学的最大贡献 / III

第一章　传习录序 / 001

　　读书不能知行合一，就是玩物丧志 / 002

第二章　传习录上 / 005

　　如果一个人说他打通了儒道释，那就是说他儒道释都没入门 / 006
　　《大学》第一学案：亲民还是新民 / 008
　　心即理也，你自己心里都明白 / 013
　　凡事能"走心"，自然左右逢源 / 018
　　知而不行，只是未知 / 019
　　《大学》第二学案：格物致知 / 023
　　"精"的目的在于"一"，"博"的目的在于"约" / 027
　　知行的三重境界：生知安行、学知利行、困知勉行 / 030

从困知勉行，走向学知利行，最后走向生知安行 / 032
看世界的另一个角度：心外无理，心外无物 / 034
去其不正，以全其正 / 036
"博学于文"不是只读书，而是读世间一切事 / 038
人只有一个心，心中要么是天理，要么是人欲 / 039
韩愈与中国的道统 / 042
为往圣继绝学，最忌讳添加"自己的观点" / 044
《春秋》不写罪行过程，就没人跟着学坏 / 047
夏商周三代，是中国文明的样板 / 053
学习第一是立志，事业第一也是立志 / 058
要学习，先改掉阻碍进步的坏毛病 / 062
知行合一，学无止境 / 065
下学而上达，应在"下学"上下功夫 / 067
用之则行，舍之则藏；穷不失义，达不离道 / 070
无论是动还是静，都要存天理、去人欲 / 076
心学就是"学习学" / 079
读书要先确定自己的"本体书" / 081
"明明德"就是"致良知" / 084
儒家方法论，是时时刻刻都在复盘 / 086
儒家之学，就是人情事变 / 089
我心光明，万理灿然 / 090
要拿挑别人毛病的习惯来对付自己 / 092
集义，是养浩然之气的心法 / 093
凡事如果开头错了，往后怎么也对不了 / 098
情绪和初心 / 102
随时要自省，永远不自责 / 104
养浩然之气，就要从"夜气"开始养 / 105
居仁行义，就是心在腔子里 / 108
学习是为了提升自己，而不是为了胜过别人 / 109
占卜之事，君子不信 / 111
儒家的中道，是变化的、动态的"中" / 114
学者当务为急 / 118

始终服务于终极目的，随时回到原点思考 / 122
道的表里精粗，远近旁类 / 123
小人怕缺钱，君子怕缺德 / 125
正确运用才智 / 129
别哀叹世风日下，存养自己就行了 / 132
时时刻刻知道自己所当想和所当行 / 133
大宇宙、中宇宙、小宇宙，感而遂通 / 134
求之于心、坚定其志、充盈其气、如有神助 / 137
知不足，路才会走得更长 / 140
中庸没人能做到，只能无限趋近 / 142
颜子没而圣学亡 / 144
在心上存养，学问自己就会来 / 146
集义、积德、养气、修身，四者是一件事 / 148
"理"是先于"事物"而存在的 / 149
"口耳之学"和"义袭而取"都是治学修身的大忌 / 151
工夫难处，全在格物致知上 / 154
墨家之"爱"与儒家之"爱" / 157
持志如心痛 / 159
理学和心学，本质没有区别，只是角度不同 / 161
减一分人欲，就是增一分天理 / 164
万事只凭诚意，不起私意 / 170
志有定向，一条路走下去 / 174
要做"达人"，不要做"闻人" / 176
只问精纯，不问斤两 / 180
下愚不是智商低，而是不学习 / 182
学习，不但要用心，还要践行 / 185
一以贯之的"一"，就是忠恕之道 / 187
最高的效率，是不返工；最快的进步，是不退步 / 191
学习先立志，然后只问耕耘、不求回报 / 194
居敬、穷理、尽性 / 195
戒惧和慎独 / 203
儒学的根本是行动 / 206

有一丝一毫非礼的萌动，就像刀割针刺一样受不了 / 209
超越死亡恐惧，就进入了"夭寿不二"的境界 / 213
真知就是行动 / 214
活在当下，夭寿不二 / 216
戒慎恐惧，就是自己教导自己 / 217
过分自信是成功人士最大的弱点 / 221
学习"四书"的次序，就是从诚意到诚身的次序 / 226

第三章 传习录中 / 229

诚意正心，是一种内心宁静的状态 / 230
对标圣人 / 233
心存敬意，深信不疑，切实笃行 / 235
心是一个整体，要向心中求理 / 236
走正道，立正命 / 238
你的学习，是不是一种玩物丧志 / 244
找到自己的拘蔽在哪里 / 247
差之毫厘，失之千里 / 251
格物、致知、诚意的逻辑次序 / 256
我们不能伟大，因为我们不肯平凡 / 257
不温故，则无以知新 / 263
圣人对"义理"生而知之 / 268
拔本塞源论 / 272
不羡慕别人的本事，也不争逞自己的本事 / 274
正邪之辩，是人心永恒的主题 / 277
读书是和古人对话，交友是和活人对话 / 281
无我，则连通天地 / 284
人人皆可成圣的道路 / 287
功夫就是一刻也不能松劲 / 288
学习的目的，在于给自己加分，不在于给别人打分 / 290
要在事上琢磨，不要在字眼上纠结 / 293
越是刻意要心静，就越是静不下来 / 296

养成好习惯，是修身的最高成就 / 297
对自己的身体和精神都要省着点用 / 299
良知本体，不增不减 / 301
天有定理，人有定心，胸有定见，志有定向 / 303
读书要还原作者的语境 / 305
不要钻牛角尖 / 309
不要"将迎意必" / 312
你想得，所以就失去了；只有你不想得，它自己才会来 / 314
从陆原静身上看到六大流行"学习病" / 317
在困勉之中，循着良知良能，也是生知安行 / 320
苦不苦，想想阳明亡命天涯处；乐不乐，学习颜回箪食瓢饮、鼓瑟高歌 / 324
学问贵在反求诸己，不是靠学知识、求解答就能得到 / 326
良知不滞留于见闻，也不离开见闻 / 329
丧尽天良的会议 / 332
当做则做，当止则止；当生则生，当死则死 / 335
不怕被别人欺，怕的是自欺 / 338
凡事不能只"动脑筋"，还得靠身体力行 / 341
孔门之学是身心之学 / 343
王阳明谈《大学》旧本 / 345
诚意正心，至诚如神 / 347
离开了具体事儿讲道理，就是空谈 / 349
知我者谓我心忧，不知我者谓我何求 / 351
我心光明，只凭着大是大非去行 / 355
只要不存私心，一切凭良知，做什么都容易 / 357
私智与公善 / 359
天下人的心，就是我的心 / 362
有一个人相信我的良知之学，就不算少 / 366
论证越精细，离大道越远 / 368
因病发药和因药发病 / 373
行动的入手处，就是孝悌、洒扫 / 375
真正至诚的人，谁也骗不了他 / 376

在夭寿不二、修身以俟上用功，就是尽心知天的开始 / 378
蒙以养正，在童蒙时期就养成一身正气 / 381
持续自我纠错，就是持续进步 / 384
管住孩子之前，要先管住自己 / 385

第四章　传习录下 / 389

身、心、意、知、物都是一个东西 / 390
静不下来，是因为心不正 / 394
学问之道无他，不自欺而已 / 397
每个人胸中都有个圣人 / 399
"致知"二字，真是千古圣传之秘 / 400
用功时间长了，自然就有勇气 / 404
人生即学习，分分秒秒都是学问 / 406
不要急于改变别人，要花时间等待他 / 409
从"我不该那么做"到"我不该那么想" / 412
好善如好好色，恶恶如恶恶臭，便是圣人 / 415
想太多，都是因为没有去做 / 419
只要有志向，千事万事都只是一件事 / 423
认识自己的问题，注意改变，就是贤人境界 / 426
与人为善是君子最大的德 / 428
读书是为自己，而不是为别人 / 433
圣人也不免被人毁谤 / 437
道就是良知 / 444
儒家养心，未曾离开事物，只是顺应天道 / 447
世间的道理，都特别简单朴实 / 450
至诚之道，可以前知 / 456
世界在我心中，我心中有爱，则全世界充满爱 / 460
天理、人欲的分界处 / 467
吃一堑，长一德 / 468
我们心中本来就有天赋准则 / 471
大人物一生的事迹，都在他的音乐里 / 474

学问之道,善与人同 / 477
不给别人添麻烦 / 480
思想最高处,只有体会,没有词汇 / 482
不要试图让所有人都喜欢你 / 485
坏人不知道好人有多好,好人不知道坏人有多坏 / 487
四句教 / 489
既求物理,也要正事理 / 492
能知行合一的人,自然有忠恕之道 / 498
心即理也,就是不要把心和理分开 / 502
"尊德性"与"道问学"是同一件事 / 504
看不见、听不着的地方,才是良知的本体 / 506
放下自我,就是连通整个宇宙 / 510
傲慢与懒惰能毁掉你的一生 / 514

第一章
传习录序

读书不能知行合一，就是玩物丧志

原文

门人有私录阳明先生之言者。先生闻之，谓之曰："圣贤教人，如医用药，皆因病立方，酌其虚实、温凉、阴阳、内外而时时加减之，要在去病，初无定说。若拘执一方，鲜不杀人矣。今某与诸君不过各就偏蔽箴切砥砺，但能改化，即吾言已为赘疣。若遂守为成训，他日误己误人，某之罪过可复追赎乎？"

华杉详解

《传习录》的书名源自《论语》里曾子提出的"三省"——"吾日三省吾身：为人谋而不忠乎？与朋友交而不信乎？传不习乎？""传不习乎"的意思就是，有没有时常温习、练习老师传授的内容呢？

为《传习录》作序的这位徐爱，是王阳明的妹夫，也是王阳明最喜爱的弟子。可以说，徐爱之于王阳明，就相当于颜回之于孔子。不幸的是，徐爱和颜回一样英年早逝，这也让王阳明悲伤痛惜。

徐爱在这里写道，有门人私下记录先生的言论，先生知道后说："圣贤教人，都是因人而异、因材施教的，就像中医用药讲究辨证施治、一人一方，会根据每个病人体质的虚实、病理的阴阳内外，来酌情加减药方和药量。其要旨在于治病，至于怎样用药，并没有固定的说法。如果你拘泥于一个方子，很少有不害人的。现在我和大家不过是针对各自的不足之处，互相勉励、磨炼，只要能够改正，那我的话也就没有用了。你们若是把它守为成训、传扬下去，他日误己误人，这罪过你们担当得起吗？"

王阳明的这段话，正体现了东西方思想的区别。西方哲学说：追求一切概念都有清晰的定义，一切推理都不允许有大胆的跳跃，而力求用合规律的原则、严格的证明，勾画出研究领域的整个范围、部门的划分和全部无遗漏的内容，并对未知部分立下清晰的界标。但是，东方思想没有这样的思维习惯，孔子讲了一辈子的"仁"，都没给"仁"下过精确的定义。每次面对不同的人，他的解答都不一样。为什么呢？因为谈话的语境不同，每个人的毛病不同，在"仁"上缺的东西不同，所以缺什么，就给他补什么。这就叫因病发药，又叫因材施教。

所以，他关注的是对个体的教育效果，而不是建立学说本身。**后世学者去研读他们师生传习的对话，就要注意还原语境，再将自己代入那语境，参与谈话——这就是切己体察、事上琢磨、知行合一。最终目的是落实在自己的行为上，而不是掌握一门"知识"。如果不代入自己，不亲自去琢磨、体悟，而只是道听途说，那阳明之说，就会误己误人；学者之读书，亦无异于"玩物丧志"。**

原文

爱既备录先生之教，同门之友有以是相规者。爱因谓之曰："如子之言，即又'拘执一方'，复失先生之意矣。孔子谓子贡尝曰：'予欲无言。'他日则曰：'吾与回言终日。'又何言之不一邪？盖子贡专求圣人于言语之间，故孔子以无言警之，使之实体诸心以求自得；颜子于孔子之言，默识心通，无不在己，故与之言终日，若决江河而之海也。故孔子于子贡之无言不为少，于颜子之终日言不为多，各当其可而已。今备录先生之语，固非先生之所欲。使吾侪常在先生之门，亦何事于此？惟或有时而去侧，同门之友又皆离群索居，当是之时，仪刑既远而规切无闻。如爱之驽劣，非得先生之言时时对越警发之，其不摧堕靡废者，几希矣。吾侪于先生之言，苟徒入耳出口，不体诸身，则爱之录此，实先生之罪人矣。使能得之言意之表，而诚诸践履之实，则斯录也，固先生终日言之之心也，可少乎哉？"

录成，因复识此于首篇以告同志。

门人徐爱序。

华杉详解

徐爱继续写道,自己记录整理先生的教诲,同学中也有人用先生的话规劝他:"老师都说不要记,记下来以后反而害人,你记它干什么!"

他便回答道:"你这样想,又是拘泥于一个方子,违背先生的本意了。孔子曾经对子贡说:'我不想说话。'过了几天又说:'我和颜回说了一整天话。'为什么孔子的言行前后不一致呢?因为子贡老想在老师的话里找智慧,所以孔子就用不说话来警示他,让他自己多在行动中体会,这就是'不教之教'。而颜回对老师的话默识心通、闻一知十,全都用在自己身上,所以孔子能和他畅谈终日,就像江河奔流大海一样。

"所以孔子跟子贡说的话不能算少,跟颜回说的话也不能算多,各当其可而已。今天我记录整理先生的讲说笔记,固然并非先生所鼓励支持的。如果我们能一直在先生身边求学,又何必做这件事呢?但是,有时候我们会离开先生,同学们又住在不同的地方,到那时候就听不到先生的教诲了。像我这样愚笨的人,一定要有先生的话时时警醒启发,才不至于颓废堕落。我们对于先生的话,如果只是耳朵进、嘴巴出,而不是学以润身、身体力行,那我记录这笔记,就真的是罪人了;但是,如果大家能从这笔记中得到入门的意思,然后认真笃行,那么我的笔记,就正合先生平日说这些话的用意了,这难道可以缺少吗?"

第二章

传习录上

如果一个人说他打通了儒道释，那就是说他儒道释都没入门

原文

先生于《大学》"格物"诸说，悉以旧本为正，盖先儒所谓"误本"者也。爱始闻而骇，既而疑，已而殚精竭思，参互错纵，以质于先生，然后知先生之说，若水之寒，若火之热，断断乎百世以俟圣人而不惑者也。

华杉详解

徐爱这段话的意思是：先生对于《大学》中"格物"等说法，一概以郑玄、孔颖达所注的旧本为准，而这旧本，正是程颢、程颐和朱熹等先儒认为有错误的。我刚听说时很惊骇，继而有些怀疑，后来殚精竭虑，仔细对照比较了两个版本，并向先生请教，才豁然开朗，明白了先生的思想学说，就像水性之寒、火性之热一样，即使是百世之后的圣人也不会质疑。

《大学》是《礼记》里的一章，相传为曾子所作。朱熹认为《大学》很重要，所以把《大学》从《礼记》中抽离出来，与《论语》《孟子》《中庸》并列为"四书"，并写了《四书章句集注》，建立了一套完整的理学思想体系。可以说，"四书"这个词，就是朱熹提出来的。他确立了这四本书的学习体系，确立了《大学》的历史地位。

但是，朱熹认为《大学》的旧本有误，比如他说"三纲"之中，"亲民"的"亲"应该写作"新"，是"新民"才对。他还认为旧本遗失了一章解释"格物致知"的内容，于是他自己写了一章补上，成为朱熹版的《大学章句》。

《大学章句》一共只有一千多字，朱熹的改动可谓不小。但《大学章句》本来就是他挑出来让大家学的，所以他的说法几百年来就是正统。可王阳明却说旧本没错，是朱熹错了。徐爱听到后自然觉得惊骇。

原文

先生明睿天授，然和乐坦易，不事边幅。人见其少时豪迈不羁，又尝泛滥于词章，出入二氏之学，骤闻是说，皆目以为立异好奇，漫不省究。不知先生居夷三载，处困养静，精一之功，固已超入圣域，粹然大中至正之归矣。

华杉详解

先生有天赋的智慧，平时却平易近人，不修边幅。再加上他年轻的时候豪放不羁，曾热衷于诗词文章，沉迷于佛、道的学问。所以当人们听到他又有新的说法，都认为他是标新立异、故作惊人之语，并不把他的说法当回事。殊不知先生在贵州龙场那三年，于困境之中修养静思，其精研专一的功夫，已超然入圣域，达到纯粹中正的境界了。

王阳明年轻时，正如孔子批评的"索隐行怪"——行为怪诞，专门研究偏僻的学问。他新婚之日，出门遇到一个道士，就跟着道士学打坐，以至于坐了一整夜，连自己的婚礼都没有参加——这就是"行怪"。而索隐呢？就是沉迷于念佛修道。后来，王阳明自己总结说，儒道释三家是"毫厘千里"——差之毫厘，失之千里。从此他抛弃佛老之学，一心只在义理上下功夫。

王阳明还沉迷过辞章诗文，年少时颇有诗才，后来他意识到这些事耽误修习圣学义理，不是自己该做的，就把诗文也放弃了。

现在常有人自称"打通儒道释"，实际上，**所谓儒道释全通，就是儒道释都没入门。因为他们在门外相通，入了门就走不通了。**就像现在你所处的房间，走出门去，和全世界任何一个房间都相通，但进了门就各是各了。

学习不是为了晓得些说法，而是一种行动反射，比如你读庄子《山木》，说别的树木因为是栋梁之材，都被砍了，只有它是歪瓜裂枣，所以生存下来。你觉得这很智慧，但关键是你要选择，自己是要成为栋梁，还是做歪瓜裂枣。当你已经选定了做栋梁，就要专注于栋梁之学，否则世间学问太多，其他学问虽然也有教益，但你时间、精力有限。所以王阳明最后不仅摒弃了佛家和道家，连吟诗作赋也放弃了。

原文

　　爱朝夕炙门下，但见先生之道，即之若易而仰之愈高，见之若粗而探之愈精，就之若近而造之愈益无穷。十余年来，竟未能窥其藩篱。世之君子，或与先生仅交一面，或犹未闻其謦欬，或先怀忽易愤激之心，而遽欲于立谈之间，传闻之说，臆断悬度，如之何其可得也？从游之士，闻先生之教，往往得一而遗二，见其牝牡骊黄，而弃其所谓千里者。故爱备录平日之所闻，私以示夫同志，相与考而正之。庶无负先生之教云。

　　门人徐爱书。

华杉详解

徐爱继续说：我在先生门下学习，与先生朝夕相处，深知先生的学说，看起来入门很容易，但越往上越高不可攀；看起来很粗略，但越探越精妙；了解得越深入，就越能体会它的没有止境。我跟了先生十几年，还是觉得自己没有入门。今世的学者君子，有的只与先生有一面之交，有的从未听过先生的教诲，有的先入为主有愤激之心，稍加交谈，便急于以传闻之说妄加揣度，这样怎么能了解先生的学说呢？就算是跟着先生学习的同学，聆听先生的教诲，也时常是记得少、忘得多，就像去马市相马，只关注马的性别、毛色，却看不出哪一匹是千里马。所以我将平时所受的教诲记录下来，私下里给同学们看，相互考据、订正，希望不要辜负了先生的教诲。

《大学》第一学案：亲民还是新民

原文

　　爱问："'在亲民'，朱子谓当作'新民'，后章'作新民'之文，似亦有据。先生以为宜从旧本作'亲民'，亦有所据否？"

华杉详解

徐爱问:"'在亲民'这句话,朱熹认为应该写作'新民'。后面一章有'作新民'的文字相呼应,似乎很有依据。而先生则认为朱熹错了,应该以旧本为准,写作'亲民',请问先生是否也有依据?"

徐爱所问的,正是儒家的一大学案,我把它称为《大学》第一学案:亲民还是新民。他说的这句话,出自《大学章句》的第一句:

大学之道,在明明德,在亲民,在止于至善。

朱熹引程颐注解说:"'亲',当作'新'。"他说原文错了,于是就把它给改了。

我们先讲一下这句话是什么意思,先来说"明明德"。

朱熹注解说:"明德者,人所得乎于天,而虚灵不昧,以具众理而应万事者。"明德,就相当于我们生而知之、不学而能的良知良能。"但为气禀所拘,人欲所蔽,则有时而昏;然其本体之明,则有未尝息者。"虽然被蒙蔽了、污染了,但每个人的良知,依然存在于那里。而"明明德",就是要把自己本来就有的"明德"不断擦拭,使其重新明亮。朱熹说:"学者当因其所发而遂明之,以复其初也。"可以说,"明明德"就相当于王阳明说的"致良知"。

再说"在亲民"。旧本孔颖达注:"在亲民者,言大学之道在于亲爱于民。"这意思本来很简单明白。但是程颐说"亲"字错了,应该是"新",朱熹也说应该是"新民"。

怎么解释"大学之道,在于新民"呢?朱熹说:"新者,革其旧之谓也,言既自明其明德,又当推己及人,使之亦有以去其旧染之污也。"意思是说,我把自己的良知明德擦亮之后,再推己及人去开启民智,擦亮人民的良知明德。我先"格物、致知、诚意、正心、修身",这是"自新""自明明德",然后再"齐家、治国、平天下",这是"新民"。

最后说"止于至善"。朱熹说,"止"是到这儿就不走了,"至善"是"事理当然之极也",就是做到了极致。张居正说,这就好像到家了一样,没有比这样更好的了。

明明德、新民、止于至善,朱熹说:"此三者,大学之纲领也。"这就是

"三纲"的由来。

那么，朱熹说旧本错了，有什么依据呢？至少没有考古学证据，没有出土什么竹简，上面写着"在新民"。而是他自己"认为"旧本错了，于是把原文改了。从治学来讲，这是注家的大忌。

我的态度是"学以润身"，不参与考据，旧本、朱本我们都学习，都笃行。毕竟，旧本是旧本的思想，朱本是朱熹的思想。但在王阳明的时代，天下儒生都以朱本为准，已经跟朱熹学了几百年。而王阳明却突然说朱熹错了，旧本才是对的，所以徐爱才要发问。

徐爱也在《大学章句》中找到了朱熹将"亲民"改为"新民"的理由。《大学章句》第二章中，引用了商汤在洗澡盆上刻的字："苟日新，日日新，又日新。"这是日日自新的座右铭。又引用了《周书·康诰》（周成王任命康叔治理殷商旧地民众的命令）中的话："作新民。"朱熹注："鼓之舞之谓之作，言振起其自新之民也。"还引用了《诗经》中的句子："周虽旧邦，其命惟新。"朱熹注："能新其德以及于民。"

朱熹说，这《大学》的第二章，就是解释前面的"新民"，于是这个逻辑就能自圆其说了。所以徐爱觉得改成"新民"是有道理、有依据的。那阳明先生说不应该改，又有什么依据呢？

原文

先生曰："'作新民'之'新'，是'自新之民'，与'在新民'之'新'不同，此岂足为据？'作'字却与'亲'字相对，然非'亲'字义。下面'治国平天下'处，皆于'新'字无发明。如云'君子贤其贤而亲其亲，小人乐其乐而利其利''如保赤子''民之所好好之，民之所恶恶之，此之谓民之父母'之类，皆是'亲'字意。'亲民'犹《孟子》'亲亲仁民'之谓，亲之即仁之也。'百姓不亲'，舜使契为司徒，'敬敷五教'，所以亲之也。《尧典》'克明峻德'便是'明明德'，'以亲九族'至'平章''协和'，便是'亲民'，便是'明明德于天下'。又如孔子言'修己以安百姓'，'修己'便是'明明德'，'安百姓'便是'亲民'。说'亲民'便兼教养意，说'新民'便觉偏了。"

华杉详解

王阳明回答说,《康诰》里的"作新民",是要殷商旧地的民众振作起来,做周朝的新人民;而朱熹的"在新民",不是要人民自新,而是自己去使人民新。这两个"新"字含义不同,怎么能作为凭据呢?

我们来仔细探讨一下《康诰》中的"新民"是什么意思。先看看《康诰》的历史背景:康叔是文王的第九子、周公的弟弟、周成王的叔叔。周灭商之后,商国人叛乱,周公平叛后,将康叔封在殷商故地,成立卫国。

在康叔就国赴任之前,周公起草了《康诰》,作为给他的政治指导。里面就有这句话:"已!汝惟小子,乃服惟弘王应保殷民,亦惟助王宅天命,作新民。"意思是,好了,你还很年轻,应该弘扬周王的期望,保护殷商旧民,也算是帮助周王顺应天命,让人民振作起来,"作新民"。这里的"作新民",到底是让那些曾经反叛的人民振作自新,还是让康叔以自己的"明明德"去振作他们,让他们"新"?好像都可以说得通。

这段公案,我觉得可以用王阳明在另一个场合对弟子的教导来解决。有弟子问他一些先贤大德对同一事物的不同定义和意见,问他谁对谁错。王阳明回答说:"你还管人家圣人的对错?圣人说话,各有不同角度,你只要切己体察,放自己身上、行动上践行就是。"

同样,在是"亲民"还是"新民"这个问题上,朱熹和王阳明也是角度不同。两位老师的意见我们都要认真学习,不要去辩谁对谁错。我们学了朱熹的思想,又学了旧本的思想,不是还赚到了吗?

王阳明接着说:"'作'字却与'亲'字相对,然非'亲'字义。"

"作新民"这一句和前面的"在亲民"没关系,是两回事,所以不能因为后面有"作新民",就说前面应该是"在新民"。而"在亲民"的下文"治国平天下"等,和"新民"也没关系,怎么能改成"新"呢?

我觉得也不能说没关系。格物、致知、诚意、正心、修身,就是自新;齐家、治国、平天下,就是新民。这样看的话,也可以说关系很大。所以只能说是角度不同吧!

王阳明接着引经据典讲"亲民"的依据——

"君子贤其贤而亲其亲,小人乐其乐而利其利。"这一句也出自《大学》:君子尊敬贤德的人,亲爱自己的亲人。风行草偃,老百姓也跟君子一样去亲爱自己的亲人，这样天下就亲爱和睦了。

"如保赤子"这一句出自《康诰》，是说要像爱护婴儿一样爱护人民。

"民之所好好之，民之所恶恶之，此之谓民之父母。"这句也是《大学》里的，意思是：人民喜欢的我就喜欢，人民厌恶的我就厌恶，这就是民之父母。

以上这几句，都符合"亲"字的意思。

继续往下说，"亲民"犹如《孟子》中说的"亲亲仁民"。先要亲爱自己的亲人，然后由近及远，就能对人民仁爱。所以，"亲之"就是"仁之"。对自己家人叫"亲"，对天下百姓叫"仁"，如果一个人跟自己家人都不亲，就不可能对别人仁。

"百姓不亲，五品不逊"，舜使契为司徒，"敬敷五教"，所以亲之也。当时世风败坏，老百姓家里都不亲睦。于是舜就任命契为司徒，主管教育，恭敬地推行五种伦理规范——君臣、父子、兄弟、夫妇、朋友，让百姓能亲近和睦。

后面又讲到《尧典》里的"克明峻德"，就是"明明德"的意思。从"以亲九族"到"平章""协和"，就是"亲民"，就是"明明德于天下"。《尚书·尧典》中的原句是："克明峻德，以亲九族。九族既睦，平章百姓。百姓昭明，协和万邦。"这里的"百姓"不是指庶民，而是百官族姓。"平章"的"平"是分辨，"章"是彰明。尧能发扬才智美德，使家族亲密和睦。家族和睦以后，又辨明百官的善恶。百官的善恶辨明后，又使各部落协调和顺，天下也就友好和睦了。这也是修身、齐家、治国、平天下的道理。

又如孔子说的"修己以安百姓"，"修己"便是"明明德"，"安百姓"便是"亲民"。"亲民"本身就包含教养、教化的意思，改成"新民"之后，反倒把范围缩小了，跑偏了。

那么，"亲民"有没有包含教化的意思呢？如果说"民之所好好之，民之所恶恶之"，那就没有教化的意思。

王阳明这一"论证"，我也觉得他讲过了。二说都有教益，但并不能相互佐证。我们还是亲民、新民都学习，都笃行。

心即理也，你自己心里都明白

原文

爱问："'知止而后有定'，朱子以为'事事物物皆有定理'，似与先生之说相戾。"

先生曰："于事事物物上求至善，却是义外也。至善是心之本体，只是'明明德'到'至精至一'处便是。然亦未尝离却事物。本注所谓'尽夫天理之极而无一毫人欲之私'者，得之。"

爱问："至善只求诸心，恐于天下事理有不能尽。"

先生曰："心即理也。天下又有心外之事、心外之理乎？"

华杉详解

徐爱问的"知止而后有定"，是《大学》的核心内容——止定静安虑得。整句话是：

> 知止而后有定，定而后能静，静而后能安，安而后能虑，虑而后能得。

朱熹在《四书章句集注》里注解道："止者，所当止之地，即至善之所在也。知之，则志有定向。静，谓心不妄动。安，谓所处而安。虑，谓处事精详。得，谓得其所止。"

这一段，张居正说得特别清楚——

止，是"止于至善"的"止"。止于什么样的至善呢？就好像到家了一样。

定，是志有定向。人若先晓得那所当止之处，其志便有定向，便无所疑惑。

静，是心不乱动。所向既定，心里便自有主张，不乱动了。

安，是安稳的意思。心里既不乱动，自然随遇而安，凡物都动摇他不得。

虑，是处事精详。心里既是安闲，则遇事来，便能仔细思量，不忙不错。

得，是得其所止。既能处事精详，则事事自然停当，凡明德、新民，都得了所当止的至善。

有一种说法叫"太忙的人不能成功"，非常有道理！**人为什么会那么**

忙呢？就因为不知止处，不知至善之地，所以就到处把捉，什么机会都不愿错过。其实只要志有定向，清楚自己的使命，就能有所为、有所不为，日积月累，自然水到渠成。

成功是一种时间现象，我们总是低估成就一项事业所需的时间，所以总是焦虑，心不定、心不静、心不安，总是做乱动作、废动作，这就是学习"止定静安虑得"的现实意义。

现在我们回头来看徐爱的问题："'知止而后有定'，朱熹老师认为'定'的意思是'事事物物皆有定理'，似乎与先生您的说法相悖。"

王阳明回答说："到事事物物上去求至善，就跑到外面去了。至善，本来就是心的本体，只要你通过明明德，不断擦亮自己，到达至精至一的地方，到达精神的极致，便是至善之地。当然，至善也从未脱离具体事物，朱熹在《大学》中注解'止于至善'时说：'盖必有以尽夫天理之极，而无一毫人欲之私也。'这个说法就非常在理。"

徐爱又问："至善如果只在心里求，恐怕对天下之事理没办法穷尽吧？"

王阳明说："心就是理。天下还有心外之物、心外之理吗？"

其实，有什么事是你自己心里不明白的呢？只是因为有了私心，就心不正，意不诚，从而自欺欺人地找借口、装糊涂罢了。

原文

爱曰："如事父之孝、事君之忠、交友之信、治民之仁，其间有许多理在，恐亦不可不察。"

先生叹曰："此说之蔽久矣，岂一语所能悟？今姑就所问者言之。且如事父，不成去父上求个孝的理？事君，不成去君上求个忠的理？交友、治民，不成去友上、民上求个信与仁的理？都只在此心，心即理也。此心无私欲之蔽，即是天理，不须外面添一分。以此纯乎天理之心，发之事父便是孝，发之事君便是忠，发之交友、治民便是信与仁。只在此心去人欲、存天理上用功便是。"

华杉详解

徐爱接着问："比如侍奉父亲的孝、侍奉君上的忠、与朋友交往的信、治理人民的仁，这当中有很多的理，恐怕不能只在心里求，而不去仔细体察吧？"

王阳明叹息说："唉！这一说法已经蒙蔽世人很久了，岂是一句话就能让你醒悟的？我现在姑且就你说的来回答一下吧！比如侍奉父亲，难道要先去学习一个孝的道理？侍奉君王，难道要先去学习忠的道理？交友治民，难道要先去学习信与仁的道理？一切只在此心，心就是理。此心没有私欲所蔽，就是天理，不需要在外面添加一分。以这纯乎天理之心，发之于事父，就是孝；发之于事君，就是忠；发之于交友治民，就是信与仁。你只在自己的心上下功夫，在去人欲、存天理上下功夫就行了！"

学习的最大忌讳，就是学技巧、学要点、学招数。我们要改变自己，首先要改变的是认识，是理念，是自己的心，而不是方法。一切都只在自己心里，如果你诚意正心，一切自然生发；如果心不正、意不诚，你就什么都学不到。

山姆·沃尔顿在自传《富甲美国》中说："只要我们公司管理做得好，只要我们关心员工和顾客，遵循那些基本原则，提升我们的基础实力，我们就能够成功。我觉得最好是把更多的时间花在我们自己的员工身上，花在我们的分店里，而不是跑到外面去推销我们的公司。"你看，他从头到尾说的都是自己的心。**成功者都遵循最基本、最简单的原则，并且不改本色，不忘初心。能守住自己的心，就能发挥出自己的良知良能，就是天才。**陆九渊说：我在那无事时，只是一个无知无能的人；而一旦到那有事时，我便是一个无所不知，无所不能的人！

《大学》中的"八目"：格物、致知、诚意、正心、修身、齐家、治国、平天下。我发现大家对这"八目"的印象很有意思：修身、齐家、治国、平天下，大家都记得，因为这是效果；格物、致知，大家也记得，因为这是方法；唯独诚意、正心，绝大多数人都不知道还有这两条。其实没有诚意正心，前两条、后四条全是无本之木。

欲修其身，先正其心。心不正，啥都修不来。如果你心里没装着父母，倒要去找人学习怎么孝敬父母，岂不荒谬？如果你心里装着父母，自然会对父母孝敬，言语、行为无不恰当。

有一些人，到处听课、请教、学习，态度不可谓不诚恳。但是他学习都是为了自己能"成功"，而不是心里装着员工和顾客，想着为社会解决问题。这样的人在学习的时候，心中也会犹疑不定——这招到底好不好使？这种人什么都学不到，因为心不正，不能"诚意正心"；心不定，不能"止定静安虑得"。

原文

爱曰："闻先生如此说，爱已觉有省悟处。但旧说缠于胸中，尚有未脱然者。如事父一事，其间温凊定省之类，有许多节目，不亦须讲求否？"

先生曰："如何不讲求？只是有个头脑。只是就此心去人欲、存天理上讲求。就如讲求冬温，也只是要尽此心之孝，恐怕有一毫人欲间杂；讲求夏凊，也只是要尽此心之孝，恐怕有一毫人欲间杂，只是讲求得此心。此心若无人欲，纯是天理，是个诚于孝亲的心，冬时自然思量父母的寒，便自要去求个温的道理；夏时自然思量父母的热，便自要去求个凊的道理。这都是那诚孝的心发出来的条件。却是须有这诚孝的心，然后有这条件发出来。譬之树木，这诚孝的心便是根，许多条件便是枝叶。须先有根，然后有枝叶，不是先寻了枝叶，然后去种根。《礼记》言：'孝子之有深爱者，必有和气；有和气者，必有愉色；有愉色者，必有婉容。'须是有个深爱做根，便自然如此。"

华杉详解

徐爱接着问："听老师这么一讲，我觉得醒悟了很多。但是过去学的东西纠缠在胸中，还有不理解的地方。就拿侍奉父亲来说，使父亲冬暖夏凉、早晚请安之类的细节，不还是需要讲求的吗？"

王阳明回答说："怎么不讲求？当然要讲求！但是我们首先要在心里、脑子里有个宗旨，一心在去人欲、存天理上讲求即可。比如要让父亲冬暖夏凉，那也只是要尽此孝心，唯恐有一点人欲夹杂其中，这就是在讲求自己的心。如果心中没有一丝一毫人欲，全是天理，是一颗诚心诚意孝亲的心，那么一到冬天自然会想到父母的寒冷，找到让他们温暖的方法；到了夏天自然会担心父母的炎热，找到让他们凉快的方法。这些都是诚孝之心生发出来的行动。只要有这颗诚孝之心，自然就有行动生发出来。好比一棵树木，诚孝之心是根，各种孝行是枝叶。必须先有根，再有枝叶，而不是先寻找枝叶，再去种根。《礼记》说：'如果孝子心中对父母有深爱，那么对父母必有和气的态度；有和气的态度，必有愉悦的气色；有愉悦的气色，必有让父母高兴的仪容。'这些都必须有深爱来作为根，然后就必然能够如此。"

孔子讲"孝"，最基本的一条就是，除了生病以外，没有任何事让父母操心。生病是没办法的，生了病父母要担心，也是没办法的。但除此之外，工作、婚姻等任何事情，都不能让父母操心。**所以"孝"首先不是你能为父母做什么，而是你把自己搞定，别让父母操心，这样你就已经是孝子了！**这是孔子定的标准。

那关于"孝"，最难的是什么呢？孔子说是"色难"，你自己的脸色最难！你平时是做了很多孝敬的事，但是老人家比较啰唆，跟你碎碎念，你一烦，脸上就表现出来了。这就是王阳明引用《礼记》上说的，没有"深爱做根"，自己心里对父母的深爱还不够。

什么是"存天理、灭人欲"呢？朱熹的原话是说：吃饭是天理，想要美食就是人欲。我觉得这要求有点高，应该说想要美食也是天理，但如果管不住嘴，吃太多了就是人欲，因为会吃出肥胖、吃出三高、吃出不健康。就上面王阳明说的这一段，我们可以总结说：孝敬父母是天理，想做个远近闻名的大孝子，就是人欲。放弃人欲，就是让你不要去想"我要做个孝子"，而是把所有的关心放在父母身上，只留下这天理，那一切孝行自然就会生发出来。

引申到工作上，老想着自己怎么才能成功富贵，就是人欲；心里时时刻刻装着顾客和员工，就是天理。和客户合作的时候，你希望合作成功，收款顺利，就是人欲；你只管把事情做好，为客户创造价值，就是天理。当天理和人欲发生冲突，就要灭人欲而存天理，宁肯失去合作机会，也不能投其所好、将错就错。这就是古希腊医生希波克拉底说的"不明知有害而为之"，也是我常说的"给客户他需要的，不是他想要的"。

我们之所以不能成功，就是因为在"如何能成功"上想得太多，而在"到底能为顾客、为员工、为社会做什么"上想得太少。

凡事能"走心",自然左右逢源

原文

郑朝朔问:"至善亦须有从事物上求者?"

先生曰:"至善只是此心纯乎天理之极便是,更于事物上怎生求?且试说几件看。"

朝朔曰:"且如事亲,如何而为温清之节,如何而为奉养之宜,须求个是当,方是至善。所以有学问思辨之功。"

先生曰:"若只是温清之节、奉养之宜,可一日二日讲之而尽,用得甚学问思辨?惟于温清时,也只要此心纯乎天理之极;奉养时,也只要此心纯乎天理之极。此则非有学问思辨之功,将不免于毫厘千里之缪。所以虽在圣人,犹加'精一'之训。若只是那些仪节求得是当,便谓至善,即如今扮戏子,扮得许多温清奉养的仪节是当,亦可谓之至善矣。"

爱于是日又有省。

华杉详解

郑朝朔是王阳明的弟子。王阳明任吏部主事时,郑朝朔为御史,曾向王阳明问学。

孔子的弟子都是没有官职的平民,跟孔子学成后,或为官,或讲学。而王阳明自己就是在职官员,所以他的弟子很多也是在职官员。比如徐爱,就曾任祁州知州、南京兵部员外郎、南京工部郎中等职务。我认为,王阳明能提出"知行合一"的学说,跟他和弟子们都是在职官员的身份有关系。正因为不是专业搞学问的,所以对那些义理都能一条条地实践过来。

郑朝朔问:"至善也需要从具体事物上去求得吧?"

王阳明回答:"至善只要问自己的心,让此心达到纯粹都是天理的极致境界,自然就达到了至善。在具体事物上又要怎么求得呢?你具体举几个例子看看?"

郑朝朔说:"就拿侍奉父母来说,如何为他们取暖纳凉,如何侍奉赡养,总得求个恰到好处才是至善。所以才要下博学、审问、慎思、明辨的功夫,才能去笃行。"

王阳明回答:"如果只是温清奉养的注意事项,一两天就能讲完,用得着学问思辨那么复杂吗?只要在为父母取暖纳凉的时候,让自己的心精纯无瑕,达到天理之极致;在侍奉赡养父母的时候,也让自己的心精纯无瑕,达到天理之极致就行了。这是扪心自问,不是学问思辨。你要是学到一条、问来一条、想出一条、辨得一条,自以为对,实际上却是'差之毫厘,失之千里'了。所以,就算是圣人,仍然要持守'精纯不二'的功夫。如果以为把具体礼节做得恰到好处就是至善,那就好比是扮成戏子,把温清奉养之事一一表演得当,也可以说是至善了。"

徐爱听了老师对郑朝朔的训导,这一天又有所省悟。

王阳明说"知行合一",这"行",还要从"走心"开始——心、行、知,三合一。

知而不行,只是未知

原文

爱因未会先生"知行合一"之训,与宗贤、惟贤往复辩论,未能决,以问于先生。

先生曰:"试举看。"

爱曰:"如今人尽有知得父当孝、兄当弟者,却不能孝、不能弟,便是知与行分明是两件。"

华杉详解

宗贤,姓黄名绾,字宗贤。惟贤,姓顾名应祥,字惟贤。这两人都是王阳明的弟子。

徐爱因为未能明白先生"知行合一"的训导,和黄绾、顾应祥两位同学反复辩论,还是不能明辨,于是就来问先生。

王阳明说:"你举个例子看看。"

徐爱说:"比如现在人人都知道对父亲应该孝、对兄长应该悌,但是却既不能孝又不能悌，可见知与行是两回事呀！"

原文

先生曰："此已被私欲隔断，不是知行的本体了。未有知而不行者，知而不行，只是未知。"

华杉详解

王阳明回答："这是知和行被私欲隔断了，知和行，不能离开对方独立存在，一隔断，就既没有知，也不能行。世上没有知而不行之事，知而不行，只是因为不知。"

这句话我们要好好体会！比如，一提孝敬父母，人人都说知道，但其实要做了才算真的知道。有的人被私欲隔断了知和行，自私、懒惰，不愿意为父母付出。或者借口"工作忙"，不在父母身上多花时间。你问他，知道孝敬吗？其实他不知道。谁知道什么是"孝"呢？每个人知道的都不一样，你只有去做了，看到父母反馈，才知道做了多少。

所以我有一个建议，当别人跟你说一个道理，不管是看起来多么简单的道理，你都要禁止自己说"我知道"，而是先说"我听说过"。"听说过"是晓得有这个说法，到底知不知道？要再想一想。

原文

"圣贤教人知行，正是要复那本体，不是着你只恁的便罢。故《大学》指个真知行与人看，说'如好好色，如恶恶臭'。见好色属知，好好色属行，只见那好色时，已自好了，不是见了后又立个心去好；闻恶臭属知，恶恶臭属行，只闻那恶臭时，已自恶了，不是闻了后别立个心去恶。如鼻塞人虽见恶臭在前，鼻中不曾闻得，便亦不甚恶，亦只是不曾知臭。就如称某人知孝、某人知弟，必是其人已曾行孝、行弟，方可称他知孝、知弟。不成只是晓得说些孝弟的话，便可称为知孝弟？又如知痛，必已自痛了方知痛；知寒，必已自寒了；知饥，必已自饥了。知行如何分得开？此便是知行的本体，不曾有私意隔断的。圣人教人必要是如此，方可谓之知，不然只是不曾知。此却是何等紧切着实的工夫！如今苦苦定要说知行做两个，是甚么意？某要说做一个，是甚么意？若不知立言宗旨，只管说一个、两个，亦有甚用？"

华杉详解

王阳明接着说："圣贤教人知行，是要人复归知行的本体，而不是简单告诉你怎么去知、怎么去行。所以《大学》给出了一个真知真行的例子，说'如好好色，如恶恶臭'，意思是'就像喜好美色，就像讨厌恶臭'。你走在街上，看见一个美女，马上就喜欢了。看见美女就是知，去喜欢就是行。一见到美女就自然喜欢了，而不是先知道这是个美女，然后才觉得对美女我应该喜欢，并没有这个过程。如恶恶臭呢？闻到臭味就是知，心中厌恶就是行。闻到臭味的时候，你就已经厌恶了，而不是闻到了之后再告诉自己应该去厌恶。就像鼻塞的人，虽然恶臭在前，但是他闻不到，就不会觉得厌恶，这也是因为他不知道这臭。

"我们说某人是知道孝敬父母的人、是知道敬爱兄长的人，一定是他已经有孝悌之行，我们才会这样评价他；而不是他只说些孝悌的话，我们就说他知孝悌。又比如说，晓得痛了，一定是已经痛了；晓得冷了，一定是已经冷了；晓得饿了，一定是已经饿了。

"知和行如何分得开呢？这就是知和行的本体，不曾被私心杂念所隔断的。圣人教人一定要如此，才可以称为'知'，不然就只是'不曾知'。这是何等紧迫切实的功夫啊！你如今苦苦地去纠结，要把知和行说成两件事，有什么意思呢？而我苦口婆心地非要把知和行说成一件事，又有什么意思呢？如果不知道立言的宗旨，只管在这里辩论知行是一件事还是两件事，又有什么用呢？"

这就是徐爱为什么会在序言中说，王阳明叫他不要做谈话记录的道理所在了。因为不立文字，懂了就是懂了，一旦写出来就都是错。文字传给别人之后，他还会就这些语义来跟你辩论。

原文

爱曰："古人说知行做两个，亦是要人见个分晓，一行做知的功夫,一行做行的功夫,即功夫始有下落。"

先生曰:"此却失了古人宗旨也。某尝说知是行的主意,行是知的功夫;知是行之始,行是知之成。若会得时,只说一个知,已自有行在;只说一个行,已自有知在。古人所以既说一个知,又说一个行者,只为世间有一种人,懵懵懂懂地任意去做,全不解思惟省察,也只是个冥行妄作,所以必说个知,方才行得是;又有一种人,茫茫荡荡悬空去思索,全不肯着实躬行,也只是个揣摸影响,所以必说一个行,方才知得真。此是古人不得已,补偏救弊的说话,若见得这个意时,即一言而足。今人却就将知行分作两件去做,以为必先知了,然后能行。我如今且去讲习讨论做知的工夫,待知得真了,方去做行的工夫,故遂终身不行,亦遂终身不知。此不是小病痛,其来已非一日矣。某今说个知行合一,正是对病的药。又不是某凿空杜撰,知行本体原是如此。今若知得宗旨时,即说两个亦不妨,亦只是一个;若不会宗旨,便说一个,亦济得甚事?只是闲说话。"

华杉详解

徐爱还是不罢休,继续问道:"古人把知和行分成两件事,也是要让人们知道,一方面下知的功夫,一方面下行的功夫,这样功夫才有着落之处呀。"

王阳明回答说:"你这样理解,反而背离古人的意思了。我曾经说过,知是行的主意,行是知的功夫;知是行的开端,行是知的结果。如果领会得了,则只说一个知,便已经有行的意思在里面;只说一个行,便已经有知的意思在里面。古人之所以把知和行分开说,是因为世间有一类人,懵懵懂懂,完全不加思考,只是任意妄为,所以提出个知的概念,好让他们做得恰当;还有一类人,茫茫荡荡空想,不肯切实躬行,全凭主观臆测,所以提出个行的概念,好让他们知得真切。这都是古人为了补偏救弊才不得不说的话。你若不偏不弊,能真正领会其意,那说一句话就够了,哪用得着辩论那么多呢?

"现在有的人,非要把知和行分开,以为必须知道了才能去做。我现在如果先去讨论知的功夫,等到把知弄透彻了再去行,这样就一辈子都不会行,也一辈子都不会知。这不是小病小痛,而是由来已久的大毛病!我今天提出'知行合一',正是个对症的药。这并不是我凭空杜撰出来的,而是知和行的本体就是如此。你若明白了这个宗旨,就算说知行是两件事也无所谓;你若不明白这个宗旨,就算说知行是一件事又有什么用?只是说些没用的话罢了。"

非要先知道才能去行,很多人都有这个思维误区。比如,之前我打高尔夫球一直有个毛病,就是一号木开球右曲,球打不直,老往右边飞。后来遇到一位王教练,只一次就把我纠正过来了。王教练夸我说:"你是个有智慧的好学生!我教你怎么打,你问也不问,马上百分百照做,所以一下就纠正过来了。有很多同学,老是纠结我说得对不对,指导得行不行,然后再按他自己的想法调整,所以怎么也改不过来。"

教练说的这个问题,就是知行是否合一。既然人家是老师,打70多杆,你是学生,打100多杆,你还去评估老师对不对干什么呢?你非要整明白了才干,可是不干又怎么能整明白呢?

我自己也经常碰到这样的人,你教他干的事,他要先"求知",把你让他干的分辨成"对的"和"错的","必要的"和"不必要的",然后挑着干,这样的人永远都上不来。儒家把这种毛病叫"任其私智",不肯舍己从人。

练功夫讲究"守破离"。首先是守,就是照师父教的做。等到师父教的都百分百做到了,才能去研究自己的突破,最后才能离开师父。

在讲到学习的时候,我们经常会说:"你要动脑筋!"踢足球也说要"用脑子踢",但是,哪个足球运动员是靠脑子练出来的?都是靠脚练出来的。所以,学习有时候也要少用脑、少评判,要用身体去学习,用肌肤去触碰,一切答案都在现场,这就是知行合一。

《大学》第二学案:格物致知

原文

爱问:"昨闻先生'止至善'之教,已觉功夫有用力处,但与朱子'格物'之训,思之终不能合。"

先生曰:"'格物'是'止至善'之功。既知'至善',即知'格物'矣。"

华杉详解

徐爱问:"昨天听老师讲了'止至善'的道理,觉得自己的学问功夫有了用力之处。但想来想去,还是觉得和朱熹老师'格物'的训导有所不合。"

王阳明说:"'格物'就是'止至善'的功夫,知道了'至善',自然就知道了'格物'。"

这个话题大了,涉及王阳明和朱熹思想最大的分歧——对《大学》里"格物致知"的解释,我把它称为《大学》第二学案。

我们先来学习一下《大学》原文:

> 古之欲明明德于天下者,先治其国;欲治其国者,先齐其家;欲齐其家者,先修其身;欲修其身者,先正其心;欲正其心者,先诚其意;欲诚其意者,先致其知;致知在格物。物格而后知至;知至而后意诚;意诚而后心正;心正而后身修;身修而后家齐;家齐而后国治;国治而后天下平。

这里讲了"八条目"的逻辑次序:

格物、致知、诚意、正心、修身、齐家、治国、平天下。

"修身、齐家、治国、平天下",这次序好理解。从"诚意正心"到"修齐治平",也没疑问。但为什么要先"格物致知",然后才能"诚意正心"呢?这一点,我刚开始读《大学》的时候也想不通。

"格物致知"这个提法只在《大学》里出现了这么一次,之后再没作出任何解释。其他先秦文献也都没有提到"格物致知"。所以这四个字到底什么意思,就成了儒学的一大学案。

朱熹注意到了这个问题,他解释说,《大学》的前五章是讲"格物致知"的,但是原文丢失了,于是他就按照程颐老师讲解的意思,作了如下的补充:

> 所谓致知在格物者,言欲致吾之知,在即物而穷其理也。盖人心之灵莫不有知,而天下之物莫不有理,惟于其理有未穷,故

其知有不尽也。是以大学始教，必使学者即凡天下之物，莫不因其已知之理而益穷之，以求致乎其极。至于用力之久，而一旦豁然贯通焉，则众物之表里精粗无不到，而吾心之全体大用无不明矣。此谓物格，此谓知之至也。

这段话的意思是：

所谓致知在格物，就是说我们要想有所知，就要探究事物，求得事物的原理。天下之物莫不有其原理，我们不能穷尽这些事物的原理，就不能全知。所以《大学》一开篇就教导学者，凡天下之事，都要根据其已经明白的道理，越发去穷究它们，以求达到一种极致。这样日积月累，就能豁然开朗，融会贯通，对万事万物的表里、精粗的认识，无不到位，而我心的全体也无所不知、无所不明了。所以说，格物致知，物格而知之至也。

朱熹的这个解释在后世成为权威正统，今天的《现代汉语词典》就是这样解释"格物致知"的："推究事物的原理法则而总结为理性知识。"清末的洋务学堂，最开始时也把物理、化学等学科称为"格致"。

朱熹这样说，确实有道理。不过，穷尽天下万事万物之理，似乎是全人类、全体学者的事，而不是某一个人的事。如果我要格物致知之后，才能诚意正心，才能修齐治平，那我要格到什么时候去啊？这有点不好理解。

王阳明年轻时，试图去践行朱熹的格物致知。他想，我就先格竹子吧，看看能格出什么理来！于是，他一连七天对着竹子静坐，想悟出竹子的理。他目不转睛地看着，废寝忘食地想着，直到支撑不住病倒了，还是什么都没格出来。于是，他说朱熹老师错了。

其实，王阳明靠静坐、盯着看来格竹子，是不科学的。我们人类对竹子的"致知"，不正是靠一代代"格"出来的吗？农民去格竹子怎么栽种，厨师去格竹笋怎么烹调，建筑师去格怎么用竹子盖房子，船工去格怎么扎竹筏。物格而知至，这些都是格物之道呀！

但不管怎么说，王阳明还是提出了他对"格物致知"的解释：**知，不是知识，而是知善恶**，也就是知道什么是善、什么是恶；**格，是一个格子，是善的标准，拿着这个善的格子去框各种事物，对得上就是善，对不上就是恶，要匡正匡正**。所以他对徐爱说："格物是止于至善的功夫。懂得止于至善，就懂得格物了。"

和"善的格子"严丝合缝，这就是"止于至善"。后来，王阳明把这个思想总结成著名的四句教："无善无恶心之体，有善有恶意之动，知善知恶是良知，为善去恶是格物。"

听了王阳明的解释，我觉得把"格物致知"放在"诚意正心"前面这个顺序，就好理解了。因为你总得先有个善恶对错的标准，然后才能诚意正心嘛！

那我是不是就认为王阳明是对的，而朱熹是错的呢？非也！学习第一是要立志；第二是要敬畏老师，不要去评判老师的对错；第三，学习是一种行动反射，而不是要得到标准答案。不要答案，要行动！**朱熹的格物致知，我们要笃行；王阳明的格物致知，我们也要笃行。**这就是我们的"学习学"。学习，就要先懂"学习学"。

"格物致知"这一学案，已经争论两千多年了，明末刘宗周说："格物之说，古今聚讼有七十二家。"如果你去把这七十二家说法都看看，应该会有很多收获。这里我们就选两位最有声望的老师来讲一讲，一位是东汉的郑玄，另一位是唐代的孔颖达。

郑玄说：

> 格，来也。物，犹事也。其知于善深，则来善物。其知于恶深，则来恶物。言事缘人所好来也。此致或为至。

孔颖达说：

> 致知在格物者，言若能学习，招致所知。格，来也。已有所知则能在于来物，若知善深则来善物，知恶深则来恶物。言善事随人行善而来应之，恶事随人行恶亦来应之。言善恶之来，缘人所好也。物格而后知至者，物既来则知其善恶所至。善事来则知其至于善，若恶事来则知其至于恶。既能知至，则行善不行恶也。

这两位老师的时代，都在王阳明之前，也在朱熹之前。他们的解释很一致，也很简单："格"是"来"的意思，"格物致知"就是，你想什么，就会来什么。你心善，善的东西就来到你身边；你心恶，恶的东西就会向你聚拢。

这有点像我们现在说的"孕妇效应"：平时你不去注意有多少人怀孕，但是一旦你自己怀孕了，就会发现满大街都是孕妇。也就是说，你的关注决定了你的觉知。另外，在学习上也有一个类似的道理：对答案孜孜以求，往往是因为没找对问题；一旦你找对了问题，就会发现，满世界都在向你提供答案！

"精"的目的在于"一"，"博"的目的在于"约"

原文

爱曰："昨以先生之教推之'格物'之说，似亦见得大略。但朱子之训，其于《书》之'精一'，《论语》之'博约'，《孟子》之'尽心知性'，皆有所证据，以是未能释然。"

华杉详解

徐爱问："昨天用先生的教诲推及'格物'的道理，似乎也能理解一个大概。但是，《尚书》里的'精一'，《论语》里的'博约'，《孟子》里的'尽心知性'，似乎都和朱熹的理论相合，所以我还是不能释然。"

徐爱这样问，就是非要辩出个"标准答案"，和我们之前讲的"学习学"的理念相悖了。不管是朱熹的格物致知、王阳明的格物致知，还是郑玄、孔颖达的格物致知，我们都要格。因为角度不同，各有教益，所以都应该践行，哪有此对彼错呢？如果像徐爱这样去找依据，那么支持朱熹说法的有一大堆，支持王阳明说法的也不会少一条。

我们来具体看看他问的是什么。

首先是《尚书》里的"精一"，这个词出自舜训导禹的治国方略《大禹谟》，原文是十六个字："人心惟危，道心惟微，惟精惟一，允执厥中。"其中，"允执厥中"就是执守中庸之道。这四个字是尧给舜的政治嘱咐，舜在传位给禹的时候又在前面加了十二个字。朱熹在编辑《中庸章句》写序言时，开篇就引用了这句话。朱熹说，尧的"允执厥中"四个字已经说尽了，舜再加十二个字，也不过是在解释这四个字，说中庸之道而已。

"人心惟危"是说，人心是危险的，总是有欲望，所以不能居于中道，会有偏颇。有人把"人心惟危"解释成治国者要注意天下的人心之危，但我的理解是要注意自己的人心之危。因为儒家的一贯价值观都是管自己，别人的心你管不了。作为领导者，你管住自己，别人自然就会跟过来；作为父母，你自己心理健康，孩子也就自然健康上进。所以"人心惟危"，就是要你时时刻刻都立于危崖之上，分分秒秒有一念"悬崖勒马"的警醒。君子戒慎恐惧，小人无所忌惮，就是因为小人不懂得"人心惟危"。

"道心惟微"是说，天道是非常精细微妙的，不好把握。你把握不了自己那危崖之上的心，更把握不了天道。《中庸》说："天命之谓性，率性之谓道。"道心就是天性，按王阳明的说法，就是良知，是天命于人的本心，还没有被人欲所掺杂。这道心很微妙，也可以说很微弱，欲念一来，道心就变成了人心，就又立于危崖之上了。

那要怎么办呢？"惟精惟一，允执厥中"。意思是，要精纯、精确地去把握，不偏离道心，纯正不二，执守中道。什么叫"中"？《中庸》说："不偏之谓中，不易之谓庸。中者，天下之正道；庸者，天下之定理。""中"，就是不偏不倚，无过不及，恰到好处，一点毛病都没有；"庸"，是永恒不变的定理。所以说，"中庸"不是差不多就行，而是分毫不差！所以孔子才说"中庸不可能也"，"中庸"只能无限接近，不可能完全达到，它是我们的最高追求。

要说这"精一"的功夫，正是和王阳明的"格物致知"理论相合。遇见事物，你要拿个格子来格一格，如果严丝合缝，就是精一不二，就是中庸之道。可是徐爱为什么要说这个"精一"是支持朱熹理论的依据呢？我觉得他可能是把"精一"理解成了"在探求事物之理上用功精深、用心专一"。

接着再说《论语》里的"博约"。孔子说"君子博学于文，约之以礼"，颜回也说孔子"博我以文，约我以礼"。"博约"就是博学于文献之事，用礼仪来约束自己。

徐爱认为，这里的"博学"不也是格天下万事万物的意思吗？这还是朱熹说的"格物致知"的依据啊！像徐爱这样找依据，那可没完没了了。因为无论你支持哪一方的意见，都能找到同样多的各种依据。

最后讲讲孟子的"尽心知性"。《孟子·尽心上》里说："尽其心者，知其性也；知其性者，则知天矣。"这句话要结合《中庸》开篇第一句"天命之谓性，率性之谓道，修道之谓教"来理解。

"命"，是命令。"天命"，是上天给的命令。天命就是"性"，对于没有生命的无机物来说，是指它的物理性质、化学性质；对于生命体来说，是指他的基因。"尽心"的"尽"是完全、充满的意思。就像中医说"身体是最好的药"一样，人的心里也拥有一切善良和智慧，所以要去"尽心"，要在自己的心里找良知良能，这就是王阳明说的致良知。你找到了自己的天性、人的本性，而"天命之谓性"，本性就是天命，所以你就算是"知天"了。

我们平时做事情没有做成，会说自己"尽力"了。可尽力了怎么会没做成呢？多半是因为没有"尽心"。尽力只是下苦力，尽心才有创造力。只要尽心去做，就可以找到智慧本能，找到创意，找到办法。

下面我们再来看看朱熹是怎么解"尽心知性"的。朱熹在《孟子集注》里说，心是人的神明，是"具众理而应万事者"，所有的理都在心里，以应对万事万物。而性是"心所具之理"，天是"理之所从以出者"。这么说来，"心、性、天"这三者都是理，全部在"理"这里统一了，所以朱熹的学问被称作"理学"。

既然心里要有理的全体，而性就是那理的全体，那么就能"极其心之全体而无不尽者，必其能穷夫理而无不知者也"。最后朱熹总结道："知性则物格之谓，尽心则知至之谓也。"就是说，知性就是格物，尽心就是知至。徐爱问的就是这个。

朱熹这样讲，真的很难让人理解。难怪在鹅湖之辩时，陆九渊会说他"支离"，意思是：你怎么去穷天下之理呀？穷来穷去还不是些支离破碎的片段！

原文

先生曰："子夏笃信圣人，曾子反求诸己。笃信固亦是，然不如反求之切。今既不得于心，安可狃于旧闻，不求是当？就如朱子亦尊信程子，至其不得于心处，亦何尝苟从？'精一''博约''尽心'，本自与吾说吻合，但未之思耳。朱子'格物'之训，未免牵合附会，非其本旨。精是一之功，博是约之功。曰仁既明知行合一之说，此可一言而喻。'尽心知性知天'是'生知安行'事，'存心养性事天'是'学知利行'事，'夭寿不二，修身以俟'是'困知勉行'事。朱子错训'格物'，只为倒看了此意，以'尽心知性'为'物格知至'，要初学便去做'生知安行'事，如何做得？"

华杉详解

王阳明回答说："子夏笃信圣人，老师说什么他就信什么；曾子反求诸己，在自己身上实践。笃信圣人当然是对的，但始终不如自己切身体会来得真切。如果你自己心里都没想清楚、没体会到，又怎么能拘泥于旧的学说，而不去探求真正的道理呢？就拿朱熹来说，他也尊信程颐，但是，对于程颐学说中有不同体会的部分，他又何尝盲从？'精一''博约''尽心'，本来正是和我的学说相吻合，只是你未尝认真思考。朱子的格物之训，反倒是牵强附会，不是'精一''博约''尽心'的本质。'精'的目的在于'一'，'博'的目的在于'约'，哪里是要你去穷天下之理？你既然理解我'知行合一'的学说，这些话，我一说，你就应该懂了。

"尽心、知性、知天，是'生知安行'的人做的事；存心、养性、事天，是'学知利行'的人做的事；夭寿不二、修身以俟，是'困知勉行'的人做的事。朱子错解了格物，只是因为将之倒过来看了，认为'尽心知性'就是'格物致知'，要求初学者去做'生知安行'的人才能做的事，怎么可能做得到呢？"

解释一下"夭寿不二，修身以俟"。"俟"是等待的意思，就是说，**始终坚持自己的原则和操守，无论长寿还是夭折，都不改变，一以贯之修身进德，等待天命。**不是有个问题说，假如你还有三天生命，你会做什么吗？夭寿不二的人，就没什么特别的，该干嘛干嘛。

知行的三重境界：生知安行、学知利行、困知勉行

原文

爱问："'尽心知性'，何以为'生知安行'？"

华杉详解

徐爱问:"尽心知性,怎么就是生知安行的人做的事呢?"

这里我们先回顾一下"生知安行、学知利行、困知勉行"这三个概念。

生知安行,就是"生而知之,安而行之"。之前我们说过"人心惟危",人心很容易偏颇,但自己却感觉不到,有时伤害了别人还觉得自己有理。而"生知安行"的人,他的心处在毫不犯错的正中间,没有一个地方不恰当,稍微偏一点点,他就会心不安,马上自己调整过来。孔子也是70岁才达到这个境界,就是他说的"七十而从心所欲不逾矩"。

孔子说:"知之者不如好之者,好之者不如乐之者。"我斗胆再加一句:"乐之者不如安之者。"就算你这样做很快乐,也不一定会去追求这快乐;但是,如果你不这样做就心不安,那你就一定会去做。这样的人,非做圣人不可!

我经常用"不怕吃亏,怕占人便宜"来说明这个"安"。一般人怕吃亏,一旦吃了人家一点亏,就好像吃了一只苍蝇,不吐不快,非要找回来不可;而另一些人怕占人便宜,一旦占了别人一点便宜,就好像吃了一只苍蝇,不吐不快,非要加倍还回去不可。所以怕占人便宜的人,他到哪儿都先找亏吃,吃点儿亏垫垫底,以降低不小心占人便宜的风险。

这就是居仁行义。仁是一间大屋子,生知安行的人,住在这间屋子里面;一走出这间屋子,他马上不舒服、不得劲儿,必须回来。而学知利行的人,住在这间屋子外面,但他们"学而知之,利而行之",通过学习,也知道仁这间屋子好,所以努力想住进来。

我们很多人都是学知利行的。还是拿"吃亏"来举例:学知利行的人也能吃亏,但他是通过学习,知道了"吃小亏,占大便宜"或者"吃亏是福"这些道理,然后为了占大便宜的可能性,为了得福的可能性而去吃亏,其实还是为了好处,为了有利。

我们平时经常说的很多所谓"大智慧",比如"小胜靠智,大胜靠德","舍得舍得,不舍不得"等,其实都是"学知利行",只能算有点儿明白,不能算真正的智慧。

而困知勉行的人则更低一档,是吃一堑长一智。因为被困住过,知道不做好人不行,所以才勉励自己去做。

不过《中庸》也鼓励我们说:"或生而知之,或学而知之,或困而知之,及其知之，一也。或安而行之，或利而行之，或勉强而行之，及其成功，一也。"意思是，**不论你在哪个档次，是生知安行，还是学知利行，还是困知勉行，只要去做了，结果都一样**。

理解了这个概念，就能理解王阳明所说的："尽心、知性、知天，是生知安行的人做的事；存心、养性、事天，是学知利行的人做的事；夭寿不二、修身以俟，是困知勉行的人做的事。"生知安行的人，一切本来就在他的心里，所以他就能尽心、知性、知天，达到天人合一，从心所欲不逾矩；学知利行的人，要时刻提醒自己存着这心，修养这性，侍奉这天；困知勉行的人，要讲究夭寿不二、修身以俟，鼓励自己将生死置之度外，不论能否长寿，都只管修养自己，等待天命。

你看，"夭寿不二"已经是极高的境界了，因为死亡是人最大的恐惧，能够夭寿不二、修身以俟，就已经是圣人了。而王阳明却说那不过是困知勉行的事，属于第三等。王阳明自己是做到了"夭寿不二，修身以俟"的。**他未得长寿，只活了57岁**。临终前，弟子问他有何遗言，他说："此心光明，亦复何言！"这句话，成了"夭寿不二，修身以俟"的千古名言！

从困知勉行，走向学知利行，最后走向生知安行

原文

先生曰："性是心之体，天是性之原，尽心即是尽性。'惟天下至诚，为能尽其性，知天地之化育'。'存心'者，心有未尽也。'知天'如知州、知县之'知'，是自己分上事，已与天为一；'事天'如子之事父、臣之事君，须是恭敬奉承，然后能无失，尚与天为二，此便是圣贤之别；至于'夭寿不二'其心，乃是教学者一心为善，不可以穷通夭寿之故，便把为善的心变动了，只去修身以俟命。见得穷通夭寿有个命在，我亦不必以此动心。'事天'虽与天为二，已自见得个天在面前；'俟命'便是未曾见面，在此等候相似，此便是初学立心之始，有个困勉的意

在。今却倒做了，所以使学者无下手处。"

华杉详解

王阳明说："性是心的本体，天是性的本原，尽心就是尽性。"对这句话的理解，又要结合《中庸》开篇的这句"天命之谓性，率性之谓道，修道之谓教"。尽心尽性，就是《中庸》说的"率性"。生知安行者，能率性而为，合乎天理人心；而学知利行者，就要去"修"，去"教"。率性而为，不是任性而为。率性，可以理解为充分地发挥出自己的"性能"。

"惟天下至诚，为能尽其性，知天地之化育。"这句话又是《中庸》里的，意思是：只有至诚之人，才能尽其性，才能通晓天地造化繁育万物之道。因为天地本身，就是至诚无息的。而至诚的人，他只有一片至诚，不患得患失，不投人所好，他就能充分地发挥自己，能率性、能尽性。

接下来王阳明又说，"知天"的"知"不是简单的"知道"，而是和"知县""知州"的"知"一个意思。所谓知县，就是整个县的事都是他的职责；所谓知州，就是整个州的事都是他的职责。同样，一个"知天"的人，就是要以天下为己任，与天合二为一。所以"知天"就是"天人合一"。而"事天"呢？就像儿子侍奉父亲，大臣侍奉君王，必须恭敬奉承，才能没有过失。然而，这终究是和天分离为二的。"知天"与"事天"，就是圣人与贤者的区别。

这里，王阳明先是引用了《中庸》里的话，而后面"天人合一"的说法又别有发明。我们有必要学习一下《中庸》原文：

> 唯天下至诚，为能尽其性；能尽其性，则能尽人之性；能尽人之性，则能尽物之性；能尽物之性，则可以赞天地之化育；可以赞天地之化育，则可以与天地三矣！

这段话的意思是，只有至诚之人，才能自己尽心尽性，率性而为，然后也能让别人、让万事万物都发挥出来。尽己之性，尽人之性，首先是充分发挥出自己，然后是让别人得到充分发挥。总经理的职责就是让全公司每个人都得到充分发挥，国家领导人的职责是让全国人民都得到充分发挥。尽物之性，对于一个车床的操作工人而言，就是要维护好机器，让机器的性能得到充分发挥。对于一个国家生态环境部部长而言，就是要让山川河流、一草一木、泥土空气，都处在最好的状态、得到最好的发挥，都尽性，这样他就是参与赞助天地的工作了。天地的工作他都能做，那他就与天地并列为"三"了。这里的"三"，指的是"天、地、人"。天人合一，也可以说是天人并列，也可以说是"天地人"三合一。

王阳明接着说："夭寿不二，就是叫人一心一意，不要因为处境的顺逆、寿命的长短，就改变自己的志向、心意、计划和功课，而要时刻修养自身，以待天命。只要理解了处境顺逆、寿命长短都是命中注定，我也就能不为此动心了。"

"夭寿不二，修身以俟"是教我们分别用因果观和命运观来看问题。我们用因果观来要求自己的行为，修身，是一个过程；但是，我们没有"结果导向"的观念，结果是命运，命运来之，我则安之，来什么我都接着。

王阳明接着说："'事天'者，虽然和天分离为二，但是，他已经看见天道在前面，他去侍奉。'俟命'呢，等待命运安排，还没有看见天道，好像在等待自己与天道相见——这便是初学者立心的开始，有困知勉行，勉励自己去做的意思。如果要把生知安行、学知利行、困知勉行的次序倒过来，要初学者就去生知安行，他做不来。"

就像读者读到上面这两段，如果理解了、去做了，就是学知利行；如果不理解，但是不因为自己的不理解而怀疑，而尽力照老师说的去做，就是困知勉行。从困知勉行，走向学知利行，最后走向生知安行。

看世界的另一个角度：心外无理，心外无物

原文

爱曰："昨闻先生之教，亦影影见得功夫须是如此。今闻此说，益无可疑。爱昨晚思'格物'的'物'字，即是'事'字，皆从心上说。"

先生曰："然。身之主宰便是心，心之所发便是意，意之

本体便是知，意之所在便是物。如意在于事亲，即事亲便是一物；意在于事君，即事君便是一物；意在于仁民爱物，即仁民爱物便是一物；意在于视听言动，即视听言动便是一物。所以某说无心外之理，无心外之物。《中庸》言'不诚无物'。《大学》'明明德'之功，只是个'诚意'；'诚意'之功，只是个'格物'。"

华杉详解

徐爱说："昨天听了先生的教诲，已经隐隐约约体会到应该怎样用功了。今天听闻先生此言，更没有什么可怀疑的了。我昨天早上想，格物的物，是指事，都是从心上说的。"

王阳明说："是的。身的主宰就是心；心所发出来的就是意；意的本体就是知；意所作用的对象就是物。比如你的意在于侍奉父母，侍奉父母便是一物；你的意在于侍奉君王，侍奉君王便是一物；你的意在于仁爱百姓、爱惜万物，则仁民、爱物便是一物；你的意在于视听言动，视听言动便是一物。所以说，格物致知，是在心上去格做一件事的是非、对错、善恶，一切都在自己心里，没有心之外的道理，也没有心之外的事物。"

王阳明接着说："《中庸》说'不诚无物'，《大学》'明明德'之功，只是个诚意。诚意之功只是个格物。"

明明德是格物的道理，前面讲过了。"不诚无物"是什么意思呢？我们看看《中庸》原文：

> 诚者自成也，而道自道也。诚者物之终始，不诚无物。诚者非自成己而已也，所以成物也。成己，仁也；成物，知也。性之德也，合内外之道也，故时措之宜也。

诚，是万事万物的所成之道，天道自然运行，诚就是事物之终始，没有诚，就没有万事万物。对于人来说，诚不仅成就自己，也成就他人，成就万物，所以能赞助天地之化育，天、地、人，三合一。成就自己，是居仁行义，是仁。成就他人、成就万物，是智慧。诚是性的品德，"天命之谓性，率性之谓道"。天性是诚，率性而为，就是至诚而为。这诚，合乎内外之道，合于己、应于事，随时随地，没有不得宜的。这就是王阳明说的致良知，遇之左右而逢其缘。

有诚意，天地万物的能量都和你在一起；没诚意，"不诚无物"，啥都没有，一片荒漠。诚是天地之道，是大宇宙，山川草木，万事万物，都没有自我，按宇宙的规律生长运动。而人或者动物，是一个有自我意识、有私心的小宇宙，社会可以理解为一个"中宇宙"。人如果能无我，能放下自己的私心，就能连通中宇宙，乃至大宇宙的能量，天人合一。这也是存天理、灭人欲。

去其不正，以全其正

原文

先生又曰："'格物'如《孟子》'大人格君心'之'格'，是去其心之不正，以全其本体之正。但意念所在，即要去其不正以全其正，即无时无处不是存天理，即是穷理。'天理'即是'明德'，'穷理'即是'明明德'。"

华杉详解

王阳明又说："格物的'格'就是《孟子》中'大人格君心'的'格'。"

《孟子》原文："惟大人为能格君心之非。"意思是，只有大仁、大勇、大智慧的人，才能格正君王心中错误的思想。这个格，就是格正的格，格正他的心，去除他心中不正的念头，让他的全体归于正。让他诚意正心，一身正气，只要意念所在，就要去其不正，以全其正，这就是无时无刻不存养天理。无时无刻不存养天理，就是穷理。天理就是明德，穷理就是明明德。

原文

又曰："知是心之本体，心自然会知。见父自然知孝，见兄自然知弟，见孺子入井自然知恻隐。此便是良知，不假外求。若良知之发，更无私意障碍，即所谓'充其恻隐之心，而仁不可胜用矣'。然在常人不能无私意障碍，所以须用致知格物之功，胜私复理。即心之良知更无障碍，得以充塞流行，便是致其知。知致则意诚。"

华杉详解

知是心的本体，心自己自然会知。见到父亲，自然就知道孝敬；看到兄长，自然就知道敬爱；见到小孩子要掉进井里，自然就知道恻隐——这就是良知，不是从外面跟谁学来的。

孺子入井，是孟子讲四端时用的例子。"恻隐之心，仁之端也；羞恶之心，义之端也；辞让之心，礼之端也；是非之心，智之端也"。仁义礼智，人人身上都有，修养的方法，是抓住那端头，把它放大，扩充到全体，就不可胜用了。恻隐之心，人皆有之。他举的例子，就是小孩掉井：走在村子里，看见一个小孩子，在井口边探头探脑，眼看要失去平衡掉进去——任何人，哪怕是一个逃犯，他也会紧张、同情，要喊一声，或者冲上去把小孩拉住，没有人会希望小孩掉下去听个响的。这就是人的本能，王阳明说这就是人人都有的良知。

人的本能，就是冲上去拉住他、救他，不要让他掉到井里去。人会这样做，不是为了讨好那小孩的父母，而是良知之发，没有任何私心杂念。把这种没有任何私心杂念的良知，扩充到自己的全心、全体，把它放大到应对所有人、所有事，这就是"充其恻隐之心，而仁不可胜用矣"，时时刻刻都想着别人，那仁就不可胜用了。

这就是孟子的四端修养方法论，抓住自己的恻隐心、羞恶心、辞让心、是非心，将其扩充放大到全心、全身、全体，来应对所有人、所有事，则仁义礼智都不可胜用了。

但是平常人做不到没有私心，一有了私心，就选择性地"仁义礼智"，有时候也选择性地"不仁、不义、不礼、不智"，这是我们凡人的常态。所以必须用致知和格物的功夫，时时刻刻格正自己，知道善恶、是非、对错，辨别仁与不仁，义与不义，礼与无礼，智与不智。这样就能战胜自己的私欲，恢复天理，让心里本就有的良知，不被私心杂念所阻碍，而能充塞、周流于全心、全身、全体，这就是致知，就是致良知。

"博学于文"不是只读书,而是读世间一切事

原文

爱问:"先生以'博文'为'约礼'功夫,深思之未能得,略请开示。"

先生曰:"'礼'字即是'理'字。理之发见可见者谓之文,文之隐微不可见者谓之理,只是一物。'约礼'只是要此心纯是一个天理。要此心纯是天理,须就理之发见处用功。如发见于事亲时,就在事亲上学存此天理;发见于事君时,就在事君上学存此天理;发见于处富贵贫贱时,就在处富贵贫贱上学存此天理;发见于处患难夷狄时,就在处患难夷狄上学存此天理。至于作止语默,无处不然,随他发见处,即就那上面学个存天理。这便是'博学之于文',便是'约礼'的功夫。'博文'即是'惟精','约礼'即是'惟一'。"

华杉详解

徐爱问:"先生把'博文'看作'约礼'的手段,我深思之后,还是不能领悟,请老师开示。"

"博文约礼"是几天前讲的,看来徐爱还没转过弯来。《论语》中有"君子博学于文,约之以礼",颜回也说过孔子是"博我以文,约我以礼"。我们一般把"文"理解为典籍文献,但这里王阳明对"文"的解释就更本原,范围更大。

"文",是天地万物的信息所产生的现象、纹路、轨迹,还有文化,是人类历史上一切物质财富和精神财富的总和,是对文明成果的总结。所以"博学于文"不是只读书,而是读世间一切事。《红楼梦》里秦可卿房间挂的对联就写着:"世事洞明皆学问,人情练达即文章。"

王阳明说:"'礼'字就是'理'字。心中合乎于理,行动上就合乎礼。被发见总结出来的理,就是'文';还没有被探求到,而只是存在于那里的,就是'理'。所以,文和理,是一个东西。'约礼',就是要你诚意正心,一心精纯,追求天理,来约束自己。

"要惟精惟一,精纯地追求天理,就要在具体的一事、一物、一处的发见

上下功夫。比如，呈现在侍奉父母上，就要在侍奉父母上学习如何存养天理，如何温清奉养，如何深爱和悦；呈现在身处富贵贫贱的不同境遇中，就要在富贵贫贱的境遇中学习如何存养天理，如何富而不骄，如何安贫乐道；呈现在身处患难、蛮荒之地，就要在这患难蛮荒中学习如何存养天理，比如苏武牧羊，也只是个天理。这样时刻存心养性，事天求理，则无论有所从事，还是无所事事，无论与人交谈，还是独处静默，没有一处不是这样。应事接物待人，能无不恰当，而独处之时，也能做到慎独。随着天理呈现于具体的一事、一物、一处，我们就在那上面学习存养天理。这就是博学于文，约之以礼。

"所以博学于文，就是惟精，就是无时无刻、无事无处不在精研求理；而约我以礼，就是唯一，就是找到那唯一最恰当的处理方式，中庸之道，恰到好处，极致完美。"

人只有一个心，心中要么是天理，要么是人欲

原文

爱问："'道心常为一身之主，而人心每听命'，以先生'精一'之训推之，此语似有弊。"

先生曰："然。心一也，未杂于人谓之道心，杂以人伪谓之人心。人心之得其正者即道心，道心之失其正者即人心，初非有二心也。程子谓'人心即人欲，道心即天理'，语若分析，而意实得之。今日'道心为主，而人心听命'，是二心也。天理人欲不并立，安有天理为主、人欲又从而听命者？"

华杉详解

徐爱问："朱熹说：'道心常为一身之主，而人心每听命于道心。'用先生的'精一论'来看，朱熹的话似乎错了。"

徐爱这是继续前几天的问对："昨以先生之教推之格物之说，似亦见得大略。但朱子之训，其于《书》之'精一'，《论语》之'博约'，《孟子》之

'尽心知性',皆有所证据,以是未能释然。"然后他又想了几天,觉得朱熹错了。

王阳明回答说:"是的。**人没有两个心,心只是一个心。没有夹杂着人欲就叫道心,夹杂着人欲就是人心。人心如果归于正道就是道心,道心如果偏离了正道就是人心**,起初并非有两个心。程颐说'人心即人欲,道心即天理',从字面上看,似乎是将心分开来说了,而实际上是一个心的意思。而朱熹的说法'道心为主,人心听命',就说成两个心了。天理人欲并不并立共存,人就这一个心,心里要么是天理,要么是人欲,哪有天理在那儿为主宰,而人欲又听命于天理的道理呢?"

这段公案,给朱熹批了一个"错"。但我们要看看朱熹的上下文,看看他到底是怎么说的。

这段话出自朱熹的《中庸章句序》:

> 心之虚灵知觉,一而已矣,而以为有人心、道心之异者,则以其或生于形气之私,或源于性命之正,而所以为知觉者不同,是以或危殆而不安,或微妙而难见耳。然人莫不有是形,故虽上智不能无人心,亦莫不有是性,故虽下愚不能无道心。二者杂于方寸之间,而不知所以治之,则危者愈危,微者愈微,而天理之公卒无以胜人欲之私矣。精则察乎二者之间而不杂也,一则守其本心之正而不离也。从事于斯,无少间断,必使道心常为一身之主,而人心每听命焉,则危者安、微者著,而动静云为自无过不及之差矣。

这是朱熹的原话,白底黑字的第一句就说——心一而已矣。心只有一个!

所以朱熹不仅没说有"两个心",而且鲜明地说只有一个心。

他还接着说:"那为什么人们以为有人心、道心的不同呢?因为人心是生于形气之私,形就是形体,是身体的欲望,气是气禀,就是出生时禀受了什么样的气质性格,这都形成你的人心。而道心,是源于性命之正,天命之谓性,率性之谓道,人性本原。有形气之私的人心,有性命之正的道心,都在你心里,权重不一样,外物刺激不一样,所以有时是人心惟危,危殆不安,有时是道心惟危，微妙难见。

"但是，人人都有形体气禀，所以上智之人，也不能没有人欲之心。人人都有天命之性，所以下愚之人，也不是没有道心。这人心、道心，都在同一个心里，就在方寸之间。如果你不懂得约束自己，治理自己的心，那危殆的人心，就越来越危殆；那微妙的道心，就越来越微弱。天理之公，就胜不过人欲之私了。

"所以要惟精惟一。精，就是要省察天理人欲，要精纯，一点也不要间杂；一，就是一心不二，守其本心之正，一点也不要偏离。**时时刻刻惟精惟一地省察，一点也不要间断。以道心为主宰，人心听命于道心，这样，危殆的人心安定下来，微妙的道心愈加显著。**如此，则无论动静、说话做事，都没有一点过头的，也没有一点不到位的，分毫不差，这就是中庸之道！"

你看，朱熹老师说得多么清楚明白，振聋发聩！是徐爱完全曲解了朱熹的意思，又拿去问王阳明。之前徐爱问王阳明，说朱熹的"精一"是格物穷理。王阳明回答说："'精一'本自与吾说吻合。"这里我们可以看到，朱熹对惟精惟一的解说，和王阳明"精是一之功"的说法是完全一致的。朱熹并没有用精一去解释格物，只是在这个地方说了格物，在另一个地方说了精一，而徐爱却把不同地方的话，从上下文语境中抽离出来，再放到自己设定的另一个语境中去比对。

所谓理学、心学的纷争，从朱熹、陆九渊"鹅湖之辩"开始，其实双方从来就没有那么大的分歧，往往只是角度不同而已。你听谁的都对，根本不需要去辩个谁对谁错。

徐爱啊徐爱，都说他是王阳明之颜回，他除了跟老师跟得紧，对老师无限崇拜这一点和颜回相似，学识哪里及得上颜回之万一！颜回的学问、修养，连孔子都佩服：不迁怒，不二过，闻一而知十。徐爱却是闻十而不能知一。学习是行动反射，只问自己要怎么做。在圣人文章的字里行间纠结、给圣人纠错，正是学习的大忌！

韩愈与中国的道统

原文

> 爱问文中子、韩退之。

华杉详解

徐爱问老师如何评价王通和韩愈两位先贤。

文中子,名叫王通,是隋朝大儒,字仲淹,号文中子。他辞官回乡后,潜心研究孔子的六经:《诗》《书》《礼》《易》《乐》《春秋》,觉得学问有成,又模仿孔子,作"王氏六经",又称"续六经",以"王孔子"自居。目前流传下来的王通的主要著作是《中说》,集中反映了他的思想。我读清代刘宝楠的《论语正义》,也有不少地方引用王通《中说》的内容作注。

韩退之,就是韩愈,字退之。这个大家比较熟悉,他是唐宋八大家之一。韩愈在儒家思想上最大的贡献,就是他的名篇《原道》,这篇文章的主旨是重续中国的道统。因为在韩愈的时代,佛教盛行,而韩愈的《原道》,就是要驳斥佛老之说,排斥佛家和道家,重续儒家之道统。韩愈直接批评老子《道德经》的道德,不是儒家为天下而立的仁义道德,而是"去仁与义言之也,一人之私言也"。他还抨击庄子的"圣人不死,大盗不止",说如果古代没有圣人,人类早就灭绝了。为什么呢?因为人没有羽毛鳞甲来御寒,也没有尖牙利爪来捕食,人只有靠圣人的思想,用仁义人伦,把人类社会组织起来,才能生存。

于是,韩愈写了这篇《原道》来讲中国的道统:

> 斯吾所谓道也,非向所谓老与佛之道也。尧以是传之舜,舜以是传之禹,禹以是传之汤,汤以是传之文、武、周公,文、武、周公传之孔子,孔子传之孟轲。轲之死,不得其传焉。

我所说的道,不是老子或佛家的道。中国的道统,从尧、舜、禹、汤,到文、武、周公,再到孔孟,这是一条线,孟子死后,就没有正统了。韩愈说要把这道统接上。从韩愈呼吁开始,一直到宋朝的程朱理学,这道统才算是接续下来。后来再到明朝的王阳明,又重新发明,再添新彩。

原文

先生曰:"退之,文人之雄耳;文中子,贤儒也。后人徒以文词之故,推尊退之,其实退之去文中子远甚。"

华杉详解

王阳明说:"韩愈是文人中的雄者;王通是贤德的儒者。后人因为文章,把韩愈列为唐宋八大家之首,尊崇韩愈,其实韩愈比王通差远了。"

就儒学成就,韩愈跟王通不好比。不过,后世儒生对韩愈的尊崇,也并非是因为他的文章,而是他对复兴儒学所做的贡献。他的文章,不仅天下第一,而且能保持一千年天下第一,所以他有巨大的影响力。他以他巨大的影响力,呼吁接续中国的道统,一篇《原道》,学术研究水平虽不能和王通相提并论,但流传千古。在儒学式微,释道盛行之际,韩愈力辟佛老,致力于复兴儒学,取得了极大成功。他所倡导的古文运动,也是复兴儒学的重要手段。韩愈对儒学复兴的贡献,是王通一生学问的也不能相比的。所以在程朱等宋儒再续儒家道统的时候,在韩愈所列的尧、舜、禹、汤、文、武、周公、孔、孟之后,他们越过汉儒,独尊韩愈,以韩愈为孔孟之后的符号性人物。我们今天再来看,韩愈之后便是"二程"、朱熹,朱熹之后是王阳明。王阳明之后,就没有这个级别的人物了。

王阳明说韩愈比王通差远了,是纯就儒学的学术而论。因为韩愈不是学术家,而王通是大儒、大学术家。

原文

爱问:"何以有拟经之失?"

先生曰:"拟经恐未可尽非。且说后世儒者著述之意,与拟经如何?"

爱曰:"世儒著述,近名之意不无,然期以明道,拟经纯若为名。"

先生曰:"著述以明道,亦何所效法?"

曰:"孔子删述《六经》以明道也。"

先生曰:"然则拟经独非效法孔子乎?"

爱曰:"著述即于道有所发明。拟经似徒拟其迹,恐于道无补。"

华杉详解

徐爱问:"那他怎么会做出仿作经书这样的事呢?"

徐爱问的,就是王通模仿孔子"六经"作"王氏六经"的事。王通以学问自雄,以"王孔子"自称,把孔子的"六经"研究透了,光写注解来讲解不过瘾,干脆自己重写了一部。这样大家自然就看他不爽了:你算老几?还重写"六经"?

王阳明说:"仿作经书,也不能一概否定吧?那后世儒者写那么多著作,和王通仿作经书又有什么区别呢?"

徐爱说:"后世儒者,写作出版,当然也有追求名声的私心,但目的还是明道。王通仿作经书,就纯粹是为了求名。"

王阳明问:"那么你说那些著书立说以明道的,他们效法谁呢?"

徐爱说:"孔子删减编辑'六经',就是为了阐明圣贤之道,他们效法的是孔子。"

王阳明说:"那仿作经书,不也是效法孔子吗?"

徐爱说:"著书立说,写注讲解,把圣贤之道立在那里,又结合时代语境和自己的体会,有所发明,这是明道。而仿作经书呢,是东施效颦,模仿圣人口气行迹,恐怕对圣贤之道没有什么贡献吧?"

为往圣继绝学,最忌讳添加"自己的观点"

原文

先生曰:"子以明道者,使其反朴还淳而见诸行事之实乎?抑将美其言辞,而徒以诪诪于世也?天下之大乱,由虚文胜而实行衰也。使道明于天下,则《六经》不必述。删述《六经》,孔子不得已也。自伏羲画卦,至于文王、周公,其间言《易》,如

《连山》《归藏》之属，纷纷籍籍，不知其几，《易》道大乱。孔子以天下好文之风日盛，知其说之将无纪极，于是取文王、周公之说而赞之，以为惟此为得其宗。于是纷纷之说尽废，而天下之言《易》者始一。《书》《诗》《礼》《乐》《春秋》皆然。《书》自'典谟'以后，《诗》自'二南'以降，如《九丘》《八索》，一切淫哇逸荡之词，盖不知其几千百篇。礼乐之名物度数，至是亦不可胜穷。孔子皆删削而述正之，然后其说始废。如《书》《诗》《礼》《乐》中，孔子何尝加一语？今之《礼记》诸说，皆后儒附会而成，已非孔子之旧。至于《春秋》，虽称孔子作之，其实皆鲁史旧文。所谓'笔'者，笔其旧；所谓'削'者，削其繁，是有减无增。孔子述《六经》，惧繁文之乱天下，惟简之而不得，使天下务去其文以求其实，非以文教之也。春秋以后，繁文益盛，天下益乱。始皇焚书得罪，是出于私意，又不合焚《六经》。若当时志在明道，其诸反经叛理之说，悉取而焚之，亦正暗合删述之意。自秦、汉以降，文又日盛，若欲尽去之，断不能去。只宜取法孔子，录其近是者而表章之，则其诸怪悖之说亦宜渐渐自废。不知文中子当时拟经之意如何，某切深有取于其事，以为圣人复起，不能易也。天下所以不治，只因文盛实衰，人出己见，新奇相高，以眩俗取誉。徒以乱天下之聪明、涂天下之耳目，使天下靡然，争务修饰文词以求知于世，而不复知有敦本尚实，反朴还淳之行。是皆著述者有以启之。"

华杉详解

王阳明说："你认为阐明圣贤之道，是使得道理返璞归真，见之于日用常行的实际行动呢，还是用美艳的言辞哗众取宠呢？天下之大乱，都是因为空洞的虚文盛行，而切实的行为衰退了。如果圣贤之道能彰明于天下，那孔子也不用删述六经了。删述六经，是孔子不得已而为之。

"伏羲画出八卦，奠定了《易经》的基础。周文王被纣王幽禁时，演绎八卦为六十四卦，并写作卦辞。周公又根据前人所注，写成爻辞。这是《易经》的发展脉络。但是，在这之间，夏代有《连山》，商代有《归藏》，都是《易经》的不同版本,纷纷扰扰,版本众多,说法混乱,令人不知所从。孔子看到天下好文之风越来越盛,人人都想搞点自己的说法,《易经》的解说没完没了,于是他就取文王、周公的版本加以阐发,确立为《易经》的正宗。这样,其他各种混乱的说法才消停了,《易经》的解说标准被确立下来。

"另外五经,《书》《诗》《礼》《乐》《春秋》也都是这样。《尚书》在二典三谟,也就是《尧典》《舜典》《大禹谟》《皋陶谟》《益稷谟》之后,《诗经》在《周南》《召南》之后,像《九丘》《八索》这样浮夸淫荡的文章诗歌,不知道有几千几百篇。《礼经》《乐经》当中关于礼乐的各种名目、物件、规则等,也不可胜数,孔子对这些都进行了删减、订正,把那些多余繁杂的说法废弃了。对《尚书》《诗经》《礼经》《乐经》,孔子只有删减,自己没有增加一个字。而今天我们读的《礼记》,那是后儒附会而成,已经不是孔子的原文了。

"至于《春秋》,虽说是孔子所作,实际上也是鲁国本来就有的史书,孔子只是'笔削'之。笔,是抄录其旧文;削,是削减其繁复,所以也是有减无增。

"孔子述'六经',是怕繁复之文乱了天下正道文章。他知道简易、明白很难做到,要使天下人去其繁文而求其实质,而不是用文辞来教化天下。《春秋》之后,繁文越来越盛,天下思想越来越乱。秦始皇焚书坑儒,得罪了天下士人,他固然有他的私心,而且不该把'六经'也给烧了。但是,如果他志在阐明圣贤之道,把那些离经叛道的书拿来烧了,那倒是正合孔子删述之意,去芜存菁。

"自秦汉之后,崇尚文辞之风又盛行起来,就算想把它们都清除,那也清除不了!只能效法孔子,把那些接近正确的抄录下来,加以宣传表彰,让良币驱逐劣币,那些奇谈怪悖之论就会自然淘汰。我不知道王通当时仿作六经是怎么想的,但我却深深地理解和赞同他的做法,我想即便圣人重生,也会像他那样做吧!天下之所以得不到好的治理,就是因为惑世的虚文盛行,而切实的行动衰落。个个都要拿出点'自己的观点',新奇的观点竞相高下,以眩惑人的耳目、沽名钓誉。这只能混淆天下人的视听,使得天下糜乱相争,争相以修辞来求出名,而不知道还有实事求是、返璞归真的做法。这都是那些著书立说、阐述经典的人所开启的风气!"

王阳明所论,对前人的思想文字只减不增,是一个重要的学术原则。既然是阐述先贤之道，觉得繁复的地方可以删减，但是一定不能自己补充，不要加进"自己的观点"，这样才能把先贤之道传下去。

但是人们为什么要加进自己的观点呢？主要是因为三个心——胜心、虚荣心、别有用心。

什么是胜心？王阳明说："其说本已完备，非要另立一说以胜之。"前人已经耕耘过的领域，学术结论已经止于至善，他非得搞个新说法，说什么这个理论过时了，现在是什么时代了。

虚荣心呢？就是老想有"自己的东西""自己的观点"。儒家说："善为天下公。"真理只有一个，不是你的，也不是我的，而是天下所公有的，所以没有什么"自己的东西""自己的观点"。如果一个观点仅仅是你自己的，那肯定是错的。

《春秋》不写罪行过程，就没人跟着学坏

原文

爱曰："著述亦有不可缺者，如《春秋》一经，若无《左传》，恐亦难晓。"

华杉详解

徐爱看老师对著述解说圣人经典持否定意见，有些不理解，就说："著述解说，也有不可或缺的吧？就拿《春秋》来说，如果没有《左传》做参考书，根本读不懂！"

《左传》，就是《春秋左氏传》，相传是春秋时鲁国史官左丘明所作，以解释《春秋》，把《春秋》书中所涉及的史实叙述详尽。所以徐爱认为，要理解《春秋》，就需要参考《左传》。

徐爱此说，我也有共鸣，因为我自己就做著述、讲解圣人经典的工作。之前研究《孙子兵法》，如果没有"十一家注"，根本读不懂。之后写《华杉讲透〈论语〉》，也是参考朱熹、张居正、刘宝楠的注解，以及钱穆、杨伯峻的

白话文翻译，才能写成。

不过，王阳明的回答，是另一个角度。

原文

先生曰："《春秋》必待《传》而后明，是歇后谜语矣。圣人何苦为此艰深隐晦之词？《左传》多是鲁史旧文。若《春秋》须此而后明，孔子何必削之？"

华杉详解

王阳明说："如果读《春秋》，一定要参考《左传》才能读懂，那就变成猜歇后谜语了。那《春秋》都是微言大义，清楚明白，圣人何苦要给你搞得艰深隐晦呢？那《左传》的内容，大多是鲁史旧文，孔子著《春秋》，就是从那儿笔削删减而来。《左传》又给他加回去，那当初孔子又何必删减编辑呢？"

原文

爱曰："伊川亦云：'传是案，经是断。'如书弑某君、伐某国，若不明其事，恐亦难断。"

华杉详解

徐爱说："伊川先生程颐也说：'《左传》就好比一件件案子，《春秋》呢，就是对案子的裁断。'如果就写三个字，弑某君，伐某国，读者也判断不了。"

徐爱问的，正是孔子著名的"春秋笔法"，微言大义，就写个"弑某君"，一个"弑"字，就给你定罪了。但不具体写事情经过。所以徐爱说要读《左传》，才知道那案子是怎么回事，才能了解是非曲直，才能断。

而孔子的写作理念，恰恰是要把那过程删除，不要你了解！

原文

先生曰："伊川此言，恐亦是相沿世儒之说，未得圣人作经之意。如书'弑君'，即弑君便是罪，何必更问其弑君之详？征伐当自天子出，书'伐国'，即伐国便是罪，何必更问其伐国之详？圣人述《六经》，只是要正人心，只是要存天理、去人欲。于存天理、去人欲之事则尝言之。或因人请问，各随分量而说。亦不肯多道，恐人专求之言语。故曰'予欲无言'。若是一切纵人欲、灭天理的事，又安肯详以示人？是长乱导奸也。故孟子云：'仲尼之门，无道桓、文之事者，是以后世无传焉。'此便是孔门家法。世儒只讲得一个伯者的学问，所以要知得许多阴谋诡计，纯是一片功利的心，与圣人作经的意思正相反，如何思量得通？"

因叹曰："此非达天德者未易与言此也！"

华杉详解

王阳明说："程颐老师说这话，恐怕也是跟着大家人云亦云，没有深刻理解孔子著《春秋》的理念。比如写某某人'弑君'，那弑君就是大罪，何必问他的详细过程？礼乐、征伐，是天子的权力，如果说某诸侯'伐国'，擅自攻打别的诸侯国，那便是大罪，又何必去问他怎么伐的呢？"

王阳明认为，孔子的理念是不写具体罪行过程。因为好人读了也不增加什么教益，好人只要知道那事不能干就行了；而详细的讲解给坏人读了，就会更让他学坏。一些连环杀手，不都是跟着电影、小说、新闻案件报道有样学样吗？所以现代新闻伦理，对一些犯罪过程不大肆猎奇宣扬，也是这个道理。

"圣人删述'六经'，是要正人心，是要存天理、去人欲。对于存天理、去人欲，孔子也曾经说过，要等有人具体来问的时候，根据对方的心智情况，因人而异地进行讲解。而且他也不肯多说，怕人不切己体察，只是专门来求些说法，道听途说，误人子弟。所以孔子说：'哎呀！我真是不想说话！'因为你知道自己说了什么，却不知道他听了你的话之后会想什么。他往往会根据自己的喜好挑拣曲解，到头来还说是跟你学的。所以，这存天理、灭人欲的事，孔子都不想多说，那'纵人欲，灭天理'的事，他还会去跟人津津乐道吗？那是一个字都不想说！因为说了就是长乱导奸、教人学坏。

"齐宣王问孟子：'齐桓、晋文之事，可得闻乎？'就是问孟子能不能给他讲讲齐桓公、晋文公称霸的事迹。孟子回答说：'仲尼之徒无道桓、文之事，是以后世无传焉。臣未之闻也。无以，则王乎？'孔子门生不讨论齐桓、晋文的事，所以没有传下来，我也没有听说过。霸道我不懂。您要问，我就给您讲讲王道吧！

"这就是孔门的家法，孟子的态度。现在的儒者，只是讲解霸者的学问，所以就要去了解很多阴谋诡计。这全都是功利之心，与孔子删述六经的宗旨背道而驰，他们怎么能够想得明白呢？"

孔子不是历史作家，他著《春秋》，和司马迁写《史记》，或司马光写《资治通鉴》，理念目的不一样。司马迁是要著史，好事坏事都要写清楚。司马光是要资治，亲贤臣、远小人，好人坏人都要剖析辨别明白。而孔子呢，他是要正人心，所以坏事一概不说，最好都不要传下来，这样就没人知道可以怎么使坏。

王阳明叹息道："孔子这番苦心，除非是与天同德的人，否则没法理解这些道理，你也没法跟他说！"

原文

又曰："孔子云：'吾犹及史之阙文也。'孟子云：'尽信《书》，不如无《书》，吾于《武成》取二三策而已。'孔子删《书》，于唐、虞、夏四五百年间，不过数篇，岂更无一事，而所述止此？圣人之意可知矣。圣人只是要删去繁文，后儒却只要添上。"

华杉详解

王阳明又说："孔子说：'我还看到史书上有存疑而未记录的地方。'孟子也说：'如果对《尚书》上的记载都完全相信，那还不如不看《尚书》。一部《尚书》，我也不过在《武成》这一篇里取两三卷来研读而已。'孔子删减编辑《尚书》，对尧舜到夏朝四五百年间的事，也不过就挑选几篇，这难道是没有更多的事情可以记述了吗？但他就只记那么几件事，圣人的用意，应该可以理解了。圣人只是要删去繁文，可现在的后儒，却又要把它填补回去。"

原文

爱曰:"圣人作经,只是要去人欲、存天理。如五伯以下事,圣人不欲详以示人,则诚然矣。至如尧舜以前事,如何略不少见?"

华杉详解

徐爱问:"圣人作经的目的,是要正人心、去人欲、存天理,所以春秋五霸的事,圣人不希望后人详细了解。这个心意我懂了。但是,对尧舜之事,怎么也记得那么少呢?"

原文

先生曰:"羲、黄之世,其事阔疏,传之者鲜矣。此亦可以想见其时全是淳庞朴素、略无文采的气象。此便是太古之治,非后世可及。"

华杉详解

王阳明说:"哎呀!这又是另一回事!那伏羲、黄帝之世,太久远了!事迹已十分模糊,传下来的自然就少。不过,这也可以想象,那是民风淳朴,没有浮夸文饰的风气,这就是上古时代的社会状况,不是后世所能比拟的。"

原文

爱曰:"如《三坟》之类,亦有传者,孔子何以删之?"

华杉详解

《三坟》,相传是伏羲、神农、黄帝之书。

徐爱打破砂锅问到底:"太古之治那么好,那记载伏羲、神农、黄帝事迹的《三坟》,当年也传下来了,孔子为什么把它也删了呢?"

原文

先生曰:"纵有传者,亦于世变渐非所宜。风气益开,文采日胜，至于周末，虽欲变以夏、商之俗，已不可挽，况唐、虞乎？又况羲、黄之世乎？然其治不同，其道则一。孔子于尧舜则祖述之，于文武则宪章之。文武之法，即是尧舜之道。但因时致治，其设施政令，已自不同。即夏、商事业，施之于周，已有不合。故'周公思兼三王，其有不合，仰而思之，夜以继日'。况太古之治，岂复能行？斯固圣人之所可略也。"

华杉详解

王阳明说："即使有传下来的，也与世道的变迁有所不合了。社会风气日开，文采日胜，到了周朝末年，要想恢复夏朝、商朝的风俗已经不可能了，更何况回到伏羲、黄帝之世呢？但是，各个时代治国理政的礼法虽有所不同，其道理却是一样的。孔子说他的道统是'祖述尧舜，宪章文武'，文、武之法，就是尧舜之道。与时俱进，因时设治，所施的教化和政令各有不同。即便把夏、商时代的制度放在周朝推行，也已经不合时宜了。所以周公对于大禹、商汤及周文王的制度都有研究，遇到与时代违和的就夜以继日地反复思考。更何况是上古时代的典章制度，怎么还能够施行呢？所以圣人就略去不记了。"

这事《论语》里孔子说过："夏礼吾能言之，杞不足征也。殷礼吾能言之，宋不足征也。文献不足故也，足则吾能征之矣。"杞国，是夏禹的后代。宋国，是商汤的后代。孔子说："夏朝的礼制我大概能说出来，但杞国的现状不足以为证。商汤的礼制我大概也能说出来，但宋国的现状不足以为证。因为文献遗失，没有了。如果有文献，我还能确认是否准确。"

夏禹、商汤之治，孔子都找不到文献了。估计《三坟》也只是传说，不能说是孔子把它删除的。

孔子又说："周监于二代，郁郁乎文哉！吾从周。"夏商二代的礼制虽然不清楚了，但是周朝的礼制，是从夏商二代传承下来的，又与时俱进，加以损益，蔚然大观，所以孔子推崇周礼！这就是"祖述尧舜，宪章文武"的由来，这是国家的道统。

原文

又曰："专事无为，不能如三王之因时致治，而必欲行以太古之俗，即是佛老的学术。因时致治，不能如三王之一本于道，而以功利之心行之，即是伯者以下事业。后世儒者，许多讲来讲去，只是讲得个伯术。"

华杉详解

先生又说："只采取无为而治的措施，不能够像大禹、商汤、周文王那样与时俱进，因时致治，非要回归上古时期小国寡民的风俗，那是佛家、道家的学术。如果能因时致治，但不能像大禹、商汤、周文王那样本于大道，而是出于功利的心态来治理，那就是春秋五霸的事业了。后世的儒者讲来讲去，也只是得个霸道而已。"

夏商周三代，是中国文明的样板

原文

又曰："唐、虞以上之治，后世不可复也，略之可也。三代以下之治，后世不可法也，削之可也。惟三代之治可行。然而世之论三代者，不明其本而徒事其末，则亦不可复矣。"

华杉详解

王阳明又说："尧、舜以前的治理，后世不可能恢复，因此可以略去不记。夏商周三代以后的政治，后世不可能效法，因此也可以删减。唯有三代之治是可以施行的。但是现在那些讨论三代之治的学者，已经不明白三代之治的根本，而只是去钻研那些细枝末节，这样三代之治也不可能恢复了！"

夏商周三代，是中国文明的样板，领导人的典范，夏禹、商汤、文、武、周公，都是在那时候出现的，周公更是中国文明和礼仪的奠基人，所以孔子也要"梦周公"。那个时候，历史充满活力，也有很多思想的营养；可到了秦朝焚书坑儒之后，就越来越走向禁锢和腐化，一直到清朝也没有什么进步。所以历代知识分子，在现实里都看不到希望，于是只能反反复复说三代之治，托古言今。

原文

爱曰:"先儒论《六经》,以《春秋》为史。史专记事,恐与《五经》事体终或稍异。"

华杉详解

徐爱问:"先儒说到'六经',认为《春秋》是史书。史书是记事的,恐怕和其他'五经'的题材体例不同吧?"

徐爱问的,就是我们现在说的"经史子集"。所谓《四库全书》,就是"经史子集"这四类,是对中国古籍的标准分类。经,是讲义理的;史,是历史;子,是诸子百家;集,是诗词、歌赋、小说等的文学作品。

"六经"是指《诗经》《尚书》《礼经》《易经》《乐经》《春秋》。现在我们说"四书五经",是因为其中《乐经》已失传,所以只剩下"五经"。

不过徐爱这里说的"五经",不是"四书五经"的"五经",而是指除了《春秋》之外的《诗》《书》《礼》《乐》《易》这五经。因为《春秋》是史书,所以徐爱认为它似乎不应该列在"经部",而应该列在"史部"。

徐爱这是钻牛角尖,照他这么说,《诗经》恐怕也不能列在"经部",而要列到"集部"去了,因为它是一部诗集!

原文

先生曰:"以事言,谓之史;以道言,谓之经。事即道,道即事。《春秋》亦经,《五经》亦史。《易》是包牺氏之史,《书》是尧舜以下史,《礼》《乐》是三代史。其事同,其道同,安有所谓异?"

华杉详解

王阳明回答说:"从记事的角度来说就是史,从论道的角度来说就是经。事就是道,道就是事。所以《春秋》也是经,要说它是史书,其他几本经书也都是史书。《易经》是伏羲时的史书,《尚书》是尧舜以后的史书,《礼经》《乐经》是夏商周三代的史书。同样都是记载那些事,都是为了承载那些道,怎么会有所谓的区别呢?"

《春秋》是经还是史，实际上在徐爱之前问老师的问题中已经有了答案，就是在讨论《春秋》和《左传》的时候。既然"伊川亦云：《传》是案，《经》是断"，那当然《春秋》是经，《左传》则更接近于史。但在经史子集的分类里面，《左传》也在经部呢！

原文

又曰："《五经》亦只是史。史以明善恶，示训戒。善可为训者，特存其迹以示法；恶可为戒者，存其戒而削其事以杜奸。"

华杉详解

王阳明又说："'五经'也都是史书。史书的目的是辨明善恶，将经验教训告诉世人。那些可以作为示范的善行，就把它详细地记录，供人效法。那些可以作为教训的劣迹，就记录它的教训，而删去具体的细节，以免人们跟着学坏。"

原文

爱曰："存其迹以示法，亦是存天理之本然。削其事以杜奸，亦是遏人欲于将萌否？"

华杉详解

徐爱问："保存善行的具体事迹以让后世效法，这是存养天理之当然。删削恶行的细节以防止人模仿，这是为了将人欲遏制在将要萌芽的时候吗？"

原文

先生曰："圣人作经，固无非是此意，然又不必泥着文句。"

华杉详解

王阳明回答说："孔子删削编辑六经，当然就是这个用意。但是你也不必拘泥于具体的某句话。"

王老师已经发觉，徐爱同学太能钻牛角尖了。但是徐爱还要接着钻。

原文

爱又问:"恶可为戒者,存其戒而削其事以杜奸,何独于《诗》而不删《郑》《卫》?先儒谓'恶者可以惩创人之逸志',然否?"

华杉详解

徐爱又问:"既然对于作为教训的恶行,要保留教训而删去具体行为细节,以杜绝后世的模仿。那《诗经》里面为什么不把《郑风》《卫风》删除呢?是不是因为先儒说的'把恶行示众,可以让人引以为戒,不要放荡了散漫放逸的心志'呢?"

"恶者可以惩创人之逸志",这句话是朱熹在注解《论语·为政篇》时说的。《论语》的原文是:

子曰:"诗三百,一言以蔽之,曰'思无邪'。"

朱熹注解说:"凡诗之言,善者可以感发人之善心,恶者可以惩创人之逸志,其用归于使人得其情性之正而已。"意思是,《诗经》里的诗句,好的,可以感发人的善心;坏的,可以让人引以为戒,不要放逸了自己的心志。总之都是要人归于性情之正。

原文

先生曰:"《诗》非孔门之旧本矣。孔子云:'放郑声,郑声淫。'又曰:'恶郑声之乱雅乐也。''郑卫之音,亡国之音也。'此是孔门家法。孔子所定三百篇,皆所谓雅乐,皆可奏之郊庙、奏之乡党,皆所以宣畅和平、涵泳德性、移风易俗,安得有此?是长淫导奸矣。此必秦火之后,世儒附会,以足三百篇之数。盖淫泆之词,世俗多所喜传,如今闾巷皆然。恶者可以惩创人之逸志,是求其说而不得,从而为之辞。"

华杉详解

王阳明说:"我们今天的《诗经》,肯定已经不是孔子定稿的旧本了。孔子说过:'要远离郑国的音乐,因为郑国音乐太淫糜。'又说:'我很厌恶郑国的音乐扰乱了雅乐。''郑国、卫国的音乐,都是亡国之音。'这是孔子一门的家法。孔子所定的三百篇,都是雅乐,都是可以在祭祖的时候,或者在乡村演奏的,都可以让人心志平和,涵养德性,移风易俗。孔子又怎么会保留郑、卫之风在《诗经》里呢?这不是滋长淫糜、倡导奸邪吗?这一定是秦始皇焚书坑儒之后,以前孔子定的版本被烧掉了。世间的宿儒,为了补足三百篇之数而穿凿附会填补进去的。那淫逸之词,民间本来就喜欢传唱,所以街头巷尾都是。朱熹说保留坏的,可以让人引以为戒,只是因此事没法解释清楚,生拉硬扯这么说罢了。"

《郑风》《卫风》有多"淫"呢?现在来看,也没什么淫,就是些"巧笑倩兮,美目盼兮"之类,讲男女情爱的歌曲。

原文

徐爱跋

爱因旧说汩没,始闻先生之教,实是骇愕不定,无入头处。其后闻之既久,渐知反身实践,然后始信先生之学为孔门嫡传,舍是皆傍蹊小径、断港绝河矣。如说"格物"是"诚意"的工夫,"明善"是"诚身"的工夫,"穷理"是"尽性"的工夫,"道问学"是"尊德性"的工夫,"博文"是"约礼"的工夫,"惟精"是"惟一"的工夫。诸如此类,始皆落落难合,其后思之既久,不觉手舞足蹈。

右曰仁所录。

华杉详解

徐爱后记

我因为沉浸在程朱理学中的时间太长了,刚开始听闻先生的教导,真的是惊愕不定,茫然没有头绪。后来受先生教导久了,渐渐知道要放在自己身上躬行实践,然后才相信先生的学问,才是真正孔门的嫡传,除此之外,都是旁门左道，断港绝河。比如说格物是诚意的功夫，明善是诚身的功夫，穷理是尽性的功夫，道问学是尊德性的功夫，博文是约礼的功夫，惟精是惟一的功夫。诸如此类的说法，一开始时都觉得难以领会；但思考得久了，便会有所领悟，不觉手舞足蹈。

以上是徐爱所录。

《传习录》徐爱所记录的第一部分，就是这些了。下面开始学习另一位同学陆澄的笔记。

学习第一是立志，事业第一也是立志

原文

陆澄问："主一之功，如读书则一心在读书上，接客则一心在接客上，可以为主一乎？"

先生曰："好色则一心在好色上，好货则一心在好货上，可以为主一乎？是所谓逐物，非主一也。主一是专主一个天理。"

华杉详解

陆澄，字原静，进士，官至刑部主事。王阳明曾经叹曰："曰仁殁，吾道益孤，致望原静者不浅。"徐爱英年早逝后，王阳明就将弘扬心学的期望寄托于陆澄。

陆澄问："专注于一之功，比如读书就一心在读书上，待客就一心在待客上，这是否就是专一的功夫呢？"

王阳明回答说："好色就一心在好色上，贪财就一心在贪财上，这也是专一功夫吗？这不过是追逐外物罢了，不是专一。专一，只是一心专注于天理。"

这又是在讨论"惟精惟一"的功夫。我们在管理学上也说"做事要始终服务于终极目的"。**读书只是手段，不是目的。目的是求道，所以读书的专一功夫，应该是专注于求道。**

宋儒谢良佐拜见大程程颢，讨论史书，谢良佐引用背诵，不差一字，自己觉得很得意。程颢讽刺他说："你倒是背得不少啊，真是玩物丧志！"谢良佐顿时汗流浃背。

有弟子问过王阳明：我读书总是记不住怎么办？王阳明说："哪个要你记得？你若记得，未必晓得。你若晓得，不必记得。"

这两个故事，都是讲读书专一的道理。

原文

问立志。

先生曰："只念念要存天理，即是立志。能不忘乎此，久则自然心中凝聚。犹道家所谓'结圣胎'也。此天理之念常存，驯至于美、大、圣、神，亦只从此一念存养扩充去耳。"

华杉详解

陆澄问如何立志。这是个大问题。

学习第一是立志。

比如人人都想学习，都愿意学习，但是不知道自己的志向是什么，就胡乱听课学习，今天学点经济学，明天学点哲学，后天学点音乐，大后天学鉴赏诗词……**如此没有志向，没有目标，就会把学习搞成"陶冶情操"，没有上面所说的"主一之功"。**

事业也要首先立志。

比如我们现在都说，"成功来自专注、坚持"。这个道理似乎人人都懂，但用王阳明知行合一的标准来说，其实人人都不懂，我们只是晓得有专注、坚持这个说法，却不是真懂得什么叫专注、坚持。

专注、坚持的人，他是专注、坚持于自己的志向。因为志有定向，所以才能知止，行为才有边界，才能勇往直前。他不是因为"专注、坚持才能成功"而专注、坚持，而是因为他的志向就在那个方向，所以他目不斜视。坚持就是志向，而不是"坚持就是胜利"，如果惦记着"胜利"，那肯定坚持不下去。所以任何关于坚持的教诲，老师都要强调"不求效验"。

这就是专注、坚持的原理，在于立志。

王阳明回答说："只要心里念念存养天理，就是立志。能够不忘记这一点，久而久之，自然心思凝聚，这就像道家说的'结圣胎'。这天理之念常存于心，驯养自己，达到'美大圣神'的境界，也只是从起初的念头，不断存养并扩充开去罢了。"

"美大圣神"出自《孟子·尽心章句下》：

> 可欲之谓善，有诸己之谓信，充实之谓美，充实而有光辉之谓大，大而化之之谓圣，圣而不可知之之谓神。

"可欲之谓善"。可欲，是让人喜爱。朱熹注解说：天下之理，那善的，必让人喜爱；那恶的，必让人觉得可恶。让人喜爱，这就可以说是个善人了。

"有诸己之谓信"。朱熹注解说："凡所谓善，皆实有之，如恶恶臭，如好好色，则可谓信人矣。"张居正说，好善恶恶，都是有生以来真真实实的念头，没有一丝虚假，如果那人躬身实践，没有一点自欺欺人，实实在在落实到心里、落实到自己身上，没有一点矫饰，那他的实心实行，就是信人。

"充实之谓美"。朱熹注解说："力行其善，至于充满而积实，则美在其中而无待于外矣。"

张居正说：你的善信虽然实有，但蓄积还不够充实，就还不足以为"美"。唯有真积日久，而悉有众善，那方寸之中，充满快足、无少间杂，则章美内含，不徒以一善成名而已，这才叫作"美"，才是有美德的人。

这是一个"量变"的过程。积善、积信、积德，你要时时刻刻有意识地去积，万事都是积累而成，比如成功是积累而成，美德也是积累而成。

量变之后是质变，"美人"成为"大人"——"充实而有光辉之谓大"。

朱熹注解说："和顺积中，而英华发外；美在其中，而畅于四肢，发于事业，则德业至盛而不可加矣。"大人物，德业大，事业也大。

再往上修养——"大而化之之谓圣"。

朱熹注解说："大而能化，使其大者泯然而无复可见之迹，则不思不勉，从容中道，而非人力所能为矣。"这是大到包容天下，看不见了。没有看见他思考，也没有勉励、勉强自己，自然而然，就不偏不倚，无过不及，从容中道，一点毛病都没有，完美无缺，这不是人力所能为的，这就是圣人了。

张居正说，没看见他修养身心的努力，而他的美德日日自新；没有看见他有所作为，而能成就伟大的事业。事业总有人去做啊，没看见他去做，都是大家在做，他已经从成就自己，走向成就他人了。

赵歧说："大行其道，使天下化之，是为圣人。"这是厚德载物，化育天下。就是能感化、教化全天下的人。

张载说："大可为也，化不可为也，在熟之而已矣。"大，大行其道，这是可以做的。化，什么行迹也没有，却能教化天下，这怎么做？这是不可为的，做不到的，只有你努力去"大"，它才能自然到那"化"的境界。

圣人还没到顶，因为还是人嘛。所以更高一级的，就是成为神——"圣而不可知之之谓神"。

既然是神，咱也不可知，就不解了。

美大圣神，这是存养、扩充的进阶次序：善、信、美、大、圣、神。

看看你走到哪一级。

原文

日间工夫，觉纷扰，则静坐；觉懒看书，则且看书。是亦因病而药。

华杉详解

王阳明说："如果白天用功时，觉得受到干扰，就静坐吧。如果觉得懒得看书，那就拿本书来看，这也是对症下药。"

这个我还真有体会。我每日写作，有时候不想写，那就开始写。一写，就钻进去了，这叫对症下药。

原文

处朋友，务相下，则得益，相上则损。

华杉详解

王阳明说："与朋友相处，务必相互谦让，处处觉得朋友比自己强，愿意朋友比自己过得好，这就是益友。如果相互攀比，务要胜人一筹、压人一头，那就是损友。"

要学习，先改掉阻碍进步的坏毛病

原文

孟源有自是、好名之病，先生屡责之。一日，警责方已，一友自陈日来工夫请正。源从旁曰："此方是寻着源旧时家当。"

先生曰："尔病又发。"源色变，议拟欲有所辨。

先生曰："尔病又发。"因喻之曰，"此是汝一生大病根！譬如方丈地内，种此一大树，雨露之滋，土脉之力，只滋养得这个大根。四旁纵要种些嘉谷，上面被此树叶遮覆，下面被此树根盘结，如何生长得成？须用伐去此树，纤根勿留，方可种植嘉种。不然，任汝耕耘培壅，只是滋养得此根。"

华杉详解

孟源，是王阳明的学生，有自以为是、爱好虚名的毛病，经常被王阳明批评。这一天正批评他呢，又来了一位学友，跟先生陈述自己近来修养的心得体会，请老师指正。孟源在旁边听了，说："嘿！你这是刚刚达到我之前修养的境界！"

王阳明劈头盖脸就骂他："你病又犯了！"

孟源脸色通红，就要辩解。

王阳明接着又追了一句："你病又犯了！"接着晓谕他说，"这就是你的病根！比如这方圆一丈的地里，种了一棵大树，雨露滋润，土壤栽培，只是滋养这棵大树的树根。如果你要在树下种庄稼，这上面的阳光雨露被树叶遮盖，下面的土壤营养被树根汲取，这庄稼如何长得成？必须把这大树伐去，树根都给它拔得一干二净，才能种庄稼。不然，任你如何耕耘栽培，只是滋养那树根罢了。"

大树底下不长草，若是心里有一棵自是好名的大树，什么东西都学不进去。只有伐掉那毛病，才能开始学习。

原文

问："后世著述之多，恐亦有乱正学？"

先生曰："人心天理浑然，圣贤笔之书，如写真传神，不过示人以形状大略，使之因此而讨求其真耳；其精神意气，言笑动止，固有所不能传也。后世著述，是又将圣人所画，摹仿誊写，而妄自分析加增，以逞其技，其失真愈远矣。"

华杉详解

陆澄问："后世的著述汗牛充栋，恐怕也有乱了正学本意的吧？"

王阳明回答说："圣人之心，和天理浑然一体，圣贤把它写进书里，就像给人画像一样，只是给人看一个大概轮廓，让人根据这个来探求真理。那说话时的精神气质，音容笑貌，说话口气，一静一动，是没法传下来的。后世的人著书立说，去解释圣人经典，是把圣人画的那一张画，临摹誊写，又妄加分析添加，擅自发挥，显他自己学识本事，那就越扯越远，越来越失真了。"

这是个语言学问题，说话传达的信息，语言本身只能占25%，语境占75%。语境包含的信息很复杂，包括对话者的身份，当时的情景和整个社会的历史文化语境等。比如孔子每一个对话，都是根据提问者的个人情况和他能理解的程度来说的，有时下猛药，有时只下一个药引子，没有哪一次是"标准答案"。

那后世的人要想学习，99%的人没法读原著，甚至可以说，100%的人都没法读原著，就算王阳明学四书，他也要从郑玄、朱熹等先贤的注本学起，慢慢地才积累出自己的理解。

我们今天学习儒家思想，也要看跟谁学，要跟那些老老实实继承先贤思想的人学，不要跟那些自是好名、自成一说的人学。在我自己学习的时候，就是选择朱熹、张居正、王阳明、曾国藩、刘宝楠、焦循这几位老师，作为学习标准。

原文

问:"圣人应变不穷,莫亦是预先讲求否?"

先生曰:"如何讲求得许多?圣人之心如明镜。只是一个明,则随感而应,无物不照。未有已往之形尚在,未照之形先具者。若后世所讲,却是如此,是以与圣人之学大背。周公制礼作乐,以文天下,皆圣人所能为,尧舜何不尽为之,而待于周公?孔子删述《六经》以诏万世,亦圣人所能为,周公何不先为之,而有待于孔子?是知圣人遇此时,方有此事。只怕镜不明,不怕物来不能照。讲求事变,亦是照时事。然学者却须先有个明的工夫。学者惟患此心之未能明,不患事变之不能尽。"

华杉详解

陆澄问:"圣人随机应变以至于无穷,莫非是事先都研究过?"

陆澄的意思是,圣人是不是万事都有预案,什么事发生了要怎么处理,都演习过。

王阳明回答说:"那里能够预先研究那么多事?圣人之心,就像一面明镜,只是一个'明'字。因为这镜子明亮,事物出现,就有映照,就知道该怎么办。那东西没来,就没有映照。镜子过去所照的东西不会留在镜子里,没有发生的事情也不会在镜子里预先有影像。这是后世儒者的说法,和圣人之学相悖。"

王阳明说的这个道理,就是致良知,良知良能。如陆九渊说:"我在那无事时,只是一个无知无能的人。而一旦到那有事时,我便是一个无所不知、无所不能的人。"

我们的毛病,就是总在为"以后我怎么办"焦虑。未来不可知,我们也无法对未来万事都有预备。能预备的,只是自己的智慧和能力;而智慧和能力,来自多读书。多读书,多读历史。

王阳明接着说:"周公制定礼乐以教化世人,这是任何一个圣人都能做到的事。尧舜为什么不先把这事完成,还留给周公呢?孔子删述六经,以诏明万世,这事周公也能办,他为什么要把这工作留给孔子呢?因为圣人遇到那时代,才有那事务。

"人只怕自己的镜子不明亮,不怕没有事物来照。讲求事物的变化,也只是擦亮自己的镜子,用自己的镜子去照。学者只须学个心如明镜的功夫。学者只应担心此心不能明亮,而不必担心时事的变化无法穷尽。"

王阳明这番话,今天仍有巨大的现实意义。现在很多朋友的焦虑,就是焦虑自己是不是要被时代淘汰了,所以想把未来搞清楚!

王阳明就说:**你不要去管未来怎么样,只要致良知,让自己心如明镜,那事情来了,你自然就会应对。**

原文

曰:"然则所谓'冲漠无朕,而万象森然已具'者,其言何如?"

曰:"是说本自好,只不善看,亦便有病痛。"

华杉详解

陆澄问:"老师说未来的事,来了才晓得。但是程颐先生说:'天地浑然未分的时候,万事万物的理就已经齐备在其中了。'这句话又怎么讲呢?"

王阳明说:"这句话本身是很好的,只是你不好好去看,就又犯病了。"

这要回到前面关于语言和语境的话题。你把那个语境中的语言,从它的语境中抽离出来,再放到这个语境中去敲打,那不是求知求明,只会越求越糊涂。这样求下去,什么都不明白了。

知行合一,学无止境

原文

"义理无定在,无穷尽。吾与子言,不可以少有所得,而遂谓止此也。再言之十年、二十年、五十年,未有止也。"

华杉详解

王阳明说:"义理没有固定的标准答案,没有穷尽的时候。我跟你们讲课,不可因为稍有所得,就以为得之矣!即便再讲个十年、二十年、五十年,也没有止境。"

听老师讲课能完全听懂吗?从理论上讲,永远也不可能百分百听懂。"**子非鱼,焉知鱼之乐**",你不是老师,怎么知道老师讲的是什么?读书也是一样,读一本书,你只能读懂自己已经晓得,或接近晓得的东西。你自己不懂的,或价值观不一致的,读着那文字,也是视而不见。所以重要的书,要反复读,每一年都要重读一遍,读上二十年,也没有止境。就拿我们学王阳明心学来说,二十年,二十遍,能读懂他的全部吗?如果我们穿越回五百年前,亲身在老师门下跟随二十年,那二十年老师自己还在进步呢!

当你跟一个高人学习,要警醒的是:不是越学越高明,而是越学跟师父差距越大!因为师父起点比你高,接触层面比你广,处理的问题比你多,所以他进步比你还快。

知行合一,行无止境,所以学无止境。

原文

他日又曰:"圣如尧舜,然尧舜之上善无尽;恶如桀纣,然桀纣之下恶无尽。使桀纣未死,恶宁止此乎?使善有尽时,文王何以'望道而未之见'?"

华杉详解

过了几天,王阳明又说:"圣人如尧舜,但是尧舜之上,还可以更圣、更善,因为善无止境。恶人如桀纣,然而桀纣之下,还可以更恶,恶也没有尽头。假如桀纣不死,他们不会干出更多坏事吗?假如善有止境,文王怎么会感叹:'看见了那道,又好像没看见!'"

文王"望道而未之见",语出《孟子·离娄章句下》:

文王视民如伤,望道而未之见。

那人民已经安居乐业了，可周文王看见他们，还是觉得他们受了伤害一样，要想想怎么保护、照顾他们，才能让他们过得更好，其爱民之深如此。不如此也不行啊，政教一有未修，刑罚一有不当，不就妨碍民生，伤害百姓了吗？周文王敢说自己没伤害任何人吗？但是别的君主不想这事，只有周文王能感受到，能谨慎、努力地去对待，因为他心里真装着百姓。唯有百姓各得其所，他的心才安。

同样，他也有一颗求道之心。他已经是圣人了，自己却不满足，觉得道无终穷，学无止境，检点、反省自己，一旦有片刻疏忽，学习进修一旦有片刻懈怠，就可能与道背驰。自己已经达到道了，却还不满足，就像没看见一样，继续精进，必欲无一理不造其极，才能放心。

下学而上达，应在"下学"上下功夫

原文

问："静时亦觉意思好，才遇事便不同。如何？"

先生曰："是徒知静养，而不用克己工夫也。如此，临事便要倾倒。人须在事上磨，方立得住，方能'静亦定，动亦定'。"

华杉详解

陆澄问："静守时，觉得自己修养状态还不错，但是一遇到事儿，又不行了。这个怎么破呢？"

王阳明说："这是你只知道静养，而不知道在克制自己、磨炼自己上下功夫。这样一遇到事，就会动摇。人一定要在具体事情上磨炼，才能立得住，才能做到静也定、动也定。"

什么叫事上磨呢，比如王阳明第一次科举考试不及第，那么才华横溢和自负不凡的人，"高考"居然没考上。他怎么说呢？他说："我不以不及第为耻，我以不及第而动心为耻。"这就是静亦定、动亦定了。

我们再看看《大学》里怎么讲静和定，次序是"止定、静安、虑得"——"知止而后有定,定而后能静,静而后能安,安而后能虑,虑而后能得"。定在静的前面,先有定,然后才有静。如果静的时候能定、有事便不能定,那就不叫定,也不叫静。

王阳明最后说的"静亦定,动亦定",是引用程颢的《定性书》:"所谓定者,动亦定,静亦定,无将迎,无内外。"这个定,还是前面说的心如明镜的定,这个"无将迎",是引庄子"圣人用心若镜,不将不迎,应而不藏,故能胜物而不伤"。定,就是"不为外物所移",就是能胜过外物,不被它伤心、伤神、伤身,不为发生的事而动摇自己的心志,也不刻意事先思虑,来了怎么迎,去了怎么送,不"默戏",不演习,来了自然就迎,去了自然就送。这样还免得多想。

程颢又说:"故君子之学,莫若廓然而大公,物来而顺应。"居仁守义,该怎样就怎样,先接受后处理,不为自己的私利患得患失,自然我心光明,敞亮如镜,应事接物举措得宜,合乎天道。

原文

问上达工夫。

先生曰:"后儒教人,才涉精微,便谓'上达'未当学,且说'下学'。是分'下学''上达'为二也。夫目可得见、耳可得闻、口可得言、心可得思者,皆下学也;目不可得见、耳不可得闻、口不可得言、心不可得思者,'上达'也。如木之栽培灌溉,是'下学'也;至于日夜之所息,条达畅茂,乃是'上达'。人安能预其力哉?故凡可用功、可告语者皆'下学','上达'只在'下学'里。凡圣人所说,虽极精微,俱是'下学'。学者只从'下学'里用功,自然'上达'去,不必别寻个'上达'的工夫。"

华杉详解

陆澄问如何能学成"上达"的功夫。

这个出处,是《论语·宪问》,子曰:"不怨天,不尤人,下学而上达,知我者其天乎?"

程颐说："下学人事，便是上达天理。"不下学，则不能上达；不低就，则不能高成。今天我们的毛病，就是高不成、低不就的情况太多了。**学问不要高，只要踏实能做事；进步不怕慢，只要日日不断。要能凡事彻底，不是成天想着去做不平凡的事，而是把平凡的事做到不平凡**。我们若能"君子素位而行"，把上级交办的工作干到最好，自然能得到向上走的机会。若是认为今天这点事不是我该干的，总想干点"高端"的事，反而得不到那机会。每日的学习，不是到处要去学高大上、前沿、尖端的东西，而是反复学习如何把自己手上正在做的事做好、做到极致，这就是下学而上达的道理了。

下学而上达，唯有下学，才能上达；不能下学，则不能上达；即使下学，也未必上达；所以要不怨天、不尤人，反己自修，继续下学而上达。这是唯一的道路。孔子都这样，咱们又有什么好说的呢？

所以，这里陆澄问怎么才能上达，这问题便错了。

我们孜孜以求答案，往往都是因为找错了问题。当我们找对了问题，问题即答案，就不用问了。

王阳明回答说："后世的儒者教导人，才涉及精微之处，便说这是'上达'功夫，现在还不到学习的时候，接着就去讲'下学'的功夫。这是将'下学'和'上达'分开了。眼睛能看到的，耳朵能听到的，嘴上能表达的，心里能想到的学问，都是'下学'；眼睛看不到，耳朵听不到，嘴上说不出，心里没法想的学问，就是'上达'。"

你可以说，凡是语言能表达的，都是"下学"；凡是语言说不出来的，就是"上达"。坐而论道，还是下学，拈花一笑，就是上达。

所以这上达功夫并不存在，我们只有下学。在下学中，有人能上达，有人不能上达。

王阳明接着说："这就好比种树，栽培灌溉就是'下学'，树木日夜生长，枝繁叶茂，就是'上达'，那树木怎么长，人如何能干预呢？只有在栽培灌溉上干预。所以，那些可以用功，可以言说的，都是'下学'功夫，'上达'是结果，就包含在'下学'里面。但凡圣人讲的道理，再精深微妙，都是'下学'功夫。为学的人只要在'下学'上用功，自然能够'上达'，不必另外去求一个'上达'的功夫。"

前面我们讲读书，说同一本书要反复读，每年都重读一遍，为什么呢？因为你"下学"的功夫虽然一样,但每一年不同的你,"上达"的结果,差别就太大了!试试看吧!

原文

"持志如心痛。一心在痛上,岂有工夫说闲话、管闲事?"

华杉详解

这话太精彩了,我读到时心都痛了!

持志如心痛。心中有志向,就像心在痛,一心只在这痛上。我有好多功课要做,哪有工夫去说闲话、管闲事,去交际应酬啊!

用之则行,舍之则藏;穷不失义,达不离道

原文

问:"'惟精''惟一',是如何用功?"

先生曰:"'惟一'是'惟精'主意,'惟精'是'惟一'功夫。非'惟精'之外复有'惟一'也。'精'字从'米',姑以米譬之:要得此米纯然洁白,便是'惟一'意,然非加舂簸筛拣'惟精'之工,则不能纯然洁白也。舂簸筛拣是'惟精'之功,然亦不过要此米到纯然洁白而已。博学、审问、慎思、明辨、笃行者,皆所以为'惟精'而求'惟一'也。他如'博文'者即'约礼'之功,'格物致知'者即'诚意'之功,'道问学'即'尊德性'之功,'明善'即'诚身'之功,无二说也。"

华杉详解

陆澄问:"如何做到惟精、惟一地用功?"

王阳明回答说:"惟一是惟精的目的,惟精是惟一的手段,是为了惟一下的功夫。这是一件事,不是两件事,不是在惟精之外,还有一个惟一。"精"字

是"米"字旁，我们就拿米来打比方吧。比如我们舂米，要让这米纯然洁白，这便是要它惟一。但是必须加以舂、簸、筛、拣的惟精功夫，才能得到纯然洁白的米。这舂、簸、筛、拣，就是惟精的功夫，其目的也不过是要让那米纯然洁白罢了。其他比如博文是约礼的功夫，格物致知是诚意的功夫，道问学是尊德性的功夫，明善是诚身的功夫，都是这个道理。"

陆澄问的这个，前面徐爱已经有详细问对解读，只是老师又说了一个舂米的比方，所以记录在这里。

原文

"知者行之始，行者知之成。圣学只一个功夫，知行不可分作两事。"

华杉详解

王阳明说："开始行动了，那才叫知；行动过，才算已经知道了。这圣学之知和行，只是一个功夫，不可把知和行分成两件事。"

用王阳明经常举的例子来说，你知道什么是孝敬父母吗？如果没有去做，只是晓得些孝的说法，不算知道；只有你开始去做了，才算开始知道。知道多少呢？做了多少，就知道多少；没做到的部分，还是不知道。做过的部分，知之成也；没做到的部分，知还没成！

原文

漆雕开曰："吾斯之未能信。"夫子说之。"子路使子羔为费宰，子曰：'贼夫人之子！'"曾点言志，夫子许之。圣人之意可见矣。

华杉详解

这一句话，涉及《论语》里的三个故事，我们一个个说。

第一个故事：

子使漆雕开仕。对曰："吾斯之未能信。"子说。

孔子给漆雕开谋了一个官职，漆雕开拒绝了，他说："我对自己做官任事的能力，还没有信心啊！"孔子听了，非常高兴。高兴什么呢？高兴漆雕开这种负责任的态度。换了别人，学而优则仕，跟老师学习，就是为了谋个前程啊！漆雕开却能把责任放在前头，评估自己能不能负起那个责任。

第二个故事：

> 子路使子羔为费宰。子曰："贼夫人之子。"

子路做季氏家宰，想提携师弟子羔做季氏的领地费邑的城宰。孔子不同意，说子羔还年轻，学问还不成熟，不应该拔苗助长，让他太早承担那么大责任。如果德不配位，就会"贼夫人之子"。贼，是害，那是害人子弟，害了子羔。

第三个故事是曾点言志。这故事长了去了，但是如果不把它掰开揉碎了讲清楚，王阳明这段话讲"圣人之意可见矣"，到底可见个啥，就没法领会。

先看《论语》原文：

> 子路、曾皙、冉有、公西华侍坐。子曰："以吾一日长乎尔，毋吾以也。居则曰：'不吾知也。'如或知尔，则何以哉？"
>
> 子路率尔而对曰："千乘之国，摄乎大国之间，加之以师旅，因之以饥馑；由也为之，比及三年，可使有勇，且知方也。"
>
> 夫子哂之。
>
> "求，尔何如？"
>
> 对曰："方六七十，如五六十，求也为之，比及三年，可使足民。如其礼乐，以俟君子。"
>
> "赤，尔何如？"
>
> 对曰："非曰能之，愿学焉。宗庙之事，如会同，端章甫，愿为小相焉。"
>
> "点，尔何如？"
>
> 鼓瑟希，铿尔，舍瑟而作，对曰："异乎三子者之撰。"
>
> 子曰："何伤乎？亦各言其志也！"

曰:"莫春者,春服既成,冠者五六人,童子六七人,浴乎沂,风乎舞雩,咏而归。"

　　夫子喟然叹曰:"吾与点也。"

　　三子者出,曾皙后。曾皙曰:"夫三子者之言何如?"

　　子曰:"亦各言其志也已矣!"

　　曰:"夫子何哂由也?"

　　曰:"为国以礼,其言不让,是故哂之。唯求则非邦也与?安见方六七十,如五六十而非邦也者?唯赤则非邦也与?宗庙会同,非诸侯而何?赤也为之小,孰能为之大?"

我们来翻译一下这个故事:

子路、曾皙、冉有、公西华陪老师坐着。孔子说:"我比你们年长些,但你们也不要以我为长就不好意思说。平时在家里,你们经常自以为才干足以经世,只是没有伯乐知己!现在假定有人知道你的才干、给你机会,你们将怎么做呢?"

"子路率尔而对曰"。"率尔",是马上就答,老师话音刚落,他就马上回答了。这就是他的性格。四个侍坐的同学中,他年纪最长,是该他先说。但是,《礼记》有言:"侍立君子,不顾望而对,非礼也。"跟咱们现在开会一样,领导要大家说说,你得左顾右望一下,相互让一让,然后才说:"那我先抛砖引玉哈!"这才合乎礼节。老师话音刚落,你就抢闸而出,那是修养不够。

子路说:"有一千辆兵车的国家,夹在大国之间,四战之地,外有强敌兵戈相加,内有饥荒相困,让我来治理,三年之后,就能让人民勇猛善战,并且知礼乐教化。"

子路有没有这个本事呢?孔子评价过他:"千乘之国,可使治其赋",肯定他搞经济和财政的能力。但是,能不能做到礼乐教化,孔子可没说,他自己的礼仪教化还有缺陷呢!所以,"夫子哂之",就是"呵呵"冷笑一下,一笑他率尔而对,没礼貌;二笑他自视太高!

接着问冉求:"你怎么样呢?"

冉求说:"千乘之国我可不敢说,但是,方圆六七十里或者五六十里的国家,给我三年,也能让人民有吃有穿。至于礼乐教化,就得等别的君子来了。"

孔子接着问："公西华，你呢？"

"我呀，能做什么我可不敢说，我只能说我愿意学着做点什么。"这公西华谦虚，他不说他能做什么，但说他愿意学："宗庙祭祀之事，或者在国君会盟的场合，我愿意穿着礼服，戴着礼帽，做个小相吧！"端章甫，端，是礼服；章甫，是礼帽。

这公西华啊，他的口气似乎说的是小事，其实是大事。宗庙祭祀，国际会盟，就是礼乐教化之事，比人民富足之事要高一个层次。仓廪实而知礼节，他说的是知礼节的事，更高一个阶段。前面孔子评价过公西华："赤也，束带立于朝，可与宾客言也。"宗庙祭祀和外交礼仪，是公西华的强项，他也有志于此。

"点，尔何如？"孔子接着问曾皙。

曾点，就是曾皙，是曾参的父亲。孔子有几位父子弟子，颜路、颜回父子，曾皙、曾参父子，都同在孔子门下。

"鼓瑟希，铿尔，舍瑟而作。"曾皙正在鼓瑟，应该是之前老师让他在旁边鼓瑟的，否则没理由老师在问问题，他还在奏乐。

按年龄次序，子路说完之后应该曾皙说，但因为他负责演奏，所以先问了其他年轻弟子，最后再问他。鼓瑟希，瑟声稀稀落落，就像我们现在看电视里的谈话节目，嘉宾说了句什么，乐队即兴奏几声，是配合谈话的情绪和氛围。老师和同学们在对答，曾皙就负责稀稀落落地助兴配乐。

老师问到自己了，曾皙就以手推瑟，舍瑟而作，对曰："我和三位师兄弟的想法不一样。"

孔子说："没关系，你说吧！大家各言其志罢了！"

曾皙说："莫春者，春服既成，冠者五六人，童子六七人，浴乎沂，风乎舞雩，咏而归。"

意思是："我没想什么国家大事，就想在那暮春三月，春天的新衣刚刚穿上身，约上五六个成人，六七个少年，结队出门踏青，在那沂水河边沐浴，在舞雩台上吹吹风，然后，一路唱歌一路还。"舞雩台，是鲁国祈雨的祭台。

曾皙这一番话，把老师也说得神往了，夫子喟然叹曰："吾与点也。"哎呀！我的志向和你一样！

然后，子路、冉求、公西华三人先出去了，曾皙在后面，问老师："他们三位同学的回答，老师怎么看呢？"

孔子说："没怎么看，都是各言其志罢了。"

曾皙问："那老师为什么冷笑子路呢？"

孔子说："有志治国，首先要懂得礼让，他是态度也不让，说话也不让，当然要敲打他！

"难道人家冉求要治的就不是国吗？千乘之国是国？方圆五六七十里就不是国？

"还有公西华，他说的，就不是治国吗？宗庙会同，宗庙祭祀和诸侯会见之事，不就是国家大事吗？如果公西华只能干小事，我不知道谁还能干大事！"

孔子和弟子们言志的对话讲完了，不过，还有一个遗留问题，两千多年没说清楚——孔子为什么赞同曾皙的志向？为什么说他跟曾皙一致？暮春三月去踏青，洗洗澡，吹吹风，唱着歌回来——弟子们可不是来跟老师学这个的。老师的志向，一直是修身、齐家、治国、平天下，他老人家一生颠沛流离，就为了有一个治国的机会，他可不是隐士啊。这么一说，倒不像孔子，像老子；不像儒家，像道家了。老师这么一说，大家都不知道该干吗了。

朱熹引用了程颐的注解，说孔子和曾皙的志向，是尧、舜气象。其他三位同学，所见甚小，又不知谦让，太狂；若境界更高一些，便跟孔子、曾皙一样了。又说，孔子之志，在于老者安之、朋友信之、少者怀之，使万物莫不遂其性。如此，天下无事，踏青唱歌，岂不美哉？

钱穆批评说，程颐、朱熹这样的解释，深染禅味，不像儒，像禅了。

张居正提供了另外一个讲解，他说："盖君子藏器于身，待时而动；穷不失义，达不离道，乃出处之大节也。若负其才能，汲汲然欲以自见于世，则出处之际，必有不能以义命自安，而苟于所就者。子路仕卫辄，冉有从季氏，病皆在此。故夫子独与曾点，以其所见超于三子也。"

张居正不愧是宰相，大领导就是有水平，他的点评太深刻、太有教益了！

我一身本事，但是用之则行，舍之则藏；穷不失义，达不离道。就像我们前面说安贫乐道一样，为什么要安贫乐道？因为只有安贫乐道之人，他发达之后，才能同样安富乐道。

同样，如果自负才能，非要干一场，当真有机会干的时候，他就不舍得失去这机会，就不能以义命自安，不能坚持道义的原则，不能接受失去机会的命运，他就会委屈妥协于他的权力来源，掉进大染缸，跟着干坏事。子路跟卫辄，死于内乱；冉有跟季氏，帮助季氏横征暴敛，以至于孔子痛骂他，要小子们击鼓而攻之。子路和冉有的毛病，病根都在这儿！所以孔子唯独赞同曾皙，因为他的见识超过了三位同学。

　　我一身抱负和本事，希望齐家、治国、平天下，但我藏器于身，待时而动。给我机会，我就灿烂，功成身退，或急流勇退之后，回归诗酒田园，暮春三月踏青，下河洗个澡，春风拂面唱首歌。如果没有机会实施我的主张，我也不贪慕权位，不跟你们同流合污。我自己回家，还是暮春三月踏青，下河洗个澡，还是春风拂面唱首歌，仍不失我志，不亦乐乎？就是这态度。

　　王阳明把漆雕开、子羔、曾点三个故事拿到一块儿来说，就是要说明孔子的价值观。自己没本事，就不要干，不要德不配位，尸位素餐。有本事，也不是非干不可，用之则行，舍之则藏，给机会就干，没机会自己待着。给我机会干了，我就要行道，不能行道，还是随时可以不干，不贪恋权位，不枉道事人。干完了，我功成身退，成就他人，自己回归诗酒田园。总之，**功名利禄，甚至济世安民，都是外物**。我活在自己的世界，居仁行义，与天地同乐，春有百花秋有月，夏有凉风冬有雪，齐家、治国、平天下，快乐还在春三月。

　　"圣人之意可见矣。"孔子真是这个意思吗？孔子也没明说，王阳明也没明说，只能说我是这样理解的。但王老师也不要批评我"妄自分析加增，以逞其技"，是张居正老师这样加的，孔老师没明说，我就当跟张老师学。

无论是动还是静，都要存天理、去人欲

原文

　　问："宁静存心时，可为'未发之中'否？"

华杉详解

陆澄的这个问题，问的是《中庸》中的"喜怒哀乐之未发谓之中，发而皆中节谓之和"。

这是讲自己的情绪管理，讲"性情之德"，看你脾气好不好。

情绪是魔鬼，对外伤人坏事，对己伤肝伤身。**喜怒哀乐之未发，无所偏倚，这叫中。发出来，能恰到好处，情之正也，无所乖戾，这叫和。对外与人和，对己身体和。**不是喜怒哀乐不发，喜则喜也，不会欣喜若狂；怒则怒也，不会暴跳如雷；哀则哀也，不会哀痛欲绝；乐则乐也，不会乐极生悲。

陆澄就问："那在宁静之中存心养性的时候，算不算就是未发之中呢？"

原文

先生曰："今人存心，只定得气。当其宁静时，亦只是气宁静，不可以为'未发之中'。"

曰："'未'便是'中'，莫亦是求'中'功夫？"

曰："只要去人欲、存天理，方是功夫。静时念念去人欲、存天理，动时念念去人欲、存天理，不管宁静不宁静。若靠那宁静，不惟渐有喜静厌动之弊，中间许多病痛，只是潜伏在，终不能绝去，遇事依旧滋长。以循理为主，何尝不宁静？以宁静为主，未必能循理。"

华杉详解

王阳明回答说："现在人存心养性，只是使气不动，当他宁静的时候，也只是气宁静，不可以算是未发之中。"

陆澄问："喜怒哀乐之未发谓之中，没有发出来就是中，宁静存心，不也是求中的功夫吗？"

王阳明说："这不是求中的功夫，最多只是养气的功夫。求中的功夫，只在去人欲、存天理；静的时候，念念都是去人欲、存天理；动的时候，念念还是去人欲、存天理；不管宁静不宁静都一样。如果要靠宁静才能得中，不但会逐渐养成喜静厌动的毛病，而且很多其他的毛病都只是潜伏着，并没有根除，一遇到事情，又会滋长、爆发出来。只要内心时刻遵循义理，又怎么会不宁静？

如果仅仅追求宁静，未必能遵循义理。"

这是什么意思呢？如果你静坐在那里，那只是因为没什么事，所以你凝神定气，一旦遇到事情，你的脾气还是不好。什么样的人脾气好？就是居仁行义，还能持忠恕之道的人，时刻能将心比心，推己及人，己欲立而立人，己欲达而达人，己所不欲，勿施于人，心里随时装着别人，关心着别人，这样就不会因为自己的得失遭遇而狂喜或暴怒。**所谓去人欲、存天理，就是居仁行义，该怎样就怎样，无论遭遇什么，首先都能接受，然后能积极处理，这自然就做到"喜怒哀乐之未发谓之中"。这个"中"，是情绪之"中"，是情理之"中"，是人情天理之"中"，也是仁、义、礼、智之"中"。"发而皆中节谓之和"，不偏不倚，无过不及，恰到好处，天地人和，一团和气，你和我和，家和邻里和，身体也和。**

所以这个"中"，跟打坐一点关系都没有。

原文

问："孔门言志，由、求任政事，公西赤任礼乐，多少实用。及曾晳说来，却似耍的事，圣人却许他，是意何如？"

曰："三子是有意必，有意必便偏着一边，能此未必能彼。曾点这意思却无意必，便是'素其位而行，不愿乎其外，素夷狄行乎夷狄，素患难行乎患难，无入而不自得矣'。三子所谓'汝，器也'，曾点便有'不器'意。然三子之才各卓然成章，非若世之空言无实者，故夫子亦皆许之。"

华杉详解

陆澄问："孔门弟子各言其志，子路、冉有想主政一方，公西赤想从事外交礼宾工作，多少都是实际工作。等到曾晳说的时候呢，他说他就想在暮春三月，下河洗澡唱歌。孔子却赞许曾晳，说他的志向跟曾晳一样。这是什么意思呀？"

王阳明说："前面三位同学呢，是有了'意必心'，很具体地期待自己去干个啥，一有了意必心呢，能干得了这个，换一个别的，就未必干得了。比如，让公西赤去当一个城宰，他就当不了；让子路去做礼宾司工作，他更干不了。

而曾点呢，他没有意必心，无可无不可。不让我干，我也可；让我干，干什么都行！这就是君子素位而行，随遇能安，不对别人有期待。被抛弃在蛮荒之地，我就过蛮荒之地的生活；遇到患难，我就过苦日子；得到富贵，富贵日子我也过得。不管什么境遇，都能活在自己的世界里，无入而不自得。

"另外呢，三位同学有了具体职业理想，这就是被用之才，不是自用之才。有了匠器，是给人用的器皿，装得了这样，装不了那样，有专门用途。而曾点呢，就有了君子不器的意思，是自用之才了。

"当然，三位同学的才干也是卓然成章，有过人之处，不像现在那些只会空谈，不能实干的人。所以孔子对他们也都是赞许的。"

王阳明这里说的"意必"，还是《论语》里的内容——"意、必、固、我"——四大坏毛病，原文："子绝四：毋意、毋必、毋固、毋我。"孔子拒绝四大坏毛病：一是主观臆断；二是期必，期待着事情一定会怎样；三是固执己见；四是我执，太自我。

这么一看，王阳明对孔子心意的解读，就和前面我们学习的张居正的理解完全一致了。

心学就是"学习学"

原文

问："知识不长进，如何？"

先生曰："为学须有本原，须从本原上用力，渐渐'盈科而进'。仙家说婴儿，亦善譬。婴儿在母腹时，只是纯气，有何知识？出胎后，方始能啼，既而后能笑，又既而后能识认其父母兄弟，又既而后能立、能行、能持、能负，卒乃天下之事无不可能。皆是精气日足，则筋力日强、聪明日开，不是出胎日便讲求推寻得来。故须有个本原。圣人到'位天地，育万物'，也只从'喜怒哀乐未发之中'上养来。后儒不明格物之说，见圣人无不知、无不能，便欲于初下手时讲求得尽。岂有此理？"

又曰:"立志用功,如种树然。方其根芽,犹未有干;及其有干,尚未有枝;枝而后叶;叶而后花实。初种根时,只管栽培灌溉,勿作枝想,勿作叶想,勿作花想,勿作实想。悬想何益?但不忘栽培之功,怕没有枝叶花实?"

华杉详解

陆澄问:"知识总是没有长进,怎么办?"

这个问题,恐怕好多读者都有共鸣,现代人更是容易有知识焦虑症,总担心自己跟不上时代,到处去学,怕自己落伍了。

王阳明就说:"为学必须有个本原,在本原上下功夫,渐渐地盈科而进。"

"盈科而进",出自《孟子·离娄下》:

徐子曰:"仲尼亟称于水,曰:'水哉,水哉!'何取于水也?"孟子曰:"原泉混混,不舍昼夜。盈科而后进,放乎四海,有本者如是,是之取尔。苟为无本,七八月之间雨集,沟浍皆盈;其涸也,可立而待也。故声闻过情,君子耻之。"

徐子,就是徐辟,是孟子的弟子。徐辟问老师:"孔子数次称赞水,老是赞叹:'水哉!水哉!'孔子到底觉得水有什么可取之处呢?"

孟子说:"那有源之水,滚滚流出,昼夜不停。盈科而后进,再继续往下流,渐进而流入江河,注入大海。有本有源的事物,就是这样子。孔子就取它这一点罢了。假如没有本源,就像那七八月间的骤雨,一下起来,哗啦哗啦,大小沟渠都满了,但是一会儿就干涸了。所以名声超过了实际,君子就引以为耻。"

王阳明说的本原,还是他的致良知之说,是良知良能。他接着说:"道家讲婴儿,比喻也很精彩。婴儿在母腹中的时候,只是一团气血,有什么知识?出胎之后,才能啼哭,再往后能笑,又往后能认识父母兄弟,能站立,能行走,能拿东西,能负重,最终天下之事都能做。这个过程是自然发生的,都是因为他精气日足,聪明日开,并不是他一出生的时候,就开始研究后面这些事怎么做。

"所以说,学习有个本原,圣人到了'位天地,育万物'的境界,也只是从'喜怒哀乐未发之中'上养出来的。后儒不懂得格物的道理，看见圣人无所不知、无所不能，就想在初学时就一件件全学会，岂有此理！"

还是陆九渊那句话："我在那无事时，只是一个无知无能的人。而一旦到那有事时，我便是一个无所不知、无所不能的人。"他不是所有的事都学过，而是依靠常识，发挥本能。是良知良能，是心如明镜，物来心照，了了分明，没碰到时不去想它，碰到时自然就会。

"位天地，育万物"也出自《中庸》，就是前面讲过的那段："喜怒哀乐之未发谓之中，发而皆中节谓之和。中也者，天下之大本也；和也者，天下之达道也。致中和，天地位焉，万物育焉。"圣人达到中和的境界，则与天同德，天、地、人三合一，就能使天地各安其位，能厚德载物，使万物生长繁育。

王阳明又说："立志用功，就像是种树。开始的时候，生根发芽，还没有树干；等到有了树干，还没有树枝；有了树枝之后，才有树叶，然后有花，有果实。在开始种树的时候，只管栽培灌溉，不要想那树枝的事，不要想那叶子的事，不要想那开花的事，不要想那结果的事。空想有什么意义呢？只要你不忘栽培灌溉，你还怕没有果实吗？"

学习是耕耘栽培，不是狩猎采集。**学习最大的毛病是学得太多，碎片化地到处去学枝叶花果，搞成了狩猎采集，所以没有根。学习最重要的不是"学"，而是有所"不学"**！借用孔子的话："非礼勿视，非礼勿听，非礼勿言，非礼勿动。"不是有用就学，而是可学可不学的都不学，不看，不听，不说，不动，才能修养自己的本原，才能集中大块时间学习自己真正要学的。

这就是"学习学"。要学习，先学"学习学"。

读书要先确定自己的"本体书"

原文

问："看书不能明，如何？"

先生曰："此只是在文义上穿求，故不明。如此，又不如为旧时学问。他到看得多，解得去。只是他为学虽极解得明晓，亦终身无得。须于心体上用功，凡明不得、行不去，须反在自心上体当，即可通。盖《四书》《五经》不过说这心体。这心体即所谓道。心体明即是道明，更无二。此是为学头脑处。"

华杉详解

陆澄问："看书看不懂，怎么办？"

这又是一个"学习学"问题。我们现代人也都会有这个问题，看书看不懂，怎么办？

王阳明回答说："那是因为你总在字里行间、字面意思上穿梭讲求，所以你没法明白。如果这样学，不如去学以前朱熹的学问，这样能把书读明白。他读书多，也能讲解。不过他虽然把那书讲解得十分明白，但就自己而言，却终其一生一无所获。所以必须在心体上用功。凡是读不懂、行不通的地方，必须反躬自问，在自己心体上体会，就能通达。四书五经，不过都是在说心体，这心体就是道心；心体明白，就是大道彰明。这就是为学的宗旨。"

王阳明说朱熹"终生无得"，这话说得太狠，也不公平。我们可不敢这么说。

读书呢，特别是读义理之书，实际上你只能读懂自己本来就懂，或者接近懂的东西，或者说，能读懂与自己价值观一致的书。那书点拨你一下，你就豁然开朗。如果你没有那个价值观，不是那人，读也白读。

大部分人都是白读。你看他夸夸其谈，还能大段引用，比如"专注，坚持，一以贯之"；但看他做事，既不专注，也不坚持，而是三心二意，你就知道，他不是真正读圣人书的人。

言行一致，知行合一，一以贯之——能这样做的人，才是真正读儒家书的人。

《论语》里说，子路听到一句善言，就马上要去做。这时候，你再跟他讲第二句，他会阻止你："等等！等等！您别说！我上一条还没做呢！"这种对读书的态度就比较端正。

孟子说过一句话："尽信书则不如无书。"这句话误导了不少人！他原话的"书"不是一般意义的书，而是指《尚书》，原话是：

孟子曰："尽信书，则不如无书。吾于《武成》，取二三策而已矣。仁人无敌于天下，以至仁伐至不仁，而何其血之流杵也？"

这一段是讲，《尚书》里记载，武王伐纣，战斗激烈，以至于血流漂杵。按孟子的理论，以至仁伐至不仁，应该摧枯拉朽，商朝百姓应该热烈欢迎周国大军进城，怎么会死心塌地为纣王那暴君作战呢？所以他不信，认为写历史的人对这场战斗的激烈程度有夸大。

但是孟子这句话传下来，就让好多人理解成哪本书都不信。拿起书来读，是挑挑拣拣地读、居高临下地读，一边读，一边还要评判。这样肯定学不好。

读书是个道路问题，就像孔子说的"祖述尧舜，宪章文武"，这是他的道路。**所以我们要先确定自己的"本体书"，就是你准备照着一条条去践行的那本书**。你准备走哪条路？要走王阳明的路，像王阳明那样生活，你就认真读王阳明的书。要走庄子那条路，要做一个庄子那样的人，你就读庄子的书。就我个人而言，孔孟之道，王阳明心学，孙子兵法，就是我的本体书，我也把它们称为"母体书"，这是我的文化母体。

如果你哪一套都不学，而是认为要有自己的一套。除非你是超级天才，否则这就是毛病。

本体书系确立了，是要一条条践行的。其他的书也可以读，但那只是浏览、参考，属于"书海旅游观光"。不过，以我的经验，如果你把自己的本体书系、本体书单列出来了，你真的很难有时间读其他书。

我们很多人，自己志向不明确，不知道要学什么，老找成功人士要书单，照单全收，他们的书单，你读得了吗？

志向不明确，书自然读不懂。不是读不懂，是根本读不进去；不是读不进去，是根本没读。那要书单来干吗呢？很多人只是要来买书而已，买来就放那儿，最后变成"藏书"了。

读书必须有敬心，要信那书，信则灵，不信则不灵。信则能读懂，不信则不仅不懂，还不知道自己不懂，以为自己懂了。信了，懂了，都在自己心体上了然分明，通透了，你才能活出自己。那时候，你再对那书有批判，这是最后一步。

王阳明就是这种情况，儒道释，他在年轻时都读了、学了。最后选择人生道路，独宗儒学，排斥佛老。之后程朱理学他也研究得透熟了，这才生发出他的心学来。

有一句话叫"英雄欺人"，怎么欺人呢？就是说话欺负人。比如陆九渊、王阳明都教你不要死读书。但是，你读过的书，他都读过。你没读过的，他也读过。他超越了那些书，觉得不能死读书。但是，你若没有死读过，又如何能达到他的境界呢？

"明明德"就是"致良知"

原文

"'虚灵不昧，众理具而万事出。'心外无理，心外无事。"

华杉详解

"虚灵不昧，众理具而万事出。"这句话出自朱熹对《大学章句》中的"大学之道，在明明德，在亲民，在止于至善"中"明德"的注解：

> 明德者，人之所得乎天，而虚灵不昧，以具众理而应万事者也。但为气禀所拘，人欲所蔽，则有时而昏；然其本体之明，则有未尝息者。故学者当因其所发而遂明之，以复其初也。

明德，是人天生就有的，心体空灵而不为外物所惑，所有的道理都在里面，应对万事万物也以此为本原。但是，每个人的天分、气禀有差别，又被自己的欲望蒙蔽，所以那明德有时候就浑浊了。但是，其本体之明，却从未改变。所以，学习的关键是不断地"明明德"，不断地擦亮自己的明德，让它恢复本来之明。

朱熹这段解释，可以说和王阳明的致良知学说没有任何区别，明德就是良知。良知良能，良知具众理，良能应万事。明德为气禀所拘，人欲所蔽，就是良知为气禀所拘，人欲所蔽。要明明德，就是要致良知。所以，理学和心学之间，没有什么本质区别，心学是理学的美妙舞蹈，而离开了理学，心学根本无法讨论。因为心学就是讨论理学，就是"理学学"。

王阳明又据此说："心外无理，心外无事。"没有心外之理，也没有心外之事。

原文

或问："晦庵先生曰：'人之所以为学者，心与理而已。'此语如何？"

曰："心即性，性即理。下一'与'字，恐未免为二。此在学者善观之。"

华杉详解

有同学问："朱熹老师说：'人之所以要学习，就是要学习心与理罢了。'这话对吗？"

王阳明回答说："心就是性，性就是理；'心与理'，中间加一个'与'字，就难免把心、理分为两件事了。这一点，为学者一定要善加体会。"

关于心、性、理，钱穆说："讲理学最忌讳就是搬弄几个性理上的字眼。"王阳明也说："天下之大乱，由虚文胜而实行衰也……天下所以不治，只因文盛实衰……使天下靡然，争务修饰文词以求知于世，而不复知有敦本尚实，反朴还淳之行。"

儒家不是哲学，而是行动，是德行之学。什么心啊，性啊，理啊，气啊，命啊，这些孔子都不讲。子贡说："夫子言天道与性命，弗可得闻也已。"孔子不讲复杂的，不讲哲学的，也不讲创世，不讲来世，不讲鬼神……总之，不讲"没用的"。所以有西哲说儒家是"善良的实用主义"，而不是哲学。我觉得这个评价有一定道理，孔子本来就不讲哲学。

儒家什么时候开始讲哲学了呢？主要是从宋儒，从周敦颐的《太极图说》开始的。我认为原因是面临佛教的竞争，因为佛教解释了世界怎么来的，也提供了人死后去哪里的答案。这些问题，对于孔子来说都是"知之为知之，不知为不知"的"不知"。而佛教却全都给了答案，于是人就都往佛教那儿跑。所以儒家也开始就这些问题给出解答。

到了王阳明，又翻过来，叫你不要拘泥于文字概念的纠缠。但是，他也拦不住他的学生要跟他纠缠。下面又来了。

原文

或曰："人皆有是心，心即理，何以有为善、有为不善？"

先生曰："恶人之心，失其本体。"

华杉详解

有同学问："既然每个人都有这颗心，而心就是理，那为什么有的人做善事，有的人做坏事呢？"

这就是在文字上纠缠了。

王阳明回答说："因为恶人之心，失去了它的本体。"

这失其本体，应该是本体为私欲所蔽吧。本体就是良知，人皆有之，所以本体还在。

儒家方法论，是时时刻刻都在复盘

原文

问："'析之有以极其精而不乱，然后合之有以尽其大而无余'，此言如何？"

先生曰："恐亦未尽。此理岂容分析？又何须凑合得？圣人说精一，自是尽。"

华杉详解

陆澄问："朱熹说：'条分缕析，可以使天理极其精确而不会混乱，然后整合起来，又可以尽其天理之大，而无所不包。'这话怎么样呢？"

王阳明说："能穷尽吗？恐怕也穷尽不了！这天理，只是一个理，怎么能条分缕析？既不能分开，又怎么去综合？圣人说'惟精惟一'，就已经说完了，哪有什么析呀合的？"

朱熹的话，要从程颐"理一分殊"的理论说起。世间万物，整个宇宙，只是一个理，而具体落实到一事一物和人的一言一行，又各有各的理。总的来说是个天理，分开来则有物理，有伦理，有事理。所以，格物致知，要一事一物、一言一行地格，条分缕析，了了分明。合起来呢，则能得到天理的全体。

王阳明就说，这样是得不到全体的！因为他年轻时格过，他这么勤奋地往死里格，也没格出什么东西来。所以后来有了龙场悟道、致良知之说，知道了要向内求，不向外求。

实际上，王阳明如果没有之前几十年的朱熹式格物致知，又如何能得到龙场悟道的王阳明式知行合一呢？不能吃了最后一个包子饱了，就说前面的包子都不该吃啊！

王阳明的致良知、知行合一，也强调要诚意，要立志，要事上磨炼。

我们说要修得心如明镜，物来则照，良知良能，无所不能。那这心如明镜，物来则照，遇事无所不能，剖决如流，从哪里来？主要从事上磨炼来，从历史经验来。因为你有那么多具体的阅历、经历、经验，然后知行合一，才能有那物来则照的心之明镜。

如果只对着自己的心去求，就成了坐禅，那就又和王阳明少年时对着竹子格物一样，一无所获，未免又要怨王老师也骗人了。

但朱熹老师说要穷尽世间万事万物之理之后，再合成一个理，你穷尽得了吗？王阳明老师说穷尽不了，肯定是王老师对呀！谁穷尽得了呢？肯定把人都给搞宕机了。

这里的结合点、关键点在哪儿？

就在于立志。志有定向。

我们说"止定静安虑得"，志有定向，就能知止，有做事的知止，也有学习的知止。你要有明确的学习目标和学习范围，在这个范围里，就要用一生去追求穷尽。

真正的穷尽当然是不可能的，但这是方向。就像孔子说，中庸只能无限趋近，不可能达到。正因为不可能达到，永无止境，才是我们一生的事业。在边

界上知止，在方向上永不停止。

原文

"省察是有事时存养，存养是无事时省察。"

华杉详解

王阳明说："反省体察是在有事时存心养性，存心养性是在无事时反省体察。"

儒家的存心养性，不是坐禅养生。**坐禅养生是什么都不想；而儒家呢，是随时都在反省，都在给自己纠错。**做事的时候，一边做一边反省，做完了要复盘，再检查反省。没做事的时候呢，晚上躺在床上，还要三省吾身，把今天的事过一遍：为人谋而不忠乎？与朋友交而不信乎？传不习乎？

听起来，做个儒家真是很累！但是如果你真养成这个习惯，一是可以少犯好多好多错，二是错越纠越少，后来你想犯错也犯不了了——因为稍微不对劲你马上就会自动"报警"，你会不安，会自动调整过来。这就达到了中庸，实现了孔子70岁的境界：从心所欲不逾矩。这是什么境界？就是"生知安行"的境界了。

颜回"不二过"，同样的错不犯第二次。孔子的好朋友，卫国大夫蘧伯玉，"行年五十而知四十九年之非"，每天复盘反省，到了50岁，过去49年自己犯过什么错全知道。这两位是《论语》里最能存心养性、自我省察的模范。

很多人不理解，为什么要那么强调不犯错？

我们说，**最高的效率是什么？不是做事快，而是不返工。**

最快的进步是什么？是不退步。我们进步不了，都是因为经常退步。如果每一步都巩固，一点也不退，不管多么慢的进步，最后都快过所有人。

那投资呢？最赚钱的投资是什么？巴菲特讲了三条：第一条是不损失本金，第二条是不损失本金，第三条是不损失本金。一辈子投资，从来没损失过本金，有时赚多有时赚少，但是没亏过，所以是世界第一。

要减少犯错，要高效率进步，就要舍得花时间复盘。不仅项目工作要复盘，每次应事、接物、待人，自己的一言一行，也要随时复盘省察。自己的每一天，都要自己每晚复盘。

儒家之学，就是人情事变

原文

澄尝问象山在人情事变上做工夫之说。

先生曰："除了人情事变，则无事矣。喜怒哀乐非人情乎？自视、听、言、动以至富贵、贫贱、患难、死生，皆事变也。事变亦只在人情里，其要只在'致中和'，'致中和'只在'谨独'。"

华杉详解

象山，是陆象山，也就是陆王心学之陆九渊，因讲学于象山，故称象山先生。

陆澄向王阳明请教陆九渊关于"学习修养要在人情事变上下功夫"的学说。

这是朱熹、陆九渊争论的一大话题，道问学与尊德性的分野。朱熹主张道问学，先博后约，要先博学求知，格物致知，然后综合成理。而陆九渊认为，要明心，千古圣人只是以心相传，而不是传诸文字。你不是那人，没有那心，给你文字你也不懂。陆九渊还说了一句极端的话："尧舜之前何书可读？"尧舜是读谁的书成为圣人的呢？所以他说朱熹的学习法是支离破碎的，都是碎片，没有本体。

这里我们要先说明一个前提，"君子不器"。他们讲的学习，都是德行之学，而不是专业技能。

王阳明说："除了人情事变，就没有别的事了。儒家之学，本来就是讲日用常行，应事、接物、待人，这些都是人情事变。'喜怒哀乐之未发谓之中，发而皆中节谓之和'。这不就是人情吗？喜怒哀乐为什么而发？从视听言动，到富贵、贫贱、死生，不都是事变吗？事变只在人情里，只需要修养在人情事变中致中和。而致中和的关键呢，只在于谨独，就是慎独。当一个人独处的时候，也要严格要求自己。"

人情事变，我们可以分两层来理解。

第一是修养，在人情事变中修养，养成好习惯。人之初，性本善，性相近，习相远。德性来源于后天的习染，近朱者赤，近墨者黑。从基础上，要读书，要选择良师益友，让自己在好的环境中习染；从行为上，每一次应事、接物、待人，视听言动，都要留个心，致中和，要管住自己，克己复礼，非礼勿视，非礼勿听，非礼勿言，非礼勿动；从修养上，关键是慎独，独处的时候也不逾矩，那在人前就更不会犯错了。

第二，在人情社会中，事变往往都是先有情变。人情怎么变了呢？因为一步步地没有"致中和"，没有走中庸之道，人情就变了，从下层的情变到上层的情变，最后就有这个事变。

所以你看这么大的事，我们是不是也要听陆九渊老师的，在这人情事变中下功夫学啊？

修养不仅是美德，也是在社会中的生存之道。越是大事业，越是要靠人的修养。你的修养，就是你生存的生态环境。

换个角度说，儒家之学也就不是"学"了，既不是哲学，也不是科学，而是为人处世之道。

我心光明，万理灿然

原文

澄问："仁、义、礼、智之名，因已发而有？"

曰："然。"

他日，澄曰："恻隐、羞恶、辞让、是非，是性之表德邪？"

曰："仁、义、礼、智也是表德。性一而已。自其形体也，谓之天；主宰也，谓之帝；流行也，谓之命；赋于人也，谓之性；主于身也，谓之心。心之发也，遇父便谓之孝，遇君便谓之忠。自此以往，名至于无穷，只一性而已。犹人一而已，对父谓之子，对子谓之父，自此以往，至于无穷，只一人而已。人只要在性上用功，看得一性字分明，即万理灿然。"

华杉详解

陆澄问:"仁、义、礼、智的名称,是不是由发见于外而得名的呢?"

王阳明说:"是的。"

这还是在问"喜怒哀乐之未发谓之中,发而皆中节谓之和"。这发出来的"和",就包含了仁、义、礼、智等各种美德。

过了几天,陆澄又问:"恻隐、羞恶、辞让、是非,这四种感情,是性的别称吗?"性,是"天命之谓性"的"性",指天性、本性。"表德"的"表",是人的表字或别号。

恻隐、羞恶、辞让、是非,是孟子的四端论,仁、义、礼、智之四端。恻隐之心,仁之端也;羞恶之心,义之端也;辞让之心,礼之端也;是非之心,智之端也。修养进步,就是抓住自己的恻隐、羞恶、辞让、是非之心,将它扩充、放大,从一件事扩充到全体。

王阳明回答说:"你说得对,仁、义、礼、智,就是性的别名。性只有一个本体,就其形体而言,称之为天;因为它是万物的主宰,所以又称之为帝;流动于天地之间,称之为命;这天命付之于人,就叫性;就其做主居于人的身体而言,就叫心。"

这就是《中庸》里说的"天命之谓性,率性之谓道"。仁、义、礼、智,都是率性而为,是发挥、放大了"恻隐之心、羞恶之心、辞让之心、是非之心"这样的本性初心。

"这心之未发,叫作中,发见于父亲,就是孝;发见于君上,就是忠;这样类推下去,发见于日用常行、人情事变,应事、接物、待人,都是这本性初心之发见。仁、义、礼、智、信、勇等,各种性情的名称,没有穷尽,其根本都是一个性而已。就像同一个人,对于父亲来说是儿子,对儿子来说是父亲,从这里出发,没有穷尽,各种'表德'别称,说的都是同一个人而已。

"所以人只需要在自己的本性上用功修养,明心见性,见得一个'性'字分明,就会我心光明,万理灿然。"

要拿挑别人毛病的习惯来对付自己

原文

一日,论为学工夫。

先生曰:"教人为学,不可执一偏。初学时,心猿意马,拴缚不定,其所思虑多是人欲一边。故且教之静坐,息思虑。久之,俟其心意稍定,只悬空静守,如槁木死灰,亦无用。须教他省察克治。省察克治之功则无时而可间,如去盗贼,须有个扫除廓清之意。无事时,将好色、好货、好名等私,逐一追究搜寻出来,定要拔去病根,永不复起,方始为快。常如猫之捕鼠,一眼看着,一耳听着,才有一念萌动,即与克去。斩钉截铁,不可姑容、与他方便,不可窝藏,不可放他出路,方是真实用功,方能扫除廓清。到得无私可克,自有端拱时在。虽曰'何思何虑',非初学时事,初学必须思。省察克治即是思诚,只思一个天理,到得天理纯全,便是'何思何虑'矣。"

华杉详解

这一天,王阳明和弟子们讨论做学问的功夫。

王阳明说:"教人做学问,不可偏执于一边。人在刚开始学习的时候,容易心猿意马,静不下来,不能集中心思。他所考虑的主要都是私欲方面的东西,所以要先教他静坐,让他停止思虑。久而久之,能坐下来、静下来了,但也只是悬空静守,就像身如槁木、心如死灰一样,那也没什么用。这时候,就要教他内省体察、克治私欲的功夫。这省察、克治的功夫,在任何时候都要持守,就像铲除盗贼,必须有彻底扫除的决心。闲来无事的时候,要将好色、贪财、求名的私欲逐一省察,务必要拔去病根,使它永不复起,这才叫痛快。就好比猫捉老鼠,一边用眼睛盯着,一边用耳朵听着,私心妄念一起,马上克去。态度必须坚决,不能姑息纵容,不能给它方便,不能窝藏它,不能放它生路,这才算是真真切切地下苦功,才能够将私欲扫除干净。等到没有任何私欲可以克制的时候,自然可以端端正正地坐着。

"所以,虽然《周易》上说:'天下何思何虑?天下同归而殊途,一致而百虑。天下何思何虑！'但这不是初学的功夫，初学的时候，必须有思虑。时时刻刻反省体察，时时刻刻克己复礼，自己治理自己，态度端正诚敬，心中所思都是天理；等到心中天理浑全，没有一丝杂念，那就达到'何思何虑'的境界了。"

这省察克治的功夫，我自己有个体会。

怎么能像猫捉老鼠一样敏感、警醒呢？这其实很容易，窍门就是拿挑别人毛病的习惯来对付自己就行。因为我们通常对别人的毛病都特别敏感，评判别人都特别积极，只需要把这本能掉转枪口对准自己，马上就有奇效。

集义，是养浩然之气的心法

原文

澄问："有人夜怕鬼者，奈何？"

先生曰："只是平日不能'集义'，而心有所慊，故怕。若素行合于神明，何怕之有？"

华杉详解

陆澄问："有人夜里怕鬼，怎么办？"

陆澄这个问题来得突兀，"子不语怪力乱神"，儒家不谈这些神神鬼鬼的事，他却问晚上怕鬼怎么办，用现在的话说，有点不着调。再加上他是阳明弟子，修的是我心光明，怎么会问出怕鬼的问题来？

王阳明回答说："那只是因为他平时不能集义，心里发慊，心虚，所以害怕。如果平时做事都合乎神明，那有什么可怕的呢？"

王阳明说的这个"集义"，课题大了，不把这两个字解透，这一段就白学了。因为我们都不怕鬼，学这干啥？

"集义"和王阳明说的这个"慊"字，都出自《孟子·公孙丑章句》，所以这一段是讲孟子：

> "我善养吾浩然之气……其为气也，配义与道；无是，馁也。是集义所生者，非义袭而取之也。行有不慊于心，则馁矣。"

拔出萝卜带出泥，我们得先讲什么是浩然之气：

> "敢问何谓浩然之气？"曰："难言也。其为气也，至大至刚，以直养而无害，则塞于天地之间。"

这段话的意思是，公孙丑问："敢问什么是浩然之气？"孟子说："这真是难以言传！只有你自己去体会，我还真不知道怎么跟你说。"朱熹注解说：浩然，是盛大流行之貌。气，是体内充盈之物。气本来就是浩然充实于天地之间，也充盈于身体之内。但是，如果我们自己不懂得养气，就气馁了，气虚了。而孟子善于养气，让自己的气始终充盈。浩然之气，是有道义相配，所以对天下之事，无所畏惧，能当大任而不动心。

心不动如山，而身体里充盈着浩然之气，一切了然，无所疑惑，我心光明，无所畏惧——这就是王阳明心学的"致良知"，良心、良知、良能。

孟子接着给公孙丑讲解："这浩然之气啊，是至大至刚！"朱熹注解说，至大，是无可限量；至刚，是不可屈挠。浩然之气，是天地之正气，人本来就是靠它生存的，每个人都有，甚至可以说都一样多。只要你随时反躬自问，则得其所养；然后你又没有做什么坏事来伤害它，那这浩然之气，就本体不亏，而充塞其间。

这一段真是朱熹觯的，和王阳明说的"致良知"一模一样。把"养浩然之气"换成"致良知"，差不多一个意思。

"其为气也，配义与道，无是，馁也。"朱熹注：配，是合而有助之意；义，是人心之裁制；道，是天理之自然；馁，是饥饿乏力、气不充体之状。

浩然之气，必须和道义相配。行事合乎道义，则一身正气得道义之助，行事勇决，无所疑惧。如果没有浩然之气，虽然一时的所作所为未必不出于道义，但正气不足，难免有所疑惧，就不足以有所作为了。

再看张居正的解读：

人要养成这至大至刚的浩然之气，充塞于天地之间。

你的一身正气，充塞于天地之间，你就是顶天立地的汉子！这样刚大之气，怎能无所附着呢？它要与道义相辅而行。因为道义虽然在人心中，但道义自己行动不了，一定要充实这浩然之气，道义才行得出去。

如此，则见义当为的，奋然必为，对这事该不该做，心里的决定非常果决。见道所当行的，便挺然必行，而天理自然得以深造。

义所当为的、道所当行的，你意志坚定，决定果决，奋然去做，勇往直前，那正义就得到伸张，天理得到深造。这就是天、地、人的正气，浩浩荡荡，天人合一！你的浩然之气，得之于天地，又充实了天地。

让人振奋！令人神往！

气因道义而发愤，道义因气而赞成，两相配合，无所疑惮；而凡是利害祸福，出于道义之外者，皆不足以动其心矣。

切己体察"不动心"，利益面前不动心，这是最低层次的不动心，是最容易做到的。这个我没问题，天大利益我弃之若敝履。但还有其他的不动心，我还做不到。比如祸福面前不动心。利益嘛，多点少点无所谓，如果要招祸，你心里就难以稳得住。祸福之外，还有很多"我执"，我们在《论语》里学过的"意必固我"的东西，要不动心都很难！这都是浩然之气不足。

理解了浩然之气，才能接着讲集义："是集义所生者，非义袭而取之也。行有不慊于心，则馁矣。"

集义，是养浩然之气的心法，和《中庸》里讲的"至诚无息"意思差不多。慊，是快意、满意。行有不慊于心，就是做了一件内心有愧的事。

孟子说，浩然之气，是由正义的、经常的、持续的积累所产生的，是不能间断的。民间讲，不做亏心事，不怕鬼敲门。只要做了一件亏心事，就气馁了。

"非义袭而取之也"，是说不是偶然遇上一件大仁大义的事，像搞突然袭击一样，就能得到浩然之气的。**不管你曾经多么大仁大义，一旦做了一件内心有愧的不义之事，这浩然之气一下子就泄掉了，真气没了，气馁了。**

这样我们就理解了荀子的话："行一不义，杀一无罪，而得天下，仁者不为也。"不管多大利益，哪怕是得天下当皇帝的利益，但要我行一不义之事，杀一无辜之人去得到，我就不做。

真能做到？这么大的利益也不动心？你信不信？

这个只能自己去体会，别当一句名言，跟着拍案赞叹；而是要切己体察，事上琢磨，想一想自己会不会也那样去做。

理解不了，是价值观不一样，思维完全不同。所谓坏人不知道好人有多好，好人不知道坏人有多坏，普通人也不能真懂得圣人在想啥。

朱熹注解说，集义，就像积善，就是要自己做的每一件事都合乎道义；一旦做了一件不义之事，自己心里就知道，心里有亏欠了，气就不足了。

孟子说的集义，一件不义之事都不能做，类似《中庸》里说的至诚无息。无息，就是没有间断，"不息则久，久则征，征则悠远，悠远则博厚，博厚则高明"。至诚无息，不间断地积累，他的效验表征就显现出来，就能悠远而无穷，永续经营传承；就能博厚，厚德载物；就能高明，动于九天之上，活在他人想象之外——人人都说你那个东西真没法学，学不会！

集义，积德，积善，至诚无息，我心光明，勇往直前，孔子说的"智勇仁"三达德："知者不惑，仁者不忧，勇者不惧"，都是作为一个儒生所应有的最基本的观念。所以陆澄这个怕鬼的问题，实在是无厘头。

原文

子莘曰："正直之鬼不须怕；恐邪鬼不管人善恶，故未免怕。"

先生曰："岂有邪鬼能迷正人乎？只此一怕，即是心邪！故有迷之者，非鬼迷也，心自迷耳。如人好色，即是色鬼迷；好货，即是货鬼迷；怒所不当怒，是怒鬼迷；惧所不当惧，是惧鬼迷也。"

华杉详解

老师"集义"两个字，包含了巨大的信息量，就是上面我们讲的孟子的话。这就回答完了。旁边另一个学生子莘又问："那正直的鬼，不害好人，我们不怕。但是万一有那恶鬼，他不管好人坏人都要害，还是不免害怕啊！"

读《传习录》，经常令人有这样的感慨：这班同学不行！王阳明的学生，和孔子、孟子的学生真是没法比！提问水平太低，实在是难为老师了。老师都讲了集义，讲了集义就是讲了浩然之气；讲了浩然之气还要问怕鬼，这是读书人吗？

王阳明回答说："哪有邪鬼能迷惑正人之事？你这一怕，就是自己心邪！你是鬼迷心窍，是自己心里有所迷惑罢了。如果你好色，是你被色鬼迷了，色迷心窍；如果你贪财，是被财鬼迷了，财迷心窍；如果你容易被激怒，那是被怒鬼迷了，怒迷心窍；如果你恐惧，那是被胆小鬼迷了，惧迷心窍。"

总之，是自己心不正、气不足，才会迷乱害怕。

原文

"定者心之本体，天理也。动静，所遇之时也。"

华杉详解

定，是心的本体，是本然状态，是天理。心之有动有静，是在不同境遇下的不同应对表现而已。这就是"喜怒哀乐之未发谓之中，发而皆中节谓之和"。"致中和"就是中庸之道。

原文

澄问《学》《庸》同异。

先生曰："子思括《大学》一书之义为《中庸》首章。"

华杉详解

陆澄问《大学》与《中庸》两本书的异同。

王阳明回答说："子思概括了《大学》的主旨，作为《中庸》的首章。"

这里不知道王阳明为什么这么说。《大学》相传是曾子所作，子思所著的是《中庸》。汉宣帝时，戴圣根据历史上遗留下来的佚名儒家著作编辑成《礼记》一书里的两篇：《大学》和《中庸》。朱熹从《礼记》中把《大学》《中庸》抽出来，和《论语》《孟子》一起编成"四书"，并详细注解，写成《四书章句集注》。若问《大学》和《中庸》的异同，《大学》是"四书之首"，是"初学入德之门"，是入门书。然后第二门是《论语》，第三门是《孟子》，最后是《中庸》，这是一个逐渐加深的过程。**《大学》是入门，《中庸》是最高境界**。

凡事如果开头错了，往后怎么也对不了

原文

问："孔子正名。先儒说上告天子、下告方伯、废辄立郢，此意如何？"

华杉详解

陆澄问："孔子讲正名。先儒说应该上告天子，下告方伯，废了蒯辄的卫国国君之位，改立郢为君。这个意见对吗？"

陆澄问的是《论语》中孔子的名言"名不正，则言不顺"，原文如下：

子路曰："卫君待子而为政，子将奚先？"子曰："必也正名乎！"子路曰："有是哉？子之迂也，奚其正？"子曰："野哉！由也。君子于其所不知，盖阙如也。名不正，则言不顺；言不顺，则事不成。事不成，则礼乐不兴；礼乐不兴，则刑罚不中；刑罚不中，则民无所措手足。故君子名之必可言也，言之必可行也。君子于其言，无所苟而已矣。"

这段话的意思是：

子路问孔子："卫君希望您出山为卫国从政，您会先从哪些事情着手呢？"这里的卫君，是卫出公姬辄。当时子路在卫国，为卫国大夫孔悝家宰。

孔子回答说："先正名吧！"但他并没说怎么"正"。

子路不解："有这么做的吗？老师也太迂了吧！这名，怎么正啊？"

卫出公得位不正，孔子说要先正名，就是说你要先解决政权的合法性问题。子路说老师您扯得太远，这政权的合法性问题解决不了，或者说只有卫君自己下台才能解决！这不是扯得太远了吗？所以子路急了，对老师不尊重的话，也就脱口而出。

这事，咱们还必须扯远一点，不然这事扯不清！

卫出公的父亲蒯聩，本是卫国太子，蒯聩的父亲是卫灵公，其夫人就是著名的南子。南子和宋国公子宋朝私通，卫灵公不在乎，蒯聩却觉得耻辱，想刺

杀南子。阴谋败露，蒯聩逃亡。卫灵公死前，曾经对他的小儿子郢说："我将来让你继承君位。"郢不接受，不愿参与君位之争。所以卫灵公临死前，并未正式废除蒯聩的太子之位，也没立新的太子。

卫灵公死了，南子要立郢，郢还是不接受，说："亡人太子蒯聩之子辄在也，不敢当。"就算太子流亡了，他的儿子姬辄还在，我不敢当。南子没办法，就立了姬辄。这时候姬辄还小，也就十岁左右。蒯聩要回来奔丧，当然也要以太子之名继位。卫国发兵，拦着不让他回来。南子是卫国"实际控制人"，让姬辄"以王父命拒父命"，称爷爷为王父，对亲生父亲就不认了。卫国宗庙祭祀和出政施令，都称灵公为父，而不认蒯聩。

所以姬辄之名、蒯聩之名、灵公之名，全都不正，全乱套了。但这已经乱了好些年了，现在是姬辄要请孔子您老人家，您却要他正名，这正得了吗？您这不是哪壶不开提哪壶吗？子路跟老师急了，脱口就说老师迂腐。

"野哉！由也。"你放肆！你粗野！孔子骂子路了。"君子于其所不知，盖阙如也。"君子对于自己不知道的事情，就暂时存疑，以待考问。我说的话，你不理解，你可以问我，怎么张嘴就说我不对呢？！

孔子接着说："名不正，则言不顺；言不顺，则事不成；事不成，则礼乐不兴；礼乐不兴，则刑罚不中；刑罚不中，则民无所措手足。故君子名之必可言也，言之必可行也。君子于其言，无所苟而已矣。"

为政之道，就是名分先正，然后施政才有合法性。正名，才有正义。君主制之王者，父死子继，以孝治天下，所以以父子之伦为重。如果自己父子之名就不正，如何正一国之父子？自己没做到的，要求别人做到，自己忌讳谈论的隐私，却要求别人做行事准绳——这没法说呀！礼乐刑罚，是国之大事，而礼莫大于父子之孝，乐莫大于父子之和，刑罚莫大于不孝——这三条你都有问题，那你什么事都干不成！所以名不正则言不顺；言不顺，名实不符，言行不一致，事就干不成；做不成事，什么事都苟苟且且，社会就没有伦理秩序，就不能兴礼乐；礼乐不兴，则法度乖张，小人得志，君子遭罪，那刑罚也不中；刑罚不中，就是选择性执法，不知道怎么能行，也不知道怎么不行，则人民无所适从，手足无措，没有安全感，不知道哪儿能安身，也不知道哪儿能躲避。

"所以呀，"孔子说，"名不正，则言不顺，理不直，则气不壮，不可收拾。君子之名，一定是光明正大，说得明白的。不仅说得明白，理直气壮，而且一定做得成事。君子对于自己以什么名、说什么话，是绝对不会马虎苟且的！"张居正说：一事得，则其余皆得；一事苟且，则万事都苟且。若一国上下，万事都扭曲苟且，那还谈什么治国呢？

孔子这番宏论，震烁古今，不能名正言顺，个个浑水摸鱼，则一国手足无措，人人都不安全。

那么问题来了，孔子准备如何为卫国正名呢？《论语》没有记载，或许孔子和子路师徒二人，也没有就这话题再往下谈。于是，后儒就讨论了两千多年，孔子怎么给这卫国正名。朱熹引用了胡安国的注，说蒯聩欲杀其母，得罪于父，姬辄据国拒父，都是无父逆子，都不可能名正言顺而事成。如果孔子执政，以正名为先，一定将事情本末告诸周天子，请教各方诸侯，共立公子郢，则人伦正、天理得，名正言顺而事成。孔老师的意思已经很清楚了，子路却不明白啊！

陆澄这里问王阳明，说的是先儒的意见，先儒就是指胡安国和朱熹。

胡安国这个方案，我认为万万不可行。说出来，隔墙有耳，孔子和子路自己性命都难保，更不用说子路是代表姬辄来找老师的。

或许还有一个方案，姬辄迎回父亲，让蒯聩继位，自己做太子。这样或许是最名正言顺的？但这也不可能，南子不会答应，姬辄也不会答应吧。

所以，此事根本就无解。孔子实际上是拒绝出山，不愿参与。子路也明白，没法往下谈了。

很多事情都是这样，你前面做下了，后面就无解了。

陆澄就问老师，看王阳明有什么解。

原文

先生曰："恐难如此。岂有一人致敬尽礼待我而为政，我就先去废他，岂人情天理？孔子既肯与辄为政，必已是他能倾心委国而听。圣人盛德至诚，必已感化卫辄，使知无父之不可以为人，必将痛哭奔走，往迎其父。父子之爱，本于天性，辄能悔痛真切如此，蒯聩岂不感动底豫？蒯聩既还，辄乃致国请戮，聩已见化于子，又有夫子至诚调和其间，当亦决不肯受，仍以命辄。群臣百姓又必欲得辄为君。辄乃自暴其罪恶，请于天子，告于方伯诸侯，而必欲致国于父。辄与群臣百姓亦皆表辄悔悟仁孝之美，请于天子，告于方伯诸侯，必欲得辄而为之君。于是集命于辄，使之复君卫国。辄不得已，乃如后世上皇故事，率群臣百姓尊蒯聩为太公，备物致养，而始退复其位焉。则君君、臣臣、父父、子子，名正言顺，一举而可为政于天下矣。孔子正名，或是如此。"

华杉详解

王阳明回答说："朱老师的意见恐怕不妥当。哪有一个人对我恭敬有礼、希望我帮他治理国家，而我的第一个意见就是废了他的君位？这于人情天理都不合啊！孔子既然肯帮姬辄，让子路去跟他做事，想必姬辄是能够倾心委国以听孔子意见的。

"姬辄既然能听孔子的话，想来孔子的盛德至诚，已经感化了他，让他知道，不孝顺父亲的，不可以称之为人。姬辄一定会痛哭奔走，去迎接他的父亲。父子之爱，本是天性，姬辄能这么悔痛真切，蒯聩岂不感动？蒯聩回国，姬辄就交出君位，并请求以死谢罪。蒯聩既然已经被儿子感化，又有孔子居中斡旋调和，当然不会接受，仍然要求姬辄继续执政。而且卫国的群臣和百姓本来就都支持姬辄，想要姬辄为君。姬辄就向天下昭告自己的罪行，请命于天子，告之于诸侯，一定要让国于父。蒯聩呢，也与群臣百姓一起上表于天子，告知于诸侯，称赞姬辄悔悟、仁孝之美，一定要他继续执政。

"如此，所有因素都决定了必须是姬辄继续复位为君。姬辄不得已，就像后世设太上皇一样，尊蒯聩为太公，让他得到尊贵的奉养，然后自己复位为君。

"这样一来，君君臣臣父父子子，都名正言顺了，这一举就可以治天下。孔子的正名之说，大概是这个意思吧。"

王阳明的意见，确实是唯一的解决方案。但是，孔子并没有这样说啊。孔子或许也这样想，但他没有说，因为他知道这不可能，这做不到。卫国国君之位，并不是蒯聩、姬辄父子两人之间的事情，还有南子和不同利益集团的贵族们。就算姬辄要做圣人，也不是他想做就做得了的，更何况他不是圣人呢？

卫国正名之事，也就是国君执政合法性之事，根本无解。

但无解只是人无解，时间会给出结论。卫国名不正言不顺的状态，后来是怎么发展的呢？这又要回到孔悝家事。孔悝的母亲伯姬，是太子蒯聩的姐姐，丈夫死后，她就跟一个长得很帅的仆人浑良夫私通。蒯聩利用了这层关系，说服浑良夫支持他政变，答应事成之后把伯姬嫁给他。于是蒯聩和伯姬、浑良夫合谋，于卫出公十二年劫持了孔悝，胁迫他参与政变；政变成功，卫出公流亡，蒯聩继位。子路就死于此次政变。蒯聩夺权后，第一个杀了南子。策动政变的关键功臣浑良夫也被他杀了，大概他并不愿意自己的姐姐嫁给一个家奴。

蒯聩在卫国君位上也只坐了三年，就被赶下台，流亡中被杀。姬辄于一年后回国复位。

名不正，则言不顺；言不顺，则事不成。这道理，孔子懂，公子郢懂，但是子路不懂，南子不懂，蒯聩不懂，姬辄不懂，伯姬不懂，浑良夫不懂，为什么呢？因为利令智昏，心存侥幸。

蒯聩发动政变，子路本来在城外，他若直接逃回鲁国，还可再侍奉老师；但他要主动回去求死，他说食人之食，不避人之难。胡安国评论说：子路知道"食人之食，不避人之难"为义，他怎么不知道"吃姬辄之食"本身就是不义呢？

凡事开头开错了，往后你怎么也对不了；不能挥刀自宫，就只能错上加错，在错误上不断加码。名不正，则言不顺；言不顺，则事不成——就是这个意思。

情绪和初心

原文

澄在鸿胪寺仓居，忽家信至，言儿病危，澄心甚忧闷，不能堪。

先生曰："此时正宜用功，若此时放过，闲时讲学何用？人正要在此等时磨炼。父之爱子，自是至情。然天理亦自有个中和处，过即是私意。人于此处多认做天理当忧，则一向忧苦，不知已是'有所忧患，不得其正'。大抵七情所感，多只是过，少不及者。才过便非心之本体，必须调停适中始得。就如父母之丧，人子岂不欲一哭便死，方快于心？然却曰'毁不灭性'。非圣人强制之也，天理本体自有分限，不可过也。人但要识得心体，自然增减分毫不得。"

华杉详解

仓居，是暂住的意思。

陆澄在南京鸿胪寺暂住，忽然收到家信，说儿子病危，陆澄非常忧愁苦闷，难以自持。王阳明说："这正是用功修养的时候。如果这时候不能用功，平时讲学有什么用？平时天天讲'喜怒哀乐之未发谓之中，发而皆中节谓之和'，这时候正要磨炼你的'致中和'。父亲爱儿子，自然是人之至情，但天理中也有一个中和适度，过了，就是私意。人们在这里，认为天理就应当是忧虑，于是一味地忧愁痛苦，却不知已经落下'有所忧患，不得其正'的毛病。"

"有所忧患，不得其正"出自《大学》：

> 所谓修身在正其心者，身有所忿懥，则不得其正；有所恐惧，则不得其正；有所好乐，则不得其正；有所忧患，则不得其正。心不在焉，视而不见，听而不闻，食而不知其味。此谓修身在正其心。

王阳明接着说："大致而言，人有喜、怒、哀、惧、爱、恶、欲七种感情，多了就过了，少了呢又不及。所以中庸之道，要求就是'无过不及'，没有一点过分，也没有一点不足，恰到好处，分毫不差。超过一点点，就不是心的本体，必须调节到中庸状态。比如父母之丧，那孝子岂不要一下子哭死才能纾解悲痛之心？但是圣人却说'毁不灭性'，教你不能因为过分悲伤而失去了自己的本性。这不是圣人强人所难，而是天理的本体就规定了一定的限度，因此不能过分。人只要能认识心体的本然状态，自然一丝一毫都增减不得。"

情绪管理，首先是接受。儿子病危，当然忧苦不堪，但是世间还有白发人送黑发人之事，我们平时都当它是"别人的事"，是新闻报道里的事。但所有这些事，都有概率落到我们自己头上。

各种人情事变，一是要面对；二是要接受；三是积极处理；四是对自己处

理不了的，要学会放下、顺从。唯有顺从，才能不失了心的本体，也不失了自己的初心和本性。因为你的初心是爱，是要他好，也要自己好，为什么变成了怨呢？

随时要自省，永远不自责

原文

"不可谓'未发之中'常人俱有。盖'体用一源'，有是体即有是用。有'未发之中'，即有'发而皆中节之和'。今人未能有'发而皆中节之和'，须知是他'未发之中'亦未能全得。"

华杉详解

这还是讲《大学》的"喜怒哀乐之未发谓之中，发而皆中节谓之和"。王阳明说："这'未发之中'，也不是一般人都有的，体用一源，本体和作用是一个源头，有什么样的本体，就有什么样的作用反应。在情绪未发之前，能居于不偏不倚之中，发出来，就能发而中节，恰到好处，无过不及。如果看到一个人遇事没有'发而中节'之和，就知道他没有'未发之中'。"

如何管理自己的情绪？事上磨炼。忍耐、自控是一个方面，更关键的是心中本体的中正平和。如果心里本来就觉得委屈，发出来就会刺伤他人；如果心里觉得被轻视，发出来就会狂傲；如果心里觉得不被爱，发出来就是怨愤。

喜怒哀乐之未发时，就没能中正平和，遇到事发出来，又不能中节，怎么办？首先还是接受。接受自己，是接受他人的开始。

曾子说"吾日三省吾身"，《中庸》又说君子要戒慎恐惧，可是这样不断地去知觉自己的错误，去改过，去修炼，时时事事都发而中节，会不会很累呢？

自省和自责是有区别的。如果自己一有错就自责，那就太累了。如果首先接受自己，然后时时自省，不一定"有错必改"，也允许自己犯一定范围的"错"，这样修养自身就比较自在。如果不能接受自己，那会犯精神病。

随时要自省，永远不自责。自省是中正平和，自责是心理疾患。

人首先要活得自在，自在于未发之中，自得其乐，则如王阳明言"遇之左右而逢其缘"，都是缘分。如陆九渊言"六经皆我注脚"，如《中庸》言"唯天下至诚，为能尽其性；能尽其性，则能尽人之性；能尽人之性，则能尽物之性；能尽物之性，则可以赞天地之化育；可以赞天地之化育，则可以与天地参矣"。未发之中的关键，在于至诚；至诚的关键，首先在于对自己诚，不自欺，能率性而为，尽己之性，尽他人之性，尽万物之性，是谓厚德载物，化育天地。

化育天地，就要先化育自己。

养浩然之气，就要从"夜气"开始养

原文

"《易》之辞是'初九，潜龙勿用'六字；《易》之象是初画；《易》之变是值其画；《易》之占是用其辞。"

华杉详解

这里讲的是《易经》。《易经》被称为群经之首。周文王被纣王关押了七年，他在这个暴君的监狱里，生命悬于一线，但他却推演出了天地人事变化的各种可能性，以及每一种情况该如何应对。周文王并不是日日以占卜为事，他是中国文化之王，研究的都是仁德与义理。所谓"君子居则观其象，动则观其变"，七年间，他把事物的表现、本质，以及变化规律，都总结提炼了出来，成为六十四卦、三百八十六爻。

比如《易经》的爻所处位置代表事物的不同阶段：

初爻：代表事物开始；

二爻：代表事物崭露头角；

三爻：代表事物大成；

四爻：代表事物进入更高层次；

五爻：代表事物成功；

上爻：代表事物终极。

比如乾卦：

乾卦初九：潜龙勿用（龙在深渊里藏着，事物刚开始，积蓄能量，别着急）；

九二：见龙在田（龙出现在田野，事物开始崭露头角，或遇到贵人，得到机会）；

九三：君子终日乾乾（事物小成，不要骄傲，要小心、谨慎、谦虚）；

九四：或跃在渊（进入更高层次，新旧更替，故迷惑在渊中）；

九五：飞龙在天（如日中天，大功告成）；

上九：亢龙有悔（龙飞过高，事物终极，物极必反，慎之慎之）。

这样看来，这不就是我们的人生观、世界观和义理的方法论吗？

王阳明说："《易经》乾卦的初九爻，爻辞是'初九，潜龙勿用'六个字，它的卦象是指初九爻，其变化就是出现新爻。《易经》的占卜就是用的卦辞和爻辞。"

占卜不是算命，算命是个悖论，算命的目的是为了趋吉避凶，如果算到了凶，又避开了，那算命岂不是没算准？所以占卜是预测和推演，提供思考路径、行动指南，更重要的是提供义理。《易经》是"易"之经，讲变化。但如何应对变化，还是要靠自己中正，中庸之道——"不偏之谓中，不易之谓庸。中者，天下之正道；庸者，天下之定理。"《易经》讲"易"，更是讲"不易"。

原文

  "'夜气'是就常人说。学者能用功，则日间有事无事，皆是此气翕聚发生处。圣人则不消说'夜气'。"

华杉详解

"夜气"这个概念是《孟子》里的:

> 其日夜之所息,平旦之气,其好恶与人相近也者几希;则其旦昼之所为,有梏亡之矣。梏之反覆,则其夜气不足以存;夜气不足以存,则其违禽兽不远矣。人见其禽兽也,而以为未尝有才焉者,是岂人之情也哉?故苟得其养,无物不长;苟失其养,无物不消。

日间纷扰,夜间宁静,人的良心也有所生息;积攒到平旦清晨之时,其良心发现,善念萌生,从他心底激发出来的好恶之心,和一般人相近的,也有那么一点。但是,到了白天,为人欲所蔽,外物所牵,他的所作所为,又把这点良知给消灭了。

这样反复消灭,他夜来心里萌发出来的善念也不复存在;善念存不下来,那人也就离禽兽不远了。别人看他形同禽兽,就认为他不曾有过善良的品质。其实他和一般人一样,也曾经像牛山那样郁郁葱葱,也曾经是良善美材。**如果得到滋养,没有东西不生长;如果得不到滋养,没有东西不消亡。**

这就好比学生们在晚上的时候都会暗下决心:明天上课要认真听讲,好好学习。第二天到教室里呢,又打瞌睡、开小差了;或者干脆在宿舍里睡懒觉,不去上课。孟子就说,你要养气,养浩然之气,就要从夜气开始养,不要把夜间的志气给弄丢了。

王阳明说:"孟子讲的夜气,是对一般人说的。真正用功的同学,不需要讲夜气。白天有事无事,都是志气生发集聚、发生作用之处。圣人自己,更用不着讲夜气了。"

居仁行义,就是心在腔子里

原文

澄问"操存舍亡"章。

曰:"'出入无时,莫知其乡'。此虽就常人心说,学者亦须是知得心之本体亦元是如此,则操存功夫始没病痛。不可便谓出为亡,入为存。若论本体,元是无出无入的。若论出入,则其思虑运用是出。然主宰常昭昭在此,何出之有?既无所出,何入之有?程子所谓'腔子',亦只是天理而已。虽终日应酬而不出天理,即是在腔子里。若出天理,斯谓之放,斯谓之亡。"

又曰:"出入亦只是动静,动静无端,岂有'乡'邪?"

华杉详解

陆澄问《孟子》里"操存舍亡"那一章。

"操存舍亡"出自《孟子·告子上》,是接着前面的"夜气"来说的,要把那善心操持、保存住。原文是:

孔子曰:"操则存,舍则亡;出入无时,莫知其乡。"惟心之谓与?

操,是操持,持守。舍,是放弃。

孔子说:"抓住它,就存在。放弃它,就亡失。出出进进没有一定时候,也不知道它何去何从。"这就是在说人的心吧?

朱熹注解说:"心之神明不测,得失容易,而保守甚难,所以不可顷刻失其养。学者当无时不用其力,使神清气定,让这心时常保持在清晨善念充满的状态,则其心常存,不管处理什么问题,都能以仁义处之。"

朱熹又说:"我的老师曾经教导我:'人哪,未尝没有理义之心,只要你持守住它,它就在。'"

这可以结合孟子的四端论来理解:恻隐之心,仁之端也;羞恶之心,义之端也;辞让之心,礼之端也;是非之心,智之端也。抓住那心的善端,它就存在，扩充它、放大它，就是仁、义、礼、智、信。放弃了那心的善端，这善端善念就亡失了，就走向恶。这善恶之心，欲念和克制，喜怒哀乐的情绪，在心里出出进进，也没什么规律，所以要戒慎恐惧，时刻警醒，克己复礼，困知勉行。

王阳明说："'出入无时，莫知其乡'，这虽然是就常人的心而言，但学者应该知道，心的本体，本来就是如此，没有什么出啊入的，这样，操存的功夫才不会跑偏。不能说，出去了就亡失了，进来了就操存了。心的本体是无出无入的，如果要说出入，则思虑的运用就是出，而心的主宰还是昭昭在此，有什么出的呢？既然没有出，那又哪有入呢？

"程颐说'心要在腔子里'，这'腔子'，不是胸腔，也只是天理而已。每天应事、接物、待人，都不出天理，就是心在腔子里操存着；离开了天理，就是放纵亡失。"

又说："心的出入，也只是动心和静心而已，动静并没有端倪，哪有什么方向呢？"

居仁行义，就是心在腔子里。是在仁里面，以仁义天理，应万事万物；而不是在仁外面努力往里走，或出出进进。

学习是为了提升自己，而不是为了胜过别人

原文

王嘉秀问："佛以出离生死诱人入道，仙以长生久视诱人入道，其心亦不是要人做不好。究其极至，亦是见得圣人上一截，然非入道正路。如今仕者，有由科、有由贡、有由传奉，一般做到大官，毕竟非入仕正路，君子不由也。仙佛到极处，与儒者略同，但有了上一截，遗了下一截，终不似圣人之全。然其上一截同者，不可诬也。后世儒者又只得圣人下一截，分裂失真，流而为记诵、词章、功利、训诂，亦卒不免为异端。是四家者，终身劳苦，于身心无分毫益，视彼仙佛之徒，清心寡欲、超然于世累之外者，反若有所不及矣。今学者不必先排仙佛，且当笃志

为圣人之学。圣人之学明，则仙佛自泯。不然，则此之所学，恐彼或有不屑，而反欲其俯就，不亦难乎？鄙见如此，先生以为何如？"

先生曰："所论大略亦是。但谓上一截、下一截，亦是人见偏了如此。若论圣人大中至正之道，彻上彻下，只是一贯，更有甚上一截、下一截？'一阴一阳之谓道'，但'仁者见之便谓之仁，知者见之便谓之智，百姓又日用而不知，故君子之道鲜矣'，仁智岂可不谓之道？但见得偏了，便有弊病。"

华杉详解

王嘉秀，是王阳明的学生，据说他喜欢谈论佛、道。

王嘉秀问老师："佛家以超脱生死轮回来诱导人信佛，道家以长生不老来诱导人信道。他们的本心，也不是要人做什么不好的事。究其根本，他们只看到了圣人的上一截功夫，也就是'下学而上达'的'上达'。然而，并非人间正路。如今出仕做官的人，有的是通过科举考试，有的是通过举荐，有的是通过继承祖荫，同样是做到大官，但不是为官的正途，君子是不会去做的。道家和佛家，到了极致境界，和儒家也大略相同。但是有了上一截的'上达'，却丢弃了下一截的'下学'，始终不如圣人的学问那样完整。而后世的儒者呢，又只得到圣人的下一截，只知道'下学'，分裂失真，流入死记硬背，寻章摘句，追名逐利，训诂考据，结果也不免流于异端。这四种人，终生劳苦，而对身心毫无益处，相比佛家、道家那些清心寡欲，超然于俗世的人来说，反而有所不及。所以，今天的学者不必先排斥佛家和道家，而是应当笃志于儒家圣人之学。圣人之学搞明白了，佛家、道家自然就消亡了。不然的话，对于儒者所学的东西，恐怕佛家、道家还不屑一顾；要佛家、道家拜服儒家，还能做到吗？"

王嘉秀发了这一番宏论，然后问老师："老师认为我这番见识如何？"

王阳明说，儒家与佛老，是"毫厘千里"，差之毫厘，失之千里，根本价值观不同，说不到一块儿去。你说到了极致境界都一样，很多东西都一样，也相互吸取营养，但是根本价值观不一样。我们看别人的学问，只是学习他对我有教益的，不是要去和他比个高下、决个胜负。

王阳明说，**学习不可有"胜心"**，因为你学习是为了自己，而不是为了胜过别人；一想胜过别人，就偏了。学儒家是为了修养自己，不是为了胜过佛老。

荀子说："古之学者为己，今之学者为人。"为自己学，是"君子之学也，入乎耳，著乎心，布乎四体，形乎动静"，这是学以润身，全落实在自己行动上。就像子路学习，学到一句，人家跟他讲第二句他都不听："别讲！别讲！上一条我还没做到呢！"这样博学、审问、慎思、明辨、笃行，关键是时时刻刻落实笃行，哪还有工夫去高谈阔论别人的学问和我的学问谁高谁低？自己的学问都还差得远，哪有工夫去比较别人的学问？别人的学问，我根本不晓得，我哪敢去评价？

小人之学呢，荀子说："入乎耳，出乎口，口耳之间，则四寸耳，曷足以美七尺之躯哉！"耳朵进去，嘴巴出来，就是"为求人知"，为了让人知道我这么有学问，而学的东西根本没往心里去，更不会落实到行动中了。

这就是荀子说的"古之学者为己，今之学者为人"。王嘉秀就是典型的口耳之学，今之学者为人，为求人知，他这里要让老师知道他很有学问。

而实际上，他所说的上一截、下一截的问题，上学和下达的问题，前面老师早就讲过了。下学是耕耘，上达是收获，上达是下学的结果，没有上达功夫，只有下学功夫。是他自己没认真听讲啊。

看看王阳明怎么回答他：

"你的说法大体正确。但是你区分了上学和下达，也只是一般人的见识罢了。如果讲到圣人大中至正之道，则是通天彻地，一贯而下，哪里有什么上和下的区分呢？'一阴一阳之谓道''仁者见仁，智者见智'，百姓每天用着道却不知不觉，所以说君子之道很少有人能领悟。仁和智不都是道吗？但理解得片面了，就有弊病。"

占卜之事，君子不信

原文

"蓍固是《易》，龟亦是《易》。"

华杉详解

蓍,是多年生草本植物,古代用其茎占卜。王阳明说:"用蓍草占卜是《易经》,用龟甲占卜也是《易经》。"

原文

问:"孔子谓武王未尽善,恐亦有不满意?"

先生曰:"在武王自合如此。"

曰:"使文王未没,毕竟如何?"

曰:"文王在时,天下三分已有其二。若到武王伐商之时,文王若在,或者不致兴兵,必然这一分亦来归了。文王只善处纣,使不得纵恶而已。"

华杉详解

陆澄问:"孔子说周武王还没有达到尽善,恐怕对武王也有不满意?"

王阳明说:"对于周武王来说,自然应该如此做,兴兵伐纣。"

陆澄问:"假如文王还活着,他会怎么做呢?"

王阳明说:"文王在世的时候,三分天下有其二,他的国力已经远远大过纣王了。到武王伐商的时候,如果文王还在,或者不至于兴师动众,纣王这一分也必然自动来归顺了文王。文王只是善于和纣相处,不让他作恶罢了。"

孔子什么时候说周武王未能尽善呢?《论语》原文是:

子谓韶,曰:"尽美矣,又尽善也。"谓武:"尽美矣,未尽善也。"

"韶",是舜的乐。"武",是周武王的乐。孔子说,舜的音乐尽善尽美,而周武王的音乐,尽美,但是不能尽善。这里的"武",不是周武王,而是周武王的音乐《大武》。舜的国乐叫《大韶》,武王的国乐叫《大武》,相当于国歌。所以孔子的原话是评论舜和周武王的音乐,不是说他们的人和政治。

美,是声容之盛,那音乐、舞蹈,都太美了;善,是价值观,于声容之美,再到那人性至善的去处。

政治艺术，国家音乐，都是歌功颂德。尽美是指歌，是艺术形式；尽善是指德，是思想价值。

为什么舜的音乐尽善尽美，而周武王也是一代圣君，他却只能尽美，未能尽善呢？张居正注解说，舜的舞乐叫《大韶》，舜是生知安行的圣人，雍容揖逊而有天下。他心和气和，而天地也以和应之；他的舞乐，歌神人，舞鸟兽，平和安详，其妙不可形容。而周武王之乐呢，叫《大武》，他虽然也是反身修德的圣人，救人民于水火，但他是征伐杀戮而得天下，其舞乐之中，未免有赴汤蹈火的杀伐之气，所以说不能尽善。

那王阳明怎么看待呢？王阳明说："在武王自合如此。"对于武王来说，自然应该这么做，一代人做一代人的事，一代人唱一代人的歌，这无法比较。

那如果是文王，是不是就不至于兴兵？这个没法猜测，不过我们可以确定的是，伐纣是文王的遗志，文王只是不打无把握之仗，一直没有动手。《孙子兵法》说："兵者，国之大事，死生之地，存亡之道，不可不察也。"不能做到万无一失，不可轻易动兵。

武王的谨慎，也不亚于文王。第一次动员军队之后，他还觉得时机不成熟，就自己班师回朝了。又等了两年，武王探知纣王更加昏庸暴虐：良臣比干、箕子忠言进谏，一个被杀，一个被囚；太师疵、少师强见纣王已不可救药，抱着商朝宗庙祭器出逃；百姓皆侧目而视，缄口不言。武王同姜尚研究，认为灭商条件已完全成熟，遵照文王"时至而勿疑"的遗嘱，果断决定发兵伐商。

这也是孙子兵法："善战者，立于不败之地，而不失敌之败也。"当敌人出现败象的时候，不能失去机会。

前面王阳明说："蓍固是《易》。龟亦是《易》。"在武王伐纣的最后决战"牧野之战"开战之前，狂风、大雨、暴雷，周国联军都很恐惧，又想班师回朝。于是武王派人用蓍草、龟甲占卜，占卜结果是大凶，连周公都害怕了。姜子牙把那蓍草、龟甲夺过来烧了，说："枯草朽骨，安可知乎？"下令进军，结果一战而定。

占卜之事，君子不信。想定了的事，占卜结果是宜出战，则出战。占卜结果是不宜出战，那也是敌人不宜出战。

儒家的中道，是变化的、动态的"中"

原文

问孟子言"执中无权犹执一"。

先生曰："中只是天理，只是易。随时变易，如何执得？须是因时制宜，难预先定一个规矩在。如后世儒者要将道理一一说得无罅漏，立定个格式，此正是执一。"

华杉详解

这位同学问的是《孟子》，孟子评论杨朱、墨翟和子莫三个人的思想，原文是：

> 孟子曰："杨子取为我，拔一毛而利天下，不为也。墨子兼爱，摩顶放踵利天下，为之。子莫执中，执中为近之，执中无权，犹执一也。所恶执一者，为其贼道也，举一而废百也。"

杨子的思想是人人为自己，是拔他一根毛来利天下他都不干，坚持自己管自己，你别想我为你做一点点贡献，但我也绝不会侵犯你一根毫毛。墨子呢，是兼爱天下，"摩顶放踵"，就是摩秃头顶，走破脚跟，劳苦自己一身筋骨，只要对天下有利，他也无所吝惜，慨然为之。

这两人，是两个极端。而子莫呢，他就"执其中"。

子莫，是鲁之贤人，具体生平事迹不清楚。

子莫执其中道，他不是不为自己，但不会像杨子那么绝情绝物；他不是不兼爱天下，但是不像墨子那样舍身徇人。孟子说，能执其中道，就接近正确了。但是，道无定形，中无定在，必须随时应变，与势推移，该为我时就为我，该为人时就为人，这就是"权"。

一个极端是杨子，另一个极端是墨子；"中道"，并不在杨、墨的正中间，而在于"权"，随时以权变为中。

这个"权"，是权变的权，也是权重的权，不同的因素，权重不一样，不是一半对一半，也不是只有两个因素，也不是每次都有同样的因素。情况随时在变化，所以要懂得用"权"。

孟子说，执着于一点是不好的，因为这样就损害了道，抓住了一点，而丢弃了其他一切。所以，**儒家的中道，不是"执中"，而是"时中"，是根据时势而变化的、动态的"中"**。张居正讲解说："吾儒时中之道，一理浑然，泛应曲当，千变万化，头绪甚多，非一端所能尽也。圣人之所谓中，存主不偏，应感无滞，虽有执中之名，其实未有所执也。"

中国的"经权之道"，有原则，又有权变。权，也是自由裁量权，所以在上位者拥有巨大的自由裁量权，一切皆可权变。孟子说："大人者，言不必信，行不必果，惟义所在。"说了的都可以不算，他能根据他的"结果正义"标准随时改变。

我们来看看王阳明怎么回答。

先生说："中道就是天理，就是权变，随时在变。怎么执得住？必须是因时制宜，很难事先预定一个规矩。后世的儒者要把道理一一说得没有纰漏，确定一个固定的格式，这正是执一。"

原文

唐诩问："立志是常存个善念、要为善去恶否？"

曰："善念存时，即是天理。此念即善，更思何善？此念非恶，更去何恶？此念如树之根芽，立志者长立此善念而已。'从心所欲不逾矩'，只是志到熟处。"

华杉详解

唐诩问："立志的意思，是不是就要时刻存个善念，时刻想着为善去恶？"

唐诩问的，就好像我们学习打坐冥想，脑子里的念头，任它来去；而立志做圣人呢，就不能任念头来去，要时刻分辨，哪个念头是善，哪个念头是恶，为善去恶。为善去恶，就是心学的"四句教"："无善无恶心之体，有善有恶意之动，知善知恶是良知，为善去恶是格物。"

不过王阳明在这里并没有肯定为善去恶的说法，他说："善念存守在心里，就是天理。这个念头本身就是善，还要去想什么善呢？这个念头本身就没有恶，要去什么恶呢？这个善念，就像是树根发芽，立志者只要时刻确立这个善念就够了。它长出来的树干、枝叶、花果，自然全都是善，不需要他去刻意为善去恶。孔子说的'从心所欲不逾矩'，就是立志达到纯熟的境界而已。"

唐诩说的"为善去恶"，还是困知勉行；王阳明引孔子的话"从心所欲不逾矩"，就达到生知安行的境界了。

原文

"精神、道德、言动，大率收敛为主，发散是不得已。天、地、人、物皆然。"

华杉详解

王阳明说："精神、道德、说话、行动，大多以收敛为主，发散是不得已，天、地、人，乃至万物，都是如此。"收敛，就是惟精惟一，减少事务，减少思虑，聚焦起来。

原文

问："文中子是如何人？"

先生曰："文中子庶几'具体而微'，惜其蚤死。"

问："如何却有续经之非？"

曰："续经亦未可尽非。"

请问。

良久，曰："更觉'良工心独苦'。"

华杉详解

陆澄问："王通是怎样的人？"

王阳明说："王通也差不多算是'具体而微'的人，可惜早死！"

"具体而微"语出《孟子》，公孙丑向孟子请教圣人："子夏、子游、子张，皆有圣人之体；冉牛、闵子、颜渊，则具体而微。"

孔子弟子个个都学做圣人，但是学力不同，所得各异。比如子夏、子游得圣人的文学，子张得圣人的威仪，都有圣人的一部分。冉牛、闵子、颜渊则气质不偏，义理完备，已经得到圣人的全体了，但是有自己的局限性，尚未广大，不能像圣人那样大而化之，无可限量。

所以王阳明把王通和颜渊并列，已具圣人之体，只是小一号。这是很高的评价了。

陆澄问："那他为什么会做出仿作经典这样的错事呢？"

王阳明回答说："仿作经典也并不全错。"

陆澄接着问为什么。

陆澄这问题，前面徐爱已经问过，并有详细记录讲解，我们这里就不重复讲了。王阳明大概也是反复回答同学们非议王通的问题，也不想多说了。沉默了良久，也没再具体回答陆澄，只感慨了一句："我更觉得他用心良苦！"

原文

"许鲁斋谓儒者以治生为先之说，亦误人。"

华杉详解

许鲁斋，名许衡，字仲平，号鲁斋，是元朝初年中国第一大儒，但他还有一个重要的身份，是当时中国的首席天文学家，为国家主持历法修订工作，在全国各地修建了27所观测台，进行实地观测，制定了《授时历》。他用近世截元法代替了上元积年法，并推算出了365.2425日为一年——这个结论，比地球围绕太阳公转一周的实际数字只差26秒，比欧洲著名的《格列高利历》还要早三百年。

孔子说"君子不器"，就是不能把自己仅定位为工具。许衡呢，他就是国之大器。大概因为他"器"，所以他提出了"治生论"：

> 为学者治生最为先务。苟生理不足，则于为学之道有所妨。彼旁求妄进，及作官嗜利者，殆亦窘于生理所致也。士子多以务农为生。商贾虽为逐末，亦有可为者。

他的意思是，学者不能光搞学问，而是首先要有一技之长，能自己养活自己。如果经济上不能独立，那对学问也有干扰。比如那些走歪门邪道，或做了官却要贪污受贿的，都是因为穷孩子出身，穷怕了他就要贪啊！一般的士子呢，家里都有田地，务农为生。如果没有田地，经商也可以，总之你要能自己挣钱。

许衡的说法，因他自己的情况，有他自己的角度。他是当世第一大儒，又是大科学家，看旁人儒家修养不怎么样，更是没有任何一技之长，于是有感而发。

但是，这一番话成了著名的"治生论"，到今天还有不少论文争论。其"著名"的原因，是和孔孟的说法相悖。孔子说君子不器，在《孟子》里，对学者要不要"参加劳动，自食其力"更有非常详细的讨论。孟子说，学者或者说"管理者"，本身就是社会分工，君子治人，小人治于人，哪里需要人人都去搞劳动生产呢？

所以王阳明说："许衡认为儒者应该以谋生为第一要务的说法，也是误人不浅！"

学者当务为急

原文

问仙家元气、元神、元精。

先生曰："只是一件，流行为气，凝聚为精，妙用为神。"

华杉详解

问道家所说的元气、元神、元精是什么。王阳明回答说："这三者是一个东西，流动的时候是元气，凝聚起来就是元精，发挥妙用就是元神。"

原文

"喜怒哀乐，本体自是中和的，才自家着些意思，便过、不及，便是私。"

华杉详解

王阳明讲致中和，喜怒哀乐之未发谓之中，发而皆中节谓之和。这喜怒哀乐的感情，本体是中和的，发出来本来也应该中节；但是，掺杂了自己的私意，就会有偏差。要么过了，比如亲人去世，悲痛欲绝，长时间走不出来；要么不足，比如临丧不哀，面无戚容。这都是多了私心。

不偏不倚，无过不及，恰到好处，坦然中道，这是儒家在日用常行，应事、接物、待人上，时时刻刻的修行。

原文

问"哭则不歌"。

先生曰："圣人心体自然如此。"

华杉详解

孔子说"当天哭过，当天就不会再唱歌"，有人问这是为什么。王阳明回答说："圣人的本心自然而然，就是如此。"

这还是在讨论"喜怒哀乐之未发谓之中，发而皆中节谓之和"。致中和的功夫，一辈子都修炼不完，所以在《传习录》中，也是反反复复、来来回回地讨论。哭则不歌，出自《论语》，原文是：

> 子食于有丧者之侧，未尝饱也。子于是日哭，则不歌。

孔子如果在有丧事的人家旁边吃饭，从来没有吃饱过。孔子如果当天为吊丧哭过，这一天就不唱歌了。

不饱食于丧者之侧，这是恻隐之心，对别人的遭遇表示同情。旁边有人家办丧事，虽然跟自己没关系，但是也感同身受，心怀同情，吃不下饭，潦草吃一点就算了。

如果当天去吊丧哭过了，这一天就不再唱歌，这是不忍之心，感情上觉得过不去。这也是一种慎独，刚刚在人家丧礼上哭过呢，回来又自己乐呵呵歌唱，就感觉在人家丧礼上歌唱一样，不忍为之。

古代帝王遇到天灾地震或饥荒，一定要减膳，撤乐，急急救援、抚恤，就是这个道理。如果别人在受苦，你却置酒高会，那就要被骂禽兽了。

郑玄注解说，君子哀乐不同日。如果一日之间，既以哀事哭，又以乐而歌，那便是哀乐之心无常。达不到"喜怒哀乐之未发谓之中，发而皆中节谓之和"的致中和的标准。

还补充一点，吊过丧，就停止歌唱一天，这样说来，孔子本来每天都会唱歌吗？正是如此！

刘宝楠在《论语正义》中有考证。《鲁诗传》："士大夫日琴瑟。"《曲礼》："士无故不撤琴瑟。"

弹琴唱歌，这是君子士大夫每日陶冶情操的修养功课和娱乐活动。

原文

"克己须要扫除廓清，一毫不存方是。有一毫在，则众恶相引而来。"

华杉详解

王阳明说："克制自己的私欲，必须将之彻底扫除干净，一丝一毫都不能存留。只要有一丝一毫的私欲残存，众多恶念就会接踵而至。"

修养"无私"，是很难的事情。人岂能无私？我自己的体会，是从修"无我"入手。修"无我"，主要有两手：一是忠恕之道，己欲立而立人，己欲达而达人，己所不欲，勿施于人，心里多装着别人，这样，自己的私心自然就会少些。二是修"子绝四：意、必、固、我"，毋意、毋必、毋固、毋我——不要主观臆断，不要期必，认为结果一定会怎样，不要固执己见，不要执着于自我，放不下自己。

原文

问《律吕新书》。

先生曰："学者当务为急。算得此数熟，亦恐未有用，必须心中先具礼乐之本方可。且如其书说，多用管以候气，然至冬至那一刻时，管灰之飞或有先后，须臾之间，焉知那管正值冬至之刻？须自心中先晓得冬至之刻始得。此便有不通处。学者须先从礼乐本原上用功。"

华杉详解

《律吕新书》,为宋代蔡元定所作,是讲音乐的。蔡元定以朱熹为师,朱熹也极器重他,并为他的《律吕新书》作序。

《律吕新书》中讲律管,律管是用竹管或金属管制成的定音器具。古乐分十二调,阳律六:黄钟、太簇、姑洗、蕤宾、夷则、亡射;阴律六:大吕、夹钟、中吕、林钟、南吕、应钟,共为十二律,叫十二律管。

王阳明说到的"候气",是讲律管亦用作测候季节变化的器具。《梦溪笔谈·象数一》引晋司马彪的《续汉书》:"候气之法,于密室中,以木为案,置十二律琯,各如其方,实以葭灰,覆以缇縠,气至则一律飞灰。"

将葭莩(芦苇秆内的薄膜)烧成灰,放置到律管内,每一根律管分别对应不同的节气,比如冬至这一节气与律中的黄钟相应,冬至吹时,黄钟管之灰自然飞动。

王阳明当头就说:"学者当务为急!"

当务为急,这句话很重要,出自《孟子》:

> 孟子曰:"知者无不知也,当务之为急;仁者无不爱也,急亲贤之为务。尧舜之知而不遍物,急先务也;尧、舜之仁不遍爱人,急亲贤也。"

意思是:智者没有不该知道的,但是你不可能什么事都知道,什么事都去学习,要聚焦学习你眼前该做的。仁者爱人,天下人他没有不爱的,但是,也有次序,就是在家先爱自己的亲人,在外先爱有德有才的贤人。你是领导,你爱自己的亲人,就带动人人都爱自己的亲人,那人人都有人爱了,不用你亲自去爱,全中国十几亿人,你爱不过来啊!你爱那有才德的贤人,则其德可以正君而善俗,其才可以修政而立事。所以尧舜这样的圣人仁人,他也不是一个一个去爱全天下的人,他的当务之急还是爱自己的亲人和有贤德的人。

王阳明的意思就一句话:你别整那没用的!

冬至那天是不是黄钟那根律管里的灰在动,我也不知道。你要学礼乐,就学礼乐的根本,你把什么时候什么灰在飞弄得精熟,也没有什么用。再说你到冬至那天去吹那律管,各管中草灰的飞扬或许真有先后,但是你又怎么知道是黄钟那根管里的灰先飞扬起来的呢？所以，要知道冬至来了，你还是必须自己先知道这天是冬至。先去吹那律管，再发现今天是冬至，这是根本说不通的。

始终服务于终极目的，随时回到原点思考

原文

曰仁云："心犹镜也，圣人心如明镜，常人心如昏镜。近世格物之说，如以镜照物，照上用功，不知镜尚昏在，何能照？先生之格物，如磨镜而使之明，磨上用功，明了后亦未尝废照。"

华杉详解

这是陆澄记录的一段徐爱说的话。徐爱说："人的心就好比一面镜子，圣人的心是一面明亮的镜子，常人的心是一面昏暗的镜子。朱熹的格物说，就像用镜子去照物，在照上面用功，不知道镜子是昏的，怎么能照呢？王阳明老师的格物呢，就是磨亮那镜子，在磨上用功，把镜子磨亮，也没有荒废照物的功夫。"

之前徐爱记录过他和老师的对话：

问："圣人应变不穷，莫亦是预先讲求否？"

先生曰："如何讲求得许多？圣人之心如明镜，只是一个明，则随感而应，无物不照。未有已往之形尚在，未照之形先具者……是知圣人遇此时，方有此事。只怕镜不明，不怕物来不能照。讲求事变，亦是照时事，然学者却须先有个明的工夫。学者惟患此心之未能明，不患事变之不能尽。"

这个心如明镜，要怎么明呢？我们通常说，看问题要抓住本质，什么是本质？我的体会，本质主要在两个方面：一是常识，时时刻刻不要脱离常识，用常识思考；离开了常识，镜子就昏了。二是始终服务于终极目的，我做这件事

到底是为什么？做事离开了终极目的，镜子就昏了。

能做到始终服务于终极目的，下一个要诀就是随时回到原点思考。因为在你思考判断的过程中，难免有错误、有偏差，在第一个偏差基础上继续推进思考，就必然有第二个偏差，以后每一步都是偏差的叠加。错上加错就是这个意思。如此，镜子就变得越来越昏暗。

反之，每一步都重新回到原点思考，不仅能避免偏差的累积，而且有助于发现之前的偏差。就等于每一次思考，都擦一次镜子。

最后，一定要无我，去除意、必、固、我，因为"我"是最大的昏镜。在镜子上盖上一个"我"，就只看见"我"，看不见别人，看不见现实。

始终服务于终极目的，随时回到原点思考，去除意、必、固、我，就是在你格物、照物的时候，时刻反复擦亮自己心里的镜子——如此，物来心照，随感而应，无物不照，就能达到陆九渊的境界：

"我在那无事时，只是一个无知无能的人；而一旦到那有事时，我便是一个无所不知、无所不能的人。"

道的表里精粗，远近旁类

原文

问道之精粗。

先生曰："道无精粗，人之所见有精粗。如这一间房，人初进来，只见一个大规模如此。处久，便柱壁之类，一一看得明白。再久，如柱上有些文藻，细细都看出来。然只是一间房。"

华杉详解

陆澄问的道之精粗，还是在问《大学》中朱熹讲的格物致知：

所谓致知在格物者，言欲致吾之知，在即物而穷其理也。盖人心之灵莫不有知，而天下之物莫不有理，惟于理有未穷，故其知有不尽也。是以大学始教，必使学者即凡天下之物，莫不因其已知之理而益穷之，以求至乎其极。至于用力之久，而一旦豁然贯通焉，则众物之表里精粗无不到，而吾心之全体大用无不明矣。此谓物格，此谓知之至也。

我们读古书，那做注疏的老师在解读后常常会加一句："其义理精粗，学者亦熟玩焉。"这其中的表里精粗，表面的、里面的、粗略的、精细的，你要"熟玩"，反复琢磨，把它理解通透。

王阳明回答说："**道本身没有什么精粗，是人之所见有精粗**。比如这间房，你走进来，就看见个'粗'，一个大概规模。在这房间里待得久了，便看见柱子、墙壁，一一看得明白。再久，柱上有些花纹都看出来了，越看越精细；但这间房还是这间房。就像那道，还是一个道。"

我认为，朱熹老师说表里精粗，是提醒你，你看到的可能只是表，而不是里，只是粗，而不是精。就像一本书，我们每年读一遍，体会都会不同，所以重要的书一定要反复读。用"物来心照"来说，那书也是一物，而你的心之明镜每年都不一样；善于学习的人，总是越磨越明，所以每年都能在同一本书上照出更多东西。你懂得有精粗，就警醒还有自己没看到的"里"和"精"，就会像乔布斯说的"stay foolish（保持愚蠢）"，不把自己当聪明人，而是把自己当傻子，不认为自己知道，而是认为自己不知道。所谓"小人知之，所以不知。圣人不知，所以能知"。就像王阳明说那间屋子，小人进去一看：我知道了！他知道的只是"粗"，但是认为自己已经知道了，就不往下研究了，所以他永远进入不了"精"。圣人懂得，这屋子里的东西，他永远不可能都知道，只能无限趋近，所以他就会精益求精。

我们回顾一下《传习录》开篇，徐爱说，王阳明反对他做记录：

> 圣贤教人，如医用药，皆因病立方，酌其虚实、温凉、阴阳、内外而时时加减之，要在去病，初无定说。若拘执一方，鲜不杀人矣……若遂守为成训，他日误己误人，某之罪过可复追赎乎？

圣贤教人，都是因人而异，因材施教，就像中医用药，是辨证施治，一人一方，酌情考虑病人体质的虚实、病理的阴阳内外，来随时调整药方和加减药量。要旨在于去病，并没有确定的说法。如果你拘泥于一个方子，很少有不害人的，把它守为成训、传扬下去，他日就将误己误人。

王阳明跟陆澄说，道没有精粗，那是他在那一天、那一刻，根据陆澄当时的"病情"，随手给他下的一味药。你如果认为朱熹老师说"道有表里精粗"错了，王老师说"道没有精粗，人之所见才有精粗"是对的，或者你认为朱老师对，王老师错，这对错有何意义？如果你以为自己得了一个标准答案"道无精粗"，那又跑偏了。王老师可不负责，他这味药是当天给陆澄吃的，明天说不定给陆澄还改方子呢，每天都不一样，谁让你偷来瞎吃？

我的体会是，道不仅有表里精粗，还有远近旁类。举一反三，闻一知十，触类旁通。看一个问题，你要在空间上看到表里精粗，明察秋毫。还要看得远，在时间轴上能看到前后几步。你还要从这间屋子看到别的屋子，能把这个道理和别的道理联系起来，触类旁通。物来心照，你的心之明镜，要够明亮，还得够宽大，还有"后视镜"，"后视镜"上还要加"凸面镜"扫除盲区。

小人怕缺钱，君子怕缺德

原文

先生曰："诸公近见时少疑问，何也？人不用功，莫不自以为已知为学，只循而行之是矣。殊不知私欲日生，如地上尘，一日不扫便又有一层。着实用功，便见道无终穷，愈探愈深，必使精白无一毫不彻方可。"

华杉详解

王阳明跟同学们说："这段时间你们见到我时很少提问了，怎么回事？人不用功，就自以为自己什么都知道，认为只要按过去的方法接着往下走就行了。殊不知私欲日益增长，就像地上的灰尘，一天不扫，就会多一层。着实用功，就会发现大道无穷无尽，越探究，就越精深，必须做到精确、明白，没有一丝一毫不彻底之处才行。"

这是接着讲前面道之表里精粗。你若认为自己知道了，知道的只是表，只是粗。没有问题、提不出问题，不是因为自己懂了，只是因为自己不用功。只要你用功，便能找到那不懂的地方，再把它搞懂。懂得越多，发现不懂的地方就越多。博学、审问、慎思、明辨、笃行，在行动中再探究，知行合一，永无止境。

什么时候做到精确、明白，没有一丝一毫不彻底之处呢？不知道，学问要彻底，还有行动要彻底，凡事彻底，把平凡的事做彻底，扫地扫彻底，擦玻璃擦彻底，应事、接物、待人，事事精确、彻底，不偏不倚，无过不及。彻底，就是中庸之道。

原文

问："知至然后可以言诚意。今天理、人欲知之未尽，如何用得克己工夫？"

先生曰："人若真实切己用功不已，则于此心天理之精微，日见一日；私欲之细微，亦日见一日。若不用克己工夫，终日只是说话而已，天理终不自见，私欲亦终不自见。如人走路一般，走得一段方认得一段；走到歧路处，有疑便问；问了又走，方渐能到得欲到之处。今人于已知之天理不肯存、已知之人欲不肯去，且只管愁不能尽知、只管闲讲，何益之有？且待克得自己无私可克，方愁不能尽知，亦未迟在。"

华杉详解

陆澄问："要知至，然后才可以说诚意。如今对天理人欲的道理，还没能尽知，如何能做到克己的功夫呢？"

陆澄所问的是《大学》的八条目：格物、致知、诚意、正心、修身、齐家、治国、平天下。这八条目有逻辑顺序：

古之欲明明德于天下者，先治其国；欲治其国者，先齐其家；欲齐其家者，先修其身；欲修其身者，先正其心；欲正其心者，先诚其意；欲诚其意者，先致其知；致知在格物。物格而后知至，知至而后意诚，意诚而后心正，心正而后身修，身修而后家齐，家齐而后国治，国治而后天下平。

这个顺序，后面的好理解，要诚意正心，才能修身齐家，能修身齐家，才能治国平天下。但是前面的就不好理解，为什么一定要先格物致知，才能诚意正心呢？

朱熹注解说：

"物格者，物理之极处无不到也。知至者，吾心之所知无不尽也。知既尽，则知所止矣。意诚以下，则皆得所止之序也。"

"知所止"，是止于至善的"止"，出自"大学之道，在明明德，在亲民，在止于至善"，就是止于最中正的标准。

朱熹的格物致知，是要对天下万物，无物不知，无知不尽。如此说来，要无物不知、无知不尽之后，才能诚意正心，才能再进入下一环节，修齐治平。这样同学们难免会气馁，啥时候才能开始啊？陆澄问的就是这个。

但是，如果按王阳明对格物致知的解释，这个问题就不存在。"格"，是格正，是《孟子》中"大人格君心"之"格"，是就着自己每天遇到的每一事、每一物，去格正自己的心，格正了之后，不就正心了吗？"知"，是知善知恶。知善知恶，一心向善，不就诚意了吗？这样，格物致知，才能诚意正心，这逻辑就顺了。

王阳明说："一个人，如果自己切实不断地下功夫，那么对自己的心，对天理的认识自然日益精微，一天比一天看得分明；对于自己心里的私欲呢，也一天比一天看得精微，看出自己的'小'来。如果不下克己功夫，而成天只是嘴上在说，终究看不清天理和私欲。这就像人走路一样，走过一段，才认识这一段；没走，就是空口白说。走到岔路口，有疑问就要提问，问明白了再走，这样才能慢慢到达自己要去的地方。现在人们对于已知的天理不肯存养，对于已知的人欲不肯去除，还自顾自地在那操心自己不能尽知，空口白说，有什么益处？你把那克己功夫做足，克到自己无私可克，再去愁没能尽知，也还来得及！"

克己功夫，就是克制自己，克服自己的私欲，战胜自己。

克己，首先要认识自己、看见自己。看见自己的什么呢？看见自己"缺德"！我们都以为"缺德"是骂人话，小人都认为自己缺钱，别人缺德；君子则能看到自己缺德，缺得厉害，缺得着急，所以时时刻刻要克己复礼，修德笃行，一段一段地走，一天一天地克，知行合一。走完一段，就复盘体会一段；走完一天，就三省吾身，复盘总结一天。如蘧伯玉，到50岁，过去49年自己做错了什么，全知道、全总结过、格正过。

小人呢？已经知道的事不认真体悟、存养、笃行，自己手上的事不认真做，却成天着急还有多少事我不知道！就像有些人拼命买书，其实一本也没看完；到处跑场子，听论坛，上各种课程，其实越学越迷糊。这样全是白费力气，全是废动作，全是副作用。

原文

问："道一而已，古人论道往往不同，求之亦有要乎？"

先生曰："道无方体，不可执着。却拘滞于文义上求道，远矣。如今人只说天，其实何尝见天？谓日、月、风、雷即天，不可；谓人、物、草、木不是天，亦不可。道即是天。若识得时，何莫而非道？人但各以其一隅之见认定，以为道止如此，所以不同。若解向里寻求，见得自己心体，即无时无处不是此道。亘古亘今，无终无始，更有甚同异？心即道，道即天，知心则知道、知天。"

又曰："诸君要实见此道，须从自己心上体认，不假外求，始得。"

华杉详解

陆澄问："道一而已，道只有一个。但是古人论道，说法却往往不同，这求道的要领在哪里呢？"

王阳明说："道没有具体的形体，无法把捉，也不可执着，更不可拘泥于文字的字面意思去求道，说'道一而已'，你就要问那'一'是什么，就像《易经》上说：'一阴一阳之谓道……仁者见之谓之仁，知者见之谓之知。百姓日用而不知，故君子之道鲜矣。'各人角度不同，道本身也在变化，如何把捉？就像人们现在说天，谁又真正见过天？只仰头看见一片天，这天上天外还有天，谁又见过？说日、月、风、雷就是天，那不对。说人、物、草、木不是天，也不对。《中庸》说：'天命之谓性，率性之谓道。'天道，道就是天。如果能体会这个道理，那还有什么不能认为是道的呢？一草一木都是道。人各以自己一隅之见认定，盲人摸象，以为道就是如此，所以各有不同。如果不断向内探求，见得自己的心体，那就无时无处不是道，从古到今，没有开始，也没有结束，有什么相同，又有什么不同呢？心就是道，道就是天，体认自己的心，就是体认道、体认天。"

又说："同学们要真正体认大道，必须从自己的心上去体认，不能向外探求，这样才能有所发现。"

正确运用才智

原文

问："名物度数，亦须先讲求否？"

先生曰："人只要成就自家心体，则用在其中。如养得心体，果有'未发之中'，自然有'发而中节之和'，自然无施不可。苟无是心，虽预先讲得世上许多名物度数，与己原不相干，只是装缀，临时自行不去。亦不是将名物度数全然不理，只要'知所先后则近道'。"

又曰："人要随才成就，才是其所能为。如夔之乐、稷之种，是他资性合下便如此。成就之者，亦只是要他心体纯乎天理。其运用处，皆从天理上发来，然后谓之才。到得纯乎天理处，亦能'不器'，使夔、稷易艺而为，当亦能之。"

又曰："如'素富贵行乎富贵，素患难行乎患难'，皆是'不器'。此惟养得心体正者能之。"

华杉详解

"名物"就是:这是什么东西,叫什么名字;"度数"就是:有什么用处,有什么礼俗规矩。

孔子入太庙,每事问,问的就是名物度数。比如你吃法式大餐,有几把叉子,几把餐刀,每把叫什么名字干什么用,开始时怎么摆放,吃完怎么摆放,有什么仪节和注意事项,这也是名物度数。有的人就熟悉各种名物度数。陆澄就问:"世间万事万物,各种名物度数,要不要都预先讲求学习呢?"

王阳明回答说:"**你哪里预先学得了那么多!人只要存养成就自己的心体,则应事、接物,应用就在其中,现学来得及。只要你存养心体,有未发之中,自然有发而中节之和,自然没有什么做得不恰当的。**"

比如英国女王请你吃饭,你对那些宫廷礼仪不懂,跟着走就是,或者问一问,即便是错了两步,也是发而中节的。你不会用刀叉,她还不会用筷子呢!或者观察一下别人,像林黛玉刚进贾府,喝茶时看别人是先漱口,她也把第一杯茶吐了就是。自己自信,就没有人会笑话你。

"相反,你如果没有自己的心体之正,预先去学了世上很多名物度数,跟自己毫不相干,那只是装点门面罢了,还占用大脑内存。无非是多些夸夸其谈的谈资,事到临头,还是一点作用也不起。

"当然,也不是一点名物度数都不讲求,只是要懂得《大学》里说的:'物有本末,事有终始,知所先后,则近道矣。'要知道什么是根本,知道何者为先、何者为后,这就接近得道了。"

又说:"人要根据自己的才能去成就自己,才能有所作为。比如夔之于音乐,稷之于耕种,那是他的天资本性就适合做这样的工作。能成就他的,也是他的心体纯乎天理;其运用处,都是从天理上发出来,然后变成才干。

"如果到了天理上精纯无比的地步,就能达到'不器',不为具体的才能所束缚,让夔和稷互换一下工作,他们也都能够做好!"

又说:"像《中庸》说的:'身处富贵就做富贵者该做的事,身处患难就做患难时该做的事。'这也是不器,没有被一个具体的名物、度数的框框住,这也是只有心体中正者才能够做到的。"

王阳明说:"要他心体纯乎天理。其运用处皆从天理上发来,然后谓之才。"这还是在讲良知良能。用笛卡尔的话说,就叫"正确地运用才智"。笛卡尔也讲良知，在他的名著《谈谈方法》里，开篇第一个词就是良知：

> 良知，是人间分配得最均匀的东西。因为人人都认为自己有非常充分的良知……这倒正好证明，那种正确判断、辨别真假的能力，也就是我们称之为良知和理性的东西，本来就是人人均等的；我们的意见之所以产生分歧，并不是因为有的人理性多些，有些人理性少些，而只是由于我们运用思想的途径不同，所考察的对象不是一回事。因为单有聪明才智是不够的，主要在于正确地运用才智。

君子不器，物来心照，关键在于致良知，在于正确地运用才智，在于时刻擦亮自己的心之明镜。

原文
　　"与其为数顷无源之塘水，不若为数尺有源之井水，生意不穷。"
　　时先生在塘边坐，傍有井，故以之喻学云。

华杉详解
这一天，王阳明坐在一个水塘边，旁边又有一口井，他有感而发，说："与其拥有一塘有数顷之大却无源头的水，不如有一口只有数尺深而有源头的井，因为有源头，才能永续无穷。"

王阳明这是讲学问，比如你学得很多很多的名物度数，那也是有限，出了这个范围，你又不会了。**唯有存养心体，致良知，懂得正确有效地运用才智，则物来心照，来什么就马上会什么。**

学问如此，物质财富也是如此。家有斗金不如日进分文，所谓"财务自由"，不是我钱足够多了、这辈子都够用了，而是我自信自己有持续赚钱的能力。甚至我有自信，这家业三十年后、五十年后能传给儿子孙子，那才是真正的财务自由。

君子两手空空，也能经天纬地；家族富可敌国，也不够一个败家子折腾。

传什么给子孙，传数顷无源之塘水，是传下家财；传数尺有源之井水，是传下家业。传家财、家业，都不够，还要传下家风、家学、家族文化，传下正确运用才智的能力，传下良知良能、心之明镜。

别哀叹世风日下，存养自己就行了

原文

问："世道日降，太古时气象，如何复见得？"

先生曰："一日便是一元。人平旦时起坐，未与物接，此心清明景象，便如在伏羲时游一般。"

华杉详解

陆澄问："如今世风日下，上古时代的美好景象，何日才能重见呢？"

王阳明说："一天就是一元。"

这里的"一元"，是北宋理学家邵雍提出的"元会运世"之说，"一元"便是代表这个世界的文明形成到终结的基数，由开辟以后到终结的中间过程之演变。这种理论大致是受到佛学中"大劫、中劫、小劫"之说的影响而来。

王阳明的意思是说："一天就是一个轮回。人早晨起来，还未与物接触，心中清明平和，就好像悠游在伏羲之时一样。"

言下之意就是，每日存养夜气，管好你自己；别哀叹什么世风日下，你只管好好存养自己就行。**别说现在的人坏，世上没好人；你自己做个好人，世上就有一个好人。**一旦你做了好人，根据孕妇效应，你会发现满大街都是好人。在王阳明和弟子们的对话里，就有一个著名典故，一个同学逛街回来，喜滋滋地说看见满大街都是圣人，那就是他自己的心态好了。

时时刻刻知道自己所当想和所当行

原文

问："心要逐物，如何则可？"

先生曰："人君端拱清穆，六卿分职，天下乃治。心统五官，亦要如此。今眼要视时，心便逐在色上；耳要听时，心便逐在声上。如人君要选官时，便自去坐在吏部；要调军时，便自去坐在兵部。如此，岂惟失却君体，六卿亦皆不得其职。"

华杉详解

陆澄问："这心要去追逐外物，该怎么办呢？"

王阳明回答说："心就好比君主，五官就是各职能部门。君主庄严肃穆，垂拱而坐，六卿各司其职，天下才能得到治理。人心统摄五官，也是如此。如果眼睛要看的时候，心就被那看见的东西牵走，一心只在追逐那美色；耳朵要听时，心又被那听见的声音牵走，一心要追逐那靡靡之音。这就好比君主要选任官员时，就自己跑去吏部坐着；要调动军队时，又亲自跑去兵部。那君主就失去了君主的体统，六部长官也无法各司其职。"

心要逐物，怎么办？逐物不是问题，问题在于不能为外物所牵，做人不能被物欲牵着走，做事不能被机会牵着走。那要依着什么走呢？八个字：

志有定向，唯义所在。

以志向为方向，以义为原则，勇往直前，在大道上走。

原文

"善念发而知之，而充之；恶念发而知之，而遏之。知与充与遏者，志也，天聪明也。圣人只有此，学者当存此。"

华杉详解

王阳明说："当自己的善念萌发的时候，自己知道是善念萌发了，马上懂得抓住这善念去扩充、放大。当自己的恶念萌发的时候，马上醒觉这是恶念，马上遏制自己。这种对自己善念、恶念的醒觉，以及扩充、遏制的意识，就是为善的志向，也是为善的意志力，这是上天赋予的聪明、醒觉。圣人无非就是有这样的聪明、醒觉罢了，而学者也要时刻存养这聪明。"

这还是在讲孟子的四端论，要抓住善端，扩充放大；抓住恶念，遏制在萌芽状态。曾子说"日三省吾身"，圣人不是到了晚上再复盘总结这一天，而是时时刻刻知道自己在想啥、在干啥。我们经常就是不知道自己在想啥、在干啥，所以说错话、做错事，到晚上三省吾身，才发现错了！所以要存养自己"时时刻刻知道自己在想啥、在干啥"的聪明。

每天晚上都能知道自己这一天的哪些话、哪些事是对，哪些话、哪些事是错，这也达到曾子的水平了。不过还要有更高要求，就是善念、恶念一动的时候，自己马上就意识到，并知道是要扩充、放大，还是要遏制，那就不会犯错了。

这种聪明、醒觉要修养到什么程度呢？还是那句老话："如好好色，如恶恶臭。"心中出现善念，就像看见美女一样敏感，要接近，要深入。心中出现恶念，就像闻到恶臭一样厌恶，马上捂住鼻子，躲得远远的，形成不假思索的条件反射，这就养成了。

大宇宙、中宇宙、小宇宙，感而遂通

原文

澄曰："好色、好利、好名等心，固是私欲。如闲思杂虑，如何亦谓之私欲？"

先生曰："毕竟从好色、好利、好名等根上起，自寻其根便见。如汝心中决知是无有做劫盗的思虑。何也？以汝元无是心也。汝若于货色名利等心，一切皆如不做劫盗之心一般，都消灭了，光光只是心之本体，看有甚闲思虑？此便是'寂然不动'，便是'未发之中'，便是'廓然大公'。自然'感而遂通'，自然'发而中节'，自然'物来顺应'。"

华杉详解

陆澄问:"好色、好利、好名等心,固然是私欲。其他如闲思杂虑,为什么也说是私欲呢?"

王阳明说:"这是因为那些闲思杂虑,也是从好色、好利、好名的根子上生发出来的,你自己顺着根子找就会发现。比如你的闲思杂虑,胡思乱想,做白日梦,绝对不会想到去做抢劫、偷盗的事,为什么呢?因为你原本就没有这个念头。你对于货色名利等心,如果也像不做强盗、窃贼的心一样,都消灭干净了,光光亮亮地只看到心的本体,那时候你再看看自己,有什么闲思杂虑?这就是'寂然不动',就是'未发之中',就是'廓然大公',自然'感而遂通',自然'发而中节',自然'物来顺应'。"

"未发之中"和"发而中节"说过多次了,这里说说王阳明讲的另外两个典故。

"寂然不动,感而遂通"出自《易经》:"寂然不动,感而遂通天下之故也。"你的心体寂静不动,就和天下一切事物相通。就能如程颢所说:"故君子之学,莫若廓然而大公,物来而顺应。"心胸广阔公正,物来心照,自然顺应,无所不通。

简单地说就是两个字:无我。当你无我的时候,你的小宇宙就和社会的中宇宙、天地的大宇宙都连通了。

斯宾格勒说:植物是属于宇宙的,动物是与宇宙相关联的一个小宇宙。天地是大宇宙,人有自己的小宇宙,我再加一个社会的中宇宙。

世间万事万物,只是一个宇宙,宇宙中的太阳、月亮、星星、地球,地球上的海洋、陆地、风雨雷电和一切植物,它们都在一个天理下生长运动。这当中唯有动物有自己的意志,可以决定自己的去向,所以一只小蚂蚁也是一个小宇宙,有自己的独立意志。人也是一样。那人的小宇宙,什么时候和大宇宙相通而连为一体呢?斯宾格勒说是在人睡眠的时候,当人入睡,他就和整个宇宙连通同体了。

"寂然不动,感而遂通天下之故也。"斯宾格勒说是睡着的时候,佛家说要打坐,瑜伽说要冥想、修身养性,这些都是放下自己,连通宇宙。

回到那只小蚂蚁,**蚂蚁的独立意志能影响这个宇宙多少呢?它可以摇动一根青草,可以举起一粒食物,这就是它对宇宙的改变。**

人也是一样，在个人的小宇宙和宇宙的大宇宙之间，还有一个人类社会。人能改变社会多少呢？能改变自己的命运吗？笛卡尔给自己定了一个人生准则，他说：

> 永远只求克服自己，不求克服命运；只求改变自己的愿望，不求改变世间的秩序。
>
> 要始终相信：除了我们自己的思想外，没有一件事情可以完全由我们做主。所以，我们对自身以外的事情尽了全力之后，凡是没有办到的，就是绝对办不到的事。我觉得明白了这一点就可以消除痴心妄想，凡是得不到的东西就不要盼望将来把它弄到手，这样就安分守己，心满意足了。
>
> 推而广之，生了病就不会妄想健康，坐了牢就不会妄想自由，就像不会妄想生成金刚不坏之身，长出高飞远走的翅膀一样。
>
> 我相信，那些古代哲学家之所以能够摆脱命运的干扰，漠视痛苦和贫困，安乐赛过神仙，其秘密主要在此。他们不断考察自然给他们划定的界限，终于大彻大悟，确信除了自己的思想之外，没有一样东西可以由他们做主，确信只要认清了这一点就可以心无挂碍，不为外物所动，对自己的思想作出绝对的支配。别人如果不懂得这种哲学，那么不管得到自然和命运多大的优待，还是不能支配一切，事事如愿以偿。

这就是笛卡尔去除闲思杂虑的方法，还是"廓然而大公，物来而顺应"。

要没有私心，还要没有杂念，除了放下，还有一个方法就是转移、替代。闲思杂虑，第一个字是"闲"。不闲，就没有闲思杂虑。不闲，不是找事情让自己忙，关键还在于志向。所以说为学第一在立志，有了志向，要学要做的东西太多，全部精力投进去都不够，就没有工夫闲思杂虑了。

求之于心、坚定其志、充盈其气、如有神助

原文

问"志至气次"。

先生曰:"志之所至,气亦至焉之谓,非极至、次二之谓。'持其志',则养气在其中;'无暴其气',则亦持其志矣。孟子救告子之偏,故如此夹持说。"

华杉详解

陆澄问"志至气次"怎么解。这是在问《孟子》,原文是:

曰:"敢问夫子之不动心与告子之不动心,可得闻与?""告子曰:'不得于言,勿求于心;不得于心,勿求于气。'不得于心,勿求于气,可;不得于言,勿求于心,不可。夫志,气之帅也;气,体之充也。夫志至焉,气次焉;故曰:'持其志,无暴其气。'"

公孙丑问:"老师,您的不动心和告子的不动心,有什么区别呢?"

孟子先介绍告子的观点,告子说:"不得于言,勿求于心;不得于心,勿求于气。"

这话什么意思呢?朱熹注解说:"告子谓于言有所不达,则当舍置其言,而不必反求其理于心;于心有所不安,则当力制其心,而不必更求助于气,此所以固守其心而不动之速也。"

你说不清楚的东西,就别碰它,不要说,也不要放在心上纠结。如果你做一件事心有不安,那你就不要做,把心放下,不要给自己鼓气,勉强去做。这就是固守我的心,心不动的速效方法。

张居正的解释也差不多:你言语说不清楚的事,却要用心思索以求通解,那是心以言动了。应该把那言语放下,心也放下,不动心,不考虑那事便罢了。如果你在处事时,做一件事,于心不安,却要用力修为,以求妥当,那又是心以气动了。所以你要制住心,不要心都不在这儿,还使劲给自己打气,硬

撑着要干。

孟子接着评论说:"不得于心,勿求于气,那是可以的。但是,不得于言,勿求于心,那不行!"

不得于心,勿求于气。因为心为本,气为末,要抓住心这个根本,没抓住根本,就不要乱动气。这是对的。

至于不得于言,勿求于心,什么意思呢?你言语上说不清楚的事,正要反求诸心,把道理想明白、弄清楚,然后能说明白。你干脆就把它放下,那不是放下,是放弃,那不是修心,是死心。那心如死灰,没心没肺,怎么叫"不动心"呢?

夫志,气之帅也;气,体之充也。夫志至焉,气次焉。

志主宰人的身体,是气的将帅。气充满人的身体,而听命于志,是志的士兵。志到哪里,气就到哪里;志气虽有本末缓急,但其实不可偏废。

这里我们已经有了三个字:心、志、气。再加一个字,《礼记》说:"气也者,神之盛也。"我们来体会一下这四个字:**心、志、气、神**。

求之于心、坚定其志、充盈其气、如有神助!

故曰:"持其志,无暴其气。"要坚定自己的思想意志,不要滥用自己的意气情绪。

《吕氏春秋》说,持,就是守。持其志,自反而守,就是反求诸己,找自己的原因,守住自己。可喜则喜,可怒则怒,这就是义。而不能"暴其气",就是把自己的喜怒加之于别人。

《孟子注疏》赵岐注解说:"言志所向,气随之,当正持其志,无乱其气,妄以喜怒加人也。"

把自己的喜怒加之于别人,特别是怒和怨,这毛病我们都常有。加给谁呢?往往是加之于离自己最近的亲人。因为你加之于别人,别人也不接招啊!只有亲人之间,才会互相伤害。

王阳明回答陆澄说:"志至气次,是说意志所到之处,气也相继而至的意思,并不是说以志为先、而气为从的意思。持其志,则养气也在其中了;反过来,无暴其气,也是在持守其志,所以二者是一体的。孟子把它们分开来讲,还分了先后,那是针对告子的偏见,才拆开来说的。"

这就是《传习录》一开篇,王阳明反对徐爱记录时说的。老师说话,都是针对对象的具体病症，一人一方，每次说的角度都不同，你不可记下来当标准答案。

志气一体，不一定是以志帅气，也有以气帅志的情况，就是《孙子兵法》的"治气"。我们平时看体育比赛经常有这种情况。

网上曾经有一个视频，是日本一所幼儿园的体育课，一个小男孩要跳木马，他跳不过去，老师带着小朋友们给他呐喊助威，再来，还是没跳过去。再来！更加热烈地呐喊助威，还是失败。如此反复失败了三四次，老师把观战的小朋友们全部从座位上喊起来，和那个跳木马的小男孩一起，手搭着肩围成一圈，一起呐喊，喊的应该是加油之类吧。

仪式完成，小男孩重新回到起跑线，再一次冲刺，跳过去了！

这个视频在网上疯传，大家纷纷惊叹"日本的民族性"，其实这不是"日本的民族性"，就是一个简单的治气的方法。前面我们讲心、志、气、神，求之于心、坚定其志、充盈其气、如有神助；这里就是直接鼓气，充盈其气，如有神助！

孟子接着也说了："志壹则动气，气壹则动志也。今夫蹶者趋者，是气也，而反动其心。"

意思是，**思想意志和意气情绪，是相互影响的。思想意志专注在哪一方面，意气情绪自然就转移过去。反过来，意气情绪如果钻到某个东西里面去，不能自拔，思想意志也就为之动荡。**就像跌倒和奔跑，这是体气上专注于某一方面的震动，但也不能不影响到思想意志，造成心的浮荡。

所以孟子接着也没有拆开讲志和气，又合起来讲了。

"敢问夫子恶乎长？"公孙丑问孟子，"那老师您的强项是什么呢？"

曰："我知言，我善养吾浩然之气。"孟子说："我善于洞察别人的言辞，也善于养自己的浩然之气。"

孟子自许的还是气，而且是浩然之气。

知不足，路才会走得更长

原文

问："先儒曰：'圣人之道，必降而自卑；贤人之言，则引而自高。'如何？"

先生曰："不然，如此却乃伪也。圣人如天，无往而非天。三光之上，天也；九地之下，亦天也。天何尝有降而自卑？此所谓大而化之也。贤人如山岳，守其高而已。然百仞者不能引而为千仞，千仞者不能引而为万仞。是贤人未尝引而自高也，引而自高则伪矣。"

华杉详解

陆澄问："先儒说'圣人之道，一定是放低自己；贤人之道，又要抬高自己'。这是什么意思呢？"

陆澄问的，是程颐的话："圣人之道，必降而自卑，不如此则人不亲；贤人之言，则引而自高，不如此则道不尊。"意思是圣人太高了，要降一点下来，否则就会脱离群众；贤人呢，别人不重视你，所以要抬高一下自己，否则你的道得不到重视。

王阳明就不同意这个说法，他说："这不对，这是作假了。圣人就像天一样，没有什么不是天。日月星辰之上，是天；九泉之下，也是天。天怎么能降而自卑呢？这就是孟子所谓'大而化之'的含义。"

"大而化之"是孟子对圣人的定义：大而化之之谓圣。他的思想品德之博大，大到能包容一切，教化天下。因为他包容一切，所以不存在把自己抬高或降低的说法，一切都在他的教化里面。圣人之道，本来就是日用常行，也不存在大家会觉得不亲，而恰恰相反，一定是亲切有味。

"贤人就好比那山峰。一座山，你有多高，你就固守其高处而已。然而百仞的山不能抬高自己到千仞，千仞之山不能抬高自己到万仞。所以贤人也并未抬高自己，若是这样，便是作假了。"

抬高自己，是大家的通病。抬到自己脚底下都空了，就容易踩空跌落。 就算你不抬高自己，你的朋友会帮你抬，也会抬到你踩空跌落的程度。人都有夸大事实的天性，因为有朋友要抬你，你就需要时刻把自己往下踩，往下踩实，永远不要让你的名气超过你的实力。**学会把自己往下踩，知道自己的不足，路才会走得更长。**有别人帮忙踩也没什么坏处，越踩越实。

我们往往会因为别人没有认识到自己的价值而郁闷，但换个角度讲，自己身上有别人还没认识到的价值，就是手里还有没打出去的好牌，不正是好事吗？如果还解不开这个结，就再想想孔子的话："人不知而不愠，不亦君子乎？"

原文

问："伊川谓'不当于喜怒哀乐未发之前求中'，延平却教学者看未发之前气象，何如？"

先生曰："皆是也。伊川恐人于未发前讨个中，把中做一物看，如吾向所谓认气定时做中，故令只于涵养省察上用功。延平恐人未便有下手处，故令人时时刻刻求未发前气象，使人正目而视惟此，倾耳而听惟此，即是'戒慎不睹，恐惧不闻'的工夫。皆古人不得已诱人之言也。"

华杉详解

陆澄问："《大学》里讲致中和：'喜怒哀乐之未发谓之中，发而皆中节谓之和。'伊川先生程颐说'不应该在喜怒哀乐未发之前去求一个中'，延平先生李侗却教学生体察未发之前的气象，他们两位老师谁说得对呢？"

王阳明说："两位老师说得都对！伊川先生怕学生在未发之前去讨个中正，把中正看成了一件事物，这本身已经不正了。就像我一向教你们以气定为中，所以只在涵养省察上用功。而延平先生怕学生找不到地方着手，所以要人时刻观察体会情绪未发之前的气象，要人正眼去看、倾耳去听，这就是'戒慎不睹，恐惧不闻'的功夫。都是古人不得已，引导别人做学问的话头罢了。"

"戒慎不睹，恐惧不闻"出自《中庸》："道也者，不可须臾离也，可离非道也。是故君子戒慎乎其所不睹，恐惧乎其所不闻。"

一般用戒慎恐惧来讲慎独，"不睹不闻"的主语，不是自己，而是别人。在别人看不到，也听不到的地方，也就是在自己独处的时候，也保持戒慎恐惧，保持紧张状态，不要放松、不要放纵、不要犯错，这就是慎独功夫。王阳明此处，"戒慎、恐惧"的主语是自己，要戒慎地正视和倾听自己于未发之前。

中庸没人能做到，只能无限趋近

原文

澄问："喜怒哀乐之中和，其全体常人固不能有。如一件小事当喜怒者，平时无有喜怒之心，至其临时，亦能中节，亦可谓之中和乎？"

先生曰："在一时一事，固亦可谓之中和，然未可谓之大本、达道。人性皆善，中和是人人原有的，岂可谓无？但常人之心既有所昏蔽，则其本体虽亦时时发见，终是暂明暂灭，非其全体大用矣。无所不中，然后谓之大本。无所不和，然后谓之达道。惟天下之至诚，然后能立天下之大本。"

曰："澄于中字之义尚未明。"

曰："此须自心体认出来，非言语所能喻。中只是天理。"

曰："何者为天理？"

曰："去得人欲，便识天理。"

曰："天理何以谓之中？"

曰："无所偏倚。"

曰："无所偏倚是何等气象？"

曰："如明镜然，全体莹彻，略无纤尘染着。"

曰："偏倚是有所染着，如着在好色、好利、好名等项上，方见得偏倚；若未发时，美色名利皆未相着，何以便知其有所偏倚？"

曰："虽未相着，然平日好色、好利、好名之心，原未尝无。既未尝无，即谓之有。既谓之有，则亦不可谓无偏倚。譬之病疟之人，虽有时不发，而病根原不曾除，则亦不得谓之无病之人矣。须是平日好色、好利、好名等项一应私心，扫除荡涤，无复纤毫留滞，而此心全体廓然，纯是天理，方可谓之喜怒哀乐'未发之中'，方是天下之大本。"

华杉详解

陆澄问："喜怒哀乐之未发谓之中，发而皆中节谓之和，要每件事都发而中节，这太难了！如果碰到一件小事，该喜或者该怒的，平时没有喜怒之心，到那时候情绪发出来，符合中正的标准，这算不算是致中和了一回呢？"

王阳明回答："《中庸》上说：'喜怒哀乐之未发谓之中，发而皆中节谓之和。中也者，天下之大本也；和也者，天下之达道也。'你说偶尔一时一事发而中节，固然也可以说是中和了一次，但是还没达到《中庸》所讲的'大本'和'达道'。人性都是善的，中和也是人人都有的，怎么能说没有呢？但是人心常常昏蔽，其本体虽然也时时发见，但终究是暂明暂灭，不是全体之大用。无所不中，才是大本；无所不和，才是达道。唯天下之至诚，才能立天下之大本。"

"发而皆中节谓之和"，"发"的要点在一个"皆"字，一回两回不算，要每时每事都中节，才算"和"。"未发之中"呢，要点不在"未发"，而在于心的本体、全体。本体人皆有之，要时刻发见，一刻不离，才得到心的全体。要得到心之全体，要点还在《中庸》——至诚无息，没有一刻停息，时刻都是至诚。至诚待人，就能做到无所不中，就能得到心的本体、全体，就能立天下之大本。"中"，不是已发或未发，而是心之本体、全体之完美无瑕。所以孔子才会说："中庸不可能也。"没有人能做到，只能不懈追求，最多无限趋近。

陆澄说："老师，我对这'中'字的意思，还是不明白。"

王阳明回答说："这没法再讲了，只能自己用心去体认，不是言语所能传达的。中，只是天理而已。"

"什么是天理呢？"

"去得人欲，便是天理。"

如何去人欲？还是要"无我"。多少蒙蔽都是自我蒙蔽，被一个"我"字，被"意必固我"蒙蔽了，去掉了我，就看见了他人，看见了世界。

陆澄问："天理怎么就叫中呢？"

"无所偏倚。"

"无所偏倚是何等气象？"

"就像一面明镜，全体晶莹透彻，没有染着一丝一毫尘埃。"

"那么，偏倚就是有所染着了。比如染着在好色、好利、好名等项上，那就是偏倚了。但是，如果在未发之时，美色、名利等都还没有上心，没有显现，如何知道他有所偏倚呢？"

陆澄的问题，始终是在字面上求推理，没有在心上去求天理。

王阳明回答说："虽然没有表现出来，但是平日里好色、好名、好利的念头并非没有。既然并非没有，那就是有。既然有，就不能无所偏倚。比如患痾疾的人，虽然有时病没有发作，但病根还在，那就不能认为他是没病的人。必须把平日里好色、好名、好利等事一一扫除干净，丝毫不留，而心里纯然都是天理，才可以称之为喜怒哀乐未发之中，这才是天地之间中道的根本。"

颜子没而圣学亡

原文

问："'颜子没而圣学亡'，此语不能无疑。"

先生曰："见圣道之全者惟颜子，观'喟然一叹'可见。其谓'夫子循循然善诱人，博我以文，约我以礼'，是见破后如此说。'博文''约礼'如何是善诱人？学者须思之。道之全体，圣人亦难以语人，须是学者自修自悟。颜子'虽欲从之，末由也已'，即文王'望道未见'意。望道未见，乃是真见。颜子没，而圣学之正派遂不尽传矣。"

华杉详解

"颜子没而圣学亡"，这话是王阳明说的。陆澄问："老师，您说颜回死了之后，孔子的圣学就失传了。我对此有疑问。"《论语》全书都在，今天还有老师您这样的大儒，怎么说圣学就失传了呢？

王阳明说:"能够全部体会孔子圣学的,只有颜回一人而已。你从《论语》里的'喟然一叹'就可以看出来:颜渊喟然叹曰:'仰之弥高,钻之弥坚;瞻之在前,忽焉在后。夫子循循然善诱人,博我以文,约我以礼,欲罢不能。既竭吾才,如有所立卓尔。虽欲从之,末由也已。'"

这段话的意思是,颜渊感叹说:我仰望老师的学问,越望它越高,进得一级,后面又有一级;我钻研老师的学问,越钻研它越坚实,钻透一层,里面又有一层!一会儿看它就在前面,我勇猛地赶上去;恍惚又没赶上,看它又好像在身后!我又转身去赶。如此流动不拘,变幻莫测,这是大道无形,不可为象,无穷无尽,其修远兮!

接着说颜渊的感叹:"夫子循循然善诱人。"

循循善诱,是孔子的教学法。"有鄙夫问于我,空空如也,我叩其两端而竭焉。"又说:"以其人之道还治其人之身。"就循着你的问题,循着你本来就懂得的部分,一步步引导你,使你自己发现真理,自己得到进步。

"博我以文,约我以礼。"

博文约礼,博文,是格物致知,学习广博的知识,通达古今之事变,把天下的道理都逐渐融会贯通,则聪明日开,不会拘束于寡陋。约礼,是克己复礼,用礼来约束自己。礼是天理自然的规律节文,要尊重规律,遵守规矩,行事操持敛束,不敢恃才傲物,懂得戒慎恐惧,小心谨慎。

懂得越多,就本事越大,越是心生敬畏,谨小慎微。我们不能决定自己的命运,我们能做的,只是一小部分。

老师循循善诱,博文在前,约礼在后;颜渊亦步亦趋,登上一山,还有一山;钻进一层,又有一层!这学习的乐趣,无穷无尽!让人不由得心驰神往,欲罢不能!

"欲罢不能,既竭吾才,如有所立卓尔。虽欲从之,末由也已。"

欲罢不能啊!老师把我的才能全都逼出来了!我也把我的浑身解数都尽情发挥了!又看见老师之道在前方卓然而立,我想一步跟上去,却又找不到地方发力!

王阳明说:"颜渊能发出这样的感叹,是他全部领悟了孔子的学说,才能说出的话。博文和约礼,为什么就是循循善诱?这要同学们自己去思考。道之全体,圣人也没法跟你说出来,必须是学者自己去修、自己去悟。颜子说想要向前进一步,又找不到地方下手。这就是周文王'望道未见'的意思。"

"望道未见"出自《孟子》:"文王视民如伤,望道而未之见。"

人民已经安居乐业了,周文王看见他们,却还是觉得他们受了伤害一样,要想想怎么保护、照顾他们,才能让他们过得更好,其爱民之深如此。不如此也不行啊,政教一有未修,刑罚一有不当,不就妨碍民生、伤害百姓了吗?周文王敢说自己没伤害任何人吗?但是别的君主不想这事,只有周文王能感受到、能仔细、努力地去对待,因为他心里真装着百姓。唯有百姓各得其所,他的心才安。

同样,他也有一颗求道之心。他已经是圣人了,自己却不满足,觉得道无终穷、学无止境,检点反省自己一时的疏忽,学习进修一时的懈怠,恐怕因此背道而驰。看见自己已经达到道了,还不满足,就像没看见一样,继续精进,必欲无一理不造其极,才能放心。

王阳明说:"望道未见,才是真见。颜回死了,圣道就失传了。因为孔子身边,唯一的那个望道未见的人没了。"

"望道未见",这"未见",是"已经看见了,却好像没有看见一样"吗?我的体会是,真的没看见!**千百年来,一代代的哲人,东方智慧也好,西方哲学也好,探求世界的本质、人类的命运和道德伦理的至善,他们找到了吗?至少都没有找全,或许永远找不全。还是孔子那句话:"中庸不可能也!"没有答案!还是"仰之弥高,钻之弥坚;瞻之在前,忽焉在后",还是"虽欲从之,末由也已"。**

在心上存养,学问自己就会来

原文

问:"身之主为心,心之灵明是知,知之发动是意,意之所着为物,是如此否?"

先生曰:"亦是。"

华杉详解

陆澄问:"身体的主宰是心,心的灵动明白是知,知的发动是意,意的作用对象是物,这样理解对吗?"

王阳明回答说:"也对。"

原文

"只存得此心常见在,便是学。过去未来事,思之何益?徒放心耳。"

华杉详解

王阳明说:"只要修'存心之功',存养本心,心如明镜,就是学问。那些过去、未来的事,想那么多干啥?不过是迷失自己的本心罢了。"

这里的"放心",不是我们今天说的放心,而是放失了本心、迷失了本心。

王阳明说的这个毛病在今天还特别典型。总有人成天到处去听课学习,唯恐落伍,研究下一个风口在哪儿,喜欢点击"未来五年最赚钱的十大行业"这类标题。你关心哪个行业赚钱干吗?你每年都准备转行吗?**自己手上的事不踏实做,自己的本心不存养,所谓"爱学习",都是伪学习,像没头苍蝇。**

有一次我演讲,有听众提问:"华老师,互联网时代,传统的营销不管用了,我们该怎么办?"这个提问者,就是王阳明说的"过去未来事,思之何益?徒放心耳"。

我当时讽刺他说:"你的口气好大啊!好像'传统的营销'你会似的!好像传统的你很拿手,现在互联网时代了,你就担心自己不行了。其实呢,传统的你也没会过,不也一样活到今天?"

如果他真的会"传统的营销",他必不会提这样的问题,因为营销没什么传统、现在之分。

又一次有人问:"请问华老师,现在我们应该怎样和90后沟通?"我也是毫不客气地反问:"跟80后沟通你会过吗?跟70后沟通你会过吗?跟60后沟通你会过吗?"

王阳明说的"放心",出自《孟子》的"学问之道无他,求其放心而已"。学问之道,也没什么,就是把你放失的心收回来,不要成天仓仓皇皇到处"学习"，做好你自己手上的事，认真在事上琢磨、在心上存养，那学问自己就会来。

原文
"言语无序，亦足以见心之不存。"

华杉详解
王阳明说："说话颠来倒去，也足以说明没有存养本心。"

这种情况也常见，特别是说话争胜，求表现自己。因为背后没有一个确定的本心，没有确定的观点，他的话就一直随着对方的话在变，飘忽不定，不断在找角度，找各种切入点，胡搅蛮缠，古人把这叫辩论的"屡变以求胜"。好多时候开会，大家都这么说话，会议没有一个解决问题的共同目标，而是各有维护自己所谓观点的目标，而观点又不是真观点，而是为自己争胜、求表现而服务，这种会开得令人生厌。

君子不辩，观点说完了就是说完了，明明白白，不听就算了。

集义、积德、养气、修身，四者是一件事

原文
尚谦问孟子之"不动心"与告子异。
先生曰："告子是硬把捉着此心，要他不动。孟子却是集义到自然不动。"
又曰："心之本体原自不动。心之本体即是性，性即是理。性元不动，理元不动。集义是复其心之本体。"

华杉详解
薛尚谦问，孟子的"不动心"与告子的"不动心"有什么区别。
薛尚谦所问，我们在前面陆澄问"志至气次"时已经详细讲过。

王阳明回答说:"告子是强行把捉住自己的心,不让它动。孟子是集义到自然不动。"

又说:"心的本体原本是不动的。心的本体就是性,《中庸》说'天命之谓性',天命的本体,就是性,就是天理。性是本性,本来就不动;理是天理,也是恒常不动;集义,就是复归心的本体。"

浩然之气,是集义所生,不是义袭而取。义在心之内,不在身之外。所以孟子说,告子不懂得义,因为他把义看作是身外之物。

集义、积德、养气、修身,四者是一件事。《传习录》相当于是四书的学习辅导材料,如果不把《大学》《论语》《孟子》《中庸》都读得烂熟,对程朱理学没有了解,根本读不了《传习录》。所以我们解读《传习录》,也不断要回到"四书"和"程朱",一遍又一遍地重新学习。

"理"是先于"事物"而存在的

原文

"万象森然时,亦冲漠无朕;冲漠无朕,即万象森然。冲漠无朕者,一之父;万象森然者,精之母。一中有精,精中有一。"

华杉详解

"万象森然,冲漠无朕"语出《河南程氏遗书》卷十五,原文是:

冲漠无朕,万象森然已具,未应不是先,已应不是后。如百尺之木,自根本至枝叶,皆是一贯,不可道上面一段事,无形无兆却待人旋安排,引入来教入途辙。既是途辙,却只是一个途辙。

"漠",是荒漠。"冲漠",虚寂恬静。"朕",是征兆。
"理"是先于"事物"而存在的。天地间万事万物的道理,在其最原始

的状态下，就已经具备了。在事情没有发生或应对时，不能说其是先。已经发生或应对时，也不能说其是后。因为"理"先于"事物"存在，事物的发生或者应对，只不过是对已经存在的"理"再次践行一番而已，就像一棵百尺高的大树，从根部到枝叶，是一个一以贯之的整体。但是这棵树存在的"理"，不能说是在树长成这样之后，看不到摸不着的那棵树的"理"才被安排到这棵树中，安排引入后叫作入了"理"（"途辙"，本意指车轮碾压过后留的痕迹，这里比喻事物的"理"）。树的"理"原本在树存在之前就有的，所以又怎么能说是先有了树而后有树的"理"呢？

王阳明的解释，就换了一个角度：

万象森然，就是冲漠无朕。冲漠无朕，就是万象森然。万象森然，冲漠无朕，就是惟精惟一。

王阳明的万象森然，冲漠无朕，不是讲"盘古开天地"，而是讲自己心中的万象森然，冲漠无朕。万象森然，就是万事万物了然于心。冲漠无朕，就是心中的虚寂恬静，是未发之中。在虚寂恬静的未发之中，就已经了然于心。了然于心，就是虚寂恬静的未发之中。虚寂恬静的境界，就是"一"。了然于心的状态，就是"精"。一中有精，精中有一。

王阳明前面说过："惟一是惟精主意，惟精是惟一功夫，非惟精之外复有惟一也。"

原文

"心外无物。如吾心发一念孝亲，即孝亲便是物。"

华杉详解

王阳明说："心之外没有事物。比如我心中产生了一个孝敬父母的念头，那孝敬父母便是一件事物。"

"口耳之学"和"义袭而取"都是治学修身的大忌

原文

先生曰:"今为吾所谓格物之学者,尚多流于口耳。况为口耳之学者,能反于此乎?天理人欲,其精微必时时用力,省察、克治,方日渐有见。如今一说话之间,虽只讲天理,不知心中倏忽之间,已有多少私欲。盖有窃发而不知者,虽用力察之,尚不易见,况徒口讲而可得尽知乎?今只管讲天理来顿放着不循,讲人欲来顿放着不去,岂格物、致知之学?后世之学,其极至,只做得个'义袭而取'的工夫。"

华杉详解

这段话包含两个概念:一个是"口耳之学",一个是"义袭而取"。两者都是治学修身的大忌,也是极普遍的毛病。

口耳之学,出自《荀子·劝学》:

"小人之学耳也,入乎耳,出乎口;口耳之间则四寸耳,曷足以美七尺之躯哉?"

很多人每天修的都是"口耳之学"。口耳之学,是入之于耳,马上出之于口,没经过大脑,也没有走心,更没有学以润身,学到手上脚上去践行,没有知行合一。

小时候老师批评我们记不住老师教的东西,说你是左耳朵进,右耳朵出。荀子说的这个是刚从耳朵进,马上从嘴巴出,就在腮帮子上走了四寸,哪能学到东西呢?

口耳之学,孔子称之为"道听途说"。

子曰:"道听而涂说,德之弃也!"

"道听途说"的本意,不是指传播没有根据的小道消息,是指当你在路上听到一句善言，不是带回家仔细体会、学习、践行，而是为了显摆自己的学问，还在路上就说给别人听，这就等于把这句善言丢弃在路上了。

讲这个道理的，还有一句话，叫"古之学者为己，今之学者为人"。"为己"，是学以润身，学到自己身上去。"为人"，是空谈以取悦他人；或者虚荣，求为人知，让人觉得我说得好、说得妙、有学问。

所以王阳明说："现在许多学习我的格物之学的人，大多是流于口耳之间。何况那些喜欢空谈学问的人，能反躬自省吗？天理人欲，其精微之处，必须时刻下功夫，反省体察，克己复礼，才能逐渐有所得。现在这些人，言必称天理，却不知道心里一瞬间又夹杂了多少私欲。对于那些偷偷发生而无法察觉的私欲，自己用力省察也不容易发觉，口头上说说，怎么能全部发现呢？如今只管空谈天理，却不照天理去做；空谈人欲，却留着人欲不摒弃，这怎么能说是我的格物致知之学？后世的学问，即便是做到极致，最多也不过是'义袭而取'罢了。"

"义袭而取"出自《孟子》，对应的是"集义而生"。孟子讲养浩然之气，是"集义所生者，非义袭而取之也"。不是偶然遇上一件大仁大义的事，奋发励志，像搞突然袭击一样，搞一场就能得到浩然之气的。不管你曾经多么大仁大义，一旦做了一件内心有愧的不义之事，这浩然之气，也一下子就泄掉了、气馁了。

简单地说，我们都知道一句话：做一次好人不难，难的是一辈子做好人。

这句话，如果你只当一场话说，那就是口耳之学、道听途说，没往心里去，就觉得讲起来有意思，也不知道有啥意思。

做一次好人，就是义袭而取；一辈子做好人，就是集义而生，就养成了天人合一的浩然之气。如果你听懂了，真的一辈子做好人，这就是学以润身，就是王阳明说的知行合一，达到了《中庸》说的至诚无息的境界。每时每刻，对每个人、每件事，都一片至诚，没有停息。无息则悠远，则博厚，则高明，活在他人想象之外，王天下易如反掌。

原文

问格物。

先生曰："格者，正也。正其不正以归于正也。"

华杉详解

陆澄向先生请教格物致知的格物。

王阳明回答说，格就是正，格物就是让那些不正的念头复归于正。

格正，就是匡正。格子，就是一个方框，方框里面是正确，外面就是过了。方框里面没填满，那是不足、不及。刚好严丝合缝填满一框，就是正确，就是无过不及、恰到好处、分毫不差、极致完美，就是中庸。

修身是格正自己，时刻让自己的不正复归于正。为大臣者要格正君王，时刻让君王的不正复归于正。孟子说："唯大人为能格君心之非。君仁，莫不仁；君义，莫不义；君正，莫不正。一正君而国定矣。"这就是"一人定国"，就是修身齐家治国平天下。

原文

问："知止者，知至善只在吾心，元不在外也，而后志定？"

曰："然。"

华杉详解

陆澄这是问《大学》的"止定、静安、虑得"。知止，是止于至善；能定，是志有定向。陆澄就问，意思是不是至善只在自己心中，不用向外求。

王阳明说："对。"

原文

问："格物于动处用功否？"

先生曰："格物无间动静，静亦物也。孟子谓'必有事焉'，是动静皆有事。"

华杉详解

陆澄问："那格物是不是在动的时候下功夫呢？"

王阳明回答说："格物不分动静。静的时候也有事物。孟子说'必有事焉'，就是动静都有事。"

"必有事焉"出自孟子讲养气，养浩然之气的时候，说："必有事焉而勿正。"这里的"正"，解作预期其效；"有事"，有所从事，有所用功。时时刻刻用功，不要预期其效，而是应该勿忘勿助，心勿忘，永不停歇，日日不断之功，但是不拔苗助长。

工夫难处，全在格物致知上

原文

"工夫难处，全在格物致知上。此即'诚意'之事。意既诚，大段心亦自正、身亦自修。但'正心''修身'工夫，亦各有用力处。'修身'是已发边，'正心'是未发边。心正则中，身修则和。"

华杉详解

这是讲《大学》八条目（格物、致知、诚意、正心、修身、齐家、治国、平天下）和《中庸》的致中和（喜怒哀乐之未发谓之中，发而皆中节谓之和）。

王阳明说，修这八条目的工夫，难处全在格物致知。格物致知，就是诚意的工夫。有诚意，心自然就正了一大截，修身也就自然而然，水到渠成。但是，正心和修身，也有各自的着力点。正心，在喜怒哀乐之未发这一边；修身，在已发、发而中节这一边。心正，未发之时就在中；身修，发而中节就能和。

原文

"自'格物致知'至'平天下'，只是一个'明明德'。虽'亲民'，亦'明德'事也。'明德'是此心之德，即是仁。仁者以天地万物为一体，使有一物失所，便是吾仁有未尽处。"

华杉详解

王阳明又说:"从格物致知到平天下,只是一个明明德的具体展开而已。"

明德,是得于天,具众理而能应万事,就是良知良能,生而知之,不学而能。但是人的天分各有不同,又被自己的私欲蒙蔽,有时候就看不清楚了。但明德的本体还在,就是王阳明说的每个人的良知都还在,只是蒙上了灰尘。"明明德"的"明德",就是良知,而第一个"明",就是擦亮,以复其初。所以,明明德就是致良知。

所以王阳明说,从格物致知到平天下,这三纲八目的八目,就是一件事,就是明明德,就是致良知。

那三纲呢?"大学之道,在明明德,在亲民,在止于至善"。王阳明说:"亲民,也是明德的事。明德是此心之德。仁者以天地万物为一体,只要有一物不得其所,就是我的仁德还不完备。"

仁者以天下万物为一体,也以天下为己任。这天下万物,地球、月亮、太阳、星星、银河系、整个宇宙,本是一体,万物生长,星辰运转,都是一个天理。而动物呢,自己有一个小宇宙,有自己的意志,可以走来走去,甚至改变这个宇宙一点点,比如水獭也能建一个水坝来作自己的家,来捕鱼。而万物之灵人类呢,更有不同,人还能造成全球变暖,甚至可能毁灭地球。当然,科学家说了,人类不能毁灭地球,最多是毁灭自己。这都是因为私欲,因为爱人悯物的仁德还不完备。

仁者是什么?是把自己的小宇宙和整个大宇宙连为一体,天人合一。

只要有一物还不得其所,就是我的仁德还不完备。这句话,放到全世界,你可能无法切己体察。但对于以领导世界为己任,以及接近那个地位的人来说,这就是责任。对于治理一国的人来说,这国家还有一人一物不得其所,就是我的仁德还不完备;对于领导一个公司的企业家,领导一个学校的校长来说,这公司、这学校里,有一人一物还不得其所,就是我的仁德还不完备;对于领导一个分店的店长,领导一个小团队的小组长来说,这分店、这团队里,还有一人一物不得其所,就是我的仁德还不完备。

这就是"文王视民如伤"的精神,看见一个百姓,就担心他有没有受什么伤害。如果他受了伤害,那就是我害的,因为他是我的人民啊!他如果掉沟里了,那也是我推进去的,我的官吏怎么没有设计、建造好那沟,让人掉进去呢？如果是他自己挖坑跳进去的，那我怎么没教好他呢？

这就是仁德。

原文

"只说'明明德'而不说'亲民'，便似老、佛。"

华杉详解

王阳明又补充说，如果只讲"明明德"，不讲"亲民"，那就跟道家、佛家的思想差不多了。为什么呢？因为你虽然修身了，但是你不管事嘛！和尚四大皆空，家都不要。道家说"圣人不死，大盗不止"，坏事都是你们这些"圣人"干的。不要去管别人，让大家各管各的。

原文

"至善者性也。性元无一毫之恶，故曰至善。止之，是复其本然而已。"

华杉详解

这段话是讲解《大学》和《中庸》的。

《大学》第一句："大学之道，在明明德，在亲民，在止于至善。"

《中庸》第一句："天命之谓性，率性之谓道，修道之谓教。"

王阳明说："至善，是天命之性，天性原没有一丝一毫的恶，所以才叫至善。止于至善，就是复归于本然的天性而已。"

原文

问："知至善即吾性，吾性具吾心。吾心乃至善所止之地，则不为向时之纷然外求，而志定矣。定则不扰扰而静，静而不妄动则安，安则一心一意只在此处。千思万想，务求必得此至善，是'能虑而得'矣。如此说是否？"

先生曰："大略亦是。"

华杉详解

陆澄问:"明白至善是人的本性,而本性就在自己心中,我的本心就是至善所在,这样就不会向外去探求至善,意志就确定了;意志确定,内心就平静;内心平静,就不会妄动,就心安了;心安了,就一心一意只关注至善,千思万想,一定要求得至善,这样便是能思虑而有所得了。这样理解对吗?"

王阳明说:"大体上不错。"

墨家之"爱"与儒家之"爱"

原文

问:"程子云'仁者以天地万物为一体',何墨氏兼爱,反不得谓之仁?"

先生曰:"此亦甚难言,须是诸君自体认出来始得。仁是造化生生不息之理,虽弥漫周遍,无处不是,然其流行发生,亦只有个渐,所以生生不息。如冬至一阳生,必自一阳生,而后渐渐至于六阳,若无一阳之生,岂有六阳?阴亦然。惟有渐,所以便有个发端处;惟其有个发端处,所以生;惟其生,所以不息。譬之木,其始抽芽,便是木之生意发端处;抽芽然后发干,发干然后生枝生叶,然后是生生不息。若无芽,何以有干有枝叶?能抽芽,必是下面有个根在。有根方生,无根便死。无根何从抽芽?父子兄弟之爱,便是人心生意发端处。如木之抽芽,自此而仁民、而爱物,便是发干、生枝、生叶。墨氏兼爱无差等,将自家父子兄弟与途人一般看,便自没了发端处。不抽芽,便知得他无根,便不是生生不息,安得谓之仁?孝弟为仁之本,却是仁理从里面发生出来。"

华杉详解

陆澄问:"程颢先生说'仁者以天地万物为一体',为什么墨子的兼爱之说，反而不被认为是仁德呢？"

墨家的爱和儒家的爱，是针锋相对的。儒家的爱是有等差的，推己及人，由近及远，先修身齐家，爱自己的家人，爱妻子儿女、父子兄弟，再爱亲戚朋友，再爱本乡人、本国人，最后爱全世界人，爱天地万物。墨家的兼爱则主张爱无差别等级，不分厚薄亲疏。

王阳明回答说："这很难说清楚，必须你们自己去体认才能明白。仁德是造化万物、生生不息的天理，虽然弥漫于天地之间，无处不在，但它的流动变化，作用发生，也有一个渐进的过程。比如冬至一阳生，阳气开始回升，从十一月到来年四月，一路升到六阳。如果没有一阳，哪来六阳？夏至一阴生，阴气的变化也是一样的道理。

"因为有一个渐进的过程，所以有一个发端的地方；因为有一个发端的地方，所以能生长；因为在生长，所以生生不息。比如树木，生根发芽，树根就是它发端的地方；抽芽，然后长树干；有树干，然后有枝叶，最后生生不息。如果没有芽，枝叶从哪里来？能抽芽，下面必有一个根。有根才能生，无根它便死。没有根，怎么抽芽？

"父子兄弟之爱，就是人心生意的发端处，就像树木的抽芽，从这里出发，去仁民，爱物。墨家兼爱无差等，把父子兄弟与路人一般看待，他就没有了一个发端的地方。不抽芽，便知道他无根，便不是生生不息，怎么能叫作仁呢？孝悌是仁的根本，这却是说仁理是从孝悌里生发出来。"

儒家和墨家，都是理想主义的。但是儒家的理想扎根于人的原始冲动，首先是爱自己的家人，再爱别人。遇到无道暴君，首先是明哲保身，保护自己的人身安全，不去跟他死磕。墨家的理想则已经脱离了人伦，变成了纯粹理想的世界主义。这里没有谁对谁错，只有你个人的选择。

先爱自己的家人，王阳明说："父子兄弟之爱，就是发芽处。"那下面的根是什么呢？我以为是先爱自己。只有爱自己，自己过得好，才有能力去爱别人。孔子一以贯之的忠恕之道，忠是"己欲立而立人，己欲达而达人"，出发点是自己，我自己想得到的，也帮助别人得到。恕是"己所不欲，勿施于人"，自己不想遭遇的，不要加之于别人。根在自己身上，将心比心，推己及人，推己才能及人，由近才能及远——这是儒家的逻辑。不像墨家那样，也不管你是从哪儿来的，爱谁都一样。

每次坐飞机，空姐讲述安全须知，说：紧急情况下，要戴好氧气罩。如果你带着孩子，你要先给自己戴好，再去给孩子戴。否则，给孩子戴了一半没弄完，你先倒下了。所以，就算你爱自己的孩子，也要先保护自己，这样才有能力去保护孩子。

持志如心痛

原文

问："延平云'当理而无私心'，'当理'与'无私心'如何分别？"

先生曰："心即理也，'无私心'即是'当理'，未'当理'便是'私心'。若析心与理言之，恐亦未善。"

又问："释氏于世间一切情欲之私都不染着，似无私心。但外弃人伦，却似未当理。"

曰："亦只是一统事，都只是成就他一个私己的心。"

华杉详解

延平，是宋儒李侗，学者称之为延平先生。李侗为程颐的二传弟子，朱熹曾从游其门，并将其语录编为《延平答问》。"当理而无私心"就出自《延平答问》。

陆澄问："延平先生说，要合乎天理而没有私心。这合乎天理和没有私心，如何分别呢？"

王阳明回答说："心就是理，没有私心，就是合乎天理。不合乎天理，就是有私心。如果把心和理分开来说，恐怕不太好。"

陆澄又问："佛家于世间一切情欲之私都不沾染，似乎是没有私心。但是将家庭和外在人伦关系一概抛弃，却也不合乎天理。"那怎么理解没有私心就是合乎天理呢？

王阳明回答说："佛家的不要情欲，跟世俗之人的要情欲是一回事，都是成就自己的私心而已。"

当理而无私心，就是朱熹说的"存天理、灭人欲"。天理人欲的界限在哪儿呢？朱熹说："吃饭就是天理，美食就是人欲。"那咱也不能灭美食啊！朱熹也没灭美食，他还喜欢喝美酒呢！所以我们可以把标准放宽一点，美食也是天理；但是，管不住嘴，吃太多，吃胖了，吃出三高，就是人欲。这样，你每天吃饭都可以修"存天理、灭人欲"了，这就是知行合一。

工作中怎么能做到"存天理、灭人欲"，做到没有私心呢？

对于管理，我有个原则："为客户创造价值就是天理，想接客户的合同就是人欲。"你能这样不存私心，你就能不投其所好、不枉道事人，而是坚持自己的专业价值和原则，就能率性而为，将最好的自己发挥出来。这就是当理而无私心。

原文

侃问："持志如心痛，一心在痛上，安有工夫说闲语、管闲事？"

先生曰："初学工夫如此用亦好，但要使知'出入无时，莫知其乡'。心之神明原是如此，工夫方有着落。若只死死守着，恐于工夫上又发病。"

华杉详解

"持志如心痛"是王阳明的名言，学者可以仔细体认。薛侃问："持志如心痛，一心只在痛上，哪有工夫说闲话、管闲事？"

这个"志"，一方面是志向，立志做什么事，有自己的目标，有自己的痛点，就能做到有自己的计划，计划外的都不看、不听、不参与，不耽搁时间，一心一意干自己的事，不会有个什么"机会"就赶紧去抓。

另一方面，"志"也可以理解为立志做什么人、价值观标准。这样呢，就生知安行。一旦做了不合自己价值观的事，心里就不安、就痛，马上自动纠正回来。有人吃了亏就心痛，有人占了别人便宜就心痛，这就是价值观不同，痛点不一样。所以不怕吃亏，就怕占了人便宜；不怕被人骗，自己不骗人就行。

王阳明回答说："初学功夫，抓住持志如心痛，也不错！但是，要懂得孟子说的'操存舍亡',操则存,舍则亡;出入无时,莫知其乡。心的神妙灵明本来就是如此,功夫才能有所着落。若只是死死守着,恐怕又要发病。"

"操存舍亡",前面陆澄问过。

"孔子曰:'操则存,舍则亡;出入无时,莫知其乡。'惟心之谓与?"

"操",是操持,持守。"舍",是放弃。

孔子说:"抓住它,就存在;放弃它,就亡失。出出进进没有一定时候,也不知道它何去何从。这说的就是人的心吧?"

王阳明说:"'出入无时,莫知其乡',这虽然是就常人的心而言,但学者应该知道,心的本体本来就是如此,没有什么出啊入的,这样,操存的功夫才不会跑偏。不能说,出去了就亡失了,进来了就是操存了。心的本体是无出无入的。如果要说出入,则思虑的运用就是'出',而心的主宰还是昭昭在此,有什么'出'的呢?既然没有'出',那又哪里有'入'呢?"

王阳明的意思是,你不要死死抓住那心,抓得它痛,还以为自己是持志如心痛。**持志如心痛,是因为心中有志。所以只要一跑偏,心自己会痛,提醒你回来。如果你成天抓得它痛,那就已经犯病了。**

这个问题,我自己体会特别深。持志如心痛,心中有志向,就有自己的计划和节奏,让我去做一件计划外的事,我心真痛!更别说志向外的事了,得罪谁我也不去。机会于我如浮云,自己要做什么,自己知道。

理学和心学,本质没有区别,只是角度不同

原文

侃问:"专涵养而不务讲求,将认欲作理,则如之何?"

先生曰:"人须是知学,讲求亦只是涵养。不讲求,只是涵养之志不切。"

曰:"何谓知学?"

曰:"且道为何而学?学个甚?"

曰:"尝闻先生教,学是学存天理。心之本体即是天理。体认

天理，只要自心地无私意。"

曰："如此则只须克去私意便是，又愁甚理欲不明？"

曰："正恐这些私意认不真。"

曰："总是志未切。志切，目视耳听皆在此，安有认不真的道理？'是非之心，人皆有之'，不假外求。讲求亦只是体当自心所见，不成去心外别有个见？"

华杉详解

薛侃问："如果只专注于涵养德性，而不注重讲究求索的功夫，结果搞错了，把私欲当成了天理，那么办呢？"

薛侃问的涵养与讲求，是理学和心学的一大学案：尊德性与道问学。涵养，就是尊德性；讲求，就是道问学。《中庸》说："君子尊德性而道问学，致广大而尽精微，极高明而道中庸。"本来是一件事，陆九渊却把它切开来，认为朱熹的道问学是支离破碎，世上只有一个真正的学问，就是尊德性。只要心如明镜一般，自然万理皆备。老师们把尊德性而道问学一刀切成两截，同学们就晕了。

王阳明回答说："人必须知道怎样学习，讲究求索也不过是涵养德性的事。如果没能讲究求索，那只是涵养德性的意志不坚定而已。不存在只顾涵养德性，耽误了讲究求索这回事。"

"那怎样算是知道如何学习呢？"

"你先说说你为什么来学，来学什么？"

"曾经听先生的教导，来学习存养天理。心的本体就是天理，体认天理，就是要心底无私。"

"既然你都明白，把这些私意克去便是了，还愁什么天理不明呢？"

"我怕对这些私意认识不真切。"

"哼！哪有这回事？还是你自己意志不坚定。如果意志坚定，眼睛、耳朵都在察觉私欲上，哪有认不清的道理？是非之心，人皆有之，不假外求。所谓讲究求索，也只不过是体认自己内心的感受，不是向外去求个别的认识。"

薛侃为什么怕对私意认识不真切呢？言下之意恐怕是：怕该克的没克，不该克的又克掉了。总而言之，怕克错了。怕克错，总是自己有些东西舍不得克，想留着，又想给自己找到正当性，于是就问老师："会不会搞错啊？"这就是私意了。

原文

先生问在坐之友："比来工夫何似？"

一友举虚明意思。先生曰："此是说光景。"

一友叙今昔异同。先生曰："此是说效验。"

二友惘然，请是。

先生曰："吾辈今日用功，只是要为善之心真切。此心真切，见善即迁，有过即改，方是真切工夫。如此，则人欲日消，天理日明。若只管求光景、说效验，却是助长、外驰病痛，不是工夫。"

华杉详解

一日，王阳明问在座的同学们："最近你们工夫有什么进展啊？"

一位同学说：我最近不错，心中越来越觉得清澈、明亮了！

王阳明不以为然，说："你这不过是在说做工夫的情景，没说工夫如何。"

另一位同学说：我现在比过去进步很多，过去怎样怎样，现在怎样怎样。

王阳明说："你这也不是回答我的问题，只是在说效验。"

两位同学被老师说懵了，问老师："怎么回答才是呢？"

王阳明说："我们今天用功，只是要使得自己为善之心更加真切。为善之心真切了，见到善，自然就会向善靠拢；见到过失，自然就会立即改正——这才是真切的工夫。如此磨炼，则人欲日消，天理日明。如果只求光景，说效验，那本身就是私，而且是助长向外求的毛病，是拔苗助长，不是真工夫。"

这个怎么体会呢？放到我们今天的工作上，无私就是始终站在客户的立场，服务于客户的利益，这颗为客户服务的心真切了，自然就知道什么事该做、什么事不该做，自然就越做越好，价值创新不断。**无私无我，不需要去操心自己的利益得失，也不需要担心这客户会不会丢，他走了是他自己的损失，我只需要服务愿意选择我的客户就行了。如此，何等洒脱！**

原文

朋友观书，多有摘议晦庵者。

先生曰："是有心求异，即不是。吾说与晦庵时有不同者，为入门下手处有毫厘千里之分，不得不辨。然吾之心与晦庵之心，未尝异也。若其余文义解得明当处，如何动得一字？"

华杉详解

同学们看书，经常把朱熹书上的话拿出来批评议论。

老师看他们轻狂，给朱熹纠错，不高兴了，说："如果你们存心去找朱子和我的学说的区别，存心去找朱子的不对，那就是你们的错误了。我和朱子的学说，在入门下手的地方，确有差之毫厘、失之千里之分别，我是不得不把这些道理辨明。但是，我的用心和朱子的用心，没有任何区别，都是一颗存天理、灭人欲的心，都是一颗追求至善的心。如果朱子在文义上解得清楚恰当的地方，又怎能改动一个字呢？"

减一分人欲，就是增一分天理

原文

希渊问："圣人可学而至，然伯夷、伊尹于孔子才力终不同，其同谓之圣者安在？"

先生曰："圣人之所以为圣，只是其心纯乎天理而无人欲之杂。犹精金之所以为精，但以其成色足而无铜铅之杂也。人到纯乎天理方是圣，金到足色方是精。然圣人之才力，亦有大小不同。犹金之分两有轻重。尧、舜犹万镒，文王、孔子犹九千镒，禹、汤、武王犹七八千镒，伯夷、伊尹犹四五千镒。才力不同，而纯乎天理则同，皆可谓之圣人。犹分两虽不同，而足色则同，皆可谓之精金。以五千镒者而入于万镒之中，其足色同也。以夷、尹而厕之尧、孔之间，其纯乎天理同也。盖所以为精金者,在足色而不在分两;所以为圣者,在纯乎天理而不在才力也。故虽凡人而肯为学,使此心纯乎天理,则亦可为圣人,犹一两之金,比之万镒,分两虽悬绝,而其到足色处,可以无愧。故曰'人皆可以为尧舜'者,以此。学者学圣人,不过是去人欲而存天理耳,犹炼金而求其足色。金之成色所争不多,则煅炼之工省而功易成;成色愈下,则煅炼愈难。人之气质清浊粹驳,有中人以上、中人以下;其于道,有生知安行、学知利行。其下者必须人一己百,人十己千,及其成功则一。后世不知作圣之本是纯乎天理,却专去知识才能上求圣人,以为圣人无所不知、无所不能,我须是将圣人许多知识才能,逐一理会始得。故不务去天理上着工夫,徒弊精竭力,从册子上钻研、名物上考索、形迹上比拟。知识愈广而人欲愈滋,才力愈多而天理愈蔽。正如见人有万镒精金,不务煅炼成色、求无愧于彼之精纯,而乃妄希分两,务同彼之万镒,锡、铅、铜、铁杂然而投,分两愈增而成色愈下,既其梢末,无复有金矣。"

时曰仁在傍,曰:"先生此喻足以破世儒支离之惑,大有功于后学。"

先生又曰:"吾辈用力,只求日减,不求日增。减得一分人欲,便是复得一分天理,何等轻快脱洒!何等简易!"

华杉详解

蔡宗兖,字希渊,是王阳明的学生。

蔡宗兖问:"圣人可以通过学习来达到。但是伯夷、伊尹和孔子的才力毕竟有差距,但他们也和孔子一样被称为圣人,这是什么道理呢?"

王阳明说:"圣人之所以为圣人,是说他的心里纯乎天理,而没有人欲之杂念。伯夷,圣之清者,不食周粟,饿死首阳山,坚持自己的原则。伊尹,圣之任者,以天下为己任,辅佐商汤王天下;商汤死后,他辅佐太甲;太甲无道,他能将太甲从君位上拉下来,软禁他三年,让他改过,又迎回复位,成就一代明君,这也是心里纯乎天理,没有一点私欲。

"这无私无我,没有人欲之杂,就像百分百的纯金,成色足,没有铜、铅之类的杂质掺杂在里面。人到纯乎天理就是圣人，金到足色就是纯金。但是圣人的才力也有不同，天资禀赋不同，后天成长环境际遇不同，所以成就大小不同，就像都是纯金，但是分量有轻重。比方说尧舜有一万镒（一镒相当于二十两，一说二十四两），文王、孔子相当于九千镒，禹、汤、武王相当于七八千镒，伯夷、伊尹相当于四五千镒。才力不同，但是天理之纯则相同。就像金子分量不同，但是成色相同，都是纯金。你把五千镒的纯金放到一万镒里面，它还是一样的纯金。你把伊尹和尧舜、孔子并列，他们天理之纯也是相同的。**所以纯金能够成为纯金，在于它的成色，不在于它的分量；圣人能够成为圣人，在于他的天理之纯，不在于他的才力大小。**

"所以，但凡肯学习的人，只要能让自己的心纯乎天理，也能成为圣人。就像一两纯金，虽然只是一两，只要它是百分百的纯金，在一万镒面前，分量虽然悬殊，但也可以无愧。

"因此，孟子才说，人人皆可以为圣人。学者学圣人，不过是学习存天理、去人欲，就像是炼金，炼到百分百的纯金的成色。如果金的成色本身就比较足，冶炼起来就比较容易。如果金的成色很差，那炼起来就很难。这就像人的气质禀赋，有清澈与浑浊、纯粹与驳杂的差异，有一般人以上、一般人以下的才能差异；对于道的体悟，有生知安行、学知利行、困知勉行的差异。那各方面都比较差的人，就需要下别人百倍的功夫。但只要修炼到了，最后的成功是一样的。"

王阳明这里说的"人一己百，人十己千"，还有"及其成功则一"，都出自《中庸》。原文：

> 人一能之己百之，人十能之己千之。果能此道矣，虽愚必明，虽柔必强。
>
> 或生而知之，或学而知之，或困而知之，及其知之一也；或安而行之，或利而行之，或勉强而行之，及其成功一也。

王阳明接着说："后世的学者，不知道圣人的本质是纯乎天理，却专去知识、才能上求圣人，以为圣人无所不知、无所不能，我必须也要逐一掌握这圣人的许多才能，方可成为圣人。于是乎不在心中的天理上下功夫，却费尽心力钻研书本，考究事物，追求行迹，知识越发广博，而人欲也日益增长；才能日益增进，而天理日渐遮蔽。就好比看到有人有万镒的黄金，就不去冶炼黄金的成色，不求在成色上无可挑剔，却妄想在分量上与他人相同，将锡、铅、铜、铁等杂质一并投下去，分量是增长了，但成色却下来了，炼到最后，连黄金都不是了。"

王阳明的"炼金论"，强调做人做学问、做事，关键在于成色要足。企业经营也是炼纯金，要做减法，真正做到存天理、灭人欲，不负顾客所托，完美解决问题。而不是今天想超过这个，明天想超过那个，老是看自己分量还不如某某人，有了十亿想百亿，有了百亿想千亿，有了千亿想万亿，最后就算得了一万亿，也是做加法做上去的，都是破铜烂铁，连黄金都不是了。

王阳明说这话时，徐爱正在旁边，感叹说："先生这一番话，足以破后世'支离'之惑，大有功于后学。"

支离之惑，又是一段学案。朱熹和陆九渊鹅湖之会，朱熹要格物穷理，陆九渊说：你哪里"格"得过来，你那些知识，无非是支离破碎。朱熹批评陆九渊：你那工夫也太浮皮潦草、太简易，所谓发明本心，不读书，光在心里求，根本不是儒家，只是枯禅！

陆九渊写了一首诗讽刺朱熹：易简工夫终久大，支离事业竟浮沉！

朱熹和陆九渊哪个对？就像之前王阳明所说："我和朱子的学说，在入门下手的地方，确有差之毫厘、失之千里之分别，我是不得不把这些道理辨明。但是，我的用心和朱子的用心，没有任何区别。"只是角度不同而已。无论是陆九渊还是王阳明，都是把书读遍了，悟出发明本心的体会来，他们可不是不读书。我们自己该怎么学？还是小马过河，我在此岸，成功成圣在彼岸。怎么过这河？朱熹说要格物穷理，陆王说要发明本心。我该格物穷理呢，还是发明本心呢？还是既格物穷理又发明本心呢？又或者既不格物穷理也不发明本心呢？自己想呗。

先生又说："吾辈用力，只求日减，不求日增。减得一分人欲，便是复得一分天理，何等轻快脱洒！何等简易！"

这又是王阳明的金句。学问之道，在于做减法，不在于做加法。还是"炼金论"，炼的金子分量越少，越能把成色炼足。只有把学问的范围减下来，你才能在成色上提升。你会发现，要下的工夫还多着呢！

原文

士德问曰:"格物之说,如先生所教,明白简易,人人见得。文公聪明绝世,于此反有未审,何也?"

先生曰:"文公精神气魄大,是他早年合下便要继往开来,故一向只就考索著述上用功。若先切己自修,自然不暇及此。到得德盛后,果忧道之不明,如孔子退修六籍,删繁就简,开示来学,亦大段不费甚考索。文公早岁便着许多书,晚年方悔,是倒做了。"

士德曰:"晚年之悔,如谓'向来定本之误',又谓'虽读得书,何益于吾事',又谓'此与守书籍、泥言语,全无交涉',是他到此方悔从前用功之错,方去切己自修矣。"

曰:"然。此是文公不可及处。他力量大,一悔便转。可惜不久即去世,平日许多错处皆不及改正。"

华杉详解

士德,是王阳明的弟子杨骥,字士德。

杨骥问:"格物的学说,如先生所教,明白简易,人人都能理解。为什么文公朱熹聪明绝世,却反而不明白呢?"

王阳明说:"朱子精神气魄十分宏大,他早年就下决心要继往开来,所以一向只在考据学问和著书立说上下功夫。如果他先切己自修,那就没有时间读书写书了。到了晚年,德业鼎盛之后,如果他真的担忧大道无法昌明,那就像孔子一样,删述'六经',删繁就简,开示后学,也就不必花费大量精力去考据求索了。朱子呢,早年就写了很多书,到晚年才悔悟,自己功夫做颠倒了。"

杨骥说:"朱子晚年的悔悟,如同他在给友人的信中说'治圣学要先确立那道理的根本,不可就着那句话,就去考证校对。我的书有些地方,定本就定错了',又说'虽然读那么多书,又能成什么事''体认大道,和固守书上的话,没有任何关系',这是他悔悟之前用功的错误,才去切己自修啊。"

王阳明说:"你说得对,这就是朱子的过人之处。他力量大,一悔悟,马上就转到正道上。可惜不久就去世了，平日的许多错处，都来不及改正。"

杨骥引用的朱熹的话，都出自一本书，叫《朱子晚年定论》。但是，这本书是王阳明编辑的，挑选了朱熹和友人的通信中一些反省自己错误以及和王阳明思想相契合的文字片段，以证明朱熹和王阳明的思想是一样的，以及他晚年已经悔悟到自己错了，只是来不及改正。

王阳明因为编辑刻印这本书，为后世所诟病。因为《朱子晚年定论》，肯定不是朱熹自己的定论，朱熹的定论，就是《四书章句集注》。孔子删述六经，朱熹的功业，就是删述四书。在他的后半生，他用了大量心血反复修改四书的注释。据他自己说，对《论语》《孟子》"自三十岁便下功夫"，六十七八岁还"改犹未了"，前后经过"四十余年理会"。他在七十一岁临死前一天，还在修改《大学·诚意》一章的注，确实做到了他自己说的"毕力钻研，死而后已"。

朱熹是一座高山，以王阳明心学的内心强大，在这座高山面前，还是有怯意，或者说有歉意。他在编辑《朱子晚年定论》时撰写序言说：

"我的学说，和朱子的学说相抵触，让我'恒疚于心'，深感痛苦！甚至怀疑以朱子之贤德，这些道理他还弄不明白吗？等我到南京做官，拿到朱子的书籍和通信，才知道朱子晚年的时候已经明白自己的学说有误，以至于觉得自己有自欺欺人之罪，不可救赎。世间所传的《四书章句集注》《大学或问》，都是朱子中年时期，学术思想还没有定论时所作；朱子已经自责自己的错误，只是还来不及改正。

"发现了朱子的心迹后，我既为自己的学说和朱子不相冲突而感到幸运，又高兴于朱子能够在我之前就明白这些道理。然而世俗的学者只守着朱子中年未确定的学说，不知道探求他晚年悔悟的学说，争来吵去，扰乱正学，却不知自己已堕入异端了。所以我就采集相关文字，编辑成册，私底下给同学们看，让大家不再怀疑我的学说，那样圣学的昌明也就可以期待了吧！"

对此，顾炎武诟病说："颠倒早晚，以弥缝陆学而不顾矫诬朱子，诳误后学之深。"

之前王阳明的弟子们拿朱子的书挑错，王阳明批评他们说：这样有心求异，就不对了。我的学说和朱子的不同，只是入门下手的角度不同，但我的心和朱子的心，未尝不同。

这样说，就已经很好了。既不必"有心求异"，又何必"有心求同"？

万事只凭诚意，不起私意

原文

　　侃去花间草，因曰："天地间何善难培、恶难去？"

　　先生曰："未培、未去耳。"少间曰，"此等看善恶，皆从躯壳起念，便会错。"

　　侃未达。

　　曰："天地生意，花草一般，何曾有善恶之分？子欲观花，则以花为善，以草为恶。如欲用草时，复以草为善矣。此等善恶，皆由汝心好恶所生，故知是错。"

　　曰："然则无善无恶乎？"

　　曰："无善无恶者，理之静；有善有恶者，气之动。不动于气，即无善无恶，是谓至善。"

　　曰："佛氏亦无善无恶，何以异？"

　　曰："佛氏着在无善无恶上，便一切都不管，不可以治天下。圣人无善无恶，只是'无有作好''无有作恶'，不动于气。然'遵王之道''会其有极'，便自一循天理，便有个裁成辅相。"

　　曰："草既非恶，即草不宜去矣？"

　　曰："如此却是佛老意见。草若是碍，何妨汝去？"

　　曰："如此又是作好作恶。"

　　曰："不作好恶，非是全无好恶，却是无知觉的人。谓之不作者，只是好恶一循于理，不去又着一分意思。如此，即是不曾好恶一般。"

　　曰："去草如何是一循于理，不着意思？"

　　曰："草有妨碍，理亦宜去，去之而已；偶未即去，亦不累心。若着了一分意思，即心体便有贻累，便有许多动气处。"

曰："然则善恶全不在物？"

曰："只在汝心。循理便是善，动气便是恶。"

曰："毕竟物无善恶？"

曰："在心如此，在物亦然。世儒惟不知此，舍心逐物，将'格物'之学错看了，终日驰求于外，只做得个'义袭而取'，终身'行不著、习不察'。"

曰："'如好好色，如恶恶臭'则如何？"

曰："此正是一循于理，是天理合如此，本无私意作好作恶。"

曰："'如好好色，如恶恶臭'，安得非意？"

曰："却是诚意，不是私意。诚意只是循天理。虽是循天理，亦着不得一分意。故有所忿懥好乐，则不得其正。须是'廓然大公'，方是心之本体。知此，即知'未发之中'。"

伯生曰："先生云'草有妨碍，理亦宜去'，缘何又是躯壳起念？"

曰："此须汝心自体当。汝要去草，是甚么心？周茂叔窗前草不除，是甚么心？"

华杉详解

薛侃在花间除草，感慨说："天地间为何善如此难培养，恶又如此难去除啊！"

王阳明说："那是因为你没有真正去做培养善、去除恶的功夫罢了。"过了一会儿，又说，"像你这样看待善和恶，都是从自身角度出发来思考，这样就会出错。"

薛侃没有理解。

王阳明说："天地间的生命，比如花和草，又有什么善恶之分？你想赏花，便认为草是恶。如果你想要用草，又会认为草是善了。善恶都是你自己心中的好恶感情，所以我知道这是错的。"

薛侃说："那难道世间就没有善恶之分吗？"

"无善无恶,是天理之静;有善有恶,是你心气之动。心气不动,就没有善恶,就是至善。"

"那佛家也说无善无恶,与先生您的无善无恶如何区别呢?"

"佛家执着于无善无恶,对一切人事都不管不顾,不能用来治理天下。圣人所说的无善无恶,只是让人不要从自身角度去区别善恶,自己的心气不动,而遵循王道,归于天理标准,就是自然遵循天理,自然就有帮助天地万物各得其所的力量。"

王阳明这里引用的"无有作好""无有作恶",出自《尚书》:

无有作好,遵王之道;无有作恶,遵王之路。

不凭一己私意去喜好、偏袒;不凭一己私意去厌恶、陷害;始终站在王道的立场,始终遵循天理的大是大非行事。

薛侃说:"这么说,草既然不是恶,那就不锄草了?"

王阳明说:"你这又落入佛家、道家的状态了。草既然妨碍你的花,何妨除去?"

"那不又是作好作恶了吗?凭着自己的私意,去给草判定了善恶?"

"不作好恶,并非全无好恶之心。全无好恶之心,那就成了没有知觉的人了。所谓'不作',是不刻意,好恶都遵循着天理,不夹杂一点私意。做到这样,就好像自己没有好恶一样。"

薛侃还是不理解:"那锄草,到底怎样才能依循天理,完全没有夹杂私意呢?"

"草有妨碍,理当去除,那就去除便是。即便并未去除,也不放在心上。如若夹杂了一点私意,那么心就会受到拖累,为气所动。"

这么说,薛侃一开始问这问题时,心已经动了,因为他锄草锄得身体累,锄得心里烦,所以发出"天地间为何善难培,恶难除"的抱怨来。

薛侃接着问:"那么,善恶完全与事物无关吗?"

"善恶只在你自己心里。依循天理就是善,为气所动就是恶。"

"那还是说事物本身没有善恶啰?"

"对于心来说是如此,对于事物而言也是这样。世俗之儒就是因为不懂得这个道理,把格物的意思理解错了,整日向外去求,只是妄想义袭而取,妄想不通过长时间积累,就取得成就。刚开始做的时候,不明白为什么去做;以后习惯了,更不去探究其所以然,所以一辈子都浑浑噩噩。"

王阳明引用的"行不著、习不察",出自《孟子》:

> 行之而不著焉,习矣不察焉,终身由之而不知其道者,众也。

做的时候不明白原因,习惯了也不去探究其所以然,一生都在这大路上走,却不知道这是什么路——这就是普通人的状态。

薛侃问:"'如好好色,如恶恶臭',又怎么理解呢?"

"如好好色,如恶恶臭",出自《大学》:

> 所谓诚其意者,毋自欺也,如恶恶臭,如好好色。

所谓诚意,就是不自欺,就像喜欢美色,就像厌恶恶臭,这是自然的反应。

王阳明说:"喜欢美色,厌恶恶臭,这正是天经地义的天理。并没有夹杂私意在其间作好作恶。"

"喜欢美色,厌恶恶臭,怎么就不是自己起意呢?"

"这是诚意,不是私意。诚意只是循天理。依循天理,就没有一丝一毫的私意。所以,有愤怒、怨恨、喜欢、快乐的感情,心里就无法保持中正。必须使得心胸广阔公正,才是心的本体。了解到这个层面,就知道什么是感情的未发之中了。"

这时候,孟源(字伯生)在一旁问:"先生说'草有妨碍,就理当除去',怎么又是自己躯壳起念呢?"

王阳明回答说:"这须得你自己心中去体会。你要除草,是出于什么用心?那周敦颐窗前的草不除,又是什么用心?"

周敦颐,字茂叔,他认为窗前的野草是天地自然的产物,而他的心与天地相通,天人合一,所以不除。

诚意与私意,用心与不动于心、不动于气,未发之中,真是须得自己在心中体会，切己体察，事上琢磨。

志有定向，一条路走下去

原文

先生谓学者曰："为学须得个头脑，工夫方有着落。纵未能无间，如舟之有舵，一提便醒。不然，虽从事于学，只做个'义袭而取'，只是行不著、习不察，非大本、达道也。"

又曰："见得时，横说竖说皆是。若于此处通、彼处不通，只是未见得。"

华杉详解

王阳明接着前面的话头说："做学问，要有个宗旨，下工夫才有处着落。就算功夫没能做到日日不断，但也像船有舵一样，只要一提，就马上明白。不然，虽然也是在做学问，但只是做个义袭而取，不是集义而生，不是通过积累获得收获，还是行不著、习不察。刚开始时不知其所以然，习惯了之后更不明白其所以然，浑浑噩噩，不是大本、达道。"

又说："这道理，你们如果明白，横竖说都对，都明白。如果这里懂了，那里却不懂，那还是没有把握为学的宗旨。"

天下的道理只是那一个，用王阳明的话说，就是圣人几千年传下来的那一点真骨血。抓住这真骨血，一通全通，四书也好，理学也好，心学也好，只是一体。 抓不住这真骨血，就会犹疑迷惑。

原文

或问："为学以亲故，不免业举之累。"

先生曰："以亲之故而业举为累于学，则治田以养其亲者，亦有累于学乎？先正云：'惟患夺志。'但恐为学之志不真切耳。"

华杉详解

有同学问:"如果学习是为了父母,那就难免为科举所牵累。"

王阳明说:"为父母学习,会为科举所牵累。那如果为了赡养父母而需要种田,那也会牵累学习吗?学习就是学习,程颐先生说:'故科举之事,不患妨功,惟患夺志。'准备科举考试,并不耽误你治学功夫,只是怕你失去了志向罢了。为学之人,就怕你治学的志向不够坚定!"

王阳明和同学们讨论的治学,学什么呢?不是学成某一方面的专家,而是学义理,学做圣人。王阳明从少年时就立志要做圣人。如果我们今天立志学习圣人,那高考也罢,工作也罢,公司经营也罢,耽误不耽误我们治学的工夫呢?我们是学知利行,觉得有利就学,不利就不学呢?还是生知安行,一心一意勇往直前呢?这差别,就在于有没有抓住为学的宗旨,是义袭而取,还是集义而生。

学者亦熟玩焉!

原文

崇一问:"寻常意思多忙,有事固忙,无事亦忙,何也?"

先生曰:"天地气机,元无一息之停。然有个主宰,故不先不后,不急不缓。虽千变万化,而主宰常定。人得此而生。若主宰定时,与天运一般不息,虽酬酢万变,常是从容自在,所谓'天君泰然,百体从令'。若无主宰,便只是这气奔放,如何不忙?"

华杉详解

欧阳德(字崇一)问:"平常思想意念十分忙乱。有事时自然是忙,没事时也忙,这是为什么呢?怎么办呢?"

王阳明说:"天地万物,生生不息,没有一刻停息。但是,天地间有一个主宰,所以不先不后,不急不缓。虽然千变万化,但是主宰不变。人,也是因为这个主宰而得以产生的。若主宰恒定不变,就和天地运行一样不停息,虽然应酬往来不止,但还是从容自在。所谓'天君泰然不动,百体尊令而从'。如果没有主宰,只是气的奔放流窜,那人怎么跟得上?不就忙得飞起了吗?"

"天君泰然，百体从令。"出自宋朝范浚《香溪集》卷五《心箴》，原话出自《荀子·天论》："心居中虚，以治五官，夫是之谓天君。"这个主宰，就是你自己的心。

要想不忙乱，一是心定，不为外物所移；二是志定，不受机会牵引。志有定向，自己一条路走下去，路上遇见的就应酬，不在路上的就不应酬，始终不离开自己的道路，日日不断，自然集义而生，汇聚到你路上的人越来越多。如果这边有人招呼就去，那边有人招呼也去，后面有人招呼还去，那就会忙到飞起，最后走到哪儿了，自己都不知道。

要做"达人"，不要做"闻人"

原文

先生曰："为学大病在好名。"

侃曰："从前岁自谓此病已轻，比来精察，乃知全未。岂必务外为人？只闻誉而喜、闻毁而闷，即是此病发来。"

曰："最是。名与实对。务实之心重一分，则务名之心轻一分。全是务实之心，即全无务名之心。若务实之心如饥之求食、渴之求饮，安得更有工夫好名？"

又曰："'疾没世而名不称'，'称'字去声读，亦'声闻过情，君子耻之'之意。实不称名，生犹可补，没则无及矣。'四十五十而无闻'，是不闻道，非无声闻也。孔子云：'是闻也，非达也。'安肯以此望人？"

华杉详解

王阳明说："为学的大病，在于好名。"

谁不好名呢？名气可不只是虚荣，名气就是财富，名气就是权力。个人不要名，也要公司有名吧？品牌要有名，有名就有定价权，就有溢价啊。

薛侃说："从去年起，我也觉得自己好名的病已经轻了，最近认真省察，才知道完全没有！难道我真的十分在乎别人的看法吗？只是听见人家夸誉，就高兴；听到人家诋毁，就郁闷，这就是好名之病发作了。"

我们可以对照自己，是闻誉而喜，闻毁而闷呢？还是闻过则喜，闻毁而无所谓？闻过则喜，证明一心想改过，想进步，有人批评自己的过错，就是又发现了一个可以改善的地方，当然高兴。遇到别人诋毁，如果诋毁是出于误会，那就像《论语》第三句说的："人不知而不愠，不亦君子乎？"被人误解也不生气，才是君子。如果诋毁是出于恶意，普鲁士战略家克劳塞维茨有一句话："批评意见无论多么荒谬，至少也给我们提供了一个别人看问题的角度。"嘿！他居然从这个角度来解释，这不又学到了吗？总之，你若自信，知道自己是干吗的，就不会太在乎别人的诋毁。甚至觉得有人诋毁也不错，因为可以降低大家对你的期望值，如果人人都觉得你是圣人，那才是把你装进了道德的笼子里，一点干"坏事"的自由都没了。

王阳明回答薛侃说："正是如此，名声和实际相对应。务实的心重一分，求名的心就轻一分。如果全是务实的心，就没有求名的心了。如果务实之心如饥之求食、渴之求饮，哪有工夫去好名呢？"

务实还是求名，我还是用义袭而取和集义而生来理解。求名，是义袭而取；务实，是集义而生。求名求多了，超过了实，弄成个名不副实，名下不来，实又上不去，给自己找难受。**所以一定要注意控制自己的名声不要超过实力，这样才扎实、才踏实、才夯实、才壮实，永远游刃有余，生生不息。**名声超过了实际，就是无源之水、无本之木，爬得太高之后下不来，摔得太狠之后起不来。周围的例子太多了，本来好好的，非要拔高自己扮名流、名士，誉满而毁至，自己又没那个实，就虚了。

王阳明又说："孔子说：'君子疾没世而名不称焉。'这个'称'，念四声，不是一声，也是名声超过实际，君子引以为耻的意思。实力和名气不相称，如果活着，还可以弥补；如果临死也没解决，带着虚名进棺材，那就永远无可挽回了。"

> 子曰："君子疾没世而名不称焉。"

这句话在《论语》里就是没头没尾的一句，"称"念一声还是四声都可以。

不过，这句话在《史记·孔子世家》里面有，是孔子晚年回到鲁国后说的：

> 子曰："弗乎弗乎！君子病没世而名不称焉。吾道不行矣，吾何以自见于后世哉？"乃因史记作春秋。

孔子说："不成啊！这样不成啊！一个君子，最痛恨的是死后没有留下声名。我一生周游列国，我的主张却始终没有得到施行！我拿什么留给后世子孙呢？"于是就根据历史记载，作《春秋》，著书立说，传诸后世。

按《史记》的上下文，"称"念一声，称道的"称"，不是四声。王阳明将之解作四声。

"声闻过情，君子耻之"出自《孟子》：

> 徐子曰："仲尼亟称于水，曰：'水哉，水哉！'何取于水也？"孟子曰："原泉混混，不舍昼夜。盈科而后进，放乎四海。有本者如是，是之取尔。苟为无本，七八月间雨集，沟浍皆盈；其涸也，可立而待也。故声闻过情，君子耻之。"

徐辟问孟子："孔子那么赞赏水，赞赏什么呢？"

孟子说："有本之水，滚滚流出，昼夜不停，填满了沟沟坎坎。再往下流，注入江河，流向大海。无本之水呢，就像七八月间的暴雨，声大势大，哗啦哗啦沟渠都满了，也会一下子就枯竭。所以说名声超过实力，是君子之耻。"

王阳明说："孔子的另一句话'四十五十而无闻'，也是说不闻道，不是说不闻名。这里的'闻'，是孔子的另一句话'是闻也，非达也'的闻，这是闻名，不是贤达。孔子他老人家，怎么会用声名来评价人呢？"

"四十五十而无闻"出自《论语》：

> 子曰："后生可畏，焉知来者之不如今也？四十五十而不闻焉，斯不足畏也已。"

这句话一般解为：孔子说，后生可畏啊！你怎么知道后一辈的人比不上今天的人呢？一个人如果到了四五十岁还默默无闻，也就没什么可畏的了。后生无名，却不可轻视；但是如果到了四五十岁还没名，这人也就不行了。

不过，王阳明说，这里的"闻"，不是闻名，而是闻道。如果一个人到了四五十岁还没有闻道，那就没什么可畏的了。

"是闻也，非达也"出自《论语》，子张问什么是达人。

> 子张问："士何如斯可谓之达矣？"子曰："何哉，尔所谓达者？"子张对曰："在邦必闻，在家必闻。"子曰："是闻也，非达也。夫达也者，质直而好义，察言而观色，虑以下人。在邦必达，在家必达。夫闻也者，色取仁而行违，居之不疑。在邦必闻，在家必闻。"

子张问孔子："一个士怎么才能做到达呢？"

孔子说："你说的达是什么意思呢？"

子张说："一个达人，在一国之中必然闻名一国，在自己家族中，必然闻名一家。"

孔子说，那你这是闻，不是达呀！

达是什么呢？是通达，是到达，到位。内有诸己而达于外，心中有诚，肚子里有货，自然发散出来，到达于外。修身、齐家、治国、平天下就是达，通过修养自己，到达全天下。

这"达人"呢，质直而好义，他不是有心求别人知道自己，而是为人质朴正直，行事好义，事必求当其理。合乎义理就做，不合义理就不做，笃实力行。对别人呢，察言观色，时刻注意照顾别人的感受，反观自己说话做事的得失。虑以下人，是常存谦退之心，不敢怠慢他人，总是注意把自己处在别人之下，不行我就退一退。

为什么要这样呢？因为达人最怕的就是德不配位、名不副实，所以宁退勿近，才能进退自如。不怕被人占便宜，就怕不小心占了别人便宜，多留余地，才能游刃有余。

达人这样做，人人都会欢迎他，他去哪里都能达。他不求名誉，而名誉必归之；他就既闻又达，闻达于诸侯了。

闻，是"色取仁而行违"，简单地说，就是"装"！张居正说，德修于己，而人自信之，这叫达。而闻人呢，存心就要闻名，矫饰情貌，做出个善人君子模样，这叫"色取仁"，而实际却"行违"，做的不是那么回事。但是他装得像啊，所以全家赞誉，天下闻名。

只问精纯，不问斤两

原文

侃多悔。

先生曰："悔悟是去病之药，然以改之为贵。若留滞于中，则又因药发病。"

华杉详解

薛侃经常后悔：哎呀，我怎么又错了！

王阳明说："悔悟是治病的良药。但是，后悔而能改正才难能可贵。可以后悔，不可纠结。如果悔恨之情纠结在心中，那又因药而病了。"

原文

德章曰："闻先生以精金喻圣，以分两喻圣人之分量，以煅炼喻学者之工夫，最为深切。惟谓尧舜为万镒，孔子为九千镒，疑未安。"

先生曰："此又是躯壳上起念，故替圣人争分两。若不从躯壳上起念，即尧舜万镒不为多，孔子九千镒不为少。尧舜万镒，只是孔子的，孔子九千镒，只是尧舜的，原无彼我。所以谓之圣，只论'精一'，不论多寡。只要此心纯乎天理处同，便同谓之圣。若是力量气魄，如何尽同得？后儒只在分两上较量，所以流入功利。若除去了比较分两的心，各人尽着自己力量、精神，只在此心纯天理上用功，即人人自有、个个圆成，便能大以成大、小以成小，不假外慕，无不具足。此便是实实落落明善诚身的事。后儒不明圣学，不知就自己心地'良知良能'上体认扩充，却去求知其所不知、求能其所不能，一味只是希高慕大，不知自己是桀纣心地，动辄要做尧舜事业，如何做得？终年碌碌，至于老死，竟不知成就了个甚么，可哀也已！"

华杉详解

前面蔡宗兖问，伯夷、伊尹和孔子才力不同，为什么都被称为圣人。王阳明说，就像炼金，都是纯金，成色相同，只是分量不同。比方说，尧舜是万镒，孔子九千镒，禹、汤、武王七八千镒，伯夷、伊尹四五千镒。

王阳明此说只是打个比方，刘德章的问题来了："老师，您上次以纯金来比喻圣人，以纯金的分量来比喻圣人的分量，用炼金来比喻学习修养的功夫，我觉得太深刻了！但是，您说尧舜是一万镒，孔子比他们少，只有九千镒，我觉得似乎不妥。"

王阳明批评他说："你还替圣人来争斤两啊？这是因为你不在心里去体会，而是在躯壳上，在外在的事物上去纠结。如果只问内心，不问外物，那尧舜一万镒不算多，孔子九千镒也不觉得少。我们关注的是纯金，不是斤两。尧舜的万镒是孔子的，孔子的九千镒也是尧舜的，本来没有彼此。之所以说他们都是圣人，只是看他们的心体是否惟精惟一，而不是看他们才力的多寡。只要心中纯粹都是天理这一点相同，便是圣人。如果要在才力气魄上计较，如何能够相同呢？

"后儒只是在斤两上计较，所以才流于功利。如果去除了比较斤两的心，个人尽着自己的力量精神，只在此心纯粹天理上用功，则人人都能圆满成就。才力大的成就大，才力小的成就小，不用去羡慕别人，也不用向外追求，都在自己身上。这便是实实在在、明于至善、以诚立身的事。后儒不明圣学，不知道在自己身上的良知良能上体认、扩充，去追求那些自己所不知道的知识、学习那些自己所不能掌握的技艺，一味希求高远、羡慕博大，不知道自己是桀纣的心地，动辄要做尧舜的事业，如何做得？终年忙忙碌碌，直到老死，还是一事无成，真是悲哀啊！"

为什么只问精纯，不问斤两？因为你只要惦记着斤两，就会做加法，就会加进破铜烂铁。如果惟精惟一，只在心底精纯上用功，就不会跟人攀比，不会为外物所移，一路做减法，百分百精纯，才能真正成就自己。这也是"止定、静安、虑得"，"得"是得纯金，不是得一大堆破铜烂铁。

下愚不是智商低，而是不学习

原文

侃问："先儒以心之静为体，心之动为用，如何？"

先生曰："心不可以动静为体用。动静，时也。即体而言，用在体；即用而言，体在用。是谓'体用一源'。若说静可以见其体，动可以见其用，却不妨。"

华杉详解

薛侃问："先儒认为心之静为体，心之动为用。老师以为如何呢？"

王阳明回答说："心不能以动静来区分体用。动静是针对不同的时候而言。就其本体而言，作用就蕴含在本体中；就其作用而言，本体就蕴含在作用里，这就叫体用一源。如果说心静的时候可以看到它的本体，心动的时候可以看到它的作用，倒也无妨。"

原文

问："上智下愚，如何不可移？"

先生曰："不是不可移，只是不肯移。"

华杉详解

薛侃问的上智下愚不可移，出自《论语》：

子曰："性相近也，习相远也。"子曰："唯上知与下愚不移。"

人的本性都一样，但是习染不同，结果就变得不同。所谓近朱者赤，近墨者黑也。但是，有两种人不会被周围的环境和朋友习染，就是上智和下愚这两种人。

什么样的人是上智呢？就是生而知之者。生而知之，安而行之，这样的人不会改变，不会学坏，因为他稍微一偏离自己的标准，马上就不安、就不得劲，自动就调整回来。这样的人，不移，你想让他干点坏事，比登天还难。

孔子前面说了，生而知之为上，困而学之为次。困，就是愚。但是还有困而不学的，这就是下愚了。我们多次说过，生知安行，学知利行，困知勉行，只要是知道该学习，然后去学习，并且之后做到了，结果都是一样的，都是好同学。那真正的下愚，不是智商不够，是他拒绝学习，那就改变不了，进步不了。他可能智商还特别高，一些亡国之君，比如商纣王，比如隋炀帝杨广，都是文武双全，才气过人，但是——智足以拒谏，言足以饰非——智商高到足以拒绝别人的劝谏，不听你的；口才好到足以掩饰自己的错误，你还说不过他！《史记·殷本纪》说纣王的话，放在杨广身上也合适："帝纣资辨捷疾，闻见甚敏；材力过人，手格猛兽；知足以距谏，言足以饰非；矜人臣以能，高天下以声，以为皆出己之下。"

下愚不是智商低，而是不学习。

所以，王阳明说："不是不可移，是他自己不肯移。"

原文

问"子夏门人问交"章。

先生曰："子夏是言小子之交，子张是言成人之交。若善用之，亦俱是。"

华杉详解

薛侃拿着《论语》接着请教老师，问"子夏门人问交"这一章怎么理解。这一章，出自《论语·子张》：

子夏之门人问交于子张。子张曰："子夏云何？"对曰："子夏曰：'可者与之，其不可者拒之。'"子张曰："异乎吾所闻：

君子尊贤而容众，嘉善而矜不能。我之大贤与，于人何所不容？我之不贤与，人将拒我，如之何其拒人也？"

子夏的学生去请教子张交往朋友之道。子张反问："你的老师子夏怎么教你的呢？"回答说："可以交的就交，不可以交的就拒绝他。"

子张说："哦！我听说的道理不是这样。君子尊敬贤人，也接纳普通人。鼓励好人，也同情、扶助无能的人。如果我是一个大贤，我对别人有什么不能包容的呢？如果我自己就没有贤德，按子夏老师的道理，别人就已经先拒绝我了，哪里轮得到我来拒绝别人呢？"

两人说得不一样，或者说相反，但都是老师孔子教的道理。

先讲子夏的道理，孔子说过："无友不如己者。"不要跟不如自己的人交朋友，为什么呢？因为对提高自己没帮助。这句话很难让人接受，所以也有人解释说，不如的意思是不同道，不是比不上——，这种曲解是自己的发挥。孔子的偶像周公说过一样的话，《吕氏春秋》记载，周公旦曰："不如吾者，吾不与处，累我者也。与我齐者，吾不与处，无益我者也。唯贤者必与贤于己者处。"这个意思很直白了，朋友是进步之师。良师益友，指的不是良师和益友，而是说，良师才是益友。

这个道理，我初中的时候就困扰我了。我爸爸那时候教训我："不要和成绩比你差的人裹在一起耍！"我那时每次都考第二名。每次考第一名的那位同学真的是成绩好到没朋友，从来不跟我们玩。还在初中一年级，他就总是一个人散步思考，能沿着公路走出县城十里地去，老师同学都知道他特立独行。我反抗我爸说："第一名也不跟我玩，我又不跟第三名玩，那谁也不用跟谁玩了！""无友不如己者"的逻辑，就是这个结果。所以子张说，我还没拒绝人，人已经拒绝了我，谁跟谁交朋友啊？

不过，我爸爸并没有真正禁止我和成绩比我差的同学一起玩，相反，他对我的小伙伴们好得很。他是不让我和那些不爱学习、成天瞎混，偷偷下河游泳，拿弹弓上山打鸟的同学玩。

孔子的意思应该跟我爸的意思差不多吧。他还说过"三人行，必有我师"呢！人没有什么绝对的你不如我，我不如你，各有长处而已。

子张说的这个"君子尊贤而容众，嘉善而矜不能"，跟人家问的、子夏答的，就不是一回事儿。"君子尊贤而容众"，那"众"不是你的朋友；"嘉善而矜不能"，那"不能"也不是你的朋友，是你关心、爱护、帮助的对象，不等于是你一起切磋、进步的好朋友啊！这不是一回事儿！

《中庸》讲："送往迎来，嘉善而矜不能，所以柔远人也。"嘉奖有才有德的，扶助能力差的，是我们怀柔远方人民的方法，这和交朋友，确实不是一回事儿。

王阳明说："子夏说的是小孩子之间的交往，子张说的是成年人之间的交往。如果善于运用，都是正确的。"

学习，不但要用心，还要践行

原文

子仁问："'学而时习之，不亦说乎？'先儒以学为'效先觉之所为'，如何？"

先生曰："学是学去人欲、存天理。从事于去人欲、存天理，则自正诸先觉。考诸古训，自下许多问辨思索、存省克治工夫，然不过欲去此心之人欲、存吾心之天理耳。若曰'效先觉之所为'，则只说得学中一件事，亦似专求诸外了。'时习者，坐如尸'，非专习坐也，坐时习此心也；'立如斋'，非专习立也，立时习此心也。'说'是'理义之说我心'之'说'。人心本自说理义，如目本说色、耳本说声，惟为人欲所蔽所累，始有不说。今人欲日去，则理义日洽浃，安得不说？"

华杉详解

子仁问《论语》第一句："'学而时习之，不亦说乎？'朱熹说，学习是后知后觉者效法先知先学者的过程。老师，您认为呢？"

学习，当然是跟老师学，读书、拜师、交友，交良师益友，这是学习的大道，就像弟子们跟王阳明老师学习一样。王阳明老师是先知先觉，弟子们是后知后学。在《四书章句集注》里面，朱熹注解说：

> 学之为言效也。人性皆善，而觉有先后，后觉者必效先觉之所为，乃可以明善而复其初也。习，鸟数飞也。学之不已，如鸟数飞也。说，喜意也。既学而又时时习之，则所学者熟，而心中喜悦，其进自不能已矣。

朱熹又引用谢良佐的解：

> 谢氏曰："时习者，无时而不习。坐如尸，坐时习也；立如斋，立时习也。"

子仁所问和王阳明所答，针对的都是朱熹这一段注解。

朱熹说，学习就是仿效，就是模仿。后觉模仿先觉，学习的最高成果是什么呢？是明善而复其初，回到初心，这和王阳明说的致良知其实一样。

习，为什么是鸟数飞呢？要回到《说文解字》。习，繁体是"習"，上面是一个羽毛的羽，小鸟跟爸爸妈妈学习飞行，先是模仿，然后反复练习，终于飞起来了！这是知行合一，不亦悦乎！太高兴了！学到了，用上了，飞起来了！这才"不亦悦乎"。

所以，不管你是学义理之学，还是学技能之学，总之是在"习"的过程中体验到了、用上了、得道了，才能体会到那种"不亦悦乎"。

王阳明回答子仁说："学，是学去人欲、存天理。只要专注于去人欲、存天理，那自然就能证悟先觉者之道。推究、考证古人的遗训，学问思辨、存养省察克治的功夫，也不过是要去除心中的私欲，存养心中的天理罢了。如果说'仿效先觉的行为'，那只是说了学习的其中一件事，而且也是向外求索。谢良佐说'坐如尸，立如斋'，"尸"，不是尸体，是在祭祀的时候，扮演祖先坐在受祭的位置上的人，直挺挺地端坐着。坐要像受祭的"尸"一样，站要像斋戒的人一样。"坐如尸"，不是在练习坐，是在修习自己的本心；"立如斋"，不是在练习站，也是在修习自己的本心。悦，是天理道义愉悦我心的悦。人的心本来就会对天理道义感到愉悦，就像眼睛本来就会喜好美色，耳朵本来就会喜好美声一样，只是为私欲所遮蔽、牵累，才有不悦。如果私欲日益去除，天理道义日渐滋养，怎么会不愉悦呢？"

综合几位老师的讲解，就是一部"学习学"：

学习首先是模仿，照着老师教的去做。就像学拳一样，先要把动作模仿出来，才能慢慢体会到为什么。知行合一，知就是行，行就是知。

学习，要用手脚去学，不能只用心去学。用心学，替代不了用手脚学，一定是用肌肤去触碰，有肌肉记忆，有现场、现物、现实，才能知行合一。如果没有现场、现物、现实，那心就悬在半空，就算你坐如尸、立如斋，想修习自己的本心，也找不到本心在修习什么。义理之学也是日用常行之学，应事、接物、待人也要在日用常行中学习。

所有这些，你都有了相当的积累，有了相当的成就，才能体会到王阳明说的去人欲、存天理，去修习自己的本心，开始做减法。**回到初心的心，跟出发前的初心不是一回事，因为它已历经沧海桑田，曾经沧海再为水，百战归来再读书**。

王阳明的说法，是针对上根器的人说，或者说是针对当天当时的子仁说的。朱熹的解，是针对下根器的人说，或者是跟大家说。

一以贯之的"一"，就是忠恕之道

原文

国英问："曾子三省虽切，恐是未闻一贯时工夫？"

先生曰："一贯是夫子见曾子未得用功之要，故告之。学者果能忠恕上用力，岂不是一贯？'一'如树之根本，'贯'如树之枝叶，未种根，何枝叶之可得？体用一源，体未立，用安从生？谓'曾子于其用处，盖已随事精察而力行之，但未知其体之一'，此恐未尽。"

华杉详解

继续讨论《论语》。

国英是王阳明的弟子陈傑,字国英。

陈傑问:"曾子'日三省吾身',虽然恳切,但是恐怕还没有领会一以贯之的功夫吧?"

这个陈傑,一日三省,不知道他自己能否做得到,倒质疑曾子不懂一以贯之。

> 曾子曰:"吾日三省吾身。为人谋而不忠乎?与朋友交而不信乎?传不习乎?"

第一省:给人办事,尽心尽力了吗?不可以推诿说我尽力了,但是没办成,一定要问有没有尽心,真正尽心尽力才是忠。第二省:和朋友交往有没有守信用。第三省:跟老师学的东西,有没有自己再复习。

这三省,你要学,就知行合一,每天晚上睡觉前给自己这一天复盘,看看这三条有没有问题。

一以贯之,是孔子给曾子说的:

> 子曰:"参乎!吾道一以贯之。"曾子曰:"唯。"子出,门人问曰:"何谓也?"曾子曰:"夫子之道,忠恕而已矣。"

孔子对曾子说:"曾参啊,我的道,就是一以贯之!"

曾子说:"是啊!是啊!"

这一以贯之,是儒家的一贯思想。

贯,有三层含义:

一是贯穿、贯通,一个思想贯穿所有的思想,融会贯通,所有的道理都是一个道理。

二是贯彻,把一个东西贯彻到底,不要东想西想。

孔子跟子贡也说过一以贯之。孔子问子贡:"女以为多闻而识者与?"你以为学得多就懂得多吗?

子贡曰："然，非与？"是啊！不是吗？

曰："非也，予一以贯之。"当然不是！你要一以贯之！不要今天学这、明天学那，要把学到的东西融会贯通，一以贯之，按一个道理去做。

贯，还有第三层含义，一以贯之，就是一贯如此，专注坚持。不管世事风云如何变幻，不管别人怎样，不管多少诱惑，我的原则一贯如此。就像孔子说的，国家政治清明的时候，君子就见用于世；国家政治黑暗的时候，我不投机，不参与，我闭嘴，明哲保身，但不改变自己的观点和立场。

总而言之，融会贯通，贯彻到底，一贯坚持。

学习不难，难在一以贯之。因为真正学到、学通不容易；学到了还能做到，照那样去贯彻，不容易；做到了，还能坚持不变，不受外部环境诱惑、影响，那更不容易。

孔子说完，出去了。

同学们问曾子："老师刚才说的啥意思？一以贯之啥呀？"

曾子曰："夫子之道，忠恕而已矣。"老师的道，就是忠恕之道而已。

曾子一句话就总结了孔子之道，就是忠恕而已。这忠恕之道，就是儒家之道了。

忠，是忠心，忠于谁呢？首先是忠于自己，忠自己的心。恕，是如心，别人的心，就如同我的心。忠恕之道，简单说就是将心比心，以对待自己的态度来对待别人。

忠是积极的一面，我想要的，也努力帮助别人得到。因为他的心和我一样，都是人，我想要的，他也想要。孔子解释忠的原话是："己欲立而立人，己欲达而达人。"你想有所作为，也让别人有所作为；你想发达，也让别人发达，这就是忠。

恕是消极的一面，我不想要的，也别让它落在别人头上。因为他的心和我一样，都是人，我不想要的，他也不想要。孔子解释恕，也有原话："己所不欲，勿施于人。"你不愿意落到自己头上的事，也不要加之于别人。

张居正注解说，一个人的心，就是千万人的心。我心里想要的，也就是人心都想要的。如果念念都出于忠心，便能推己及人，事事都符合恕道。可见千万人的心和我自己的心都是相通的。孔子说的"吾道一以贯之"，就是问自己的心，将心比心罢了。

我们再回过头来看陈傑的问题，他的意思是说，曾子如果真的把握了孔子的忠恕之道，并且一以贯之，那他至诚无息，无时无刻都能不勉而中，哪需要晚上复盘反省这一天的错误呢？他根本不会犯错啊！

这是陈傑对曾子提出更高要求了。

王阳明回答说："你说得对，一以贯之，正是孔子看见曾子没有掌握用功的关键才告诉他的。学者如果真能在忠恕上下功夫，时时刻刻能将心比心，并且一以贯之，推己及人，则事事都符合忠恕之道。一，就是忠恕之道，就是树的根本；贯，就是树的枝叶。如果没有种根，枝叶从何而来？体用一源，体没有立起来，作用如何发生？朱熹说：'曾子于其用处，盖已随事精察而力行之，但未知其体之一。'朱熹的评价，恐怕也不全面。"

王阳明引用的朱熹这句话，出自《四书章句集注》，是朱熹对孔子与曾子一以贯之这段对话的注解：

> 圣人之心，浑然一理，而泛应曲当，用各不同。曾子于其用处，盖已随事精察而力行之，但未知其体之一尔。夫子知其真积力久，将有所得，是以呼而告之。曾子果能默契其指，即应之速而无疑也。

圣人之心，浑然一体，就是一个天理，只是遇事逢缘，对应的事不同，应用不同而已。曾子在具体应用上已经随事情精确体察并努力践行了，还列出条目：三省，一条一条地省察自己。但是，既然他列了条目，就是还没有掌握心体合一之理，不管多少条，都不能全覆盖，总有遗漏，只有心体浑然，才能至诚无息。孔子知道他学问用功积累很久，将要突破了，所以呼而告之。曾子如果能跟老师有默契，能体会老师的用心，应该马上醒悟，豁然开朗，了无疑惑了吧！

朱熹所论，和王阳明几乎相同。王阳明说朱熹说得不全面，可能是朱熹没有明确指出"一"就是忠恕之道吧。

对于我们后学者来说，首先还是要学曾子的"三省"，有个条目，才有下手处；慢慢再体会至诚无息的忠恕之道。

最高的效率，是不返工；最快的进步，是不退步

原文

黄诚甫问"汝与回也孰愈"章。

先生曰："子贡多学而识、在闻见上用力，颜子在心地上用功，故圣人问以启之。而子贡所对，又只在知见上，故圣人叹惜之，非许之也。"

华杉详解

继续讨论《论语》，黄诚甫问"汝与回也孰愈"这一章：

子谓子贡曰："女与回也孰愈？"对曰："赐也何敢望回，回也闻一以知十，赐也闻一以知二。"子曰："弗如也，吾与女，弗如也。"

孔子问子贡：你觉得自己和颜回，谁更强些？"愈"，是胜过的意思。
子贡说：我哪能跟颜回比，颜回闻一知十，我最多闻一知二。
孔子听了子贡的话，说：你不如他，我赞许你，你确实不如他。

"与"，是许，赞许。"吾与女，弗如也"不是"我和你都不如他"，是"我很赞赏你，能看到并承认自己不如他"。

这里王阳明讲的关键在于这个"吾与女"的"与"字。孔子的态度，只是简单的同意，还是赞许呢？朱熹在《四书章句集注》里注解说："与，许也。"并引用胡安国注：

子贡方人，夫子既语以不暇，又问其与回孰愈，以观其自知如何。闻一知十，上知之资，生知之亚也。闻一知二，中人以上之资，学而知之之才也。子贡平日以己方回，见其不可企及，故喻之如此。夫子以其自知之明，而又不难于自屈，故既然之，又重许之。

胡安国的注解很明确了：

子贡喜欢跟人比较高低，臧否人物。孔子就问他，把自己跟颜回比比看，看他有没有自知之明。子贡说颜回是闻一知十，那是上知的资质，仅次于生而知之；说自己闻一知二，那只是中等偏上，学而知之的才能而已。可见子贡平日也拿自己跟颜回比较过，知道自己不可企及，所以这么说。孔子看他有自知之明，也能屈居人下。所以，既同意他的评价，又赞许他的态度。

王阳明不同意朱熹和胡安国的说法，他说："子贡博学多识，但都是在闻见上下功夫，颜回呢，是在心地上下功夫，所以孔子通过设问来启发他。但是子贡所答的知二、知十，还是在闻见上。所以孔子只是感慨、叹息他不上道，并没有称许他。"

王阳明的讲解，倒是解开了我的疑窦。联想起来，关于知二、知十的问题，孔子还专门批评过子贡：

孔子问子贡："女以予为多学而识之者与？"你以为我学得多就懂得多吗？

子贡曰："然，非与？"是啊！不是吗？

曰："非也，予一以贯之。"当然不是！我一以贯之！

再看颜回，颜回是孔子的第一门生，孔门七十二贤之首。孔子对他的最重要的评价是什么呢？

> 哀公问："弟子孰为好学？"孔子对曰："有颜回者好学，不迁怒，不二过，不幸短命死矣！今也则亡，未闻好学者也。"

鲁哀公问孔子："您的弟子中，谁比较好学呢？"

孔子说："以前有个叫颜回的，不迁怒，不二过，可惜不幸短命去世了。现在就没有了，没有什么好学的人了。"

可见孔子把他的学生分为两类：一类是颜回，一类是其他学生。

不迁怒，是为什么事发怒，就不把那怒气撒到别的地方、或别的人身上去。比如你发怒，把手里拿的杯子摔了，如果并不是为杯子的事发怒，这就是迁怒于杯子。写不出方案，恨不得把电脑砸了，这也是迁怒于电脑。小李找你汇报工作，你正为女朋友的事生气，把小李骂出去了，这是迁怒于小李。

君子任道，小人任情。颜回是按道理来处理人和事，不因自己的情绪而变，该怎样就怎样。我们则很容易被情绪左右，心情好的时候啥都行，心情不好则"就地取材"，找人找物发泄，谁碰上算谁倒霉。

《中庸》讲"致中和"："喜怒哀乐之未发谓之中，发而皆中节谓之和。"好学的最高标准，不是知识之学，而是性情之学，正心养性。刘宝楠说，颜子好学，能任道，故善养气而几于中和也。

接着说"不二过"。不二过，就是同样的错不犯第二遍。

这个也是千难万难，因为我们总是会犯同样的错误。错误，几乎是一种"基因"，我们错了，知道了，提醒自己，下次别犯哦！到下次的时候，还没来得及反应，就又犯了。

如果一个人能"不二过"，错误只要犯过一遍，就永不再犯，用不了几个月，他就没有错误可犯了——都被他改完了，他想不成为圣人都不行。因为我们能犯的错，实在是品种很少，掰着指头都能数完，而我们之所以犯错多，是因为每个错一辈子要犯上几千次。比如不该贪嘴吃太多，是我错了，下回不了！这个错，我们一生大概就要犯上万次。而颜回只犯一次，所以他是圣人，在孔子门下，也是唯一的圣人。

最高的效率，是不返工；最快的进步，是不退步。这是至高真理。

我们在组织管理上，也是追求"不二过"。一个人犯过的错，让大家都知道，所有人都不要再犯，那组织进步就飞快。这就是精益管理"持续改善"的精神和方法。

"不迁怒，不二过"比闻一知二还难，别说闻一知十了。子贡没看到颜回师兄的本质，所以孔子并没有赞许他。

原文

"颜子'不迁怒，不二过'，亦是有'未发之中'始能。"

华杉详解

王阳明接着说："颜子能做到'不迁怒，不二过'，那也是他有'未发之中'，才能做到。"

喜怒哀乐之未发谓之中，发而皆中节谓之和。这功夫，一辈子都修不成！

学习先立志，然后只问耕耘、不求回报

原文

"种树者必培其根，种德者必养其心。欲树之长，必于始生时删其繁枝；欲德之盛，必于始学时去夫外好。如外好诗文，则精神日渐漏泄在诗文上去。凡百外好皆然。"

又曰："我此论学，是无中生有的工夫。诸公须要信得及，只是立志。学者一念为善之志，如树之种，但勿助勿忘，只管培植将去，自然日夜滋长，生气日完，枝叶日茂。树初生时，便抽繁枝，亦须刊落，然后根干能大。初学时亦然。故立志贵专一。"

华杉详解

这又是讲"学习学"。

王阳明说："种树必须培育树根，培养德性必须存养本心。要树长得好，首先是剪枝，在初生时就删减繁枝。想要德性盛隆，就必须在刚开始学习时摒弃其他的兴趣爱好。比如爱好诗文，那精神就逐渐耽搁在吟诗作文上了。凡是各种兴趣爱好，都是这样。"

这个很重要，我们总喜欢说自己"兴趣爱好广泛"，在王阳明看来，这正是学习之病。**学习的首要原则，还是兵法说的，集中优势兵力打歼灭战。要集中的"兵力"就是时间。必须把时间集中起来，整块地、大块地使用，集中投入到学习中去**。这样，你不仅要排除一切能排除的交际应酬，还要排除自己的兴趣爱好。王阳明以自己的经历举例：他年轻时也爱好诗文，后来发现，要把诗写好，需要投入大量的时间去练习，于是他就放弃了，把全部时间集中到义理之学上。

王阳明说："我这样论述学问，是无中生有的功夫。诸位如果相信，就是立志。学者如果有一念为善的志向，这志向就像树的种子，你只需要勿忘勿助，只管培植，自然就会生长起来。生机一天一天旺盛，枝叶一天一天茂盛。树木初生时，就会长出多余的繁枝，必须加以剪除，然后枝干才能粗壮。初学的时候也是一样的道理，所以立志贵在专一。"

这劲头全在你的志向上。不知道学什么、怎么学，只有一个原因：没有志向。只要有了志向，自然就知道怎么做，怎么分配资源。所以儒家讲学习第一在立志。立志之后，就是只问耕耘、不求回报。

不理解，或做不到"只问耕耘、不求回报"，唯一的原因也是没有志向。说"有志者，事竟成"，这不是有志向的人说的话，因为他惦记的是"成"，不是"志"。就像"吃亏是福"，这不是能吃亏的人说的话，因为他惦记的是"福"，不是"亏"。那有志的人，不问那事成不成，成，他继续做；不成，他还是在这方向上做，这叫"志有定向"。凡是问"成不成"的人，他就会想，这条路不成，那换一条路成不成？这样就不能专注、坚持。或者，他就要拔苗助长，做不到"勿忘勿助"——勿忘，就是始终不要忘了只问耕耘，一点不停息地"只管培植将去"；勿助，就是不要拔苗助长，不要问效验。

"学习学"的精髓，基本都在这里了。

居敬、穷理、尽性

原文

因论先生之门，某人在涵养上用功，某人在识见上用功。

先生曰："专涵养者，日见其不足；专识见者，日见其有余。日不足者，日有余矣；日有余者，日不足矣。"

华杉详解

在论及先生的弟子时，说到某人在涵养上用功，某人在识见上用功。王阳明说："专注于涵养的，每天都会发现自己德性上的不足。专注于识见的，每天都会发现自己识见更多。每天发现自己德性不足的，德性便会日益富余起来。每天自满于识见富余的，识见也会越来越少。"

王阳明讲这个道理，是圣人不知，所以能知；小人知之，所以不知。圣人因为觉得自己不知道，所以要追求；小人觉得自己都知道了，自满了，止步了，不去追求了，就永远不知道了。

不过，我自己的体会是，专注于涵养，确实是每天都发现自己"缺德"，缺得厉害，而且有些地方还补不上，找不到办法。专注于识见呢，也不会因此每天觉得自己知识又多了一些而觉得富余。因为每多知道一点，都会发现更多不知道的，学无止境。**好多问题，根本就没有答案，学习要向内求，也要向外不断地寻找启发。内外结合，涵养与识见，在不同阶段自有不同体会。**

原文

梁日孚问："居敬、穷理是两事，先生以为一事，何如？"

先生曰："天地间只有此一事，安有两事？若论万殊，'礼仪三百，威仪三千'，又何止两？公且道居敬是如何？穷理是如何？"

曰："居敬是存养工夫，穷理是穷事物之理。"

曰："存养个甚？"

曰："是存养此心之天理。"

曰："如此，亦只是穷理矣。"曰，"且道如何穷事物之理？"

曰："如事亲便要穷孝之理，事君便要穷忠之理。"

曰："忠与孝之理，在君亲身上？在自己心上？若在自己心上，亦只是穷此心之理矣。且道如何是敬？"

曰："只是主一。"

"如何是主一？"

曰："如读书便一心在读书上，接事便一心在接事上。"

曰："如此则饮酒便一心在饮酒上，好色便一心在好色上，却是逐物，成甚居敬功夫？"

日孚请问。

曰："一者，天理。主一是一心在天理上。若只知主一，不知一即是理，有事时便是逐物，无事时便是着空。惟其有事无事，一心皆在天理上用功，所以居敬亦即是穷理。就穷理专一处说，便谓之居敬；就居敬精密处说，便谓之穷理。却不是居敬了别有个心穷理，穷理时别有个心居敬。名虽不同，功夫只是一事。就如《易》言'敬以直内，义以方外'，敬即是无事时义，义即是有事时敬，两句合说一件。如孔子言'修己以敬'，即不须言义；孟子言'集义'，即不须言敬。会得时，横说竖说，工夫总是一般。若泥文逐句、不识本领，即支离决裂，工夫都无下落。"

问："穷理何以即是尽性？"

曰："心之体，性也；性即理也。穷仁之理，真要仁极仁；穷义之理，真要义极义。仁义只是吾性，故穷理即是尽性。如孟子说'充其恻隐之心，至仁不可胜用'，这便是穷理工夫。"

日孚曰："先儒谓'一草一木亦皆有理，不可不察'，如何？"

先生曰："'夫我则不暇。'公且先去理会自己性情，须能尽人之性，然后能尽物之性。"

日孚悚然有悟。

华杉详解

梁日孚问"居敬、穷理"。

"居敬、穷理"，是程朱倡导的学习、修养方法。"居敬"，就是你心中始终保持敬意，对人敬、对事敬、对物敬，恭敬自持。

日本羽田机场的清洁大师新津春子到某公司指导清洁，在一楼大会议室，讨论那个白色的会议桌面不容易清洁。她看着桌面的污渍说："哎呀！这么漂亮的桌子，真对不起它呀！它该伤心了吧！"这就是敬，她擦桌子的时候对桌面有敬，擦地板的时候对地板有敬。

"穷理"，就是探究事理、物理、人理、天理。还拿擦桌子说，就是要敬那桌子，探究怎么清洁，怎么保持清洁，怎么提高清洁效率，怎么节省清洁工作时间，怎么保养桌面才能长久使用，然后永不停歇，持续下去。

程颐说："涵养须用敬，进学则在致知。"

朱熹说："学者工夫唯在居敬、穷理二事。此二事互相发。能穷理，则居敬工夫日益进；能居敬，则穷理工夫日益密。"

还拿前面擦桌子的例子来说，你能居敬，敬那桌子，爱惜它，自然穷尽清洁保养它的道理，二十年后看它都跟新的一样。你在清洁、保养它上下的功夫越多，你投入的感情也越多，你就越发敬它、爱惜它。只有亲手劳动的人，才懂得珍惜劳动成果，就是这个道理。

梁日孚的问题是："朱熹老师说，居敬和穷理是两件事，先生您却认为是一件事，为什么呢？"

梁日孚这个问题，有点抠字眼，朱熹说"学者工夫唯在居敬、穷理二事"，并不等于他说那是两件事，不是一件事，根本不涉及这个问题。你问朱老师这是两件事还是一件事，他可能也告诉你是一回事。

王阳明说："天地间只有一件事，哪有两件事？如果从一理万殊的角度来说，《中庸》说'礼仪三百，威仪三千'，礼仪有三百条，威仪有三千条，又何止两件事？你且说说，居敬是怎样？穷理又是如何？"

王阳明说的"万殊"，是程朱理学的"理一分殊""一理万殊"。朱熹说，总合天地万物的理，只是一个理；分开来，每个事物都各自有一个理。

梁日孚回答说："居敬是存养功夫，穷理是穷事物之理。"

"存养什么呢？"

"是存养此心中的天理。"

"这么说，也是穷理啊！"又问，"你再说说看，如何穷事物之理？"

"比如侍奉父母，就要穷孝之理；侍奉君王，就要穷忠之理。"

"那忠与孝之理，在君王、父母身上，还是在你自己心里呢？如果在自己心里，那还是穷此心之理而已。你再说说看，什么是敬？"

"只是主一。"

"什么是主一？"

"比如读书就一心在读书上，接事便一心在接事上。"

"这么说，那喝酒便一心在喝酒上，好色便一心在好色上——这是逐物了，怎么是居敬功夫呢？"

梁日孚被问住了，请教老师："先生教我！"

王阳明讲解说："一，就是天理。主一，就是一心在天理上。如果只知道主一，不知道一就是天理，把一落到具体事物上，那有事时就会追逐事物，无事时心里就空空落落。真正的修养，是有事无事时，都在天理上用功。所以说，居敬就是穷理。就穷理的专一处说，就是居敬；就居敬的精密处说，就是穷理。不是居敬时另外留个心在穷理，也不是穷理时另外存个心在居敬。说法虽然不同，但功夫只是一件事。就像《易经》说，敬可以使人内心正直，义可以规范人的外在行为。敬就是无事时的义，义就是有事时的敬，两句话说的是一件事。孔子说，以恭敬的心修养自己，就不用再说义；孟子说，要集义，也不必补充说个敬。你懂得时，横说竖说都是一回事。你若不懂得，抠字眼，不识根本、不得要领，就支离破碎，没处下手用功。"

梁日孚继续抠字眼，从居敬，穷理，又纠到"尽性"上去："那穷理怎么又是尽性呢？"

先讲讲什么是性。《中庸》第一句：

> 天命之谓性，率性之谓道。

性，是天命、是本体、是本原。率性而为，不是现在说的任性胡来，而是天人合一之道。

王阳明说："心的本体就是性，性就是理。"这可以用物理课、化学课学的物质的物理性质、化学性质来理解，那就是物质的性和理，性就是理。人也一样。

"穷尽仁的理，就是要把仁做到极致；穷尽义的理，就是要把义做到极致。仁、义只是我的天性，所以穷理就是尽性。孟子说：'扩充其恻隐之心，到了极致，则仁不可胜用。'就是这个道理，恻隐之心，是仁之端，是性，把这性放大、扩充，扩大到极致，就是至仁不可胜用，这就是穷理功夫。"

梁日孚还是没懂，又来一个问题："那程颐说一草一木都有它的理，不可不察，这又怎么理解呢？"

王阳明说："要是我，我可没空去下那个功夫，你要先去理会自己的性情，先能尽人之性，才能尽物之性。"

"须能尽人之性，然后能尽物之性。"这句很深了，是《中庸》里所说的最高境界：

> 唯天下至诚，为能尽其性；能尽其性，则能尽人之性；能尽人之性，则能尽物之性；能尽物之性，则可以赞天地之化育；可

以赞天地之化育,则可与天地参矣。

只有全天下最至诚无息的人,才能居敬、穷理、尽性,率性而为,无不中理。至诚者得天命,天命在我,察之由之,听天所命,巨细精粗,无毫发之不尽也。

他人之性,万物之性,亦我之性,只是所赋形气不同而有异耳。能尽我之性,也能尽他人之性,尽万物之性,则可参与天地之化育,与天地并列为三:天、地、我。这就是圣人了。

所以成功者是尽我之性,成就自己。领导者要尽人之性,成就他人,让每一个人都各得其所,得到最恰当的安排,得到最充分的发挥。伟人是尽天地万物之性,让天地万物都各安其位、各得其所,万类霜天竞自由。

说回擦桌子,是要尽那桌子之性。要尽那桌子之性,得先尽自己的性,最后你要让这办公室里的所有桌子、板凳、灯泡、地板、设备……都能尽性;让这办公室里所有同事都能尽性;让走进这里的每一个客户都能尽性。

怎么办?居敬、穷理、尽性。

梁日孚猛然有所领悟。

原文

惟乾问:"知如何是心之本体?"

先生曰:"知是理之灵处,就其主宰处说,便谓之心;就其禀赋处说,便谓之性。孩提之童,无不知爱其亲,无不知敬其兄,只是这个灵能不为私欲遮隔,充拓得尽,便完完是他本体,便与天地合德。自圣人以下,不能无蔽,故须'格物'以致其知。"

华杉详解

惟乾,就是著名的冀元亨,字惟乾,王阳明的得意门生,明朝政治名人。宁王朱宸濠很欣赏他,着意结交,并厚赠礼物。冀元亨却将礼物上交了。朱宸濠造反事败后,张忠、许泰诬陷王守仁与其私通,朱宸濠并没有承认,但说曾经与冀元亨论学。张忠遂逮捕冀元亨,并用炮烙严刑拷问,冀元亨始终不承认,后被押送京师、下诏狱。明世宗即位后,群臣均称其冤,才得以出狱。出狱后五日内去世。

冀元亨问:"知为什么是心的本体呢?"

王阳明回答说:"知,是天理之灵,就其作为人的一言一行的主宰而言,就叫心;就其作为人的天赋秉性而言,就叫性。孩童没有不知道爱他的父母的,没有不知道敬他的兄长的。只要这个心灵不被私欲遮蔽、阻隔,充分扩充、放大出来,就是完完全全心的本体,就能与天地同德。除了圣人,所有人的心体都多多少少被蒙蔽了,所以必须通过格物来致知。"

原文

守衡问:"《大学》工夫只是'诚意','诚意'工夫只是'格物'。'修齐治平',只'诚意'尽矣。又有'正心'之功,'有所忿懥好乐,则不得其正',何也?"

先生曰:"此要自思得之,知此则知'未发之中'矣。"

守衡再三请。

曰:"为学工夫有浅深,初时若不着实用意去好善恶恶,如何能为善去恶?这着实用意,便是'诚意'。然不知心之本体原无一物,一向着意去好善恶恶,便又多了这分意思,便不是廓然大公。《书》所谓'无有作好、作恶',方是本体。所以说'有所忿懥好乐,则不得其正','正心'只是'诚意'工夫里面体当自家心体,常要鉴空衡平,这便是'未发之中'。"

华杉详解

守衡所问,是《大学》的核心内容,王阳明又以《中庸》答之。

《大学》八条目的次序:格物、致知、诚意、正心、修身、齐家、治国、平天下。我们在前面详细讲过了。

守衡的问题是:"《大学》的功夫只是诚意,诚意的功夫只是格物,修身齐家治国平天下,一个诚意就能囊括了。但是,又有正心之功,说'有所忿懥好乐,则不得其正',这是什么意思呢?"

"有所忿懥好乐,则不得其正",这句也是《大学》里的。《大学》对那几个条目都有具体解释，在讲解"正心"时，说：

> 所谓修身在正其心者，身有所忿懥，则不得其正；有所恐惧，则不得其正；有所好乐，则不得其正；有所忧患，则不得其正。

"身有所忿懥"，懥，是愤恨、愤怒的样子。这里的"身"，程颐认为应该是"心"，心有所忿懥，如果心里正在恼怒，心就不正，这时候跟人说话，或处理事情，就不能恰当。

有所恐惧、害怕，则心为恐惧所累，也不得其正，不能正常地处理事情。

有所好乐，有喜好、有偏爱，也不得其正。

有所忧患、担心，也不得其正。

张居正说，愤怒、恐惧、喜好、忧虑，都是人之常情，免不了的，但是要"随事顺应，而各中其则；事已即化，而不留于中"，不能"或发之过当，而留滞于中"。

无论你是为了什么而有情绪，怒也好，爱也好，恐惧也好，忧虑也好，就在那事上，恰当地抒发出来，不要过分。跟着那事情走，那事情过去了，情绪就过去了，不要留在心里，又发泄到其他人、其他事上。前面我们说过颜回的修养，不迁怒，不把在这儿生的气发泄到别的地方去，这就是正心的功夫。

朱熹说："盖是四者，皆心之用，而人所不能无者。然一有之而不能察，则欲动情胜，而其用之所行，或不能不失其正矣。"

这四种情绪是人人都有的，但必须要觉察自己的情绪，不能让它发泄到别的地方去。如果不能觉察，那么在待人接物、处理事情的时候，就会有所偏颇了。

守衡的问题根本不算问题，用王阳明的话来说，你若晓得，横说竖说都对；你若不晓得，要去抠字眼，抠来抠去都理不清。王阳明就说："这个我没法跟你讲，要你自己去思考才能明白。明白了其中的道理，就能体会到'未发之中'了。"

再回到"未发之中"。一本《传习录》，差不多半本都在反复讲"未发之中"，我们也再复习一遍吧。《中庸》里说：

> 喜怒哀乐之未发谓之中，发而皆中节谓之和。中也者，天下

之大本也；和也者，天下之达道也。

朱熹注解说："喜、怒、哀、乐，情也。其未发，性也，无所偏倚，故谓之中。发皆中节，情之正也，无所乖戾，故谓之和。大本者，天命之性，天下之理皆由此出，道之体也。达道者，循性之谓，天下古今之所共由，道之用也。此言性情之德，以明道不可离之意。"

未发之中，是性情之德，是最高的品德。首先，是情绪管理，不乱发脾气；其次，是始终保持不偏不倚，凡事能作出正确判断。无论是善恶的判断，还是对错的判断，只有自己处于未发之中，无所偏倚，才能清醒认识。所以，未发之中，是为人之大本，也是天下之达道。

守衡不理解，再三请老师再讲讲。

王阳明说："做学问的工夫有浅有深，开始学习的时候，如果不着实用功去让自己喜欢善、讨厌恶，如果没有一颗好善恶恶的心，怎么能够做到为善去恶呢？这一份好善恶恶的用意就是诚意。但是，心的本体本来无一物，一味地着意去好善恶恶，便又多了一分意思，便不是心体的开阔、公正了。《尚书》说：'不要凭自己的好恶去做事。'这才是本体。所以说，有所忿懥好乐，就不得其正。正心，只是在诚意的功夫中，去体会自己的心体，使自己的心体像镜子一样空明，像秤一样平衡，这就是未发之中。"

戒惧和慎独

原文

正之问："戒惧是己所不知时工夫，慎独是己所独知时工夫，此说如何？"

先生曰："只是一个工夫。无事时固是独知，有事时亦是独知。人若不知于此独知之地用力，只在人所共知处用功，便是作伪，便是'见君子而后厌然'。此独知处便是诚的萌芽，此处不论善念恶念，更无虚假，一是百是，一错百错，正是王霸、义利、诚伪、善恶界头。于此一立立定，便是端本澄源，便是立诚。古人许多诚身的工夫，精神命脉，全体只在此处，真是莫见莫显，无时无处，无终无始，只是此个工夫。今若又分戒惧为己所不知，即工夫便支离，亦有间断。既戒惧即是知，己若不知，是谁戒惧？如此见解，便要流入断灭禅定。"

曰："不论善念恶念，更无虚假，则独知之地，更无无念时邪？"

曰："戒惧亦是念。戒惧之念，无时可息。若戒惧之心稍有不存，不是昏聩，便已流入恶念。自朝至暮，自少至老，若要无念，即是己不知。此除是昏睡，除是槁木死灰。"

华杉详解

正之是王阳明的弟子黄弘纲，字正之。正之这里问两个观念：戒惧和慎独。这两个观念，都出自《中庸》，一开篇就是：

天命之谓性，率性之谓道，修道之谓教。道也者，不可须臾离也，可离非道也。是故君子戒慎乎其所不睹，恐惧乎其所不闻。莫见乎隐，莫显乎微，故君子慎其独也。

慎独是儒家重要的价值观。简单地说，就是人前人后一个样，在独处无人知道的地方时，仍然用众目睽睽之下的道德标准来要求自己。比如不在洗手间格子里随地吐痰、抽烟、乱扔烟头。

戒慎恐惧，就是慎独功夫。"戒慎乎其所不睹"，在没人看见的地方也保持警戒谨慎，不要违礼犯错；"恐惧乎其所不闻"，在没人听见的地方也保持恐惧小心，不要违礼犯错。

"莫见乎隐，莫显乎微"。"隐"，是暗处；"微"，是细微小事。"独"，是人所不知而我独知之地。"见"，同"现"。就是说幽暗之中，细微之事，迹虽未行而心机已动，谁也不知道，但我自己知道，天下之事再也没有比这更清楚明显的了。所以君子越是在人所不知而己独知地方，越要谨慎。

慎独的意义在于，不仅仅是人前人后一个样的道德要求，更在于遏人欲于将萌,不使其滋长于隐微之中。就是把自己的恶念、恶行消灭在萌芽状态,不让自己有那些坏习惯。

回过头来,我们再看黄正之的问题:"戒慎恐惧,是自己不知道的时候下的功夫。慎独,是只有自己知道时下的功夫。这样理解对吗?"

王阳明说:"不对!只是一个功夫。无事独处时,固然是只有自己知道;有事跟别人在一起时,自己咋回事也是只有自己知道。人如果不在只有自己知道的地方用功,而只在与他人共处时用功,那就是作假,就是《大学》里说的'见君子而后厌然'。"

"见君子而后厌然",是《大学》里讲慎独时的话:

> 小人闲居为不善,无所不至,见君子而后厌然,掩其不善而著其善。人之视己,如见其肺肝然,则何益矣。此谓诚于中,形于外,故君子必慎其独也。

张居正讲解说:"小人独居时,只说没人看见,把各种不好的事,件件都做出来;及至见了君子,也知惶恐,却消沮闭藏,掩盖了他的不善,假装出个为善的模样,只说哄得过人。殊不知人心至灵,自不可欺,我方这等掩饰,人看得我,已是件件明白,恰与看见那腹里的肺肝似的。似这等恶不可掩,而善不可诈,岂不枉费了那机巧的心,有甚好处?所以说诚何益也。"

诚于中,形于外,心中有诚意,外表自然表现出来。诚意是装不出来的,装出来无非是"见君子而后厌然",所以君子一定要慎独。

王阳明接着说:"这只有自己知道的地方,就是诚意的萌芽,就在此处,不论善念、恶念,都没有一丝虚假。此处对,则百处都对;此处错,则百处都错。这正是王道与霸道、义和利、诚和伪、善与恶的分界处。在此处坚定,就是正本清源,就是立定诚意。古人许多诚身功夫、精神命脉,全在此处,真是莫见乎隐,莫显乎微,不分什么时间,也不分什么地点,不知道什么时候开始,也不知道什么时候结束,都只是这一个功夫。如果你把戒惧又分成自己不知道的时候下的功夫,那功夫又支离破碎了,中间又多出个隔断。即便是戒惧,那也是知,不是不知,如果说是不知,那是谁在戒惧呢?如果持这种见解,那就不是儒了,是禅了,进入断灭禅定了。"

王阳明这一段，把慎独说透了。慎独之处，就是王霸、义利、诚伪、善恶的分界线。慎独时对了，就都对；慎独时错了，就全错。

不过我的体会是，戒慎、恐惧是一种习惯性态度，随时多一分警醒小心。慎独呢，真有道德感的人无所谓慎独，他生知安行，做了不义的事自己浑身不舒服，不用管别人看没看见。

黄正之又问："不管善念、恶念，毫无虚假，那么独处只有自己知道的时候，就没有无思无虑的时候吗？"

王阳明说："戒惧本身就是意念。戒惧的意念一时一刻也不能间断，如果戒惧的心有片刻不在，那不是昏聩，就是已经流入恶念了。从早到晚，从小到老，要是没有意念，就是使得自己没有知觉。这种情况要么是昏睡，要么是身如槁木、心如死灰。"

最后这两句对话，师徒二人没说到一块儿去。黄正之最开始的问题是说，戒惧是己不知，慎独是己独知。王阳明回答他说戒惧时也是知。他现在又问：慎独时就没有不知的时候吗？不知道他这是什么逻辑。可见老师说的，他一个字也没听进去，换个角度，又提出"问题"来。而王阳明也没有注意到他已经把不知的主体从戒惧换成了慎独，继续回答他，强调戒惧时也是知。

儒学的根本是行动

原文

志道问："荀子云'养心莫善于诚'，先儒非之，何也？"

先生曰："此亦未可便以为非。'诚'字有以工夫说者。诚是心之本体，求复其本体，便是思诚的工夫。明道说'以诚敬存之'，亦是此意。《大学》'欲正其心，先诚其意'，荀子之言固多病，然不可一例吹毛求疵。大凡看人言语，若先有个意见，便有过当处。'为富不仁'之言，孟子有取于阳虎，此便见圣贤大公之心。"

华杉详解

林达,字志道,号愧吾,是王阳明的弟子。

志道问:"荀子说'养心莫善于诚'。先儒却说他说得不对,为什么呢?"

荀子的话是这样的:"君子养心莫善于诚,致诚则无它事矣。"君子养心,关键在于诚意,做到至诚,就没有其他事了。

说他不对的是程颢。程颢说:"孟子言'养心莫善于寡欲',寡欲则心自诚;荀子言'养心莫善于诚',既诚矣,又何养?此既不识诚,又不知所以养。"把荀子批得挺狠。

王阳明说:"荀子的话也没什么不对。'诚'字也可以从功夫上来理解。诚是心的本体,求复其本体,就是思诚的功夫。程颢先生说'用诚敬的心来存养它',也是这个意思。《大学》八条目,说'欲正其心,先诚其意',也是这个意思。荀子的话固然毛病不少,但也不可一概吹毛求疵。大凡看人言语,如果有先入为主之见,就会失之过当。《孟子》里,还记载了孟子引用阳虎的话'为富不仁',阳虎是反面人物,但是他说得对的,孟子也照样引用并注明出处,这就是圣贤大公之心。"

王阳明这段话有几个概念。

先说"为富不仁",出自《孟子》:

"是故贤君必恭俭礼下,取于民有制。阳虎曰:'为富不仁矣,为仁不富矣。'"

所以贤明的君王一定恭敬节俭,礼待下人,取之于民,总有节制。就像阳虎说的,国君要想自己富,就没法施行仁政;要想行仁政,就不要想着自己发财。

所以为富不仁不是讲商人发财,而是讲国君的税赋。

第二个概念"圣贤大公之心",也是孟子的观念。善为天下公,善言善行,不是你的,也不是我的,而是天下之大公,是大家的。君子之德,最高境界是善与人同,舍己从人。

孟子曰:"子路,人告之以有过,则喜。禹闻善言,则拜。大舜有大焉,善与人同,舍己从人,乐取于人以为善。自耕稼、陶、渔以至为帝，无非取于人者。取诸人以为善，是与人为善者也。故君子莫大乎与人为善。"

这里讲德行的三个境界：闻过则喜、闻善则拜、与人为善。与人为善，不是指对人好，不是善良，是别人有好的观点，我拿过来就用。舍己从人，随时可以放弃自己的观点，跟着别人走。大舜，从耕种做农民，到做陶工、做渔民、做帝王，都是跟别人学习，把大家好的观点、方法都学过来，这就是与人为善。君子最大的优点，就是能舍己从人，与人为善。

所以，哪怕是阳虎的话，孟子觉得可取的，他也取。不因言废人，也不因人废言。

第三个概念，刚才说了，君子的最高境界是与人为善，舍己从人，善与人同。但是，人们为什么要追求与众不同呢？做人做事追求与众不同，学问上追求"自己的东西"，是人性的弱点，其背后是"胜心"。王阳明说过："其说本已完备，非要另立一说以胜之。"前人的学说，本来已经说得很到位了，但是为了显示自己有本事，非要另立一说来胜过他。上课提问，表面上是在提问，其实是想说出自己的观点，胜过老师。读古人的书，也会起胜心，想要胜过古人。王阳明不同意程颢对荀子的批评，但他也说"荀子之言固多病"。程颢只否了一句，而他几乎把荀子全否了。

读书遇到这种情况，我的习惯是不替先贤纠对错，只问自己的内心，切己体察，事上琢磨。"养心莫善于诚"，我觉得很有体会。《大学》说诚意正心，"欲正其心，先诚其意"，诚意在前，正心在后。我以前一直记成"正心诚意"，觉得应该先正心，然后有诚意。现在我体会到了，确实应该是诚意第一。当你心不安、心不定、心不平的时候，你就问自己的诚意，一切按诚意去做，心就回到腔子里了。孟子曰："学问之道无他，求其放心而已。"

儒学不是学问，而是行动，**不是要在学问上搞出"自己的东西"，而是要在行动上回到自己心之本体**。你只有自己体会，然后去做，去知行合一，才能理解。历史上做儒家学问，又能把这学问用于修身、齐家、治国、平天下，从而取得成功的，有两个代表人物，一个是王阳明，一个是曾国藩。学儒学，一定要学这两个人，看看你能不能把学问用于行动。

有一丝一毫非礼的萌动，
就像刀割针刺一样受不了

原文

萧惠问："己私难克，奈何？"

先生曰："将汝己私来，替汝克。"先生曰："人须有为己之心，方能克己。能克己，方能成己。"

萧惠曰："惠亦颇有为己之心，不知缘何不能克己。"

先生曰："且说汝有为己之心是如何。"

惠良久曰："惠亦一心要做好人，便自谓颇有为己之心。今思之，看来亦只是为得个躯壳的己，不曾为个真己。"

先生曰："真己何曾离着躯壳？恐汝连那躯壳的己也不曾为。且道汝所谓躯壳的己，岂不是耳、目、口、鼻、四肢？"

惠曰："正是为此。目便要色，耳便要声，口便要味，四肢便要逸乐，所以不能克。"

先生曰："'美色令人目盲，美声令人耳聋，美味令人口爽，驰骋田猎令人发狂。'这都是害汝耳目口鼻四肢的，岂得是为汝耳目口鼻四肢？若为着耳目口鼻四肢时，便须思量耳如何听、目如何视、口如何言、四肢如何动。必须非礼勿视听言动，方才成得个耳目口鼻四肢，这个才是为着耳目口鼻四肢。汝今终日向外驰求，为名为利，这都是为着躯壳外面的物事。汝若为着耳目口鼻四肢，要非礼勿视听言动时，岂是汝之耳目口鼻四肢自能勿视听言动？须由汝心。这视听言动，皆是汝心。汝心之视，发窍于目；汝心之听，发窍于耳；汝心之言，发窍于口；汝心之动，发窍于四肢。若无汝心，便无耳目口鼻。所谓汝心，亦不专是那一团血肉。若是那一团血肉，如今已死的人，那一团血肉还在，缘何不能视听言动？所谓汝心，却是那能视听言动的，这个便是性，便是天理。有这个性，才能生。这性之生理，便谓之仁。这性之生理，发在目便会视，发在耳便会听，发在口便会言，发在四肢便会动，都只是那天理发生。以其主宰一身，故谓之心。这心之本体，原只是个天理，原无非礼。这个便是汝之真己，这个真己是躯壳的主宰。若无真己，便无躯壳。真是有之即生，无之即死。汝若真为那个躯壳的己，必须用着这个真己，便须常常保守着这个真己的本体。戒慎不睹，恐惧不闻，惟恐亏损了他一些。才有一毫非礼萌动，便如刀割、如针刺，忍耐不过，必须去了刀、拔了针。这才是有为己之心，方能克己。汝今正是认贼作子，缘何却说有为己之心、不能克己？"

华杉详解

弟子萧惠问："自己的私欲难以克除，怎么办啊？"

这是个大问题。老是说存天理、灭人欲，天理人欲的分界在哪儿？存哪些？灭哪些？怎么灭？

王阳明说："把你的私欲拿来，我帮你克！"

王阳明这个回答，显然是引用禅宗二祖慧可见始祖达摩时达摩讲的话。慧可见达摩求法，说："我心未宁，乞师与安。"我心静不下来，求老师为我安心。

达摩回答道："将心来，与汝安。"心不安是吗？把你的心拿来，我帮你安！

慧可禅师沉吟了好久，回答道："觅心了不可得。"好像找不到心在哪儿。

达摩回答道："我与汝安心竟。"我已经给你安好了！

慧可顿悟。

但是萧惠没顿悟。

王阳明说："人啊！只有真的怀着一颗为自己好的心，才能克除自己的私欲；能克除自己的私欲，才能成就真正的自己。"

这话说得很透。生知安行的人，没有私欲问题。学知利行呢，就要真学懂了，真认识到了，真理解了，那些私欲终究对自己有害，自然才有意识和动力去克。在知之后呢，又进入"知之者不如好之者，好之者不如乐之者"的境界，体会到更高层次的快乐。找到自己本体的快乐，那私欲自然就没有了。

回到存天理、灭人欲，朱熹举例说："吃饭就是天理，美食就是人欲。"我们要灭美食吗？把条件放宽一点，喜欢美食也是天理，但吃多了、吃撑了、吃胖了、吃出三高了，就是人欲。这人欲是不是正在伤害自己呢？所以每顿饭都要存天理、灭人欲，要有一颗真为自己好的心，才能克除嘴上的私欲，才能成就真正的自己——就是你本来的大学时代的身材。一旦得到那保持身材和健康的快乐，你求他多吃，他也不吃了，保证管住嘴——这就是克除私欲。

再讲一个"知之者不如好之者，好之者不如乐之者"的例子。有人贪财，你要他花钱，特别是花钱给别人，那是要他的命。而另一些人呢，轻财好义，他不贪财，他好义，在义上得到快乐，钱给他带来的快乐不如行义带来的快乐，他自然也就克除了贪财的私欲。轻财好义，自然财散人聚。财散人聚，人人都知道，但散财这事就是做不到，这是不懂得什么是真正为自己，不能为自己聚人。

阳明老师说的，大概就是这么个道理了。克除私欲，是真为己和为真己。私欲的满足是对自己有害的，比如贪吃有害身体健康，贪财有害事业发展。不过，萧惠听不懂。他说："我也颇有一颗为己之心啊，但不知为什么还是做不到克制自己。"

王阳明问："那你说说，你那颗为己之心是怎样的？"

萧惠想了好一会儿，反省说："我也一心想做个好人，便自认为颇有一颗为己之心。老师这样一问，我倒觉得自己可能只是为自己的躯壳肉体考虑，不是为了真正的自己。"

王阳明说："真正的自己，又何尝能离开自己的躯壳肉体呢？我看你呀，恐怕连自己的躯壳肉体都没有考虑。你说说，你所谓的躯壳，是不是就是耳目口鼻四肢呢？"

萧惠说："是呀，眼睛要贪看美色，耳朵要听美声，口要吃美味，四肢要安逸享乐，所以不能克。"

从这里，其实我们已经看出来他不是为了真正的自己了。比如手机看多了眼睛要坏，美味吃多了血脂要高。

王阳明说："老子《道德经》说：'美色令人目盲，美声令人耳聋，美味令人口爽，驰骋田猎令人发狂。'这都是对你耳目口鼻四肢有害的，怎么说是为了耳目口鼻四肢呢？如果为了耳目口鼻四肢，就应该思量耳朵怎么去听，眼睛怎么去看，嘴巴怎么讲话，四肢怎么行动，必须非礼勿视，非礼勿听，非礼勿言，非礼勿动，这才能成就你的耳目口鼻四肢，这才是为了你的耳目口鼻四肢。如果终日向外去求，为名为利，都是为了身外之物，哪里是为了自身？你如果要为自己的耳目口鼻四肢着想，就要做到非礼勿视，非礼勿听，非礼勿言，非礼勿动，那岂是你的耳目口鼻四肢自己能做到的？必须靠你的心。这视听言动都是你的心在视听言动，是你的心在看，从眼睛发出来；是你的心在听，从耳朵发出来；是你的心在说话，从嘴巴发出来；是你的心在动，从四肢发出来。如果没有你的心，就没有眼耳口鼻。而所谓的心，也不是那一团血肉器官。若只是那一团血肉，死人的心脏也还血肉俱在，他怎么不能视听言动呢？所谓你的心，是能视听言动的，这就是性，这就是天理。有了这个性，才能生。这性之生理，就是仁。性之生理，表现在眼睛上就能看，表现在耳朵上就能听，表现于口舌就能说，表现于四肢便能动，这就是天理的作用。就天理之主宰思想行动来说，就把它叫作心。这心的本体，原本就是天理，没有非礼之事。这个没有非礼的本体，就是真己，就是你真正的自己。这个真己，已经是身体的主宰，如果没有真己，就没有躯壳。你如果真为那个躯壳里的自己着想，必须用着这个真己，就需要时刻保持那个真己的本体，戒慎不睹，恐惧不闻，唯恐把它亏损了。才刚刚有一丝一毫非礼的萌动，就像刀割一样，像被针刺一样，受不了！必须把那刀拿开、针拔掉，才罢休，这才是真正有一颗为自己的心，才能克制自己。你今天这状态，根本就不上道，就好比认贼作子，怎么还说自己有一颗为自己的心，还说不能克制私欲呢？"

王阳明这个刀割针刺的比方，非常非常贴切。读者可以切己体察一下，自己有没有真感受。以下是测试题：

比如，你无端在金钱上吃了亏，你会不会像刀割针刺一样难受？

比如，你幸而在金钱上占了便宜，你会不会像刀割针刺一样难受？

有的人不能吃亏，吃了亏就像被刀割、被针刺，受不了！有的人不能占别人便宜，如果不小心占了别人便宜，就像被刀割、被针刺，受不了！

怕吃亏，爱占便宜，就是人欲，就是不懂得为自己着想；怕占别人便宜，爱吃亏，就是真懂得为自己着想。懂得为自己着想，是学知利行。就愿意吃亏，我不吃亏谁吃亏？这是轻财好义，生知安行。

儒学不是学问，是行动，你真这样去做了，才能学懂儒学。

超越死亡恐惧,就进入了"夭寿不二"的境界

原文

有一学者病目,戚戚甚忧。先生曰:"尔乃贵目贱心。"

华杉详解

一位同学得了眼疾,十分忧心。王阳明批评说:"我看你是看重眼睛,而轻视本心!"还跟我说什么修心呢?

什么意思?眼睛得病,能不忧心吗?

但是,忧心有用吗?本来只是眼病,现在又多了心病。

生了病,首先要接受。不能心里不接受——哎呀,我怎么会得这病——各种郁闷,郁到心里,又添一病。接受之后,积极处理。处理不了,还得接受,与疾病共存,而不是与疾病斗争。假若眼睛瞎了,还得顺从。如果要死,不也只能顺从吗?王阳明也只活了五十多岁就死了。临死时弟子问他有什么话留下来。他说:"我心光明,夫复何言!"

人如果能超越死亡恐惧,就进入儒家"夭寿不二"的境界。死尚且不动心,眼疾如何能动心呢?

原文

萧惠好仙、释。

先生警之曰:"吾亦自幼笃志二氏,自谓既有所得,谓儒者为不足学。其后居夷三载,见得圣人之学若是其简易广大,始自叹悔错用了三十年气力。大抵二氏之学,其妙与圣人只有毫厘之间。汝今所学,乃其土苴,辄自信自好若此,真鸱鸮窃腐鼠耳。"

惠请问二氏之妙。

先生曰:"向汝说圣人之学简易广大,汝却不问我悟的,只问我悔的!"

惠惭谢,请问圣人之学。

先生曰:"汝今只是了人事问,待汝办个真要求为圣人的心,

来与汝说。"

惠再三请。

先生曰："已与汝一句道尽，汝尚自不会！"

华杉详解

萧惠，就是前面跟老师说，纠结私欲克不了的那位。王阳明跟他说了半天，他也没懂。这回，他又来了。这回谈什么呢？谈佛家和道家。

王阳明就警醒他说："我年轻的时候，对佛家和道家也很热衷，自以为也有所得，觉得儒家不值得学。后来，在贵州龙场住了三年，悟到圣人之学才是真正简易广大，叹息后悔自己错用了三十年气力。大抵说来，佛家、道家的学问，其精妙之处和儒学也差不多，但是，差之毫厘，失之千里。你如今学的只是两家的糟粕，却还自信欢喜到如此程度，就好像猫头鹰捉住了一只死老鼠一般。"

萧惠一听老师年轻时也喜好佛、道之学，来了精神，赶紧问："老师觉得佛、道两家的精妙之处在哪里呢？"

王阳明骂他："刚跟你说在龙场悟到圣人之学简易广大，你不问我悟到了什么，倒来问我后悔不该学的东西！"

萧惠羞惭，道歉，再问老师："那您悟到圣人之学的什么呢？"

王阳明说："你今天只是因为我批评你，为了应付我才问。等你什么时候真心要探求圣人之学时再说吧！"

萧惠再三央求老师讲讲。

王阳明说："已经一句话跟你说完了，你还是不明白！"

真知就是行动

原文

刘观时问："'未发之中'是如何？"

先生曰："汝但戒慎不睹、恐惧不闻，养得此心纯是天理，便自然见。"

观时请略示气象。

先生曰:"哑子吃苦瓜,与你说不得。你要知此苦,还须你自吃。"

时曰仁在傍,曰:"如此才是真知,即是行矣。"

一时在座诸友皆有省。

华杉详解

喜怒哀乐之未发谓之中,发而皆中节谓之和,你的情绪每一次发出来,都恰当,都无过不及,没有憋住而郁闷了自己;也没有过分而伤害了别人,更不会迁怒,把这里的气撒到别的地方去,伤害无辜群众。这叫发而中节,叫致中和。要致中和,就要在遇到情绪之前,时刻处在"未发之中",心态中正。弟子刘观时就问:"这'未发之中',情绪没发出来之前的中正,是怎样的呢?"

王阳明说:"你只要做到戒慎不睹,恐惧不闻,存养得心地里全都是天理,就自然见到那状态了。"

刘观时问:"老师能把那境界具体再讲讲吗?"

王阳明说:"哑巴吃苦瓜,跟你也没法说。你要知道这苦瓜的苦,还得自己吃了才晓得。"

这就是知行合一了,为什么说知就是行,行就是知?就比如这苦瓜的苦,你知道吗?如果没吃过,你也说"知道",那只是听说过,不是真知道。你只有吃了苦瓜,才知道苦瓜的苦是一种怎样的苦,和黄连的苦如何不一样。当然,那也要吃过黄连才晓得。

所以,要讲戒慎恐惧的慎独功夫,你不用问老师,从今天开始,练习慎独就是。练习过之后,看看对你保持未发之中,做到致中和,有没有帮助,是不是有进步。'学而时习之,不亦悦乎',练习过,真有用,那就不亦悦乎。

学问,光是学和问没有用,一定要马上行动,知行合一。要养成学了马上就做的习惯。就像子路,学了一条,你要给他讲第二条,他捂起耳朵喊:"不要讲!不要讲!我上一条还没做呢!"

当时徐爱在场,徐爱说:"这才是真知,真知就是行动!"

一时间,在座的同学都有所醒悟。

活在当下，夭寿不二

原文

> 萧惠问死生之道。
> 先生曰："知昼夜即知死生。"
> 问昼夜之道。
> 曰："知昼则知夜。"
> 曰："昼亦有所不知乎？"
> 先生曰："汝能知昼？懵懵而兴、蠢蠢而食，行不著、习不察，终日昏昏，只是梦昼。惟'息有养，瞬有存'，此心惺惺明明，天理无一息间断，才是能知昼。这便是天德，便是通乎昼夜之道而知，更有甚么死生？"

华杉详解

萧惠同学又来了。这回，问死生之道。

这个问题，子路问过孔子。《论语》中记载：

> 季路问事鬼神。子曰："未能事人，焉能事鬼？"敢问死。曰："未知生，焉知死？"

子路问如何侍奉鬼神，孔子回答说："不能侍奉人，怎么能侍奉鬼神呢？"

子路没有得到回答，但心里还有一个问题要问："那斗胆再问老师，死是怎么一回事呢？"孔子又训他："生的道理还没搞清楚，怎么知道死呢？"

孔子不正面回答，有两个原因：一是"知之为知之，不知为不知，是知也"，鬼神、死生之事搞不清楚，所以存而不论，所谓"子不语怪力乱神"；二是学习有次序，若论侍奉鬼神，是祭祀之事，那是国之大典，礼的核心，孔子最重视的。但子路的学习程度，基本的东西还没搞清楚，老想整那高端的，舍其易者而不为，究其难者以为学，所以敲打他。

萧惠再问王阳明死生之道的问题。王阳明回答说："你懂得了昼夜变化的道理，便懂得死生之道了。"

萧惠还是不明白，再请问昼夜之道。

再答："知道白天，自然就知道晚上。"

萧惠："白天也有不知道的吗？"言下之意，白天的事他都知道。

王阳明训斥说："你还能知道白天？模模糊糊起床，傻乎乎吃饭，刚开始做时不知其所以然，终日浑浑噩噩，只是在做白日梦！张载说：'言有教，动有法，昼有为，宵有得，息有养，瞬有存。'说话有教益，举动有章法，白天能有所作为，晚上能有所心得，时时刻刻都有所存养，这心中清醒明白，天理没有片刻间断，才算是知道白天！这就是与天相通的德性，就是通达昼夜之道才能领悟的知，除此之外还有什么生和死的道理？"

王阳明有没有回答死生之道呢？可以说没回答，他就像孔子回答子路一样："未知生，焉知死？"学问贵在浅近，眼前的事、手上的事做好，此时此刻把握存养，自然由近及远。近的不下功夫，老是空想那不着边际的，有什么进步？

但是，也可以说他回答了，能下**"言有教，动有法，昼有为，宵有得，息有养，瞬有存"**的工夫，自然活在当下，夭寿不二，哪管他什么死生。

戒慎恐惧，就是自己教导自己

原文

马子莘问："'修道之教'，旧说谓圣人品节吾性之固有，以为法于天下，若礼乐刑政之属。此意如何？"

先生曰："道即性即命，本是完完全全，增减不得，不假修饰的，何须要圣人品节？却是不完全的物件。礼乐刑政是治天下之法，固亦可谓之教，但不是子思本旨。若如先儒之说，下面由教入道的，缘何舍了圣人礼乐刑政之教，别说出一段戒慎恐惧工夫？却是圣人之教为虚设矣。"

子莘请问。

先生曰："子思性、道、教，皆从本原上说，天命于人则命便谓之性，率性而行则性便谓之道，修道而学则道便谓之教。率性是诚者事，所谓'自诚明，谓之性'也；修道是诚之者事，所谓'自明诚谓之教'也。圣人率性而行即是道；圣人以下，未能率性于道，未免有过不及，故须修道。修道则贤知者不得而过，愚不肖者不得而不及，都要循着这个道，则道便是个教。此'教'字与'天道至教''风雨霜露，无非教也'之'教'同。'修道'字与'修道以仁'同。人能修道，然后能不违于道，以复其性之本体，则亦是圣人率性之道矣。下面'戒慎恐惧'便是修道的工夫，'中和'便是复其性之本体。如《易》所谓'穷理尽性，以至于命'，'中和位育'便是尽性至命。"

华杉详解

弟子马子莘问："'修道之教'，朱熹说是圣人品节吾性中固有的道，可被天下人效法，比如礼仪、乐教、法律、政令之类。这样说对吗？"

马子莘问的是《中庸》。王阳明的回答，是针对朱熹对《中庸》的注解而言。我们先学习一下子思《中庸》的原文：

> 天命之谓性，率性之谓道，修道之谓教。道也者，不可须臾离也；可离非道也。是故君子戒慎乎其所不睹，恐惧乎其所不闻。莫现乎隐，莫显乎微，故君子慎其独也。喜怒哀乐之未发，谓之中；发而皆中节，谓之和。中也者，天下之大本也；和也者，天下之达道也。致中和，天地位焉，万物育焉。

我们看到，整部《传习录（上）》快学完了，王阳明和弟子们来来回回讨论的，大部分都是这一段，涉及天命、性、道、教、戒慎恐惧、慎独、未发之中、致中和、位育天地，这些都是儒家很核心的观念。

先看马子莘所问的，朱熹的注解：

> 命，犹令也。性，即理也。天以阴阳五行化生万物，气以成形，而理亦赋焉，犹命令也。于是人物之生，因各得其所赋之理，以为健顺五常之德，所谓性也。率，循也。道，犹路也。人

物各循其性之自然，则其日用事物之间，莫不各有当行之路，是则所谓道也。修，品节之也。性道虽同，而气禀或异，故不能无过不及之差。圣人因人物之所当行者而品节之，以为法于天下，则谓之教，若礼、乐、刑、政之属是也。盖人之所以为人，道之所以为道，圣人之所以为教，原其所自，无一不本于天而备于我。学者知之，则其于学知所用力而自不能已矣。故子思于此首发明之，读者所宜深体而默识也。

"天命之谓性"：上天之命令，上天安排好的，就是性，就是本性，就是天性。是物性，是人性，是自然之性，是社会之性。

"率性之谓道"："率"，遵循之意。你循着这个"性"走，率性而行，这就是道。人物各循自然，就是当行之道。

所以率性而为是圣人的至高要求。为什么人们把率性而为理解为自己潇洒、不循规蹈矩呢？因为人们读书，都很容易朝自己舒服的方向理解。**率性而为是无拘无束的，但这是从心所欲不逾矩的无拘无束；是守规矩，却不觉得规矩让自己不舒服的无拘无束。**

"修道之谓教"：一般人做不到率性而行。人的本性虽然都相同，但是先天有禀赋差异，后天有习染不同，就跑偏了。于是圣人要修道，"修道之谓教"，就是礼、乐、刑、政等，立规矩，施教化。

针对这一段，王阳明就说："道，就是性，就是命，本来是完完全全、不增不减、不假修饰的，哪里需要圣人来评价、规范呢？又不是不完全的物件。礼、乐、刑、政是治理天下的法度，也可以说是'教'，但不是子思的本意。如果按朱熹的说法，《中庸》下文讲到由教入道时，怎么又说出一段戒慎恐惧的慎独功夫呢？这圣人之教，就是摆设了。"

王阳明的讲解很有启发。他和朱熹出发点不同。朱熹写《四书章句集注》，从三十多岁一直写作、打磨到七十岁，临死前一天还在修改。他的心愿，就是为往圣继绝学，教化天下后世，所以他心里想的"教"都是教化，教化他人。王阳明呢，他本来没想做老师，就是修养自己，龙场悟道，悟出知行合一之学，别开生面。如果套用"古之学者为己，今之学者为人"，朱熹是为天下学者而学，王阳明是纯粹为自己学，学出来的东西，就不一样。

所以王阳明根据后面戒慎恐惧的慎独功夫，认为这个"教"是自己教自己，不是圣人设法度来教化别人。都讲慎独了，别人看不见也听不见的地方，哪里是靠礼、乐、刑、政来教呢？是靠自己戒慎恐惧来教。圣人能够率性而为，无不中节。我们是普通人，就要修道，就要戒慎恐惧，时刻提醒自己，保持未发之中，保证发而皆中节，自己教自己。这倒是应了西哲笛卡尔的一句话：我的人生准则只有一个，就是继续教育我自己。

马子莘请老师详解。

王阳明接着说："子思的性、道、教，都是从本原上说。天授命于人，那么命就是人的性；人率性而行，那么性就是人所行的道；人修道而学，就是教。率性，是诚者，是'自然的真诚的人'的事；修道，是诚之者，是'立志做一个真诚的人'的事。《中庸》还讲'自诚明，谓之性；自明诚，谓之教'，自诚明，是由诚而明，德无不实而明无不照，这是圣人之德；天性所有，生知安行，就是性。反过来，先明白善的道理，然后努力把善落实，这是贤人之学，学知利行，那就是教。所以圣人率性而行就是道，圣人以下，不能率性，对于道的把握或过分或欠缺，就需要修道。修道，则贤者、智者不会过分；愚者、不肖者不会欠缺。所有人都要循着这个道，这道就是教了。这个教，和《礼记》中所说'天道至教''风霜雨露，无非教也'是一个意思的'教'；这个修道，和《中庸》里说的'修道以仁'是一个意思的修道。人能够修道，就能够不违背道，回复性之本体，也就是圣人率性而行的大道了。下面的戒慎恐惧的慎独功夫，就是修道的功夫；做到'中和'，就是回复性的本体，本来的天性。就像《易经》说的'穷理尽性，以至于命''中和位育'，都是穷尽天性、通达天命的意思。"

这里还要补充讲一下"中和位育"的概念："致中和，天地位焉，万物育焉。"《中庸》后面还有一段讲"位育"：

> 唯天下之至诚，为能尽其性；能尽其性，则能尽人之性；能尽人之性，则能尽物之性；能尽物之性，则可以赞天地之化育；可以赞天地之化育，则可与天地参矣。

能率性而为，发挥到极致，就是尽性；能尽自己的性，然后就能让别人尽性；能尽别人的性，然后就能尽万物之性；能尽万物之性，就可以赞助天地、化育万物，让天地各得其所，让万物尽性生长。这样的人，就能与天地并列为三者：天、地、人！

这样的人，是什么人呢？就是王阳明说的诚者之最——天下之至诚。

这一段，我们往小了说，往浅近了说，往自己身上说，可以理解为领导力。成功，是成就自己；成功以后，就要成就他人。领导力，就是让团队所有人都各得其所，得到最大的发挥，大家都尽性！

过分自信是成功人士最大的弱点

原文

黄诚甫问："先儒以孔子告颜渊为邦之问，是'立万世常行之道'，如何？"

先生曰："颜子具体圣人，其于为邦的大本大原都已完备。夫子平日知之已深，到此都不必言，只就制度文为上说，此等处亦不可忽略，须要是如此方尽善。又不可因自己本领是当了，便于防范上疏阔，须是要'放郑声，远佞人'。盖颜子是个克己向里、德上用心的人，孔子恐其外面末节或有疏略，故就他不足处帮补说。若在他人，须告以'为政在人，取人以身，修身以道，修道以仁''达道''九经'及'诚身'许多工夫，方始做得，这个方是万世常行之道。不然，只去行了夏时、乘了殷辂、服了周冕、作了韶舞，天下便治得？后人但见颜子是孔门第一人，又问个为邦，便把做天大事看了。"

华杉详解

黄诚甫问的，是《论语·卫灵公》的"颜渊问为邦"：

颜渊问为邦，子曰："行夏之时，乘殷之辂，服周之冕，乐则韶舞。放郑声，远佞人。郑声淫，佞人殆。"

颜渊问治国之道，孔子回答说："用夏朝的历法，乘殷朝的车，戴周朝的冠冕，礼乐则用舜时的韶乐。放弃郑国的音乐，远绝巧言谄媚的人。因为郑国的音乐太淫，而佞人太危险了。"

黄诚甫问的是朱熹在《四书章句集注》里引用的程颐的话：

> 程子曰："问政多矣，惟颜渊告之以此。盖三代之制，皆因时损益，及其久也，不能无弊。周衰，圣人不作，故孔子斟酌先王之礼，立万世常行之道，发此以为之兆尔。由是求之，则余皆可考也。"

程颐说：问政的人多了，唯有跟颜渊才说这些。因为夏商周三代的政治要与时俱进，有所损益，时间太久远了，不可能没有弊病。周朝衰微，圣人不兴，所以孔子斟酌、取舍三代的礼制，立为万世常行之道，提出这几条纲领。由这个原则去推理，其他的自然都明白了。

又引用尹氏的话："此所谓百王不易之大法。孔子之作春秋，盖此意也。孔颜虽不得行之于时，然其为治之法，可得而见矣。"这些事，孔子、颜回当时做不到，但后世终究会按他们说的做。

这就是黄诚甫所问，先儒所说的万世常行之道，百王不易之大法。

这几条是不是万世常行之道呢？

我们先看看夏历：

这里有讲究，对"颜渊问为邦"这一段，朱熹注解第一句说："颜子王佐之才，故问治天下之道。曰为邦者，谦辞。"颜渊的才干，是治理全天下的，不是治理诸侯国的，他问邦，只是谦辞。孔子对颜渊的定位，也是治理天下的，不是治理诸侯国的，所以孔子回答的第一条，就是历法。历法是中央定的，不是诸侯国定的。历法代表政权，是天子的事，不是邦国诸侯的事。所以朱熹说颜回问邦是谦辞，他问的是天下，孔子答的也是天下。

孔子身在周朝，他不是一直倡导要恢复周礼吗？怎么第一大事就要恢复夏历呢？这是实事求是，对前代政举实事求是地分析，加以损益，该删的删，该增的增,该继承的继承,该改正的改正。

前面说了,历法代表政权。历代新朝建立,第一件事就是改纪元、定年号、定历法。这种做法一直持续到民国,以1912年为民国元年。中华人民共和国在成立前夕才确定采用公元纪年,改用西历,和全世界接轨了。

古代定历法,还要改正朔,把哪个月是正月也给改了。孔子说要用夏历,就是因为夏历、殷历、周历,正月都不一样。夏历,就是我们现在用的阴历。殷历把正月提前了一个月,以阴历的十二月为正月,为一年的开始。到了周朝,又把正月提前一个月,以阴历十一月为正月。所以夏商周三朝,春夏秋冬的开始时间都不一样,各差一个月。夏历现在叫阴历,又叫农历,这是为什么呢?因为它是最适合农业生产的。正月就差不多春天来了,该准备播种了,符合春种秋收的节奏。所以孔子说应该恢复夏历。不过等秦始皇统一天下,他要和前朝不同,把正月又提前了一个月,提到阴历十月,春夏秋冬就全乱了。

最后谁听了孔子的意见呢?汉武帝。汉武帝恢复了夏历的正朔,他不想再折腾,宣布以夏历正月为正月,这才一直沿用到我们今天。我们过的春节,正月初一,就是夏历的正月初一,这是按孔子的意见办的。

所以,我们看到,在历法这个问题上,孔子的回答确实是立了万世常行之道、百王不易之大法。

第二件事,乘殷之辂,坐殷朝的车。辂,也写作"路",本指大车前的横木,也指大车。殷朝的辂,又称木辂,就是木材做的,上漆而已。到了周朝,比较奢侈,周制有五辂,玉、金、象、革、木,前面四等分别镶嵌玉器、金子、象牙、皮革。孔子认为,木辂就可以了。车的大小规格,已经可以区别出身份高低、贵贱,何必还要奢侈装饰。

天子节俭,则全国节俭。天子奢侈,则全国奢侈。今天的八项规定,也是去除奢侈之风,这也是万世常行之道、百王不易之大法。

第三件事,服周之冕。冕,是祭祀服装的礼帽,音"免",也有"免"的意思,有一个带子系在下巴上,免得它掉下来。朱熹注解说,周朝的冕"虽华而不为糜,虽费而不及奢",很华美,很费工费料,但又还不至于奢靡。孔子是最重视祭祀的。他不是说文质彬彬吗?在平常坐的车上,取质;在祭祀大典的礼服上,取文。

平时要节俭,但是国家大典,还是要庄严壮丽。这也是万世常行之道、百王不易之大法。

第四件事，乐则韶舞。这个出自《论语·八佾》：

> 子谓《韶》："尽美矣，又尽善也。"谓《武》："尽美矣，未尽善也。"

《韶》，是舜帝的音乐。舜是尧禅位给他，得位中正平和。孔子也说过，无为而治的，恐怕只有舜吧。因为尧给他打好了基础，下面一班大臣也得力。所以舜的音乐，乐音尽美，又一片祥和，乐意尽善，尽善尽美。周朝的音乐是周武王的。周武王是革命伐纣而有天下，他的音乐虽然也美，但是有杀伐之气，所以尽美而不尽善。如今天下已经定了几百年了，孔子建议恢复舜帝的韶乐，不要再用武王的杀伐之乐了。

这么看，这也是万世常行之道、百王不易之大法。

王阳明回答说："颜子已经具备圣人之体，他对于治理国家的大本大原都已经完全掌握；孔子平时对他已经非常了解，不必多言，所以只在典章制度上说一下。不过这方面也不能忽略，必须如此才能尽善。颜回是一个克己向里、德上用心的人，孔子担心他对外面的细枝末节有所疏略，所以就他不足之处帮补他。如果是其他人问，那就要跟他讲《中庸》的'为政在人，取人以身，修身以道，修道以仁'——为政在于得人，而得人在于君王自身；修身以道，修道以仁。君能修其身，则有君有臣，政无不举也。要讲《中庸》的达道——天下之大道有五，曰君臣也，父子也，夫妇也，昆弟也，朋友之交也；要讲《中庸》的九经——凡为天下国家者有九经，曰修身也，尊贤也，亲亲也，敬大臣也，体群臣也，子庶民也，来百工也，柔远人也，怀诸侯也。还有诚身等许多功夫，才做得了治理天下的工作。如果只是坐了殷朝的车，戴了周朝的冕，耳闻目见舜的韶舞，天下就大治了吗？后人看见颜子是孔门第一人，孔子也跟他讲这个，就把这当成天大的事来看了。"

王阳明的解释，和朱熹的注解角度不一样。朱熹的意思是说，颜渊虽然问的是如何治理诸侯国，孔子回答的却是王天下之法。法律、政事，那是下面的具体事；天子最重要的事，是顶层的历法和礼乐，这些才是真正天大的事。王阳明解释说，孔子是在颜回不足之处"帮补"，这个认识差距很大。

读者采信哪一说，要自己考虑了。就我而言，我以为还是朱熹老师认识深刻。

还有一个问题没说，孔子为什么要跟颜回说一个"放郑声，远佞人"呢？在这方面，孔子对颜回还不放心吗？

不放心，不能放心，对自己也不能放心，一定要警醒！

"佞"，有两层意思：一是有才智，比如"不佞"就是"不才"的意思；二是巧言谄媚。佞人大都有才智，特别是有口才，能谄媚、巴结、蛊惑他人。这样的人特别多，互联网时代更多，因为蛊惑人的渠道更方便了。

"佞人殆"中的"殆"，和《孙子兵法》"知己知彼，百战不殆"的"殆"，都是完蛋，你别不信，佞人能让你完蛋。佞人和郑声一样，都能惑人心智，把人导入歧途。**跟什么人在一起，你就会变成什么人——这是人的本能，所以，要非常谨慎地选择自己接近的人，选择自己玩乐的圈子。** 远小人，是最重要的修身原则，也是最重要的管理原则。

在这个问题上绝对不能"自信"，不要相信自己能"出淤泥而不染"，或者自以为能把握住，能限制住小人。**过分自信是成功人士最大的弱点，"致命的自负"会让人吃大亏，遭大难。** 殷鉴不远，谁呢？齐桓公小白。管仲临死，要他疏远易牙、开方、竖刁，他不听，继续重用三人。结果等他生病临死，诸公子争位，三人作乱，都没人给他送饭吃，齐桓公是活活饿死的。饿死之后，尸体停了六十七天没人管，生了蛆，蛆虫都从窗户爬了出来。等公子们争位尘埃落定，新君无亏才把他葬了。

齐桓公为什么会落到这步田地？因为他自信，他认为自己把握得住、控制得了。其实任何人也把握不住、控制不了。你能相信自己比齐桓公还伟大吗？

君王为什么需要佞臣呢？因为佞臣能让他舒服！如果周围都是像李世民的魏征那样的人，像爸爸一样盯着你、限制你，实际也是一种道德控制，那有时真觉得了无生趣。我成了一部治国机器，但我也是人！我就不能享受生活吗？

但是，真的不能。后来的李隆基就享受生活，太享受了，把国家给"享受"垮了。

诸葛亮总结了六个字："亲贤臣，远小人。"这个一刻也不能放松。不过，他这话写给阿斗，也是对牛弹琴。

"亲贤臣，远小人"这六个字的著作权是诸葛亮的；但往前追溯，是孔子的思想；再往前呢，是黄帝时期的一个牧马童提出来的。

《庄子》记载，黄帝出游迷路，问谁都不知道，碰到一个牧马童，他知道得清清楚楚。黄帝说："你啥都知道呀！那我问你，你知道怎么治天下吗？"

> 小童曰："夫为天下者，亦奚以异乎牧马者哉！亦去其害马者而已矣！"黄帝再拜稽首，称天师而退。

小童说治天下和牧马没区别，就是把害群之马清理出去就是了。黄帝马上下拜，说这牧马童是上天派来教他的老师。

清理害群之马，比找出千里马还重要。因为千里马其实不用你找，环境好了，他自己会冒出来。取人以身，不是靠猎头公司，而是靠你自身的修为。但是有害群之马，这组织好不了，你也好不了。

朱熹在《四书章句集注》里引用张载的话："礼乐，治之法也。放郑声，远佞人，法外意也。一日不谨，则法坏矣。虞夏君臣更相饬戒，意盖如此。"又曰："法立而能守，则德可久，业可大。郑声、佞人，能使人丧其所守，故放远之。"

在"放郑声，远佞人"上，一天都不能不谨慎！过分自信是成功人士最大的弱点，以为自己有主见，不会被身边的人影响——大错！被身边人影响是人的本能，所有人都一样。所以，一定要谨慎选择在你身边、有可能影响你的人。在这一点上，孔子对颜回也不能放心。除了国家的历法、礼乐，这就是最大的事。

学习"四书"的次序，就是从诚意到诚身的次序

原文

> 蔡希渊问："文公《大学》新本，先'格致'而后'诚意'工夫，似与首章次第相合。若如先生从旧本之说，即'诚意'反在'格致'之前，于此尚未释然。"

先生曰："《大学》工夫即是'明明德','明明德'只是个'诚意','诚意'的工夫只是'格物致知'。若以'诚意'为主,去用'格物致知'的工夫,即工夫始有下落,即为善去恶无非是'诚意'的事。如新本先去穷格事物之理,即茫茫荡荡,都无着落处,须用添个'敬'字,方才牵扯得向身心上来,然终是没根源。若须用添个'敬'字,缘何孔门倒将一个最紧要的字落了,直待千余年后要人来补出?正谓以'诚意'为主,即不须添'敬'字。所以提出个'诚意'来说,正是学问的大头脑处。于此不察,真所谓'毫厘之差,千里之缪'。大抵《中庸》工夫只是'诚身','诚身'之极便是'至诚'。《大学》工夫只是'诚意','诚意'之极便是'至善'。工夫总是一般。今说这里补个'敬'字,那里补个'诚'字,未免画蛇添足。"

华杉详解

蔡希渊问的,还是《大学》八条目的次序,前面我们已经讨论过多次了:格物、致知、诚意、正心、修身、齐家、治国、平天下。

蔡希渊问:"朱熹编辑的《大学》新本,先有格物致知,然后才有诚意功夫,似乎和《大学》旧本的次序是一样的。但是,如果按先生您的说法,格物致知不是格物穷理,是格正心中的善恶来致良知。这样的话,似乎'诚意'应该在格物致知之前了,先有诚意,才能去格善恶、致良知啊。这个地方我还是有点不明白。"

王阳明说:"《大学》的功夫就是'明明德',明明德就是诚意,诚意的功夫就是格物致知。以诚意为主宰,去下格物致知的功夫,这功夫才有着落,这着落就是为善去恶,为善去恶是格物,这都是'诚意'的事。朱熹的新本《大学》,自己添补了一段格物致知的解释,说格物致知是穷尽事物之理,这茫茫荡荡都是外物,到哪里去穷,又穷到哪里算是结束?都是没有着落的事。如果要着落,那还得在前面加一个'敬'字,才能和自己的身心关联起来。然而这终究是缺乏关联的。如果需要添一个'敬'字,为何《大学》的作者却把这最紧要的字都落下了,等到一千多年后再让人补出来?所以我才说以'诚意'为主,就不需要再加一个'敬'字。之所以提出个'诚意',正是因为这是做学问的根本宗旨。对此没有体察，就差之毫厘、失之千里了。大体而言，《中庸》的功夫也只是诚身，诚身的功夫做到极致就是至诚。《大学》的功夫只是诚意，诚意的功夫做到极致就是至善。功夫总是相同的，现在这里补一个'敬'字，那里补一个'诚'字，未免画蛇添足了。"

王阳明对《大学》《中庸》的概括，一语中的：从诚意到诚身。学习"四书"的次序，就是从诚意到诚身的次序。先学《大学》，诚意正心，然后经过《论语》《孟子》的学习，最后到达《中庸》，达到诚身，至诚无息，至诚如神。唯天下之至诚，为能尽其性；能尽其性，则能尽人之性；能尽人之性，则能尽物之性；能尽物之性，则可以赞天地之化育，则可以与天地参矣！

至于蔡希渊的问题，就不必拘泥于文句、再纠结了。

第三章

传习录中

诚意正心，是一种内心宁静的状态

原文

德洪曰：昔南元善刻《传习录》于越，凡二册。下册摘录先师手书，凡八篇。其答徐成之二书，吾师自谓："天下是朱非陆，论定既久，一旦反之为难。"二书姑为调停两可之说，使人自思得之。故元善录为下册之首者，意亦以是欤？今朱、陆之辩明于天下久矣，洪刻先师《文录》，置二书于《外集》者，示未全也，故今不复录。

其余指知行之本体，莫详于答人论学与答周道通、陆清伯、欧阳崇一四书；而谓格物为学者用力日可见之地，莫详于答罗整庵一书。平生冒天下之非诋推陷，万死一生，遑遑然不忘讲学，惟恐吾人不闻斯道，流于功利、机智，以日堕于夷狄、禽兽而不觉。其一体同物之心，谆谆终身，至于毙而后已。此孔、孟以来贤圣苦心，虽门人子弟，未足以慰其情也。是情也，莫详于答聂文蔚之第一书。此皆仍元善所录之旧。而揭"必有事焉"即"致良知"功夫，明白简切，使人言下即得入手，此又莫详于答文蔚之第二书，故增录之。

元善当时汹汹，乃能以身明斯道，卒至遭奸被斥，油油然惟以此生得闻斯学为庆，而绝无有纤芥愤郁不平之气。斯录之刻，人见其有功于同志甚大，而不知其处时之甚艰也。今所去取，裁之时义则然，非忍有所加损于其间也。

华杉详解

钱德洪记：以前南元善在浙江刊刻《传习录》，一共上、下两册，下册摘录了先生八篇书信。对于其中答徐成之的两封信，先生自己曾说："天下人认为朱熹对，陆九渊错，论定已经很久了。一旦要翻案，把意见反过来，恐怕很难。这两封信可以用来调停朱、陆两家之说。就让人们看了，自己去思考吧！"所以元善把这两封信录在下册的卷首，也是这个用意吧。如今朱、陆之辩已经辨明于天下了，我刊刻先师的《文录》，便将这两封信放在《外集》之中，以表明这两封信所论及的思想还不完备，本次刊印就不再收录进来了。

其他关于知、行本体的论述，最详尽的莫过于答顾东桥、周道通、陆清伯、欧阳崇一的四封信；而关于格物致知的见地，则莫过于答罗整庵的一封信。先生一辈子不顾天下人的非难、诋毁、构陷，在万死一生之中，始终不忘讲学，唯恐我们听不到这样的大道，而流于功利和机巧之中，堕落为夷狄、禽兽，自己却不知道。先生以其一体同物之心，争辩一生，死而后已。这种自孔、孟以来的圣贤苦心，就是他的门人子弟，也不足以宽慰他的情怀。这种情怀，在答聂文蔚的第一封信中，尤为显著。这些都是元善之前已经收录的。而揭示"必有事焉"就是"致良知"的功夫，明白简切，让人听了就知道怎么去做。这又在答聂文蔚的第二封信中说得最为详尽，所以这次增补收录进去。

南元善当时身处天下人汹汹然对先生群起而攻之的时代，他能够以身明道，以至于被奸臣排挤、遭罢官。但是，他依然为能听到先生的学问而庆幸，丝毫没有愤懑、抑郁之气。他刊印《传习录》，人们只看到他对同学们帮助很大，却不知道他处境的艰难。我这次刊印，对他的版本所作的取舍，是出于与时俱进的需要，而不是刻意要加以增减。

原文

答顾东桥书

来书云："近时学者务外遗内，博而寡要。故先生特倡'诚意'一义，针砭膏肓，诚大惠也！"

吾子洞见时弊如此矣，亦将何以救之乎？然则鄙人之心，吾子固已一句道尽，复何言哉！复何言哉！若"诚意"之说，自是圣门教人用功第一义，但近世学者乃作第二义看，故稍与提掇紧要出来，非鄙人所能特倡也。

华杉详解

顾东桥就是顾璘，字华玉，号东桥居士。弘治间进士，授广平知县，累官至南京刑部尚书。少有才名，以诗著称。

王阳明答顾东桥书：

你写信来说："当代学者注重向外求学，而忽视内心修为；追求博学，而抓不住要领。所以先生您特别提倡'诚意'之说，来针砭时弊，治疗那些病入膏肓的人，实在是对天下之大恩惠！"

你对时弊颇有洞见，又想用什么来补救时弊呢？我的用心，你一句话已经说完了，我还用说什么呢！若论"诚意"之说，本来就是圣人之门教人用功的第一要义，然而近世的学者却当成第二义看。所以我才稍稍将它的重要性提出来，这并不是我自己发明、特意提倡的。

"诚意"本是治学的第一义，王阳明前面说了，《大学》就是诚意，《中庸》就是诚身；从诚意到诚身，就是至诚无息，天下之至诚，至诚如神。

近世为什么落入第二义呢？还是因为《大学》八条目的次序：格物、致知、诚意、正心、修身、齐家、治国、平天下。要先格物致知，才到诚意正心。而格物致知，按朱熹的解释，是要穷尽天下之事理、物理，达到知无不尽——那就要向外求了，毛病就在这儿。

顾东桥说的"时弊"，也是永远的"时弊"，今天也一样，或者说，比顾东桥那时候更严重百倍甚至万倍。**因为当今世界日新月异，信息爆炸，人们总是处在"知识焦虑症"中，唯恐自己落伍了，到处瞎学，自以为在"学习"。** 更有无数哗众取宠的"老师"，为了招揽学生，天天吓唬人，说什么什么又过时了，什么新时代又来临了，你再不跟上就落伍了。同学们更是仿佛没头苍蝇，到处"格物致知"，其实是病入膏肓，迷失了自己。就算是王阳明心学又"火热"起来，何尝不也是一种病？王阳明的《传习录》畅销得不得了，人人都买来看，可有几人能读完的？有几人能认认真真一字一句去切己体察、切实笃行，落实到自己的行动中的？有几人能真正诚意正心，知行合一？就算真认同要诚意正心，那么是已经诚意正心了，还是只是觉得自己要诚意正心才行？

读了上面这一段，你是不是觉得我说得对？现在这社会，确实这毛病更大。

如果你这样觉得，那可能你的毛病也不小！你也是这病中的一分子。

正确反应是：先不关心社会的病，先关心自己的病。我是不是有这毛病？我应该怎么做？**自己的病治好了，才能去治社会的病。**

诚意正心，是一种内心宁静的状态，不是一种对自己的要求。这是"诚者"和"诚之者"的区别。如果你已经认识到要诚意正心，你算是一位"诚之者"，看看什么时候能成为真正的诚者，至诚无息，没有停息，无时无刻无处不诚——那时候才能知行合一，体会到至诚如神，无所不知、无所不能，活在他人想象之外！

对标圣人

原文

来书云："但恐立说太高，用功太捷，后生师传，影响谬误，未免坠于佛氏明心见性、定慧顿悟之机，无怪闻者见疑。"

区区格、致、诚、正之说，是就学者本心日用事为间，体究践履，实地用功，是多少次第、多少积累在！正与空虚顿悟之说相反。闻者本无求为圣人之志，又未尝讲究其详，遂以见疑，亦无足怪。若吾子之高明，自当一语之下便了然矣，乃亦谓"立说太高，用功太捷"，何邪？

华杉详解

你来信写道："只怕先生的学说立意太高，下功夫的途径又太便捷，后学传来传去，会出现谬误影响，未免坠入佛家明心见性、定慧顿悟的禅机之中，这也难怪听闻先生学说的人会有所质疑了。"

我关于格物、致知、诚意、正心的学说，是关于学者必须在日常用功中体察本心，体会、探究、亲身实践，在切实之处用功。要经历多少阶段、要多少积累，才能达到这般境界！正与佛家空虚顿悟的学说相反。听到我学说的人，如果自己本来没有追求做圣人的志向，也没有仔细探究我的学说，那可能会有怀疑——这也不足为怪。而以您这般高明的人，应该一句话就通透的，怎么也说出"学说立意太高，下功夫太便捷"的话来呢？

学习王阳明的学说，不可把它只当一个"学说"，要结合他的人生经历去看。他是一个极专注、极执着、极刻苦努力的人。他年轻时立志做圣贤，还试图做神仙，儒家、佛家、兵法、诗文、修道修仙，他都下过苦功，却始终不得要领。此外，还有人生的艰难困苦，常人不可想象的惊涛骇浪伴随着他。最后，在人生的谷底，在被世界遗忘的角落——贵州龙场，悟出了他的致良知之说。只有了解他的故事、理解他的人生，再结合自己的人生，把自己遇到的困难、困惑，和他遇到的作比照；把他的人生态度和治学精神运用到自己的工作、生活中，觉得自己遇到的困苦简直都不算事儿，都不好意思说——这样，你才能体会到知行合一，体会到我心光明，才能获取他的能量。

王阳明心学不是书斋里做出来的学问，是参天地之化育的巨大人生能量，是几千年圣人传下来的那一点真骨血。**圣人之学，立意高吗？可以说都极浅近。下功夫便捷吗？孔子说，出门就是大道，没有比这更便捷的了。**但是，如孟子所言，世之不揠苗助长者稀也。人人都想拔苗助长，不能勿忘勿助。在最浅近、最便捷的大道上，你总是见不到人的；大家都在抄小路，在断蹊僻径上下求索！

学习阳明心学，要在行动上学。怎么学呢？我分享一个"窍门"：遇到什么难解的事，就想一想，如果是王阳明遇到我这事，他会怎么处理？那我就也这么处理。也不一定是难解的大事，平时日用常行，应事、接物、待人，我都想一想：如果王阳明处在我的境况，他会怎么做？

总之，读书要代入自己，把自己代入书中的事演练。如果是我，我怎么处理？而学习圣人呢，就把圣人代入你的日用常行：如果圣人是我，他会怎么处理我的事？你试试把自己对标一个圣人。我对标的是孟子，有时也会想想王阳明。

心存敬意，深信不疑，切实笃行

原文

来书云："所喻知行并进，不宜分别前后，即《中庸》'尊德性而道问学'之功，交养互发、内外本末一以贯之之道。然工夫次第，不能无先后之差，如知食乃食，知汤乃饮，知衣乃服，知路乃行，未有不见是物先有是事。此亦毫厘倏忽之间，非谓截然有等，今日知之而明日乃行也。"

既云"交养互发、内外本末一以贯之"，则知行并进之说无复可疑矣。又云"工夫次第，不能无先后之差"，无乃自相矛盾已乎？"知食乃食"等说，此尤明白易见，但吾子为近闻障蔽，自不察耳。夫人必有欲食之心，然后知食，欲食之心即是意，即是行之始矣。食味之美恶，必待入口而后知，岂有不待入口而已先知食味之美恶者邪？必有欲行之心，然后知路，欲行之心即是意，即是行之始矣。路岐之险夷，必待身亲履历而后知，岂有不待身亲履历而已先知路岐之险夷者邪？"知汤乃饮，知衣乃服"，以此例之，皆无可疑。若如吾子之喻，是乃所谓不见是物而先有是事者矣。吾子又谓"此亦毫厘倏忽之间，非谓截然有等，今日知之而明日乃行也"，是亦察之尚有未精。然就如吾子之说，则知行之为合一并进，亦自断无可疑矣。

华杉详解

你来信说："先生所讲的知行并进，不宜分别先后，这就是《中庸》所讲'尊德性而道问学'的功夫，相互存养，互相发明，内外本末，一以贯之之道。但是做学问，下功夫，不能没有先后差别，比如知道那是食物，才去吃它；知道那是汤，才去喝它；知道那是衣服，才去穿它；知道那是路，才去走它；不存在没有见到事物而先有行为的。这中间也是一瞬间的差别，并不是截然二分，不是今天知了，明天再去行。"

你既然说那是相互存养，互相发明，内外本末，一以贯之之道，那么知行并进的道理已经无复可疑了，又说出一段"下功夫不能没有先后差别"，这不是已经自相矛盾了吗？你举那个知道是食物然后才去吃它的例子，尤其明白易见，只是你被其他学说遮蔽，自己不觉察而已。人必然有想吃东西的心，然后去认识食物。这想吃东西的心便是意念，意念便是行动的开端。至于食物是否美味，那要吃了才知道，岂有食物没有入口就先知道食物美味与否的道理？人必然要有想要前行的心，才会去找路，想要前行的心就是意念，就是行动的开端。至于道路好不好走，要走了才晓得，岂有没有走过，就知道路好不好走的？知道是汤才喝，知道是衣服才穿，也是如此类推，一个道理，没什么可怀疑的。如果按你说的那样，这就是没看见事物而先想去行动了。你又说："这中间也是一瞬间的差别，并不是截然二分；不是今天知了，明天再去行。"这是你省察还没有精准到位。不过就你自己说的这些话来看，知行并进是断然无疑的。

为什么要质疑、讨论知行合一？因为你对知行合一没有知行合一，只是晓得有个知行合一的说法，自己没有体会过知行合一的能量。

心是一个整体，要向心中求理

原文

　　来书云："真知即所以为行，不行不足谓之知，此为学者吃紧立教，俾务躬行则可。若真谓行即是知，恐其专求本心，遂遗物理，必有暗而不达之处，抑岂圣门知行并进之成法哉？"

　　知之真切笃实处即是行，行之明觉精察处即是知。知行工夫本不可离，只为后世学者分作两截用功，失却知行本体，故有合一并进之说。"真知即所以为行，不行不足谓之知"，即如来说所云"知食乃食"等说可见，前已略言之矣。此虽吃紧救弊而发，然知行之体本来如是，非以己意抑扬其间、姑为是说，以苟一时之效者也。

　　"专求本心，遂遗物理"，此盖失其本心者也。夫物理不外于吾心，外吾心而求物理，无物理矣。遗物理而求吾心，吾心又何物邪？心之体，性也；性即理也。故有孝亲之心即有孝之理，无孝亲之心即无孝之理矣；有忠君之心即有忠之理，无忠君之心即无忠之理矣。理岂外于吾心邪？晦庵谓"人之所以为学者，心与理而已。心虽主乎一身，而实管乎天下之理；理虽散在万事，而实不外乎一人之心"，是其一分一合之间，而未免已启学者心、理为二之弊。此后世所以有"专求本心，遂遗物理"之患，正由不知心即理耳。夫外心以求物理，是以有暗而不达之处。此告子义外之说，孟子所以谓之不知义也。心一而已，以其全体恻怛而言谓之仁，以其得宜而言谓之义，以其条理而言谓之理。不可外心以求仁，不可外心以求义，独可外心以求理乎？外心以求理，此知行之所以二也。求理于吾心，此圣门知行合一之教，吾子又何疑乎？

华杉详解

你来信说："要得真知，必须要有行动实践。没有行动实践，就不能说是真知，这是告诫学者要切实躬行。我觉得，您的知行合一之说，说到这个程度就可以了。如果您非要说行就是知，那恐怕就有点过了；会误导学者专求本心，而忽视了事物的道理，必然会有不明白也不理解的地方，这难道是圣人制定的知行并进的既定方法吗？"

知达到真切笃实之处就是行；行达到明觉精察的境界就是知。知行功夫本来是分不开的，只因为后世学者分成两截用功，失去了知行的本体，所以才有知行合一、知行并进之说。真知就是实践，没有实践，就没有真知。就像你信中说的"知道是食物，然后才去吃它"的例子，前面我已经讲解过了。这虽然是补救时弊才这么说的，但知行的本然状态就是如此，并非出于自己的私意，故意立说，来达到一时的目的和效果。

至于你说的"专注于探求自己的本心，而不顾事物的道理"，这种情况，恐怕正是失去了自己的本心了。事物的道理，正是在自己的心里，不在心外。在自己的心外去求事物的道理，那是求不来的。如果遗弃事物的道理去求本心，那本心又是什么东西呢？（王阳明的格物致知之说，就是在事事物物上格正自己的心，诚意正心。）心的本体就是性，性就是理；天命之谓性，天命在人身上叫性，在事物上就叫理。因此，有孝敬父母的心，就有孝敬父母的理；没有孝敬父母的心，就没有孝敬父母的理。有忠君之心，就有忠君之理；没有忠君之心，就没有忠君之理。难道这道理在心外吗？朱熹说："人所学习的东西，无非是心与理。心虽然主宰身体，而实际统管着天下万物之理；理虽然散见于万事万物之中，实际却只在人心之中。"在这里讲述心和理，一分一合之间，难免误导后学者将心和理分为两边来看了。才有了后世所谓"专注于本心，丢失了事物的道理"的毛病，这正是因为不知道心就是理。在心外探求理，才会有不明白、不理解的问题。这正是告子"以义为外"的说法，也是孟子为什么说告子不懂得义。

心就是一个整体，就其全然充实着恻隐之心而言就是仁；就其处事无不得宜而言就是义；就其条理清晰而言就是理。孟子说，不能向心外求义，难道能向心外求理吗？向心外求理，就是将知和行弄成两件事了。向心中求理，正是圣人之学知行合一的教诲，你还有什么好疑惑的呢？

走正道，立正命

原文

来书云："所释《大学》古本谓致其本体之知，此固孟子'尽心'之旨。朱子亦以虚灵知觉为此心之量。然尽心由于知性，致知在于格物。"

"尽心由于知性，致知在于格物"，此语然矣。然而推本吾子之意，则其所以为是语者，尚有未明也。朱子以"尽心、知性、知天"为物格、知致，以"存心、养性、事天"为诚意、正心、修身，以"夭寿不二，修身以俟"为知至、仁尽，圣人之事。若鄙人之见，则与朱子正相反矣。夫"尽心、知性、知天"者，生知安行，圣人之事也；"存心、养性、事天"者，学知利行，贤人之事也；"夭寿不二，修身以俟"者，困知勉行，学者之事也。岂可专以"尽心知性"为知，"存心养性"为行乎？吾子骤闻此言，必又以为大骇矣。然其间实无可疑者，一为吾子言之。

夫心之体，性也。性之原，天也。能尽其心，是能尽其性矣。《中庸》云："惟天下至诚为能尽其性。"又云"知天地之化育""质诸鬼神而无疑，知天也"，此惟圣人而后能然。故曰：此"生知安行"，圣人之事也。存其心者，未能尽其心者也。故须加存之之功。必存之既久，不待于存而自无不存，然后可以进而言"尽"。盖"知天"之"知"，如知州、知县之"知"，知州则一州之事皆己事也，知县则一县之事皆己事也，是与天为一者也。"事天"则如子之事父、臣之事君，犹与天为二也。天之所以命于我者，心也、性也，吾但存之而不敢失，养之而不敢害，如"父母全而生之，子全而归之"者也。故曰：此"学知利行"，贤人之事也。至于"夭寿不二"，则与存其心者又有间矣。存其心者，虽未能尽其心，固已一心于为善，时有不存则存之而已。今使之"夭寿不二"，是犹以夭寿二其心者也。犹以夭寿二其心，是其为善之心犹未能一也。存之尚有所未可，而何"尽"之可云乎？今且使之不以夭寿二其为善之心。若曰死生夭寿皆有定命，吾但一心于为善，修吾之身以俟天命而已，是其平日尚未知有天命也。"事天"虽与天为二，然已真知天命之所在，但惟恭敬奉承之而已耳。若俟之云者，则尚未能真知天命之所在，犹有所俟者也。故曰：所以立命。"立"者，"创立"之"立"，如立德、立言、立功、立名之类。凡言"立"者，皆是昔未尝有，而今始建立之谓。孔子所谓"不知命，无以为君子"者也。故曰：此"困知勉行"，学者之事也。

今以"尽心、知性、知天"为格物致知，使初学之士尚未能不二其心者，而遽责之以圣人生知安行之事，如捕风捉影，茫然莫知所措其心，几何而不至于"率天下而路"也？今世致知格物之弊，亦居然可见矣。吾子所谓"务外遗内，博而寡要"者，无乃亦是过欤？此学问最紧要处，于此而差，将无往而不差矣。此鄙人之所以冒天下之非笑，忘其身之陷于罪戮，呶呶其言，有不容已者也。

华杉详解

你来信说:"你所解释的《大学》古本,说格物致知的致知,不是向外,是向自己的内心,获得对自己本体的知。这固然和孟子'尽心'之说相合,朱熹也认为虚灵知觉是心的本体。但是,尽心由于知性,致知在于格物。"

顾东桥此处提到的孟子"尽心"之说,和后面王阳明的回答,都围绕《孟子·尽心章句上》的一段,要先把这一段学习了,我们才能讨论王阳明的回答。

孟子曰:"尽其心者,知其性也;知其性,则知天矣。存其心,养其性,所以事天也。夭寿不二,修身以俟之,所以立命也。"

朱熹注解说:心,是人的神明,具众理而能应万事;性,是心所具之理;而天,又是理之所出;这就是尽心、知性、知天的逻辑了。人有这颗心,其本体都是完完全全的。但是不能穷理,这心就有所遮蔽,不能尽其全量。所以要极致其心之全体而无所不尽者,就能穷理而无所不知。能穷理,那自然知道理从哪儿来的,理是天理,穷理自然就知天了。

朱熹又说:对应《大学》,知性就是物格,尽心就是知至。

这就是顾东桥问的话。那引用这句话,代表了这句话背后朱熹的解释。所以,后文王阳明的回答都是针对朱熹的讲解而言。如果不知道朱熹讲了什么,就不知道他俩在讨论什么了。

接着说"存其心,养其性,所以事天也"。

朱熹说:"存",是操存,操而不舍;"养",是顺而不害;"事",是敬奉而不违背。

张居正说:"君子之道,以格物致知为入门,尤其重要在于尽心尽力去践行。心固然是尽了,但还害怕它出入无常,所以要操而存之,使之一动一静,都正正地在这胸腔里面,不为外物所诱。"这就是正心。存心即正心。

又说:"性固然是知了,但又担心自己的作为伤害了它,所以顺而养之,使事事物物常循其自然之理,而不涉于矫揉之失。君子存养之功,交致甚密,为什么呢?因为心为天君,性为天命,这心性是上天交给我的。我如果放逸其心、戕贼其性，那就是慢天亵天，而不是事天了。所以操存此心，就是奉养我的天君，不敢违越。顺养此性，就是保我天命，而不敢失坠，就像上帝日日在面前一样——这不就是事天吗？能事天，则意诚心正，做什么事，就能成全功。"

"夭寿不二，修身以俟之，所以立命也。"

朱熹说："夭寿"，是命之短长。"二"，是疑惑；"不二"，就是知天的极致，"修身以俟之"，则事天以终身。"立命"，是全天之所付，不以人为害之。

人生际遇，无非死生祸福。超越祸福是一种境界，看透生死，那又是一番境界。"夭寿不二"，无论寿命长短，都不改变态度。修身养性，等待死亡；安身立命，事天以终身。这是非常了不起的境界，说什么功名利禄，我已经超越了死亡恐惧。在夭寿之间，都已经看得如此透彻。修身之功，已经持守得如此坚定。那天赋予我的，浑然全备，一点损伤都没有。幸而得长寿，则好德考终。不幸而早夭，也顺受天命。

以上是孟子的尽心论。不过，王阳明的解读就别开生面，又是一番境界了：

你说"尽心由于知性，致知在于格物"，这固然不错。但是，我推敲你表达的意思，觉得你说这句话，是还有不明白的地方。

朱子把"尽心、知性、知天"比作格物致知，把"存心、养性、事天"比作诚意、正心、修身，把"夭寿不二，修身以俟"比作知至、仁尽，当作圣人境界。这三重，是一重比一重境界高。而我的看法恰恰相反，这三重，是一重比一重境界低。

"尽心、知性、知天"，才是生而知之、安而行之，圣人的最高境界；"存心、养性、事天"是学而知之、利而行之，贤人的境界；"夭寿不二，修身以俟"呢？是困而知之、勉强行之，普通学者的境界。怎么能以尽心知性为知，存心养性为行呢？

你骤然间听到我这么说，一定觉得惊骇。不过这确实无可怀疑，你听我细细道来：

人心的本体，就是性；性的本原，就是天。这是《中庸》第一句："天命之谓性。"那么，能尽其心者，就能尽其性。《中庸》说"唯天下之至诚能尽其性",能尽自己的性,能尽他人之性,能尽天下万物之性,就可以参赞天地之化育,"可以与天地参也",和天地并列,不光是天人合一,是天、地、人,三合一。

《中庸》又说:"知天地之化育""求证于鬼神而没有疑问,这就是知天"。

可见这尽心、知性、知天,是最高境界,是生知安行的圣人境界。

存心养性呢,你要把那心操存着,怕它跑偏了——说明你还没能尽心,还要用力把住它。操存功夫下的时间长了,不用你操存它,它也妥妥地存在那里——这时候才可以说是尽心了。

这"知天"的"知",就和知州、知县的"知"一样,不光是知道,而且是负责。知州,则一州之事都是你的事,都是你的责任;知县,则一县之事都是你的事,都是你负责;知天,那就全天下的事都是你的事。这是"与天地参也",天、地、人三合一。

"事天"呢,就像子事父,臣事君,子是子,父是父,臣是臣,君是君,我是我,天是天,没有达到天人合一,仍然各是各的。"天命之谓性",天赋予我的心和性,我操存着,不敢放失。就好像我的身体发肤受之父母,我受伤了,可不光是我自己受伤,是我把父母赋予我的身体没保管好,搞坏了!所以《礼记》上说:"父母全而生之,子全而归之,可谓孝矣。"死的时候,身体要完整地交还给父母在天之灵,这才是孝。

所以说啊,这"事天",是学知利行的贤者境界。

至于"夭寿不二",你说"不二"的时候,心里已经先"二"了,把"夭"和"寿"一分为二。没有"二",哪有"不二"呢?你把夭寿一分为二,就说明你为善之心还不能一心一意,这就是连"存心"的境界都还没达到,哪里谈得上"尽心"呢?

"夭寿不二,修身以俟",要求人不因寿命长短而改变自己为善的心,将生死和寿命视为上天赋予的东西,只是一心向善,修养自身并等待天命,这说明这类人还不知道什么是天命。"事天"虽然与天为二,但是已经知道天命的所在,只是恭敬地顺应它而已。而"修身以俟"的人呢,还不知道天命的所在,好像还在等待天命的到来。

所以说要"立命"。"立命"的"立",是创立的"立",就像立德、立言、立功一样,要"立",是因为没有,需要确立。这就是孔子所说的,"不知命,无以为君子"的人。这是困而知之、勉而行之,学者境界,甚至是初学者的境界。

如果把"尽心、知性、知天"放在入门级的初学者阶段,那初学之人都还不能心中不二,一下子就给他圣人生知安行的要求,这就像捕风捉影,会令人茫然不知所措,那不是就像孟子说的"率天下而路"——人人都疲于奔命吗?今天所谓格物致知的弊病,也暴露无遗了。你所说的"务求于外,遗失了内心;务求于博,而不得要领",不正是这种毛病吗?这是学问最紧要的地方,这一步错了,步步都错。这是我冒天下之非议嘲笑,不顾身陷险地、招致罪祸,仍然喋喋不休地宣传我的观点的原因。实在是不得已而为之啊!

王阳明的讲解,振聋发聩,正应了他的知行合一之说,不是文字讲解,而是自己的人生体会。**一千个读者就有一千个哈姆雷特,各人体会不一样。读的是一样的书,但各人人生经历不同,学到的东西完全不同!读者不必纠结谁说得对,只须关注你学到了什么,你准备怎么做**。如果关注文句,我们可以举个例子,关于"立命"的解释:

朱熹说立命是"全天之所付,不以人为害之"。王阳明说"立命"是因为没有,要"立"起来。我们看《孟子》原文,在"夭寿不二,修身以俟之,所以立命也"之后的下一句:

　　孟子曰:"莫非命也,顺受其正。"

朱熹解释说:"人物之生,吉凶祸福,皆天所命。然惟莫之致而至者,乃为正命。故君子修身以俟之,所以顺乎此也。"生死、吉凶、祸福,都是天命。但是,只有它自己来的,不是你去强求的,才是正命。所以你不必非要怎样,只管自己修身,等它自己来,这才是你的正命。那么,立命,就是要立于正道、正命,不要走歪门邪道,立于危墙之下。

再看下文:

　　是故知命者,不立乎岩墙之下。尽其道而死者,正命也。桎梏而死者,非正命也。

知命，是知道守自己的正命，不处危地而自取覆亡之祸。你走在自己的正道上，无论吉凶，都是正命。如果犯罪而死，就不是正命，是死于非命。

"夭寿不二，修身以俟，所以立命也"就是不要利欲熏心，死于非命。不管死活，都走正道，立正命。不要以为换一条道能过得更好，就走歪门邪道。

就"立命"的解释而言，联系上下文，还是朱熹的解释比较顺。

你的学习，是不是一种玩物丧志

原文

　　来书云："闻语学者，乃谓'即物穷理'之说亦是玩物丧志；又取其'厌繁就约''涵养本原'数说标示学者，指为晚年定论，此亦恐非。"

　　朱子所谓"格物云者，在即物而穷其理也"，即物穷理是就事事物物上求其所谓定理者也，是以吾心而求理于事事物物之中，析心与理为二矣。夫求理于事事物物者，如求孝之理于其亲之谓也。求孝之理于其亲，则孝之理其果在于吾之心邪？抑果在于亲之身邪？假而果在于亲之身，则亲没之后，吾心遂无孝之理欤？见孺子之入井，必有恻隐之理，是恻隐之理果在于孺子之身欤？抑在于吾心之良知欤？其或不可以从之于井欤？其或可以手而援之欤？是皆所谓理也。是果在于孺子之身欤？抑果出于吾心之良知欤？以是例之，万事万物之理莫不皆然，是可以知析心与理为二之非矣。夫析心与理而为二，此告子义外之说，孟子之所深辟也。"务外遗内，博而寡要"，吾子既已知之矣，是果何谓而然哉？谓之玩物丧志，尚犹以为不可欤？

　　若鄙人所谓致知格物者，致吾心之良知于事事物物也。吾心之良知，即所谓天理也。致吾心良知之天理于事事物物，则事事物物皆得其理矣。致吾心之良知者，致知也；事事物物皆得其理者，格物也。是合心与理而为一者也。合心与理而为一，则凡区区前之所云，与朱子晚年之论，皆可以不言而喻矣。

华杉详解

你来信说："听说您对学生讲，朱熹'即物穷理'的学说就是玩物丧志。然后又拿朱熹的'厌繁就约''涵养本原'几封信给学生看，说这才是朱熹晚年悔悟、确定的学说，这样不太好吧？"

说即物穷理是玩物丧志，读者可能也不太好接受。不过，这倒不是王阳明的发明。前面有个典故，主角是明道先生程颢和宋朝大儒谢良佐。

谢良佐去拜程颢为师。程颢问他：你平时读什么书？谢良佐说：史书。程颢顺手从成堆的史书中抽出一本，翻开一页，问谢良佐这段讲的什么。谢良佐把程颢提到的一大段整个背了下来，一字不差。程颢再抽出一本书，从中翻到其中一页，谢良佐仍然一字不差地背了下来。之后，谢良佐恭敬地站立着，等待老师的嘉许。不料程颢冷冷地说了四个字："玩物丧志。"谢良佐登时面红耳赤，汗如雨下。

读书求背诵，背诵之后还喜欢表演，讲话时动不动就背诵一大段，这属于哗众取宠，玩物丧志，不是真有学问，也不是真好学。即物穷理，到处去"学习"，也是玩物丧志。王阳明说的就是这个意思。今天的社会，玩物丧志的学习狂也很多，知识焦虑，天天要学"新东西"，你不知道他想干啥，他也不知道自己要干啥。读者当自问一下，你是真学习，还是玩物丧志？比如现在正在读《传习录》，是真的深信不疑，要知行合一、切实笃行，还是"好读书，不求甚解"，玩物丧志？

第二个话题，说王阳明拿朱熹的信来说是他的晚年定论。前文提到过，是指王阳明编辑了一本《朱子晚年定论》的书，收集了朱熹和朋友之间的一些通信，挑选若干和王阳明自己观点一致的段落，还找到了朱熹的原话。朱熹曾写道："此是向来定本之误，今幸见得，却烦勇革。不可苟避讥笑，却误人也。"这是"我"的注解定本上搞错的地方，如今有幸发现了，却苦于没有勇气改正。不能只为了避免被人讥笑，就误人子弟啊！

王阳明读到朱熹这些通信，如获至宝，编辑刊印成书，广为宣传，说朱熹自己都认识到自己的书错了，只是他没有勇气改，私下和朋友通信他都承认了。

王阳明这样说朱熹，当然对朱熹不公平，也被学界诟病。《朱子晚年定论》这书流传下来了，但是，断章取义的东西，并不被学界看作是朱熹的思想，而把它当成王阳明思想来学习。

朱熹有两封信中提到"厌繁就约""涵养本原"，这本是儒者经常讲的话，当然不能因为朱熹说了一句"厌繁就约"，就说他否定了自己的即物穷理。所以顾东桥对王阳明有批评。

王阳明回答说：

朱熹说的格物，就是即物穷理；即物穷理，就是在事事物物上求定理，用我的心，在事事物物上求理，那就把心和理一分为二了。

在事事物物上求理，就好像在父母身上求孝之理。在父母身上求孝之理，那理是在我心上呢，还是在父母身上呢？假若在父母身上，那父母百年之后，我心里就没有孝之理了吗？

看到一个小孩子要掉进井里，那一定有恻隐之理。那恻隐之理，在那小孩子身上呢，还是在我心中的良知呢？我能不能为了救小孩而跳进井中呢？还是伸手把他拉上来呢？这都是理。这些理，又是在那小孩子身上呢，还是在我心中的良知呢？以此为例，万事万物的道理都是如此。这就可以知道，把心和理一分为二是不对的。把心和理一分为二，就是告子"义在心外"之说，孟子已经深刻地批评过了。"向外探求而忽视了内心，追求博学却不得要领"——你也知道这样不对，为什么还要说这样的话呢？说他是玩物丧志，难道不可以吗？

鄙人所谓的格物致知，就是在事事物物上致我心之良知；我心之良知，就是天理。致我心之良知之天理于事事物物，则事事物物皆得其理。致我心之良知，就是致知；事事物物皆得其理，就是格物。这就是心与理合二为一。心与理合而为一，那我的说法和朱熹的晚年定论，都不言而喻了。

找到自己的拘蔽在哪里

原文

来书云:"人之心体本无不明,而气拘物蔽,鲜有不昏。非学问思辨以明天下之理,则善恶之机、真妄之辨,不能自觉,任情恣意,其害有不可胜言者矣。"

此段大略似是而非,盖承沿旧说之弊,不可以不辨也。夫学问思辨行,皆所以为学,未有学而不行者也。如言学孝,则必服劳奉养,躬行孝道,则后谓之学。岂徒悬空口耳讲说,而遂可以谓之学孝乎?学射,则必张弓挟矢,引满中的;学书,则必伸纸执笔,操觚染翰。尽天下之学,无有不行而可以言学者,则学之始固已即是行矣。笃者,敦实笃厚之意。已行矣,而敦笃其行,不息其功之谓尔。盖学之不能以无疑,则有问,问即学也,即行也;又不能无疑,则有思,思即学也,即行也;又不能无疑,则有辨,辨即学也,即行也。辨既明矣,思既慎矣,问既审矣,学既能矣,又从而不息其功焉,斯之谓笃行。非谓学问思辨之后而始措之于行也。是故以求能其事而言谓之学,以求解其惑而言谓之问,以求通其说而言谓之思,以求精其察而言谓之辨,以求履其实而言谓之行。盖析其功而言则有五,合其事而言则一而已。此区区心理合一之体、知行并进之功,所以异于后世之说者,正在于是。

今吾子特举学问思辨以穷天下之理,而不及笃行,是专以学问思辨为知,而谓穷理为无行也已。天下岂有不行而学者邪?岂有不行而遂可谓之穷理者邪?明道云:"只穷理,便尽性至命。"故必仁极仁而后谓之能穷仁之理,义极义而后谓之能穷义之理。仁极仁则尽仁之性矣,义极义则尽义之性矣。学至于穷理至矣,而尚未措之于行,天下宁有是邪?是故知:不行之不可以为学,则知不行之不可以为穷理矣。知不行之不可以为穷理,则知知行之合一并进,而不可以分为两节事矣。

夫万事万物之理不外于吾心;而必曰穷天下之理,是殆以吾心之良知为未足,而必外求于天下之广,以裨补增益之,是犹析心与理而为二也。夫学问思辨笃行之功，虽其困勉至于人一己百，而扩充之极，至于尽性知天，亦不过致吾心之良知而已。良知之外，岂复有加于毫末乎？今必曰穷天下之理，而不知反求诸其心，则凡所谓善恶之机、真妄之辨者，舍吾心之良知，亦将何所致其体察乎？吾子所谓"气拘物蔽"者，拘此蔽此而已。今欲去此之蔽，不知致力于此，而欲以外求，是犹目之不明者，不务服药调理以治其目，而徒侊侊然求明于其外，明岂可以自外而得哉？"任情恣意"之害，亦以不能精察天理于此心之良知而已。此诚毫厘千里之谬者，不容于不辨。吾子毋谓其论之太刻也！

华杉详解

你来信说："人的心体本来没有不明白、明亮的，但是被'气拘物蔽'，很少有人不昏聩。如果不加以学、问、思、辨，便无法明白那善恶、真假的差别，就会任情恣意妄为，其危害难以言述。"

顾东桥这段说的是什么呢？

《传习录》中王阳明的通信部分，每段先说"来书云"，摘录一段对方的来信，然后加以回答。摘录只是几句，但收信人知道那几句代表的后面整个内容，而今天的读书人则不知道，所以只就那几句，你会看不懂。必须对他们经常讨论的问题非常熟悉、了解，再结合下面的回答，你才能"拼图"，拼接完整，知道那来信说了什么。

顾东桥所论，还是质疑知行合一。理论基础，还是朱熹的思想。

"气拘物蔽"之说，来自朱熹《大学章句》对第一句"大学之道，在明明德，在亲民，在止于至善"。对"明明德"，朱熹的解释是：

明，明之也。明德者，人之所得乎天而虚灵不昧，以具众理而应万事者也。但为气禀所拘、人欲所蔽，则有时而昏，然其本体之明则有未尝息者。故学者当因其所发而遂明之，以复其初也。

这"明明德"，和王阳明的"致良知"，大致是一个意思。

看一个问题,关键在于你能往后看到几步,往深看到几层。"肉眼凡胎"之人,摆在他面前的都看不见,这就是"气拘物蔽":为气禀所拘,天资禀赋不够,把他拘束了。为物欲所蔽,小钱小利遮蔽了他的眼睛。所以很少有人,或者说几乎没有人不昏聩,都需要把心擦亮。

怎么擦亮呢?顾东桥对王阳明说:你那知行合一之说,老是说行动,你如果不博学、慎思、审问、明辨,不把它搞清楚,你怎么去行动?一行动,还不得出错?

"学、问、思、辨"出自《中庸》:

> 博学之,审问之,慎思之,明辨之,笃行之。有弗学,学之弗能,弗措也;有弗问,问之弗知,弗措也;有弗思,思之弗得,弗措也;有弗辨,辨之弗明,弗措也;有弗行,行之弗笃,弗措也。人一能之己百之,人十能之己千之。果能此道矣,虽愚必明,虽柔必强。

原文是"博学、慎思、审问、明辨、笃行"。现在好多大学,比如中山大学就引之为校训。顾东桥只说博学、慎思、审问、明辨,没有说笃行。因为他认为,笃行是学、问、思、辨都搞清楚之后的事,不是知行合一。王阳明后面的回答,就是告诉他:博学与笃行合一,审问与笃行合一,慎思与笃行合一,明辨与笃行合一。合起来就是学行合一,问行合一,思行合一,辨行合一,知行合一——学、问、思、辨、行、知,六合一。

王阳明说:

你这一番议论,大致上似是而非,还是被朱熹的说法带偏了。所以必须跟你说清楚。

博学、慎思、审问、明辨、笃行,都是学习方法。而学习呢,没有光在那里学习,不去行动的。比如学习孝敬父母,是拿本书来学吗?一定是服侍奉养父母,躬行孝道,这才叫学!如果空口在那里谈孝道,那叫作学孝吗?学习射箭,一定要张弓搭箭,拉满弓,射中靶心;学习书法,一定要展开纸,提起笔去写。全天下无论你学什么,都没有不去做、空空去学的。所以说,学习的开始就是去做，就是行。

笃行呢？笃，是敦厚踏实。已经在行了，要敦厚踏实，不要松劲，不要停息，下日日不断之功，靠积累得收获。

学习呢？不可能没有疑惑，有疑就要问。这问，就是学，就是行。

问了，老师同学答了，也不一定马上明白，要再思考。这思，也是学，也是行。

自己思考，也不一定就能想明白，再找同学一起辨析。这辨，也是学，也是行。

辨析明白了，思考审慎了，疑问消除了，学会了，又不停地实践——这叫笃行。所以，不是学问思辨之后才去行，而是学问思辨都是行：求能做某事的行为，就叫学；求能解惑的行为，就叫问；求能通晓说、学的行为，就叫思；求能精察义理的行为，就叫辨；求能在实践中落实的行为，就叫行。分开来讲，是学、问、思、辨、行五个动作，合起来就是一件事。这就是我的心理合一、知行并进的功夫，之所以有别于后世的学说，核心正在这里。

现在你特意举出个学问思辨，不讲笃行，那是分开来，把学问思辨叫知，后面笃行是行，把知和行分开，这就是说，穷理的功夫是学问思辨，不是笃行。那天下岂有不去行动实践就能学习的？天下岂有不去行动实践就能穷理的？明道先生程颐说："只要能穷尽事理，就能尽性而通达天命。"所以，你一定是在行动上到达了仁的极致，你才有可能穷仁之理；你一定是在行动上到达了义的极致，才能穷义之理；你一定是在行动上到达了仁的极致，才能尽仁之性；你一定是在行动上到达了义的极致，才能穷尽义之性。你光靠学，学到穷理了，都给你学透了、没的学了，却还没有行动实践过——天下岂有这样的事？

所以说，不行动，就谈不上学习；不行动，就谈不上穷理。知道不行动就不可以穷理，就知道知行合一并进，不能分成两截事。

天下万事万物之理，不外乎都在我心里。如果说要穷天下之理，是唯恐自己心中之良知不足，是往自己内心找。如果往外去求，求来添加，那是把心和理又一分为二了。学问思辨笃行的功夫，困知勉行，就像《中庸》说的那样，别人下一分功夫，我下一百分，那扩充到极致，至于尽性知天，也不过是致自己的良知罢了。良知之外，还能增添一分一毫吗？现在你口口声声要穷天下之理，却不知道在自己的内心去求，那么善恶、真伪之辨，不用自己的良知，又用什么去体察呢？

你所说的"气拘物蔽"，为气禀所拘，为人欲所蔽，拘在哪儿？蔽在哪儿？就拘蔽在这里！现在你正需要去此拘蔽，却不向自己内心求，反而向外去找更多的拘蔽。就好像你的眼睛病了，看不见东西，你不给自己吃药，却要去找更多东西来看。这眼睛的明亮，能靠外面的东西来实现吗？所谓任情任性、恣意妄为之害，也是因为不能精察天理于此心的良知而已。这正是你信中所论，差之毫厘、失之千里的地方，不能不跟你分辨清楚。希望你不要认为我的话太尖刻！

差之毫厘，失之千里

原文

  来书云："教人以致知明德，而戒其即物穷理，诚使昏暗之士深居端坐、不闻教告，遂能至于知致而德明乎？纵令静而有觉，稍悟本性，则亦定慧无用之见，果能知古今、达事变而致用于天下国家之实否乎？其曰'知者意之体，物者意之用''格物如格君心之非之格'，语虽超悟独得、不蹈陈见，抑恐于道未相吻合？"

  区区论致知格物，正所以穷理，未尝戒人穷理，使之深居端坐而一无所事也。若谓即物穷理，如前所云"务外而遗内"者，则有所不可耳。昏暗之士，果能随事随物精察此心之天理，以致其本然之良知，则"虽愚必明，虽柔必强"。大本立而达道行，九经之属，可一以贯之而无遗矣，尚何患其无致用之实乎？彼顽空虚静之徒，正惟不能随事随物精察此心之天理，以致其本然之良知，而遗弃伦理、寂灭虚无以为常，是以要之不可以治家国天下。孰谓圣人穷理尽性之学，而亦有是弊哉？

  心者，身之主也，而心之虚灵明觉，即所谓本然之良知也。其虚灵明觉之良知应感而动者，谓之意。有知而后有意，无知则无意矣，知非意之体乎？意之所用，必有其物，物即事也。如意用于事亲，即事亲为一物；意用于治民，即治民为一物；意用于读书,即读书为一物;意用于听讼,即听讼为一物。凡意之所用,无有无物者。有是意即有是物,无是意即无是物矣,物非意之用乎?

"格"字之义,有以"至"字训者,如"格于文祖""有苗来格",是以"至"训者也。然"格于文祖",必纯孝诚敬,幽明之间无一不得其理,而后谓之"格";有苗之顽,实以文德诞敷而后格,则亦兼有"正"字之义在其间,未可专以"至"字尽之也。如"格其非心""大臣格君心之非"之类,是则一皆"正其不正以归于正"之义,而不可以"至"字为训矣。且《大学》"格物"之训,又安知其不以"正"字为训,而必以"至"字为义乎?如以"至"字为义者,必曰"穷至事物之理",而后其说始通。是其用功之要全在一"穷"字,用力之地全在一"理"字也。若上去一"穷"、下去一"理"字,而直曰"致知在至物",其可通乎?夫"穷理尽性",圣人之成训,见于《系辞》者也。苟"格物"之说而果即"穷理"之义,则圣人何不直曰"致知在穷理",而必为此转折不完之语,以启后世之弊邪?

盖《大学》"格物"之说,自与《系辞》"穷理"大旨虽同,而微有分辨。"穷理"者,兼格致诚正而为功也。故言"穷理",则格致诚正之功皆在其中;言"格物",则必兼举致知、诚意、正心,而后其功始备而密。今偏举"格物"而遂谓之"穷理",此所以专以"穷理"属知,而谓"格物"未常有行,非惟不得"格物"之旨,并"穷理"之义而失之矣。此后世之学所以析知、行为先后两截,日以支离决裂,而圣学益以残晦者,其端实始于此。吾子盖亦未免承沿积习,见则以为"于道未相吻合",不为过矣。

华杉详解

来信说:"您教人致知、明德,却不让他们即物穷理。假若那些内心昏蔽的人深居端坐,又没有人去教他,如您所说,他自己向自己内心去求,求得来致知明德吗?就算他在静中有所觉悟,稍稍体悟到自己的本性,那无非也是像佛家定慧一样，没有实用的见地，能够通达古今事变而致用于天下、国家的事业吗？您说'知是意念的本体，物是意念的作用'，又说'格物就是格正君王心中的不正之念的格'，这些话，虽然显示出超高的悟性，独到而不落入俗套，但是，和圣人之道，恐怕不太相合吧？"

顾东桥此问，又是因拘泥文句而纠结了。前面我们说过，学习王阳明的心学，不可纠缠于文字，而要结合他的人生，再用于自己的人生，切实笃行。王阳明是治学问，并将学问笃行于人生事业，获得巨大功业的圣人，对他的体悟，当无所怀疑。你愿意学，就照着做，去知行合一；不愿意学，做你自己的就是了。说谁对谁错，又有何益？佛家的戒定慧，和《大学》的止、定、静、安、虑、得类似，怎么说是无用之见呢？也看你自己用不用。

学问这东西，你若知行合一，就没那么多讨论，自己做了自己晓得，谁用谁知道。你若不去笃行，只在文句上讨论，永远没完没了。

王阳明回答说：

我所说的致知格物，正是为了穷理，而不是不让人穷理。正是让人必有事焉，事上琢磨，知行合一，在具体事情上求；而不是让他深居端坐，一无所事。但是，在具体事情上求，是把每件事都切己体察，去体察自己的内心；是对照那事物，照自己的心。如果把即物穷理当成前面说的，只是向外探求，而放失了自己的内心，那就不对了。

王阳明当然没有深居端坐，他年轻时修朱熹的格物致知，就是搞错了。深居端坐，对着那竹子格了几天，竹子没格出来，把自己格病了，然后说朱熹错了，不是这样格！之后才走向他的知行合一之说。

其实呢，朱熹也并没有让他静坐对着竹子格啊！

二十年后，双方的指责反过来了，理学家们说王阳明只是静坐、不行动。

所以啊，说别人不对，都是自己理解不对。别人对不对，你也得在自己心上求。如果在自己身上，求得了自己的本体，哪里还会关心别人对不对啊！大家都对！你对你的，我对我的。"古之学者为己，今之学者为人。"要为自己学，不是为别人学。连自己的学习都管不过来，哪顾得上管别人呢？

关于不要务外遗内，孟子有言："学问之道无他，求其放心而已。"学问之道，没有别的，就是把自己放失掉的心，找回来。

王阳明接着说：

昏暗之人，如果能随事随物精察自己心中的天理以致其本然的良知，就能够像《中庸》里讲的"愚笨变聪明，柔弱变刚强"，立大本而行达道，天下国家之九经——修身、尊贤、亲亲、敬大臣、体群臣、子庶民、来百工、柔远人、怀诸侯——都能一以贯之，无所遗漏，还愁没有学以致用之实吗？那些顽固不化、孤守虚静的佛教徒，正是因为不能随事随物体察心中的天理以致其本然的良知，而抛弃伦常、不要家庭，把寂灭虚无当常态，所以他们的理论不能用以治家国天下。难道说圣人穷理尽性的学问，也有这弊病吗？

心，是身体的主宰。而心的虚灵明觉，就是其本然的良知。这虚灵明觉的良知，因事物感应而发动，就是意念。有知，然后才有意；没有知，就没有意。知不就是意的本体吗？意念的作用，一定有一物为作用对象，这物就是事。

比如意念作用于侍奉父母，侍奉父母就是一物；意念作用于治理民众，治理民众就是一物；意念作用于听讼审案，听讼审案就是一物。凡有意念之作用处，必有一物，没有无物的。有此意，就是有此物；无此意，就是无此物；这物，不就是意之用吗？

至于格物致知的"格"，也有把它解作"至"的。比如《尚书·舜典》里面说"格于文祖"，就是说，到文祖庙去。《尚书·大禹谟》说"七旬，有苗格"，过了七十天，有苗族人来。这两处的"格"，都是"至""到"的意思。文祖庙，是尧的祖先的庙。那大舜要到尧的祖先的庙去，他心中一定要虔诚，要纯孝诚敬，心中公开的或不公开的地方，没有一丝一毫不合乎天理，这才能站在文祖庙前。那么，他"格于文祖"，是不是也有格正的意思呢？那苗族人到华夏礼仪之邦来，也是学习礼乐教化，那么，他来，他"格"，是不是也有"正"的意思呢？所以，"格于文祖""有苗格"，这里的"格"，虽解作"至、到"，也含有"正"的意思在，不是一个"至"字就能解释的。

至于"格其非心""大臣格君心之非"，那更是"正其不正以归其正"的"格正"之意，不能当成"至"讲了。

这里讲解一下，格物致知，即物穷理，从王阳明的回答看，顾东桥将格物对应即物，致知对应穷理，这也没什么不可以，用我们今天的话说，就是到现场去。王阳明的意思，"格"不光是"到"，还有"格正"的意思。其实顾东桥未必就"不格正"，朱熹也肯定不会"不格正"。王阳明更是知行合一，一定要到现场去。**所以他们的差别很小，只是说的角度不同。但是他们就要在毫厘之间讨论讨论，因为他们都认为，差之毫厘、失之千里。**虽然他们自己都不会失之千里，但他们担心后学学错了，就失之千里了。

王阳明接着说：

由此看来，那《大学》里格物致知的教导，你怎么知道他只有"至"的意思，没有"正"的意思呢？如果他只有"至"的意思，那他应该说"穷至事物之理"，这才解释得通。这样，用功的关键全在一个"穷"字，用力的关键全在一个"理"字。如果前面去掉一个"穷"字，后面去掉一个"理"字，而直接说"致知在至物"，你觉得说得通不？"穷理尽性"，是圣人之成训，《易经》上的。如果说"格物"之说，真的就是"穷理"的意思，那圣人怎么不直接说"致知在穷理"，再多说一个"格物"作甚？拐弯抹角，给后世添乱吗？

所以呀，《大学》的格物之说，和《易经》的穷理，虽然大致意思一样，但有细微的差别。穷理，就包含了格物、致知、诚意、正心的功夫，格致诚正都做到了，才能穷理。说一个"穷理"，就格致诚正都在里面了。说"格物"呢，就必然要同时讨论致知、诚意、正心，那格物的功夫才完整。现在你偏颇地将格物解释成穷理，把穷理当成"知"，那格物也就没有"行"了。这样，不仅没把格物搞清楚，把穷理也搞乱了。这就是后世之学把知和行分成两截，日益支离破碎，而圣学不彰的病根！你承袭旧说，难免如此，认为我的学说"不符合大道"，也不过分。

王阳明后面这一段，把我也讲晕了。讲自己观点可以，但如果要说那是圣人"原意"，那大家各自训诂举证，都能找到支持自己观点的典籍文献。这段公案只能自己理解了。你愿意取信谁就取信谁，你体会到什么就是什么。

还是靠知行合一。

格物、致知、诚意的逻辑次序

原文

来书云:"谓致知之功,将如何为温凊,如何为奉养,即是诚意,非别有所谓格物。此亦恐非。"

此乃吾子自以己意揣度鄙见而为是说,非鄙人之所以告吾子者矣。若果如吾子之言,宁复有可通乎?盖鄙人之见,则谓:意欲温凊、意欲奉养者,所谓意也,而未可谓之诚意。必实行其温凊奉养之意,务求自慊而无自欺,然后谓之诚意。知如何而为温凊之节、知如何而为奉养之宜者,所谓知也,而未可谓之致知。必致其知如何为温凊之节者之知,而实以之温凊;致其知如何为奉养之宜者之知,而实以之奉养,然后谓之致知。温凊之事,奉养之事,所谓物也,而未可谓之格物。必其于温凊之事也,一如其良知之所知当如何为温凊之节者而为之,无一毫之不尽;于奉养之事也,一如其良知之所知当如何为奉养之宜者而为之,无一毫之不尽,然后谓之格物。温凊之物格,然后知温凊之良知始致;奉养之物格,然后知奉养之良知始致。

故曰"物格而后知至"。致其知温凊之良知,而后温凊之意始诚;致其知奉养之良知,而后奉养之意始诚。故曰"知至而后意诚"。此区区诚意、致知、格物之说盖如此。吾子更熟思之,将亦无可疑者矣。

华杉详解

这一段,还是讨论格物致知,并八条目中前三条,格物、致知、诚意的逻辑次序,为什么物格之后才能知至,知至之后才能意诚。

来信说:"关于致知的功夫,你说将父母如何照顾得温凊——冬暖夏凉,如何奉养得当,就是诚意,此外没有所谓格物。这个说法,恐怕不对。"

首先,这个说法不是我的说法,是你自己揣度我的观点,自己总结的,不是我告诉你的。如果真像你说的那样,当然说不通。

我的观点是说：意欲对父母温清奉养，这意是意图，是意念，还不是诚意。必须将温清奉养之意切实实践，务求自己内心无所亏欠，无所自欺，这才算是诚意。懂得如何使父母冬暖夏凉，如何奉养得当，这叫知，但还不是致知。必须将温清奉养的知，切实笃行，都做到位了，做了才晓得，谁做谁知道，做到多少才知道多少，才叫致知。温清奉养之事，是物，但还不是格物；必须把温清奉养之节，按自己良知之所知，全部做到位了，无微不至，极致完美，这才叫物格。温清之物格正了，对温清这件事，就致良知了；奉养之物格正了，对奉养这件事，就致良知了。

所以说"物格而后知至"，对温清这件事致良知了，温清之意就诚了；对奉养这件事致良知了，奉养之意就诚了。这就叫"知至而后意诚"。这才是我关于诚意、致知、格物的学说。你仔细想想，应该是无可怀疑了。

王阳明这一番宏论，确实把格物致知诚意说通了。

我们不能伟大，因为我们不肯平凡

原文

来书云："道之大端易于明白，所谓'良知良能，愚夫愚妇可与及者'。至于节目时变之详，毫厘千里之缪，必待学而后知。今语孝于温清定省，孰不知之？至于舜之不告而娶，武之不葬而兴师，养志、养口，小杖、大杖，割股、庐墓等事，处常处变，过与不及之间，必须讨论是非，以为制事之本，然后心体无蔽，临事无失。"

"道之大端易于明白"，此语诚然。顾后之学者忽其易于明白者而弗由，而求其难于明白者以为学，此其所以"道在迩而求诸远，事在易而求诸难"也。孟子云："夫道若大路然，岂难知哉？人病不由耳。"良知良能，愚夫愚妇与圣人同。但惟圣人能致其良知，而愚夫愚妇不能致，此圣愚之所由分也。

节目时变，圣人夫岂不知？但不专以此为学。而其所谓学者，正惟致其良知，以精察此心之天理，而与后世之学不同耳。吾子未暇良知之致，而汲汲焉顾是之忧，此正求其难于明白者以为学之弊也。夫良知之于节目时变，犹规矩尺度之于方圆长短也。节目时变之不可预定，犹方圆长短之不可胜穷也。故规矩诚立，则不可欺以方圆，而天下之方圆不可胜用矣；尺度诚陈，则不可欺以长短，而天下之长短不可胜用矣。良知诚致，则不可欺以节目时变，而天下之节目时变不可胜应矣。毫厘千里之谬，不于吾心良知一念之微而察之，亦将何所用其学乎？是不以规矩而欲定天下之方圆，不以尺度而欲尽天下之长短。吾见其乖张谬戾、日劳而无成也已。

吾子谓"语孝于温清定省，孰不知之"，然而能致其知者鲜矣。若谓粗知温清定省之仪节，而遂谓之能致其知，则凡知君之当仁者，皆可谓之能致其仁之知；知臣之当忠者，皆可谓之能致其忠之知，则天下孰非致知者邪？以是而言，可以知"致知"之必在于行，而不行之不可以为"致知"也，明矣。知行合一之体，不益较然矣乎？

夫舜之不告而娶，岂舜之前已有不告而娶者为之准则，故舜得以考之何典、问诸何人，而为此邪？抑亦求诸其心一念之良知，权轻重之宜，不得已而为此邪？武之不葬而兴师，岂武之前已有不葬而兴师者为之准则，故武得以考之何典、问诸何人，而为此邪？抑亦求诸其心一念之良知，权轻重之宜，不得已而为此邪？使舜之心而非诚于为无后，武之心而非诚于为救民，则其不告而娶与不葬而兴师，乃不孝、不忠之大者。而后之人不务致其良知，以精察义理于此心感应酬酢之间，顾欲悬空讨论此等变常之事，执之以为制事之本，以求临事之无失，其亦远矣。其余数端皆可类推，则古人致知之学，从可知矣。

华杉详解

顾东桥来信说："圣人之道，大的方面容易明白，所谓'良知良能，愚夫愚妇也能知道'。但是，至于具体的细节，以及与时俱进、更替变化的详情，差之毫厘、失之千里的细微差别，就必须通过学习才能掌握。比如您现在说要照顾父母冬暖夏凉，每日早晚要请安之类，这谁都知道。而舜不禀告父母就娶妻，周武王还没有安葬文王就兴师伐纣，养志和养口的差别，大杖和小杖的哲学，割骨疗亲、结庐守墓等，在时事变化之中，该变通还是不该变通，怎样算过分、怎样算不足，必须事先多加学习，讨论个是非曲直，作为处理世事的准则，然后心体才不能不受蒙蔽，遇事才能没有过失。"

顾东桥这是要跟王阳明讨论要不要事先学习的问题。

心学的观点，是要修得心之明镜，物来心照，自然明白，不要事先去学习那么多，搞得支离破碎。如陆九渊所说："我在那无事时，只是一个无知无能的人。而一旦到那有事时，我便是一个无所不知、无所不能的人。"

而理学就说，要格物穷理，你不学，没有经验案例的积累，坐在那里就都晓得了？那就是坐禅吧！

鹅湖之辩，朱熹和陆九渊争论的就是这个问题，到了明朝，顾东桥还是问王阳明这个问题。

那么，陆九渊、王阳明，他们到底学不学呢？他们当然学习，比谁都学得刻苦。陆九渊可能没有朱熹学得多，王阳明肯定比顾东桥学得多。他们说的"不学"，是针对时弊，是一个讲"学习学"的角度。是说你只往外求，不往自己的内心求；只往高远处求知，不在浅近处笃行，这样没有用！学得越多，越不会！这是普遍的弊病，并不是要你不学习。

但是，当朱熹对着陆九渊，顾东桥对着王阳明，辩论要不要学的时候，他们也就以"不学"为自己的立论观点了。

看顾东桥的信，一举例就要挨王阳明削了。他说："孝之于温凊定省，谁不知之？"要照顾父母的冬暖夏凉，早晚要向父母请安，谁不知道？而王阳明讲知行合一，第一个案例就是讲这个。谁知道？谁做谁知道！你只有去行了，把父母的冬暖夏凉都照顾好了，每天早晚去请安，日日不断，一天都不落下地做到了，你知道父母的反应，知道自己的感受，你和父母之间有互动，营造出这家庭的温暖，生发出这家庭的光彩，哦！原来是这样！做了一年，是一种感受，一种知道，一种境界；做了十年，又是一种感受，一种知道，一种境界。

这就叫知行合一，知行并进。如果空口说个"知道"，那只是知道别人有这么回事，有这么个说法，到底怎么回事，就像你听说过糖是甜的，但是你没吃过，你怎么算知道呢？

再解释一下顾东桥说的几个案例：

舜不告而娶。讲孝，婚姻大事，必须禀告父母。但是，当尧要把两个女儿嫁给舜的时候，舜却没有禀告父母，就自作主张结婚了。为什么呢？因为他的父母、后母和弟弟，一直合谋要杀死他。如果他禀告父母，父母一定不会同意这门婚事，他就结不了婚。所以孟子说："不孝有三，无后为大。舜不告而娶，为无后也，君子以为犹告也。"如果不结婚，就没有后代；没有后代的不孝，超过了不告而娶的不孝。两害相权取其轻，君子认为舜做得对，也就相当于禀告过了。

顾东桥的意思就是说，像这种情况，如果你没有学习过这样的案例，把其中的道理事先讲求明白，等你遇到这情况，你怎么知道该怎么办呢？怎么能不学习呢？

养志养口，是讲曾子家三代人。曾子奉养他的父亲曾皙，除了以酒肉养口外，还顺从曾皙的意志，这叫养志。等到曾子的儿子曾元奉养曾子的时候，酒肉还奉养得很好，但是就不听他的话了。

小杖大杖，还是曾子的事。曾子锄地，把瓜苗给除掉了。这下子损失大了，曾皙大怒，拿个大棍子揍他，下手太重，把他给打晕了。曾子苏醒后，先向父亲请安，然后回自己房间弹琴，让父亲放心，让他知道自己没事。孔子知道后很生气，说曾子不孝，应该"小杖则受，大杖则走"。如果父亲拿根小棍子来，就让他打，让他把愤怒脾气发出来。如果看见大棍子，就赶紧跑。万一被他打伤了，他不也痛悔吗？要是打残或打死了，谁来奉养父母啊？

至于把腿上的肉割下来给父母当药治病，父母去世后，在墓地扎个草棚守墓，住上三年六年的，这些事，哪些算过分？哪些算不足？怎样最恰当？顾东桥说，都要一件件学习、研究，自己到时候才知道怎么办。

王阳明回信说：

"圣人之道，大的方面容易明白。"这话没错。然而看后来的学者，忽视那简易明白的道理，不去遵守笃行，却去探求那些难以明白的东西来当学问。

这就是孟子批评的:"大道就在近处,却偏要去远处求;事情本来简单,偏要去追求复杂。"孟子又说:"大道就像大路,很难知道吗?只是大家偏不在大道上走罢了!"良知良能,愚夫愚妇和圣人一样也都有。但是圣人能致良知,能实现自己的良知;愚夫愚妇不能。这才是圣人和愚夫愚妇区别之处!

王阳明引用孟子这话,我感受太深了!

我们不能伟大,因为我们不肯平凡;我们总是把事情搞得很复杂,因为我们轻视简单。你给他指一条简单的大路,他不肯走,说太简单了,老想再整点别的,一心想不走寻常路,却不知道成功不是靠不走寻常路,而是在寻常路上付出不寻常的努力。因为不肯付出实实在在的努力、不愿意下笨功夫,所以总是希高慕远,总想贪巧求速,总想拔苗助长,总想另辟蹊径。有直道不走,非要弯道超车,却不知道多数情况是弯道翻车。

孔子也哀叹,子曰:"谁能出不由户,何莫由斯道也?"大家出门都不从大门走吗?门前就是大道,抬脚走就是,怎么大道上我看不见人呢?

确实,人们觉得从大门出去,太没本事,太没创意了!他们都翻窗户出去、翻墙出去,要找小路、找捷径。你说"行不由径",是很少有人听的。

王阳明接着说:

具体细节与时代的变化,圣人怎么会不知道?只是不专门以此为学问。圣人的学问,是推行自己的良知以精确地体察心中的天理,这与后世的学问不同。你还没有能致良知,却在细节上操心,这正是探求难以明白的东西来当学问的弊端。良知与细节和时变问题之间的关系,就像圆规、矩尺,尺寸、尺码,与方圆、长短之间的关系一样。随时而变的细节无法事先确定,好比方圆长短的种类无法穷尽一样。故而有了圆规矩尺,是方是圆也就确立了,不过天下的方圆仍无法穷尽;有了尺寸尺码,是长是短也就确立了,不过天下的长短也仍无法穷尽。良知得以推广,细节和时变也得以确立,不过天下间所有的细节时变也并不能一一应对。差之毫厘、失之千里,不在内心良知细微处体察,又将学问用到什么地方呢?这不是用圆规矩尺就想定天下的方圆,不确立尺寸尺码却想穷尽天下的长短吗?我认为这种做法十分荒诞,只会终日碌碌却毫无所成。

你说"孝子要让父母冬暖夏凉、早晚请安，谁不知道"，不过，能做到的却很少。如果知道有这回事，就算致知了，那做君王的，都知道应该做个仁君啊，这就说明他已经对"仁"致知了吗？那做臣子的，都知道该做个忠臣啊，这就说明他已经对"忠"致知了吗？如果这就算知道，就算致知，那天下还有没致知的人吗？以此可见，致知一定在于行；没有去做，就谈不上致知。这知行合一的道理，不是很明白吗？

你说舜不告而娶，我问你，在舜之前，有不告而娶的准则吗？他在哪本书上读到了不告而娶的案例，还是事先问了什么老师，晓得在这种情况下应该不告而娶呢？还是说，他扪心自问，问自己的良知，权衡轻重，不得已而为之呢？

武王不葬而兴师，他又是在哪本书上读到了不葬而兴师的案例，还是事先问了什么老师，晓得在这种情况下应该不葬而兴师呢？还是说，他扪心自问，问自己的良知，权衡轻重，不得已而为之呢？

如果说舜的心不是诚意于不能无后，武王的心不是诚意于拯救暴君下的人民，那他们不告而娶，不葬而兴师，就是大不孝、大不忠了。而后世之人，不去推行自己的良知，在内心感应事变的过程中体会义理，却要凭空去讨论这些是权变还是经常的问题，想找到待人处事的一般原则，以求得遇事时能够没有过失，这距离圣人之道太远了。其余几件事都可以根据上述一一推得，古人致良知的学问也就可想而知了。

我很想听听王阳明怎么评论割骨疗亲，可惜他没说。

王阳明和顾东桥讨论的这些话，陆九渊和朱熹鹅湖之辩时差不多都说过。朱熹说不读书不行，陆九渊还说了一句话："尧舜之前，何书可读？"

书当然要读，案例学习当然也要学，但不能舍近求远，不能舍本求末，不能舍内求外，不能舍易求难，不能舍行求知，不能读成"玩物丧志"。

不温故，则无以知新

原文

来书云："谓《大学》'格物'之说，专求本心，犹可牵合。至于《六经》《四书》所载'多闻多见''前言往行''好古敏求''博学审问''温故知新''博学详说''好问好察'，是皆明白求于事为之际、资于论说之间者，用功节目固不容紊矣。"

"格物"之义，前已详悉，牵合之疑，想已不俟复解矣。至于"多闻多见"，乃孔子因子张之务外好高，徒欲以多闻多见为学，而不能求诸其心，以阙疑殆，此其言行所以不免于尤悔，而所谓见闻者，适以资其务外好高而已。盖所以救子张多闻多见之病，而非以是教之为学也。夫子尝曰："盖有不知而作之者，我无是也。"是犹孟子"是非之心，人皆有之"之义也。此言正所以明德性之良知非由于闻见耳。若曰"多闻，择其善者而从之，多见而识之"，则是专求诸见闻之末，而已落在第二义矣，故曰"知之次也"。夫以见闻之知为次，则所谓知之上者果安所指乎？是可以窥圣门致知用力之地矣。夫子谓子贡曰："赐也，汝以予为多学而识之者欤？非也，予一以贯之。"使诚在于"多学而识"，则夫子胡乃谬为是说以欺子贡者邪？"一以贯之"，非致其良知而何？《易》曰："君子多识前言往行，以畜其德。"夫以畜其德为心，则凡多识前言往行者，孰非畜德之事？此正知行合一之功矣。

"好古敏求"者，好古人之学而敏求此心之理耳。心即理也；学者，学此心也；求者，求此心也。孟子云："学问之道无他，求其放心而已矣。"非若后世广记博诵古人之言词，以为好古，而汲汲然惟以求功名利达之具于其外者也。"博学审问"，前言已尽。"温故知新"，朱子亦以温故属之尊德性矣。德性岂可以外求哉？惟夫知新必由于温故，而温故乃所以知新，则亦可以验知行之非两节矣。"博学而详说之者，将以反说约也"。

若无"反约"之云，则"博学详说"者果何事邪？舜之"好问好察"，惟以"用中"而致其"精一"于道心耳。道心者，良知之谓也。君子之学，何尝离去事为而废论说？但其从事于事为论说者，要皆知行合一之功，正所以致其本心之良知，而非若世之徒事口耳谈说以为知者，分知行为两事，而果有节目先后之可言也。

华杉详解

顾东桥来信说："您讲《大学》的格物之说是专求本心，也算能牵强说得过去。但是，'六经''四书'所记载的'多闻多见''前言往行''好古敏求''博学审问''温故知新''博学详说''好问好察'，都是明明白白在处事作为之中、论辩谈说之间探求事物的道理，由此可见下功夫的次序不能乱。"

我们来一条条看。"多闻多见"出自《论语》：

> 子曰："盖有不知而作之者，我无是也。多闻，择其善者而从之，多见而识之，知之次也。"

孔子说："大概有并不知道而妄自造作的吧！我没有这毛病。我呢，多听多闻，选择好的来采信依从。多见多识，全记在心里。这是次一级的知了。""识"，指记忆、认识、识别。

"前言往行"出自《周易·大畜》：

> 君子以多识前言往行，以畜其德。

意思是，要多多了解前代圣贤的言行，来积蓄自己的德性。这句话，宋神宗还把它写在了给司马光《资治通鉴》的御制序言里。

"好古敏求"出自《论语·述而》：

> 我非生而知之者，好古，敏以求之者也。

意思是，我也不是生下来就什么都知道，就是喜欢学习古人的东西，跟古人学来的。

"博学审问"在前面说过了，就是博学、慎思、审问、明辨、笃行。

"温故知新"出自《论语》：

> 子曰："温故而知新，可以为师矣。"

孔子说："复习学习过的知识，由此获得新的知识，这样的人可以当老师了。"这句话要讲一讲。温故知新，不是又温故又知新，是通过温故来知新，不断反复学习过去学过的东西，每次重新学习，都有新的收获。如果你不温故，老想再去学更新的，那你学不到。就像读书，不要认为什么书你读过了就懂了，要反复读，**重要的书隔两年就重读一遍。因为书没变，但是你变了，读到的东西会不一样。这是非常重要的学习方法**，也可以说是知行合一。因为过了两年之后，你又积累了两年的"行"的阅历，再回去读两年前的书，能"合一"出新的"知"。掌握这个学习法，你也就可以当老师了。

"博学详说"出自《孟子》：

> 孟子曰："博学而详说之，将以反说约也。"

孟子说：广泛地学习，详细地解说，是为了在融会贯通之后，再回归到最简约的总结。

"好问好察"出自《中庸》：

> 舜其大知也与！舜好问而好察迩言，隐恶而扬善，执其两端，用其中于民，其斯以为舜乎。

意思是：舜是大智慧！碰到什么事都好问，得一句浅近之言也仔细琢磨，做到见无遗善，对好思想、好行为、好办法，一点也不错过。问来了之后呢，第二个大智慧——"隐恶扬善"，这个道理简单，要做到可太难了，这是极端的大好人。这里有两层意思：接上文是说舜好问，听人讲的话，话里面不对、不好的地方就隐而不宣，说得对、说得好的地方就广为宣扬，这样让大家都学好的，尽量不要接触到坏的。最后一句"执其两端，用其中于民"，这是第三个大智慧，到处访察，多听多问，对两个极端的思想都掌握，取其中而为政策——这就是舜的治国之道。用现在的话来说，是寻找全民幸福的最大公约数。

顾东桥来信问这几句话，还是在拘泥文句，纠缠要不要学习。

王阳明回信说：

格物的意思，前面已经说过了。至于你是否还觉得牵强，我也不用多解释了。

至于"多闻多见"，那是孔子针对子张的毛病说的。子张好高骛远，专门向外探求，以多闻多见为学问，以多闻多见问学问，因此他的言行难免有过错和悔恨，所谓的见闻恰恰助长了他好高骛远的毛病。所以孔子的话是纠正子张的毛病，并非教导子张把多闻多见当作学问。

王阳明说，孔子批评子张不要多闻多见，我不知道出处在哪里。《论语》里孔子是批评子贡不要把多闻多见当学问，这个王阳明在后面也引用了。关于跟子张说"多闻多见"和不要有过错、悔恨的内容，《论语》里有，原文是：

> 子张学干禄。子曰："多闻阙疑，慎言其余，则寡尤；多见阙殆，慎行其余，则寡悔。言寡尤，行寡悔，禄在其中矣。"

子张学干禄。"干"，是求；"禄"，是俸禄，求仕途获得俸禄。子张要学习求取官职的办法。

孔子说："多闻阙疑，慎言其余，则寡尤。"这是讲多听少说。多听别人讲话，对其中有疑问的，放在一旁；对其余自己无疑问的，也谨慎地说出。这样所言皆当，人家不会厌恶我。"尤"，是罪过；寡尤，得罪人就少了。

"多见阙殆，慎行其余，则寡悔"。多看别人怎么做事，其中觉得危殆不安的，放在一旁，不要去做；对其余已安的，又慎行而不敢懈怠或放肆，这样所行皆恰当，就很少会做让自己后悔的事。

"言寡尤，行寡悔，禄在其中矣"。说的话不得罪人，做的事都不后悔，谋职获禄之道，就在其中了。

所以孔子跟子张说的多闻多见，和学习的多闻多见不是一回事，是讲中国官场的生存法则。

王阳明接着说：

孔子曾经说过："有一类人不知道什么却凭空乱说，我不是这类人。"这就是孟子的"是非之心，人皆有之"的意思，还是在讲良知，这个说法正说明了彰明德性的良知并非由见闻得来。孔子接着说："多闻，择其善者而从之，多见而识之，知之次也。"他这不是已经说明白了吗？多闻多见，是"知之次也"，是次一等的"知"。以见闻为次一等的知，那么第一等的知、首要的知是什么呢？孔子对子贡说："子贡啊，你以为我是学得多、知识广博的人吗？不是的！我是一以贯之！"如果良知真的在于多闻多见，那么孔子为什么要以这样的谬论欺骗子贡呢？一以贯之之道，不是致良知还能是什么呢？

至于前言往行，《易经》说"君子以多识前言往行，以畜其德"，**这多识前言往行的目的，在于蓄其德，不在于要知道得多，这正是知行合一的功夫。**

好古敏求呢，是好古人之学而敏求此心之理。心就是理，学是学这心，求也是求此心。孟子说："学问之道无他，就是把自己放失的心找回来。"不像后世的学者，广泛记诵古人的言辞，自以为这就是好古；却又念念不忘追名逐利，追逐那些外在的东西。

博学审问，前面已经说过了。

温故知新，朱熹也认为温故属于尊德性。德性难道可以向外去探求吗？知新必然经由温故，温故了才能知新，这也证明了知行功夫并非两个。

这一段很关键！**温故而知新，关键在温故。不温故，则无以知新。学习最大的敌人，就是不在已经学过的东西里持续反复学习，而是老想学"新东西"！新东西就在你学过的地方，而且只有在你已经学过的地方，才有你的新东西。**

"博学而详说之"，是为了什么？是为了"将以反说约也"，为了返回到简约中去。如果没有"反约"，要那"博学详说"来干啥？

舜的"好问好察"，就是以中和的方法使其心体达到"精研专一"于大道。所谓道心，就是良知。君子的学问，何时离开了处事作为，抛弃了论辩谈说呢？但是君子从事于处事和论说，都要遵循知行合一的道理，这正是为了践行自己本心的良知。而世人只会夸夸其谈，认为这便是知，将知和行分作两截，然后说什么下功夫有先后次序。

圣人对"义理"生而知之

原文

来书云："杨、墨之为仁义，乡愿之乱忠信，尧、舜、子之之禅让，汤、武、楚项之放伐，周公、莽、操之摄辅，谩无印证，又焉适从？且于古今事变、礼乐名物未尝考识，使国家欲兴明堂、建辟雍、制历律、草封禅，又将何所致其用乎？故《论语》曰'生而知之'者，义理耳。若夫礼乐名物、古今事变，亦必待学而后有以验其行事之实。此则可谓定论矣。"

所喻杨、墨、乡愿、尧、舜、子之、汤、武、楚项、周公、莽、操之辨，与前舜、武之论，大略可以类推。古今事变之疑，前于良知之说，已有规矩尺度之喻，当亦无俟多赘矣。

至于明堂、辟雍诸事，似尚未容于无言者。然其说甚长，姑就吾子之言而取正焉，则吾子之惑将亦可少释矣。

夫明堂、辟雍之制，始见于吕氏之《月令》，汉儒之训疏。六经四书之中，未尝详及也。岂吕氏、汉儒之知，乃贤于三代之贤圣乎？齐宣之时，明堂尚有未毁，则幽、厉之世，周之明堂皆无恙也。尧、舜茅茨土阶，明堂之制未必备，而不害其为治；幽、厉之明堂，固犹文、武、成、康之旧，而无救于其乱。何邪？岂能"以不忍人之心，而行不忍人之政"，则虽茅茨土阶，固亦明堂也；以幽、厉之心，而行幽、厉之政，则虽明堂，亦暴政所自出之地邪？武帝肇讲于汉，而武后盛作于唐，其治乱何如邪？

天子之学曰辟雍，诸侯之学曰泮宫，皆象地形而为之名耳。然三代之学，其要皆所以明人伦，非以辟不辟、泮不泮为重轻也。孔子云："人而不仁，如礼何？人而不仁，如乐何？"制礼作乐，必具中和之德，声为律而身为度者，然后可以语此。若夫器数之末，乐工之事，祝史之守。故曾子曰："君子所贵乎道者三……笾豆之事，则有司存也。"尧"命羲和，钦若昊天，历象日月星辰"，其重在于"敬授人时"也。舜"在璇玑玉衡"，其重在于"以齐七政"也。是皆汲汲然以仁民之心而行其养民之政。治历明时之本，固在于此也。

羲和历数之学，皋、契未必能之也，禹、稷未必能之也；"尧、舜之知而不遍物"，虽尧舜亦未必能之也。然至于今，循羲和之法而世修之，虽曲知小慧之人、星术浅陋之士，亦能推步占候而无所忒。则是后世曲知小慧之人，反贤于禹、稷、尧、舜者邪？

封禅之说尤为不经，是乃后世佞人谀士所以求媚于其上，倡为夸侈以荡君心而靡国费。盖欺天罔人，无耻之大者，君子之所不道，司马相如之所以见讥于天下后世也。吾子乃以是为儒者所宜学，殆亦未之思邪？

夫圣人之所以为圣者，以其生而知之也。而释《论语》者曰："'生而知之'者，义理耳。若夫礼乐名物、古今事变，亦必待学而后有以验其行事之实。"夫礼乐名物之类，果有关于作圣之功也，而圣人亦必待学而后能知焉，则是圣人亦不可以谓之"生知"矣。谓圣人为"生知"者，专指义理而言，而不以礼乐名物之类，则是礼乐名物之类无关于作圣之功矣。圣人之所以谓之"生知"者，专指义理而不以礼乐名物之类，则是"学而知之"者，亦惟当学知此义理而已；"困而知之"者，亦惟当困知此义理而已。今学者之学圣人，于圣人之所能知者，未能"学而知之"，而顾汲汲焉求知圣人之所不能知者以为学，无乃失其所以希圣之方欤？凡此皆就吾子之所惑者而稍为之分释，未及乎拔本塞源之论也。

华杉详解

顾东桥来信说："杨朱、墨子看似仁义；乡愿之人，没有确定原则的好好先生，见什么人说什么话，四面讨巧，乱了忠信之理；尧禅位给舜，燕王哙禅位给相国子之；商汤伐夏桀而得天下，周武王伐纣得天下，项羽杀义帝而自立为西楚霸王；周公辅政成王，善始善终；王莽杀害汉平帝，立孺子婴，先摄政，而后篡位自立；曹操挟天子以令诸侯。这些古今事变，散见于古籍记载，如果不加以考证，该听谁的呢？况且，如果对于古今事变，礼乐名物不加以考证研究，假如国家要兴明堂、建辟雍、制历律、草封禅，作为大臣，又怎能发挥作用呢？所以《论语》讲的生而知之，只是说义理；对于礼乐名物、古今事变，还是要学习了才晓得是否可行。这已经是定论了吧！"

顾东桥的意思是，还是讲要学习，不学习不行！这话说的，就好像王阳明不学习似的。殊不知王阳明学的比他多得多、深得多，只是告诉他应该怎样学。他却不能理解，非纠字眼来辩要不要学习。

先解释一下兴明堂、建辟雍、制历律、草封禅。明堂，是古代帝王发布政令、宣传教化的场所。辟雍，是天子为贵族子弟办的大学，形如璧环，四面有水。历律，是历法与乐律。封禅，在泰山上筑坛祭天称为"封"，在泰山旁的梁父山上辟场祭地称为"禅"。顾东桥的意思就是说，这些东西总得学习吧？你不学习，怎么晓得这礼乐名物的规矩，到时候国家要办这些大事，你怎么承担起责任来呢？

王阳明回信说：

你所讲的杨朱、墨翟、尧、舜、子之、商汤、周武王、项羽、周公、王莽、曹操这些事，和我们之前讨论过的舜的不告而娶、武王的不葬而兴师之事类同，我已经跟你讲了良知之说，规矩和尺度的关系，这里就不再重复了。

至于你又说到明堂、辟雍等事情，似乎还有讨论的余地。不过这话说起来太长了，这封信很长很长！你慢慢看。我就你信中所说讨论一二，希望可以稍稍解开你的疑惑。

先说这个明堂、辟雍的规制。最早的记载，见于战国末期，秦国宰相吕不韦组织编纂的《吕氏春秋》中的《月令》篇。汉朝的儒者如郑玄，对此做了注释。而"六经""四书"之中，都没有关于明堂、辟雍的具体内容。难道吕不韦、郑玄比三代的圣人还更贤德吗？在齐宣王的时候，周朝的明堂还在，没有毁坏，那么我们可以推知，在周幽王、周厉王这两大昏君的时代，明堂一定是好好的了。而尧舜的时代呢，没有明堂，只有茅草棚子，泥土台阶，那也没妨碍尧舜的德政。周幽王、周厉王的明堂，是文王、武王、成王、康王四代贤君传下来的同一个明堂，怎么也救不了他们的乱政呢？孟子说："以不忍人之心，而行不忍人之政，治天下可运之掌上也。"有这"不忍"之心，仁爱人民，茅棚土阶也是明堂。而如果以幽王、厉王之心，行幽王、厉王之暴政，那政令出自明堂也是暴政。汉武帝曾经与大臣们讨论建明堂的事，武则天更是建了史上最大的明堂。你说这两位执政的时候，这天下是治还是乱呢？是仁政还是暴政呢？

再说辟雍。天子建的学校叫辟雍，校址圆形，围以水池，前门外有便桥。诸侯建的学校叫泮宫，前面有个水池，叫泮水。它叫辟雍还是叫泮宫，都是根据规划、设计的形式来命名的。但是三代之学，都是教学生明白人伦义理，不在于辟不辟、泮不泮。孔子说："人而不仁，如礼何？人而不仁，如乐何？"仁是根本，礼乐是形式，制礼作乐，首先你这个人要有中和之德。声音是音律，而你自身的修为是尺度，有仁德，才谈得上制礼作乐。至于祭祀所用礼乐器具的具体安排，那是乐工和祝官、史官的职责。所以曾子说："君子所贵乎道者三：动容貌，斯远暴慢矣；正颜色，斯近信矣；出辞气，斯远鄙倍矣。笾豆之事，则有司存。"

笾和豆都是古代祭祀和典礼中的用具。这些具体事，让具体工作人员去掌握。你都要去学吗？留点学问给别人学行不行？留点工作给别人干行不行？

尧命令羲氏、和氏遵从天道，观测、推算日月星辰的运行，他看重的是尊敬地授予百姓春种秋收的天时。舜观测北斗七星的运行，他看重的是安排好春、夏、秋、冬、天文、地理、人道七种政事。这都是念念不忘以仁爱民众之心推行养育百姓的仁政。制定历法、明白时令的根本也在于此。

羲氏与和氏的历数之学，皋、契就不会了，禹、稷也不会。尧舜的智慧，也不是所有事都懂，所以尧舜也不会。但是到了今天，循着羲氏、和氏的方法一路发展下来，就算曲知小慧之人、星术浅陋之士，也能推算历法，占卜天象，不会出错。难道说这些人比大禹、后稷、尧、舜还要贤德吗？

至于你谈到封禅之事，这太荒唐了！封禅这东西，是后世佞人谀士献媚于上，夸耀奢侈，迷荡君心，糜费国库，欺天罔人，无耻之大者。君子根本不会提这事。司马相如为了迎合汉武帝心意，写了《封禅文》，为后世所不耻。你居然认为封禅也是儒家的学问，你大概是没动脑筋吧？

圣人之所以为圣人，是说他生而知之。生而知之之为圣。朱熹在注解《论语》时说:"生而知之者,义理也。夫礼乐名物、古今事变,亦必待学而后有以验其行事之实。"没错,朱熹是讲:义理是生而知之,礼乐名物要学习才晓得。那么,既然这礼乐名物是生而知之的圣人也没有生而知之的,可见知不知道礼乐名物,跟是不是圣人、能不能成圣人没有关系!如果知道礼乐名物和能不能成圣人有关系,那他都不知道礼乐名物,怎么就算圣人呢?

可见这圣人的生而知之,是专指义理而言,和礼乐名物没关系,礼乐名物不是成圣的功夫。生而知之,是知义理;学而知之呢,还是为了知义理;困而知之,还是为了知义理。不是说生而知义理,学而知礼乐名物。

我们学习圣人,是因为圣人对义理已经生而知之了,我们没有,所以我们要学而知之,学习圣人知道的义理。如果那圣人知道的义理,我们不去学习;而那圣人都不知道的礼乐名物,我们却拼命学习,是不是学错了地方呢?这样学,是不是失去了学习成圣的目的呢?

这是我对你的疑惑稍加辨析,还没有涉及我的"拔本塞源论"呢!

下一篇我们就学习著名的"拔本塞源论"。清代儒者陈正龙将这封信的后半部分以《拔本塞源论》单独刊行,成为王阳明最著名、最有代表性的论述之一。

拔本塞源论

原文

夫拔本塞源之论不明于天下,则天下之学圣人者,将日繁日难,斯人沦于禽兽、夷狄,而犹自以为圣人之学。吾之说虽或暂明于一时,终将冻解于西而冰坚于东,雾释于前而云滃于后,呶呶焉危困以死,而卒无救于天下之分毫也已。

夫圣人之心,以天地万物为一体,其视天下之人,无外内远近,凡有血气,皆其昆弟赤子之亲,莫不欲安全而教养之,以遂其万物一体之念。天下之人心,其始亦非有异于圣人也,特其间于有我之私、隔于物欲之蔽,大者以小,通者以塞,人各有心,至有视其父、子、兄、弟如仇雠者。圣人有忧之，是以推其天地万物一体之仁以教天下，使之皆有以克其私、去其蔽，以复其心体之同然。其教之大端，则尧、舜、禹之相授受，所谓"道心惟微，惟精惟一，允执厥中"；而其节目，则舜之命契，所谓"父子有亲，君臣有义，夫妇有别，长幼有序，朋友有信"五者而已。唐、虞、三代之世，教者惟以此为教，而学者惟以此为学。当是之时，人无异见，家无异习，安此者谓之圣，勉此者谓之贤；而背此者，虽其启明如朱，亦谓之不肖。下至闾井、田野，农、工、商、贾之贱，莫不皆有是学，而惟以成其德行为务。何者？无有闻见之杂、记诵之烦、辞章之靡滥、功利之驰逐，而但使之孝其亲、弟其长、信其朋友，以复其心体之同然。是盖性分之所固有，而非有假于外者，则人亦孰不能之乎？

华杉详解

现在的所谓"学习"，是拔本塞源，拔出树根，塞住水源，没有根，没有本，到处乱学一气。

正本清源的学说一日不彰明于天下，那么天下学习圣人的人就会一天天感到繁复和艰难，甚至沦落到夷狄、禽兽的地步，还自以为是学习圣人之学。我的学说虽然暂时彰明于天下，终究只是解一时之病。解了西边的冻，东边又结上了冰；拨开前面的雾，后面又涌起了云。就算我不顾安危，喋喋不休地讲论、说道，也终究不能救天下分毫。

上古圣人之心，以天下万物为一体，他看待天下之人，无论内外、远近，凡是有血气生命的，都是自己的兄弟、子女，都要让他们平安长大，教养成人，以成就圣人万物一体的理念。天下的人心呢，在开始时也和圣人一样，但是，"人之初，性本善，性相近，习相远"，习染不同，有的就习染了私心，夹杂了物欲，心眼由大变小，由通达到堵塞。人各有心，以至于有父子、兄弟都成仇人的。圣人以此为忧，就向天下推行万物一体为仁的教化，让大家都能克制私欲、去除物蔽，以恢复其心体共同之良知。这教化的精神，往大了说，就是《尚书·大禹谟》说的"人心惟危，道心惟微，惟精惟一，允执厥中"。人心难易其诡，道心难得其真；求真总须精纯专一，治世贵在守中固善。往具体要点上说，就是"父子有亲，君臣有义，夫妇有别，长幼有序，朋友有信"五伦而已。

从唐尧、虞舜，以及夏商周三代之世，老师都是按这个教，学生也按这个学。那个时代，没有什么人有别的观点学说，家家户户也没有别的什么习俗，生知安行于此者为圣人，学知利行、困知勉行于此者为贤达。而背离此道的，哪怕像丹朱一样自幼聪慧，且贵为尧的儿子，尧还是认为他凶顽不肖，而禅位给舜，不把天子之位传给他。在上位者如此，而下至市井田野，农工商贾这样地位低下的人，同样以此为学问，以成就其德行为学习目的。为什么呢？那个淳朴的时代，没有那么多"学问"，没有那么多丰富的见闻，没有那么多需要记诵的名篇，没有那么多靡滥的辞章，没有那么多功利的追逐。人们只知道孝敬其父母，友爱其兄弟，信任其朋友，以恢复其心体共同之良知。而这良知，是人人性分中所固有的，不是从外面学来的，这谁做不到呢？

不羡慕别人的本事，也不争逞自己的本事

原文

学校之中，惟以成德为事。而才能之异，或有长于礼乐、长于政教、长于水土播植者，则就其成德，而因使益精其能于学校之中。迨夫举德而任，则使之终身居其职而不易。用之者惟知同心一德，以共安天下之民，视才之称否，而不以崇卑为轻重，劳逸为美恶。效用者亦惟知同心一德，以共安天下之民，苟当其能，则终身处于烦剧而不以为劳，安于卑琐而不以为贱。当是之时，天下之人熙熙皞皞，皆相视如一家之亲。其才质之下者，则安其农、工、商、贾之分，各勤其业，以相生相养，而无有乎希高慕外之心。其才能之异，若皋、夔、稷、契者，则出而各效其能。若一家之务，或营其衣食，或通其有无，或备其器用，集谋并力，以求遂其仰事俯育之愿，惟恐当其事者之或怠而重己之累也。故稷勤其稼而不耻其不知教，视契之善教即己之善教也；夔

司其乐而不耻于不明礼，视夷之通礼即己之通礼也。盖其心学纯明，而有以全其万物一体之仁。故其精神流贯，志气通达，而无有乎人己之分、物我之间。譬之一人之身，目视、耳听、手持、足行，以济一身之用。目不耻其无聪，而耳之所涉，目必营焉；足不耻其无执，而手之所探，足必前焉。盖其元气充周，血脉条畅，是以痒疴呼吸，感触神应，有不言而喻之妙。此圣人之学所以至易至简、易知易从、学易能而才易成者，正以大端惟在复心体之同然，而知识技能非所与论也。

华杉详解

那时候的学校呢，也以培养学生的品德为主要目的。每个学生的才能不同，有的长于礼乐，有的长于从政，有的长于农业。成就他们的品德，并根据他们的才能朝不同的专业方向培养。等到毕业任用的时候，任用那有德之人，让他们终身担任某个职务。用人者只知道同心同德，共同努力使天下百姓安宁；只看被任用者是否称职，而不以身份高低分轻重，不以职业不同分好坏。被任用者也只知道同心同德，共同努力使天下百姓安宁，如果所在岗位合适，即便终身辛劳也不觉得辛苦，终身从事琐碎的工作也不觉得卑贱。那时，所有人都高高兴兴，亲如一家。那些才能较低下的人，则安于农、工、商、贾的本分，各自勤于本职工作，相互滋养，没有羡慕、攀比的想法。那些如皋陶、夔、后稷、启之类才能各异的人，则为天下出仕当官，各尽其能。好比一个家庭的内部事务，有人负责洗衣做饭，有人负责经商买卖，有人负责制造器具，众人出谋出力，才能实现赡养父母、教养子女的愿望。所有人都怕自己无法做好承担的事务，因而都尽心尽力。所以后稷勤劳地种庄稼，不以自己不懂教化他人为耻，将契善于教化视作自己善于教化。夔负责音乐，不以自己不懂礼仪为耻，将伯夷精通礼仪视为自己精通礼仪。因为他们心体纯粹明白，具有完备的天地万物为一体的仁德。他们的精神周流贯通，志气相互通达，并不存在他人与自己的区分，外物与自我的间隔。好比一个人的身体，眼睛能看，耳朵能听，手可以拿，脚可以走，都是为了实现整个身体的作用。眼睛不会因为不能听而感到羞耻，耳朵听不到声音的时候，眼睛一定会去看；脚不会因为不能拿东西而感到羞耻，手伸到的地方，脚也会跟随。这是因为人的体内元气周流全身，血脉畅通，所以痛痒呼吸都能感觉到并且做出自然而然的反应，其中有不可言喻的奥妙。圣人的学问之所以最简单也最明了，容易明白也容易遵从，容易学习也容易学成，正是因为圣学的根本在于恢复心体的本来状态。相比之下，学习具体的知识和技能都没什么值得说的。

这一段的学习心得：

一是不羡慕别人的本事，而是安于自己的本职工作，在平凡的岗位上付出不平凡的努力，凡事做得彻底，做出新的境界，并且把这境界传承下去。比如我做公司前台的工作，我就做一个世界级的前台，在前台的岗位上，做出前人没有的成就，又能分享经验给全世界的前台。

二是不争逞自己的本事，把自己的本事贡献给团队，把团队的本事当自己的本事；把自己的本事当成团队其他人的本事，也把团队其他人的本事当成自己的本事。这样就做到了"无有乎人己之分，物我之间"，不存在他人与自己的区分，外物与自我的间隔。能做到无我，又为团队负责，为事情的最终结果负责，而不是一方面关心自己的表现，要突出自己，另一方面又事不关己高高挂起，不能为集体负责。日本羽田机场的"清洁大师"新津春子是羽田机场清洁团队中唯一一个国家级的"清洁大师"，工作服上专门绣着"清洁大师"的袖标。日本能给清洁工授予"大师"的称号，正是王阳明所说的这种"终身处于烦剧而不以为劳，安于卑琐而不以为贱"的儒家文明。

再重复一遍王阳明的话："圣人之学所以至易至简，易知易从，学易能而才易成者。"**圣人的学问之所以最简单也最明了，因为容易明白也容易遵从，容易学习也容易学成。**

新津春子讲了几件事：

羽田机场分成不同的片区，分包给不同的清洁公司打扫。注意，是完全不同的法人公司，不是一个公司的不同团队。但是，如果A片区有客人投诉，而A公司没有人在场，旁边B公司的人看见了，会马上跑过去处理。为什么呢？她说："责任区各是各的，但客人是我们大家的呀！都是我的客人，我都有照顾好他的责任。"

又说："每个人都要把自己当成公司未来的总经理去思考。"这也是为全局负责，为公司对顾客服务的最终结果负责，而不是只负责自己那一段。只负责自己那一段，是最大的不负责。

她还说："如果其他部门的同事工作出现问题，那不是他的问题，是我们公司的问题。我们公司的问题，就是我的责任。我不能让别人知道我们公司有这问题，我得赶紧解决它，因为公司是我的呀！"这就是团队，如王阳明所说："譬之一人之身，目视、耳听、手持、足行，以济一身之用。目不耻其无聪，而耳之所涉，目必营焉；足不耻其无执，而手之所探，足必前焉。"

日本基本上是一个儒家文化和西方文明相结合的社会，而王阳明对日本文化有着极其重要的影响。新津春子虽然没有读过儒家或王阳明经典，但日本几乎所有企业都浸淫在这样的企业文化里，她接触到的价值观，都是儒家的价值观。

我知道有读者读到这里会说："讲这些没用！现在的中国人不行！根本做不到！"

说这话的人，其实就是自己不愿意做。拿把尺子去量别人之前，先量一下自己。你自己能不能做到？自己愿不愿意做？自己做了，知行合一，才知道是怎么回事。如果一张嘴就说现在的中国人不行，那不可救药的就是他自己，如孔子所言"朽木不可雕也"！

正邪之辩，是人心永恒的主题

原文

三代之衰，王道熄而霸术焻；孔、孟既没，圣学晦而邪说横。教者不复以此为教，而学者不复以此为学。霸者之徒，窃取先王之近似者，假之于外以内济其私己之欲，天下靡然而宗之，圣人之道遂以芜塞。相仿相效，日求所以富强之说、倾诈之谋、攻伐之计，一切欺天罔人、苟一时之得以猎取声利之术，若管、商、苏、张之属者，至不可名数。既其久也，斗争劫夺，不胜其祸，斯人沦于禽兽夷狄，而霸术亦有所不能行矣。

世之儒者慨然悲伤，搜猎先圣王之典章法制，而掇拾修补于煨烬之余。盖其为心，良亦欲以挽回先王之道。圣学既远，霸术之传积渍已深，虽在贤知，皆不免于习染。其所以讲明修饰以求宣畅光复于世者，仅足以增霸者之藩篱，而圣学之门墙遂不复可睹。于是乎有训诂之学，而传之以为名；有记诵之学，而言之以为博；有词章之学，而侈之以为丽。若是者纷纷籍籍，群起角立于天下，又不知其几家。万径千蹊，莫知所适。世之学者如入百戏之场，欢谑跳踉、骋奇斗巧、献笑争妍者，四面而竞出，前瞻后盼，应接不遑，而耳目眩瞀，精神恍惑，日夜遨游淹息其间，如病狂丧心之人，莫自知其家业之所归。时君世主亦皆昏迷颠倒于其说，而终身从事于无用之虚文，莫自知其所谓。间有觉其空疏谬妄、支离牵滞，而卓然自奋欲以见诸行事之实者，极其所抵，亦不过为富强功利、五霸之事业而止。

圣人之学日远日晦，而功利之习愈趋愈下。其间虽尝瞽惑于佛、老，而佛、老之说卒亦未能有以胜其功利之心；虽又尝折衷于群儒，而群儒之论终亦未能有以破其功利之见。盖至于今，功利之毒沦浃于人之心髓而习以成性也，几千年矣。相矜以知，相轧以势，相争以利，相高以技能，相取以声誉。其出而仕也，理钱谷者则欲兼夫兵刑，典礼乐者又欲与于铨轴，处郡县则思藩臬之高，居台谏则望宰执之要。故不能其事则不得以兼其官，不通其说则不可以要其誉。记诵之广，适以长其傲也；知识之多，适以行其恶也；闻见之博，适以肆其辨也；辞章之富，适以饰其伪也。是以皋、夔、稷、契所不能兼之事，而今之初学小生皆欲通其说、究其术。其称名借号，未尝不曰"吾欲以共成天下之务"；而其诚心实意之所在，以为不如是则无以济其私而满其欲也。

呜呼！以若是之积染，以若是之心志，而又讲之以若是之学术，宜其闻吾圣人之教，而视之以为赘疣枘凿。则其以良知为未足，而谓圣人之学为无所用，亦其势有所必至矣！呜呼！士生斯世，而尚何以求圣人之学乎？！尚何以论圣人之学乎？！士生斯世，而欲以为学者，不亦劳苦而繁难乎？！不亦拘滞而险艰乎？！呜呼，可悲也已！

所幸天理之在人心，终有所不可泯；而良知之明，万古一日。则其闻吾拔本塞源之论，必有恻然而悲、戚然而痛、愤然而起、沛然若决江河，而有所不可御者矣。非夫豪杰之士，无所待而兴者，吾谁与望乎？

华杉详解

夏商周三代之后，王道衰落，霸术盛行；孔孟死后，邪说横行。老师不再教圣学，学生也不再学圣学。那些讲授霸术的家伙，窃取先王圣道中和他的说法近似的部分，包装在他的学说外面，以服务于他的私欲目的。天下之人，蜂拥而去，以他们为宗师，圣人之道就堵塞了。

他们相仿相效，日日探求富国强兵之说、相互攻伐之计，欺天罔人，苟且于一时之得，以猎取声名和利益之术，比如管仲、商鞅、苏秦、张仪之类，多到不可胜数。时间长了，相互争斗、劫夺，不胜其祸，这些人沦为夷狄、禽兽，以至于霸术也推行不下去了。

世上的儒者有感于此，就搜索先王的典章法制，把没被秦始皇烧掉的整理修补。从他们的内心来说，是为了挽回先王之道。但是，圣学失传太久了，而霸术之传积习已深，就算是这些整理圣学的贤德儒者，他们在霸术的文化下长大，也难免为之所习染。他们宣传、修饰圣学，并希望圣学发扬光大，实际上却是增加霸术之道的影响，圣学的踪影却看不到了。

人心不正，你给他什么，他都马上运用到他的歪理邪说中去，运用到包装、掩护他的巧取豪夺中去。所以，整理圣学，也得不到圣学之用。王阳明说得太正确了！

于是呢，就有了解释字义的训诂之学，传授课程以图虚名。圣人一句话，他左训右诂，解得跟谁都不一样，说前面的人都解错了，该像他那么解！同学们一听，崇拜得不得了！这个老师学问太大了！这个老师有新东西，不像其他老师，说的都一样！又有了记诵圣学的学问，说着说着话就背诵一大段，满口圣人之言以充博学。又有了填词作诗的学问，以文字铺陈华丽为美。类似的学问纷纷扰扰，在世上群起争斗，不知道有多少家！他们流派甚多，也不知道该听谁的。世上的学者如同进入了一个同时表演一百场戏的戏场，只见到欢呼跳跃、争奇斗巧、献媚取悦的戏子从四面八方涌来，前前后后，应接不暇，使人头晕目眩、精神恍惚，日日夜夜都浸淫其间，像丧心病狂的人一样，不知道自己的家在哪里。当时的君主也沉迷于这类学问，作些无用的虚文，都不知道自己在说些什么。偶尔有人能认识到这些学说空疏荒诞、杂乱不通，于是奋发努力，想干点实事，但他们所能做到的极致，也不过是像春秋五霸那样的富国强兵的功利事业罢了。

王阳明前面批评了管仲、商鞅、苏秦、张仪，其实这四个人层次还不一样。苏秦、张仪，是纯粹为了个人权势利益而玩阴谋。商鞅变法，以极端手段建立暴政强秦。管仲呢，对国家、人民都有巨大的功劳，搞经济建设，可以说是中国古代杰出的经济学家。孔子说："微管仲，吾其被发左衽矣。"如果没有管仲，我们今天在谁的统治下都不知道了，可能北方夷狄打过来了，可能文明断绝了，我们都披发左衽披头散发，衣襟向左，像野蛮人一样了。

不过，孔子又说："管仲之器小哉！"富国富民他都做到了，但是，还是器局太小，以至于他一死，他的政事就荒废了。

圣人之学日渐疏远而晦暗，功利的习气却一日盛过一日。那些利欲熏心的人，也去接触佛家、道家的学说；但这佛老之说，也战胜不了他的功利之心。然后他们也折中于儒家的学说，言必称诚意正心，克己复礼，但这些也不能破除他的功利之心。时至今日，功利之心的毒害已经深入骨髓，经由习气而成为人的本性几千年了。学知识，先就要在知识上较一个高下；更不用说在权势上互相倾轧，在利益上互相争夺，在技能上互相攀比，在声誉上互相竞争。那些围观的人，管理钱粮的还想兼管军事和司法，掌管礼乐的又想参与吏部的事务，在郡县做官的又想到省里做大官，位居监察之职的又垂涎宰相的位置。本来没有这方面才能的人，理应不能兼任这方面的官职；不通晓某方面学说的人，不可以有某方面的名誉。但是，记诵之广，更助长了他的傲慢；知识之多，正促使他们为恶；闻见之博，正可让他放肆狡辩；辞章之富丽，正可以装饰他的虚伪。就像《史记》说纣王："智足以拒谏，言足以饰非。"他有智慧，足以拒绝别人的谏劝；他口才好，干了什么坏事都难不住他的狡辩。

于是，当初皋、夔、稷、契都只能有一个特长，不能做别的事，而现在，刚开始学习的小孩，也想通晓各种不同的学说。他们打出的名号都是"我想完成天下人共同的事业"，他们的真实想法却是，以为不知道这些学问就不能"进步"，不能实现自己的目标，不能满足自己的欲望。

王阳明说到痛处了，你觉得痛吗？**当你仓仓皇皇要去"学习"，不是真有什么东西要学，而是觉得"我不学习怎么行"。怕落后、怕失去功利，而并不是诚意正心要做什么事。**再拿做事要诚意正心来说，诚意正心，本身就是目的，就是至善。不是为了达到某种目标而"要诚意正心"，那就"正"不了。

呜呼！在这样的积习影响下，有这样的心志，又成天听这些乱七八糟的"课"，当他们听到我说圣人的教诲时，也不过把它看作是累赘和迂腐的学问。他们认为，仅仅有所谓良知是不够的，圣人之学也没有什么用，这也是时势的必然啊！呜呼！生在这样的时代，还怎么探求圣人的学问呢？生在这样的时代，还想做学问的人，不是十分繁乱、困难吗？不是十分痛苦、艰险吗？唉！太可悲了！

所幸天理自在人心，终究不可泯灭；而良知之明，万古如同一日。那么，当他听见我这拔本塞源之论，必然恻然而悲，戚然而痛，愤然而起，沛然若决江河，而不可阻挡。如果没有豪杰之士再起，我还能指望谁呢？

至此，我们终于学完了王阳明的拔本塞源论，这真不像是在说明朝，倒像是说现在，因为，古今毛病都一样。道高一尺，魔高一丈，正邪之辩，是人心永恒的主题。

读书是和古人对话，交友是和活人对话

原文

启问道通书

吴、曾两生至，备道道通恳切为道之意，殊慰想念。若道

通,真可谓笃信好学者矣。忧病中,曾不能与两生细论,然两生亦自有志向、肯用功者,每见辄觉有进。在区区诚不能无负于两生之远来,在两生则亦庶几无负其远来之意矣。临别,以此册致道通意,请书数语。荒愦无可言者,辄以道通来书中所问数节,略下转语奉酬。草草殊不详细,两生当亦自能口悉也。

来书云:"日用工夫只是立志,近来于先生诲言时时体验,愈益明白。然于朋友不能一时相离。若得朋友讲习,则此志才精健阔大,才有生意。若三五日不得朋友相讲,便觉微弱,遇事便会困,亦时会忘。乃今无朋友相讲之日,还只静坐,或看书,或游衍经行,凡寓目措身,悉取以培养此志,颇觉意思和适。然终不如朋友讲聚,精神流动,生意更多也。离群索居之人,当更有何法以处之?"

此段足验道通日用工夫所得。工夫大略亦只是如此用,只要无间断,到得纯熟后,意思又自不同矣。大抵吾人为学紧要大头脑,只是立志。所谓困、忘之病,亦只是志欠真切。今好色之人未尝病于困忘,只是一真切耳。自家痛痒,自家须会知得,自家须会搔摩得。既自知得痛痒,自家须不能不搔摩得,佛家谓之"方便法门"。须是自家调停斟酌,他人总难与力,亦更无别法可设也。

华杉详解

道通,姓周,名冲,号静庵,常州宜兴人。曾从学于王阳明,后又从学湛若水,能合会王、湛两家之学。

吴、曾两位年轻人来访,向我详细说了你恳切求道的心情,让我深感欣慰,也十分想念你!像你这样的人,真可谓是笃信好学者也!我正在为家父守丧,心情抑郁,身体也不好,没有能跟两位年轻人细谈。但是这两位年轻人真是有志向、肯用功,每次面谈,都觉得他们又有长进。对于我来说,自然不能辜负两位远道而来的诚意;对于他们来说呢,当然也不能来而无获。临别之际,他们拿来这本册子,让我在上面写几句话,以向你致意。我此时脑中昏乱，也不知道说什么，权就你之前来信中谈到的几个问题，略作解释。匆匆奉答，极不详尽，未及之处，他们两位会向你亲口转达的。

你来信说："先生平时教诲：'学问用功，关键在立志。'近来对先生您这句话时时体验，越来越明白。但是，我却不能一时一刻离开朋友。如果能和朋友一起讲习，这志向愈加精神健壮，开阔大气，生意盎然。如果三五日没有志同道合的朋友相互切磋，就觉得这志向弱下去了，遇到事情就会困惑，有时甚至忘记了志向。如今没有朋友讲习的日子，我就静坐，或看书，或到处走走，在举目投足之间，都不忘记培养自己的心志，也觉得心态平和舒适。但是，始终不如朋友讲聚，精神流动，来得更有生意。那离群索居之人，有什么方法可以保持志向呢？"

这一段，充分验证了你平时用功的收获。学习功夫大概就是这样，只要你不间断，到得纯熟之后，体会自然又有不同。大抵我们的学问，最重要的就是立志。所谓困惑、忘记了之类毛病，根源还是在于志向不够真切。孔子说："吾未见好德如好色者也。"你看那好色之人，什么时候会因为没人激励就忘记了好色，没精神头好色了呢？知之者不如好之者，只是他真真切切地好色而已。持志如心痛，自己的痛痒，总是自己才晓得。你困惑了、忘记了志向，总是有别的地方痛了、痒了。你自己痛了、痒了，自然要去挠痒、按摩。佛家说"方便法门"，或许和朋友讲习就是你的方便法门吧，这必须得自家调停、斟酌，别人帮不上忙，也没有别的方法可用。

道通的体会确实真切。**学习，除了读书，最重要的就是交友。读书是和古人对话，交友是和活人对话**。和古人对话，精神流动是单向的，古人的精神流向我。和朋友对话，精神流动是双向的，当然更有生意。朋友是一把测量学习进步效果的活标尺。每次见到朋友，他有新的变化、新的进步，对你的激励也更真切。而如果身边交流的都是没有志向、没有见识的朋友，那就成了"为群小所围"，让你的格局越来越小。所以孔子也说："无友不如己者。"不要和志向、品德都比自己低的人混。

无我，则连通天地

原文

　　来书云："上蔡尝问'天下何思何虑'，伊川云：'有此理，只是发得太早。'在学者工夫，固是'必有事焉而勿忘'，然亦须识得'何思何虑'底气象，一并看为是。若不识得这气象，便有正与助长之病；若认得'何思何虑'，而忘'必有事焉'工夫，恐又堕于无也。须是不滞于有，不堕于无，然乎否也？"

　　所论亦相去不远矣，只是契悟未尽。上蔡之问与伊川之答，亦只是上蔡、伊川之意，与孔子《系辞》原旨稍有不同。《系》言"何思何虑"，是言所思所虑只是一个天理，更无别思别虑耳，非谓无思无虑也。故曰："同归而殊途，一致而百虑，天下何思何虑？"云"殊途"，云"百虑"，则岂谓无思无虑邪？心之本体即是天理。天理只是一个，更有何可思虑得？天理原自寂然不动，原自感而遂通。学者用功，虽千思万虑，只是要复他本来体用而已，不是以私意去安排思索出来。故明道云："君子之学，莫若廓然而大公，物来而顺应。"若以私意去安排思索，便是"用智自私"矣。"何思何虑"正是工夫，在圣人分上，便是自然的；在学者分上，便是勉然的。伊川却是把作效验看了，所以有"发得太早"之说。既而云"却好用功"，则已自觉其前言之有未尽矣。濂溪主静之论亦是此意。今道通之言，虽已不为无见，然亦未免尚有两事也。

华杉详解

上蔡，就是谢良佐，从程颢、程颐学，与游酢、吕大临、杨时号称"程门四先生"。他是河南上蔡人，所以尊称他为上蔡。

伊川，是程颐的别号。程颐，字正叔，宅于河南嵩县东北耙楼山下，地处伊川，故称伊川先生。

后面还有一个濂溪，是濂溪先生周敦颐。

道通来信说：

谢良佐曾经问程颐老师："天下何思何虑？"天下有什么事需要思虑的呢？

程颐回答说："是有这个道理。不过对于你来说，发这个感慨，还太早了一点。"做学问的功夫，一是"必有事焉""勿忘勿助"。同时，又要有"何思何虑"的境界。这两方面结合起来才行。如果没有何思何虑的境界，只晓得"必有事焉，勿忘勿助"，反而会落入拔苗助长的毛病。如果明白何思何虑，却忘记了必有事焉的功夫，恐怕又落入虚无。必须既不滞留于有，也不堕落于无。老师看这样理解对吗？

谢良佐所问，一是出于《易经》，二是出于《孟子》。

《易经·系辞》："同归而殊途，一致而百虑，天下何思何虑。"教你别想太多。

《孟子》讲如何养浩然之气："必有事焉而勿正，心勿忘，勿助长也，无若宋人然：宋人有闵其苗之不长而揠之者，芒芒然归，谓其人曰：'今日病矣！予助苗长矣。'其子趋而往视之，苗则槁矣。天下之不助苗长者寡矣！以为无益而舍之者，不耘苗者也；助之长者，揠苗者也，非徒无益而又害之。"

"必有事焉"中的"事"，张居正说就是用功；"正"，是预期其效，老是在问结果。"必有事焉而勿正"，朱熹解说："养气者，必以集义为事，而勿预期其效。"

心勿忘，勿助长也。

时时刻刻都不要忘了自己要做什么，每时、每刻、每事，都只管照既定方针原则去做。但是，切不可躁进求速，使得本来光明正大之体，反遭矫揉扭曲之害。在每件事上，都不要忘了基本原则和既定方针，则浩然之气有所养。不要去违背规律，帮助它生长，则浩然之气不会受伤害。

不要学那拔苗助长的宋人。他担心禾苗不长，就去把苗子一棵棵拔高一些，拔得腰酸背痛，十分疲倦地回家对家人说："今天累坏了！我帮助禾苗生长了。"他的儿子赶紧去看，禾苗都枯槁了。

勿忘勿助，是别忘了时时刻刻下功夫，但是又不要拔苗助长。怎样才能做到勿忘勿助呢？因为必有事焉而勿正，时刻在用功，但并不预期其效验，不纠结怎么还没效果。简单来说，就是只问耕耘、不求回报的意思。在管理学上，我把这叫作不要结果导向，要因果导向。很多公司的管理，都是结果导向，似乎结果导向才是"正义"的，这就无法诚意正心，总是拔苗助长，甚至用智自私。

王阳明回信说：

你的说法也相差不远，只是还没有彻底领悟。谢良佐的问题和程颐的回答，也只是他二人自己的意思，和孔子解《易经》的原旨稍有不同。《易经》上说何思何虑，是讲所思所虑只是一个天理，除却天理，没有别的什么思，什么虑，并不是说无思无虑。所以说："同归而殊途，一致而百虑，天下何思何虑。"既然说了殊途，说了百虑，那就不是无思无虑，而是千思百虑。

心的本体就是天理，天理只有一个，还有什么别的可以思虑的吗？天理本来是寂然不动，本来是一感就通。学者用功，虽然千思万虑，也只是复他本来的体用而已。如果以自己的私意去安排思索，那就是为私欲而耍小聪明了。

"何思何虑"，这是学者要下功夫的地方，是入手处，不是效验，不是后来的境界。只是对于圣人来说，这功夫是自然而然的；对于学者来说，这功夫是勉然的，是自己勉力去做的。从一开始，就要"何思何虑"。程颐说"发得太早"，意思是谢良佐还没有到达何思何虑的境界，这就已经把何思何虑当效验了，当目的地，而不是当入口了。他既然说"发得太早"，后来也说"这正是所要下的功夫"，可见他也觉得前面的话没把意思说清楚。濂溪先生周敦颐有"主静"之说，也是这个意思。

今天你这些说法，虽然也有些见识，但未免还是把功夫和本体看成了两件事。

王阳明这一番宏论，把何思何虑说清楚了。**遇到一件事情，如果我们考虑如何处理对自己有利，如何达到自己的目的，那就是"用智自私"，是小聪明。如果能无我，能"何思何虑"，只体认天理，循着天理，只考虑如何达到天理、达到社会的目的，就是大智慧。**

所以孔子说："智者无惑，仁者无忧。"无忧、无虑、无惑，都是因为无我。

人心是一个小宇宙，天地是一个大宇宙，放空自己的私，只循着天理，小宇宙就不和大宇宙博弈了，小宇宙就和大宇宙连通了，就天人合一了，就活在他人想象之外了。

无我，则有天地。

人人皆可成圣的道路

原文

来书云:"凡学者才晓得做工夫,便要识认得圣人气象。盖认得圣人气象,把做准的,乃就实地做工夫去,才不会差,才是作圣工夫。未知是否?"

先认圣人气象,昔人尝有是言矣,然亦欠有头脑。圣人气象自是圣人的,我从何处识认?若不就自己良知上真切体认,如以无星之称而权轻重、未开之镜而照妍媸,真所谓以小人之腹,而度君子之心矣。圣人气象何由认得?自己良知原与圣人一般,若体认得自己良知明白,即圣人气象不在圣人而在我矣。程子尝云:"觑着尧学他行事,无他许多聪明睿智,安能如彼之动容周旋中礼?"又云:"心通于道,然后能辨是非。"今且说通于道在何处?聪明睿智从何处出来?

华杉详解

周道通来信问:

凡是学者,刚开始入手,明白如何下功夫,就要识得圣人的气象。因为识得圣人气象之后,把握准确,才能脚踏实地去照做,才不会跑偏,这才是学做圣人的功夫。不知道对不对?

王阳明回信说:

先去体认圣人的气象,倒是有这种说法,但这样说还是有些欠缺。圣人气象,那是圣人的,我从何体认?如果不在自己的良知上真切体认,就像拿没有准星的秤去称重,拿没有磨过的镜子去照美丑,那真是成了以小人之心度君子之腹了。圣人的气象,到哪儿去体认呢?还是在自己的良知上体认。我自己的良知,本来也和圣人相同,如果体认得自己良知明白,那圣人气象不在圣人而在我自己身上了。程颐曾经说过:"比照着尧,学他行事,却没有他的聪明睿智,怎么能像他那样一举一动都从容合礼呢?"又说:"心与天道相通,然后才能辨别是非。"你且说说,心通达于天道的地方在哪里呢?聪明睿智又从哪里来呢?

王阳明说要从良知上体认，不过，道通所说的识得圣人气象，也不失为一个方便法门。当你应事、接物、待人，处理一件事的时候，你可以想一想，如果是换成孔子来处理你这件事，他会怎么做？当你面对天大的压力、困难时，你也可以想一想，如果是王阳明面对你今天这情况，他会怎么做？能回答这问题，就是识得圣人气象。然后呢，你就照着孔子和王阳明的做法去做，这就是程颐说的"觑著尧学他行事"吧。你也未必"无他许多聪明睿智"，因为他做事并不是靠聪明睿智，是靠天理良知；而我"自己良知原与圣人一般"，他能做到的，我也能做到。这样做下来，总结一下，即便是孔子、王阳明来处理我这件事，也不过和我一样。这就是"人人皆可成圣"的道路了，一件事一件事地慢慢来。

功夫就是一刻也不能松劲

原文

来书云："事上磨炼。一日之内，不管有事无事，只一意培养本原。若遇事来感，或自己有感，心上既有觉，安可谓无事？但因事凝心一会，大段觉得事理当如此，只如无事处之，尽吾心而已。然乃有处得善与未善，何也？又或事来得多，须要次第与处，每因才力不足，辄为所困，虽极力扶起而精神已觉衰弱。遇此未免要十分退省，宁不了事，不可不加培养。如何？"

所说工夫，就道通分上也只是如此用，然未免有出入在。凡人为学，终身只为这一事。自少至老，自朝至暮，不论有事无事，只是做得这一件，所谓"必有事焉"者也。若说"宁不了事，不可不加培养"，却是尚为两事也。"必有事焉而勿忘勿助"，事物之来，但尽吾心之良知以应之，所谓"忠恕违道不远"矣。凡处得有善有未善及有困顿失次之患者，皆是牵于毁誉得丧，不能实致其良知耳。若能实致其良知，然后见得平日所谓善者未必是善，所谓未善者却恐正是牵于毁誉得丧，自贼其良知者也。

华杉详解

周道通来信问：

您教导我，要在事上磨炼。又说，一日之内，无论有事无事，只一意培养心的本原。我的学习体会是：如果遇到事情，有所感应，或者也没什么具体事，自己心中生出感觉，这心上既然有感觉，怎么能说是无事呢？但是，根据那事情凝心思考一下，大概觉得这事情理当如此，只当没什么事一样对待，尽自己的本心罢了。但是，各种事情仍然处理得有好有坏，为什么呢？可能是有时事情来得太多，需要依次解决，而自己才力不足，总为事情所困，虽然极力坚持，但精神已经疲惫衰弱，还是处理不好。所以我就想，与其这样，不如给自己减事，宁愿少做几件，也要退下来反省自己，存养本心。老师，您觉得我这样的认识体会和应事态度可以吗？

王阳明回答说：

你所说的学问功夫，就你这样天分的人来说，也就是这样了。但是，和圣人之道，难免还是有些出入。但凡做学问的人，终身只是一以贯之的一件事，一生从少到老，一天从早到晚，无论有事无事，只是做这一件，这就叫"必有事焉"。

"必有事焉"的"事"和"事上磨炼"的"事"不是一个意思。"必有事焉"的"事"，是从事、是着力、是用功，任何时候都必有事焉，无时无刻不在用功。事上磨炼的"事"呢，是讲具体事情。具体事情有很多，但是，无论有事无事，我都"必有事焉"，都是一个"必有事焉"的事。所以，你说宁肯不做事，也不能不存养本心，就变成两件事了，就不是必有事焉了。

"必有事焉而勿正，勿忘勿助"，有事情来，就尽我心之良知来应对。所谓忠恕违道不远，我只要行忠恕之道，己所不欲，勿施于人；己欲立而立人，己欲达而达人，大抵都错不了。凡是处理得不好的，以及有困扰混乱的毛病的，都是为毁誉得失所牵累，无法切实去致良知。如果能切实地致良知，那么平时觉得处理得好的事情，未必就是好；而所谓处理得不好的事情，未必就是不好。恐怕正是由于担心自己的毁誉得失，才导致自己毁了良知吧！

王阳明一句话说到了病根。**我们常常后悔"哎呀，这件事我没处理好"，或者"那句话当时我不该说"，这是良知发现了吗？不是，而是对方的反应，**

给我造成毁誉得失的损失了。能承认自己没处理好的，已经不错了，至少没骂别人是浑蛋。但是，认为自己没处理好，原因还在于毁誉得失。如果结果是对自己有利的，就不觉得没处理好，而是觉得自己处理得正好了。

生知安行，学知利行，困知勉行，我们最多是困知勉行的人，要切实地去致良知，不容易！真是一刻不能松劲，这就是"必有事焉"。

学习的目的，在于给自己加分，不在于给别人打分

原文

来书云："致知之说，春间再承诲益，已颇知用力，觉得比旧尤为简易。但鄙心则谓，与初学言之，还须带格物意思，使之知下手处。本来致知、格物一并下，但在初学，未知下手用功，还说与格物，方晓得致知。"云云。

格物是致知功夫，知得致知，便已知得格物；若是未知格物，则是致知工夫亦未尝知也。近有一书与友人论此颇悉，今往一通，细观之，当自见矣。

华杉详解

周道通来信说：

关于致知的学说，今年春天再次承蒙先生教诲，已经明白该在何处用力，觉得比朱熹的旧说更加简易明白。但是，我认为对于初学者来说，还是应该加上格物的意思，让他知道下手的地方。本来致知和格物是一并下功夫的，但是对于初学来讲，不知道下手用功，还是要跟他讲格物，他才晓得致知。

王阳明回信说：

格物就是致知的功夫，明白致知，自然就晓得格物了。如果不知道格物，那致知的功夫也一定不晓得。最近我在一封跟友人的信中专门讨论了这个问题，现在抄一份给你，你仔细读过，自然明白。

王阳明抄给周道通的是哪封信，《启问道通书》上没记载，我们也就不讨论了。

原文

来书云："今之为朱、陆之辨者尚未已。每对朋友言，正学不明已久，且不须枉费心力为朱、陆争是非，只依先生'立志'二字点化人。若其人果能辨得此志来，决意要知此学，已是大段明白了，朱、陆虽不辨，彼自能觉得。又尝见朋友中见有人议先生之言者，辄为动气。昔在朱、陆二先生所以遗后世纷纷之议者，亦见二先生工夫有未纯熟，分明亦有动气之病。若明道则无此矣。观其与吴涉礼论介甫之学云：'为我尽达诸介甫，不有益于他，必有益于我也。'气象何等从容！尝见先生与人书中亦引此言，愿朋友皆如此，如何？"

此节议论得极是极是，愿道通遍以告于同志，各自且论自己是非，莫论朱、陆是非也。以言语谤人，其谤浅；若自己不能身体实践，而徒入耳出口，呶呶度日，是以身谤也，其谤深矣。凡今天下之论议我者，苟能取以为善，皆是砥砺切磋我也，则在我无非警惕修省进德之地矣。昔人谓"攻吾之短者是吾师"，师又可恶乎？

华杉详解

周道通来信说：

如今为朱熹、陆九渊争辩的人还没有止息。我常常对学友们说，正学不彰明已经很久了，不须枉费心力为朱、陆争是非，只照着先生您的"立志"二字来点化人，如果这人能够辨清自己的志向，决意要做这学问，自然已经是大段明白了。朱熹、陆九渊谁对谁错，无须争辩，自己自然就能觉察。另外，我自己有时听见学友中有人非议先生的话，就会动气。朱熹、陆九渊两位先生，之所以给后人留下那么多议论，也可以看出二位先生的功夫还不纯熟，而且也有动气的毛病。鹅湖之辩，双方都有些意气用事的话。明道先生程颢就没有这毛病，您看他和吴涉礼（疑为吴师礼之误）讨论王安石的学说时说："请把我的观点告诉介甫，对他可能没什么用，对我肯定有用！"为什么呢？**他可能不需要我的观点，但是我的观点需要他的批评啊！**

程颢先生这是何等从容的气象！我曾经看见先生您在给友人的信中，也引用过程颢这句话，希望朋友们都能这样想，是吗？

王阳明回信说：

你这一节议论非常好！希望你能把这认识告诉所有同学！各人只论自己的是非，不要论朱熹、陆九渊的是非。拿言语来毁谤他人最是浅薄。如果自己不能亲身实践，只是左耳朵进、右耳朵出，整天叽叽歪歪过日子，这是用行动来毁谤，这样的毁谤就严重了。凡是天下议论我的人，如果我能从他们的议论中取得好的、有益的部分，那就是对我的砥砺、切磋了。那么，对于我来说，他的议论，无非是警惕反省、修身进德之处。古人说："攻击我的短处的人，就是我的老师。"难道我要去厌恶我的老师吗？

周道通和王阳明这一封通信，信息量很大！我来讲讲学习体会：

首先是，不要管老师对错，**老师对的，我学习，笃行；老师错了，错的部分和我没关系，放一边就是**。同学们的毛病，是专给老师纠错，一下课，迫不及待找同学交流："我觉得这个老师也不怎么样嘛！你看他那个地方就讲得不对！"上了一个半小时课，只记得老师讲错的地方，这课上得多亏啊！为什么是这样呢？王阳明说过，这是"胜心"作怪，上课他就想胜过老师，读书他还想胜过古人呢！说朱熹不对，陆九渊不对，说在这一点上朱熹和陆九渊都不对，王阳明也没说到点子上——仿佛这样就显出自己学问最高了。

学习的目的，在于给自己加分，不在于给别人打分。所以"学习第一在立志"，如果是为自己的志向而学，不是为让别人觉得我有学问而学，则"持志如心痛"，一心只在那"痛"上，每学到一点都往自己身上联系，一听到别人批评也赶紧对照一下自己，有则改之，无则加勉，则所有这些毛病都没有了，就是道通说的"已是大段明白了"。

大段明白，也还有一小段不明白，就是面对别人的批评和不理解，很难做到不动气。"人不知而不愠，不亦君子乎！"太难了。王阳明要编《朱子晚年定论》，也有面对批评的压力原因，也是一种"意气用事"。所以编出来之后五百年了，并没有人同意他摘抄的那些朱熹的话代表朱熹的思想。

攻吾之短者是吾师，没错；有则改之，无则加勉，没错；闻过则喜，也没错。但是有好多人，他哪叫批评啊！或者纯粹出于嫉妒，或者出于恶意攻讦，怎么面对呢？我有三点体会：

一是当作成功奖章。**被群起而攻之，是成功者的特权**。你站得高了，成功必然带来一个副产品，就是别人的不服，别人的嫉妒，他自然要攻击你。你享受这种攻击就是了。

二是克劳塞维茨的话："批评意见无论多么荒谬，至少也给我们提供了一个别人看问题的角度。"有的攻击真的很好玩，完全匪夷所思，你肯定想不到他会从这个角度来说。你就当了解他这个人来欣赏吧。

三是尽量不回应攻击。比如在微博上，经常看见有博主跟粉丝骂战；博主深感悲愤，觉得全世界的人都对不起他！其实，上来骂的只是很少一部分人，大部分对他好的粉丝都是默默关注。个别留言赞美他的，他觉得是应该的，不珍惜、不搭理，全力评论、转发那些恶意批评他的。这就冷了赞扬者的心，而激起了攻击者的斗志。所以不要回应批评，要全情评论、转发赞扬，这样你微博上的赞扬就越来越多。人性的弱点就是，谁对他好，他不理睬、不珍惜；而越是恶意的、没道理的批评，他就越重视，越去跟人争论，最后又悲愤地说人们都骂他。其实这些都是自己选择的，把关注留给敌人，把亲人打入冷宫。

所谓"人言可畏"，都是自己筛选出来的。

要在事上琢磨，不要在字眼上纠结

原文

来书云："有引程子'人生而静，以上不容说，才说性便已不是性。'何故不容说？何故不是性？晦庵答云：'不容说者，未有性之可言；不是性者，已不能无气质之杂矣。'二先生之言皆未能晓，每看书至此，辄为一惑，请问。"

"生之谓性"，生字即是气字，犹言"气即是性"也。气即是性，"人生而静，以上不容说"，才说"气即是性"，即已落在一边，不是性之本原矣。孟子性善，是从本原上说。然性善之端，须在气上始见得，若无气亦无可见矣。恻隐、羞恶、辞让、是非即是气。程子谓："论性不论气，不备；论气不论性，不明。"亦是为学者各认一边，只得如此说。若见得自性明白时，气即是性，性即是气，原无性、气之可分也。

华杉详解

周道通来信问：

有人引用程颐的话："人生而静，静以上的状态没法说，才说性时，就已经不是性了。"为什么没法说呢？为什么不是性呢？朱熹解读说："没法说，是离开了静而动起来之后，就已经没有性可言了，因为已经不是性了。不是性，是因为有气质夹杂在里面了。"这两位先生的解释，我都看不懂！每次读书读到这里，就有疑惑，请老师教我。

在讲解王阳明的回答之前，我们要先解释周道通的问题：
"人生而静"出自《礼记》：

> 人生而静，天之性也，感物而动，性之欲也。物至知知，然后好恶形焉。好恶无节于内，知诱于外。不能反躬，天理灭矣。夫物之感人无穷，而人之好恶无节，则是物至而人化物也。人化物也者，灭天理而穷人欲者也。于是有悖逆诈伪之心，有淫逸作乱之事。是故强者胁弱，众者暴寡，知者诈愚，勇者苦怯，疾病不养，老幼孤独不得其所，此大乱之道也。

孟子不是说了吗？人性本善，这静的时候都是善的，感物而动，动起来就是欲，就有善有恶了，就不是性的本体了。所以程颐说，静以上都没法说，都已经不是性了，因为有外物，有欲念夹杂进来了。

但是，朱熹的解释没有说外物，他又引进了一个新的概念："气"，这问题就复杂了。

关于"性"，《中庸》第一句："天命之谓性。"大家的本性都一样，至少差不多，《三字经》说"性相近，习相远"。气就有差别了。"气"，是气禀，亦称"禀气"，是人生来对气的禀受。《韩非子·解老》："是以死生气禀焉。"《论衡·命义》："人禀气而生，含气而长，得贵则贵，得贱则贱。"韩非和王充都认为人的生死贵贱由生而禀受的气所决定。孔孟没有气禀之说，孟子讲养浩然之气，讲气是体之充也，还是从气质、气势上讲，没有提升到玄学的高度。宋儒发展了气禀说，尤其是二程和朱熹。程颐说："才禀于气。气有清浊，禀其清者为贤，禀其浊者为愚。"朱熹说："禀气之清者，为圣为贤""禀气之浊者，为愚为不肖。"人受命于天的性是一样的，但是禀受于天的气有差别，所以人跟人有贤、愚的不同。

性和气，简单来说就是：人的天性都一样，但是天分不同。有人是天才，有人就比较愚笨。静的时候，体现的是性，都一样。一动起来，气禀不一样，人的表现就不一样了。我理解朱熹大概就是这个意思吧。

王阳明回信说：

孟子说"生之谓性"，生字就是气字，得气而生，断气则死。所以说，气就是性。说"人生而静，静以上的状态没法说"，才说"气即是性"，就已经把性落到了一边，不是性的本原了。孟子的性善论，是从本原上说。但是性善之端倪，必须在气上才能看见。如果没有气，也就无法见到性。"恻隐之心，仁之端也；羞恶之心，义之端也；辞让之心，礼之端也；是非之心，智之端也。"恻隐、羞恶、辞让、是非，这四端都是气。程颐说："如果论性不论气，就不完整；如果论气不论性，就不明白。"这是由于，为学之人各自只看到一面，只好这样说。如果能明白地看到自己的天性，那么气就是性，性就是气，原本没有性和气的区分。

钱穆说，学习理学和心学，最忌讳在性、命、理、气等字眼概念上纠结。我们还是在自己的事上琢磨，切实笃行，知行合一，从自己身上的浅近处着手。

越是刻意要心静，就越是静不下来

原文

答陆原静书

来书云："下手工夫，觉此心无时宁静。妄心固动也，照心亦动也。心既恒动，则无刻暂停也。"

是有意于求宁静，是以愈不宁静耳。夫妄心则动也，照心非动也。恒照则恒动恒静，天地之所以恒久而不已也。照心固照也，妄心亦照也。"其为物不二，则其生物不息。"有刻暂停则息矣，非"至诚无息"之学矣。

华杉详解

妄心，是私心杂念，胡思乱想。照心，是澄明如镜的心的本体，物来心照。

陆原静来信问：

下手做学问工夫时，感觉心静不下来。妄心固然在动，照心也在动。这心既然一直在动，就没有一刻能停下来的。怎么破？

王阳明回信说：

你这是刻意要求个宁静，那就越静不下来。妄心自然是在动，这照心是不动的，物来则照，物不来则静，所以它是恒动恒静，即动即静，照的是天地万物，生生不息。照心固然在无物不照，妄心也在照；只是你的妄心自己在动，它照不准。"其为物不二，则其生物不息"，至诚之心，没有一刻停息。如果有一刻暂停，那就是息了，就不是至诚无息的学问了。

王阳明引用的这两句，出自《中庸》。"其为物不二，则其生物不息"，为"其为物不二，则其生物不测"之误。不过，"不息"也说得通。《中庸》原文如下：

　　故至诚无息，不息则久，久则征，征则悠远，悠远则博厚，博厚则高明。博厚，所以载物也；高明，所以覆物也；悠久，所以成物也。博厚配地，高明配天，悠久无疆。如此者，不见而章，不动而变，无为而成。天地之道，可一言而尽也：其为物不二，则其生物不测。

至诚无息，是没有虚假，也没有间断，无论何时何地，对何人何事，都是一片至诚。没有间断，就长久，长久地积德、集义、积诚、积累，就集义而生，征兆效验显现出来，至诚之德，著于四方，其效验显于外而悠远无穷。悠远，则其积累广博而深厚；博厚，则其生发也高大而光明。悠远致高厚，高厚又悠久，则圣人与天地同用，与天地同体。与地相配，则不见而彰明；与天相配，则不动而万变；悠久无疆，则无为而成。这天地至诚无息之功，只是一个字——诚而已。至诚无息，则其生物之多，成就他人，成就天下万物，无一刻停息，也有好多自己都不知道的。

所谓诚意正心修身齐家治国平天下，就修一个诚意正心，修一个至诚无息。至诚之人，他影响了多少人，他帮助了多少人，还有好多他自己都不知道的，甚至超出他自己的想象——这就是"其生物不测"。

心静不下来，这是好多人的体会。王阳明就说，你越是刻意要它静，它就越是静不下来。**你不要认为心静就是一片空白，什么都不想。物来心照，那照心在那里，总有过路的念头，你任它来去，不要过分关注就是**，别把"不想！不想！不想！"又变成了一件事，还多出一件事来。

要让心静下来，佛家倒有方便法门，就是"观呼吸"。静坐，关注自己的呼吸，悠长地一呼一吸，能让你很快静下来。

养成好习惯，是修身的最高成就

原文

来书云："良知亦有起处。"云云。

此或听之未审。良知者，心之本体，即前所谓"恒照"者也。心之本体，无起无不起。虽妄念之发，而良知未尝不在，但人不知存，则有时而或放耳；虽昏塞之极，而良知未尝不明，但人不知察，则有时而或蔽耳；虽有时而或放，其体实未尝不在也，存之而已耳；虽有时而或蔽，其体实未尝不明也，察之而已耳。若谓良知亦有起处，则是有时而不在也，非其本体之谓矣。

华杉详解

陆原静来信说：良知也有个发起的地方，等等。

王阳明回信说：

恐怕是你没听明白我的意思。良知，是心的本体，就是前面说的照心，它一直在照的。心的本体，无所谓发起还是没发起。虽然人有时起了妄念，但不等于起妄念的时候良知就不在。只是人不懂得存养良知，有时候就放失了。即使心昏庸、阻塞到了极致，而良知也依然光明。但人们不知道去体察，所以有时候遮蔽了自己。

所以，虽然良知有时候放失了，但是它的本体还在，我们只需要时刻注意去存养它；虽然良知有时被蒙蔽了，但它的本体还是明白的，我们只应时刻注意去下体察的功夫。如果你说良知也有发起的地方，就是说良知也可能有时不在，那就不是本体了。

我们有时说错话、做错事，当时没感觉，过后就悔悟了。那说错做错的时候，良知在不在呢？良知知不知呢？按王阳明的说法，那时候良知是在的，良知是知的；但是你自己没有时时刻刻存养良知的习惯，没有时时事事体察良知的意识，所以把良知放失了、遮蔽了。被什么遮蔽了呢？被你当时的情绪遮蔽了，被一时的私欲冲动遮蔽了。孟子说："学问之道无他，求其放心而已。"就是要把放失的心找回来。

致良知，是一种习惯，是一种需要养成的好习惯。养成好习惯，是修身的最高成就。曾国藩说读书能转人之性，甚至说读书能改变人的骨相。学以润身，就是要改掉坏毛病，养成好习惯。这个难得很！但是至少你要知道有这个功课要做。

就像我们搞5S管理："整理、整顿、清扫、清洁、习惯"，最终是为了养成好习惯。习惯了，就是生知安行，不照那样做就不安，就不舒服，那做好人的成本就最低。勉强自己去做，知道应该那么做，但是做起来很勉强，很不舒服，就成本很高。时时刻刻存养，时时事事体察，那做人不是很累吗？成本不是很高吗？开始时是的，时间长了，习惯了，就不累了，不那样做才累，这就是习惯养成了。

重要的话重复一遍：**养成好习惯，是修身的最高成就。**修身修什么呢？就是修正坏习惯，养成好习惯。要不怎么说"人之初，性本善，性相近，习相远"呢？习，就是习染的习，习惯的习。舒服地待在自己的老习惯里，不愿意改变，就是拒绝修身。

对自己的身体和精神都要省着点用

原文

来书云："前日'精一'之论，即作圣之功否？"

"精一"之"精"以理言，"精神"之"精"以气言。理者，气之条理；气者，理之运用。无条理则不能运用，无运用则亦无以见其所谓条理者矣。精则精，精则明，精则一，精则神，精则诚；一则精，一则明，一则神，一则诚。原非有二事也。但后世儒者之说与养生之说各滞于一偏，是以不相为用。前日"精一"之论，虽为原静爱养精神而发，然而作圣之功，实亦不外是矣。

华杉详解

这是讨论"惟精惟一"。《尚书·大禹谟》："人心惟危，道心惟微，惟精惟一，允执厥中。"

人心惟危，人心是危险的，总是有欲望，所以不能居于中道，就是有偏颇。要注意自己的心之危，管住自己。"道心惟微"，道心，是天道，天道是非常微妙的，你不好把握。你把握不了自己那危险的心，更把握不了天道。

天道之心是什么心呢？《中庸》说："天命之谓性，率性之谓道。"道心就是天性。用王阳明的说法，就是良知，是天命之于人的本心，还没有被人欲所掺杂。这很微妙，也可以说很微弱。欲念一来，道心就变成了人心，就有危险了。

怎么办呢？"惟精惟一"，就是要精纯、精确地把握，百分之百纯正不二，不偏离道心，允执厥中，执守中道。什么叫"中"？《中庸》说是"不偏之谓中"，不偏不倚，无过不及，恰到好处，恰如其分，一点毛病都没有。

陆原静来信问："前些日子先生说到的精一，是不是就是做圣人的功夫呢？"

王阳明回信说：

"惟精惟一"的"精"，是就理而言；"精神"的"精"，是精气神，就气而言。理，是气的条理；气，是理的运用。没有条理，就没有运用；没有运用，也无法看到条理。做到了精纯，就有了精气，就能澄明，就能一心不二，就有神妙，至诚如神；做到了一心不二，就能精纯，有精气，就能澄明，就有神妙，至诚如神。所以，精就是一，一就是精，是一回事，不是两回事，只是后世儒者的学说和道家的养生学说各执一偏，无法相互促进。前些日子我说的精一之论，虽然是针对你喜欢存养自己的精神而发的，但是做圣人的功夫，也不过如此。

精就是一，一就是精。前面陆澄问过："'惟精惟一'是如何用功的？"先生曰："惟一是惟精主意，惟精是惟一功夫，非惟精之外复有惟一也。"

王阳明和陆原静的这段通信，从字面上看，大概是他之前针对陆原静喜欢存养自己的精神而言。这是另一个话题了。存养精神的"精"，不是惟精惟一的"精"。

不过，存养精神，对我们今天的工作、学习、生活也很有价值。今天的社会，信息量太大，机会太多，多数人都习惯于把自己排得太满，唯恐错过了什么。实际上，**只有尽量多静下来，向自己的内心求，才能进步。对自己的身体和精神，都要省着点用**。止定、静安、虑得，能静下来，才能有所得。曾国藩告诫曾国荃要"少举事"，也是要他存养精神。曾国藩说："你衣锦还乡，不要今天想捐座桥，明天想修条路，虚耗精力，耽误自己修养进步。要少举事，晚上不要出门应酬，早睡早起，对学问下日日不断之功，才能有所成就。"少举事，存养精神，才能在修身和志向上惟精惟一。

良知本体，不增不减

原文

　　来书云："元神、元气、元精，必各有寄藏发生之处。又有真阴之精、真阳之气。"云云。

　　夫良知一也，以其妙用而言谓之"神"，以其流行而言谓之"气"，以其凝聚而言谓之"精"，安可以形象、方所求哉？真阴之精，即真阳之气之母；真阳之气，即真阴之精之父。阴根阳，阳根阴，亦非有二也。苟吾良知之说明，即凡若此类，皆可以不言而喻。不然，则如来书所云"三关""七返""九还"之属，尚有无穷可疑者也。

华杉详解

这一段讨论的，大多是一些道家修炼的术语，我们就不纠缠了，简单说一下。

陆原静来信说，元神、元气、元精，必然各有寄藏发生之处；又谈到真阴之精、真阳之气等。

王阳明就用自己的良知说去回答他：

良知只有一个，就其妙用而言，可称为"神"；就其流动而言，可称为"气"；就其凝聚而言，可称为"精"。精、气、神是一个东西，就是你的良知，不是在不同地方的不同东西，怎么能以形象、方位和处所求呢？真阴之精，就是真阳之气的母体；真阳之气，就是真阴之精的父体。周敦颐《太极图说》讲："无极而太极，太极动而生阳，动极而静。静而生阴，静极复动。一动一静，互为其根。"阴植根于阳，阳植根于阴，阴阳是统一的，不是分开的。如果我的良知学说能够彰明于天下，这些都不言而喻，不是问题。否则，你信中所提到的"三关""七返""九还"之类的说法,那疑问还无穷无尽。

"三关""七返""九还",都是道家修炼术语,和儒学无关。王阳明都说"尚有无穷可疑者",咱们就别去玩物丧志了。

原文

来书云:"良知,心之本体,即所谓'性善'也,未发之中也,寂然不动之体也,廓然大公也,何常人皆不能而必待于学邪?中也、寂也、公也,既以属心之体,则良知是矣。今验之于心,知无不良,而中、寂、大公实未有也,岂良知复超然于体用之外乎?"

性无不善,故知无不良。良知即是未发之中,即是廓然大公、寂然不动之本体,人人之所同具者也。但不能不昏蔽于物欲,故须学以去其昏蔽。然于良知之本体,初不能有加损于毫末也。知无不良,而中、寂、大公未能全者,是昏蔽之未尽去,而存之未纯耳。体即良知之体,用即良知之用,宁复有超然于体用之外者乎?

华杉详解

陆原静来信问:

良知是心的本体,就是所谓的性善,就是未发之中、寂然不动的本体,就是廓然大公。既然是本体,为什么常人都做不到,还必须要学习呢?中和、寂静、公正,既然已经属于心的本体,就是良知。如今我在自己心中验证,良知是好的,但是中和、寂静、大公无私的品德,实在是没有。难道良知是超然于体用之外的吗?

陆原静的问题很有意思。良知是天生的本体,但本体被后天的习染、物欲所蒙蔽,所以需要学习以致良知,这是良知说的基本原理。圣人是生知安行,贤者是学知利行,一般人是困知勉行,这都是最基本的。所以他第一个问题问得奇怪。第二个问题更有意思,他如何验证自己"知无不良"呢?已经知无不良,为什么中和、寂静、大公无私的品德又都没有呢?

王阳明回信说:

性没有不善的,知没有不良的。良知就是未发之中,就是廓然大公、寂然不动的本体,人人都同样具备。但是不能不昏蔽于物欲,所以必须学习以去其昏蔽。但这学习对于良知的本体,既不能增,也不能减。知无不良,但是中和、寂静、大公无私的品德不能完全具备,那是昏蔽还没有除尽,良知的存养还未精纯。体就是良知的本体,用就是良知的运用,哪里有超然于体用之外的良知呢?

天有定理,人有定心,胸有定见,志有定向

原文

　　来书云:"周子曰'主静',程子曰'动亦定,静亦定',先生曰'定者,心之本体'。是静、定也,决非不睹不闻、无思无为之谓,必常知、常存、常主于理之谓也。夫常知、常存、常主于理,明是动也、已发也,何以谓之静?何以谓之本体?岂是静、定也,又有以贯乎心之动静者邪?"

　　理无动者也。常知、常存、常主于理,即不睹不闻、无思无为之谓也。不睹不闻、无思无为,非槁木死灰之谓也,睹闻思为一于理,而未尝有所睹闻思为,即是动而未尝动也。所谓"动亦定,静亦定",体用一原者也。

华杉详解

陆原静写信来问:

周敦颐先生说"主静",程颢先生说"动亦定,静亦定",先生您说"定者,心之本体"。这静和定,绝不是不看、不听、不想、不做的意思,而是时刻知道、时刻存养、遵从天理的意思。那时刻知道、存养、遵从天理,这已经

是在动了呀！这不是未发之中，是已经有所发动了呀！怎么说是静呢？怎么说是本体呢？难道这个静和定，是贯通心的动静吗？

王阳明回信说：

天理是不动的，时刻知道、时刻存养、时刻遵从于天理，就是不看、不听、不想、不做的意思。不看、不听、不想、不做，不是槁木死灰。看、听、想、做，都专注于天理，没有其他的看、听、想、做，这就是动却不曾动。程颢先生说的"动亦定，静亦定"，就是体用一源的意思。

这里解释一下：陆原静的问题，也是拘泥文句，纠着字眼来问静和定。

如果要抠字眼，周敦颐的"主静"的"静"，和程颢的"动亦定，静亦定"的"静"，不完全是一个"静"。"主静"，更多的是讲要心静。我们通常说，要能静得下来，心里总是闹腾，就无法修养自己。程颢的"动亦定，静亦定"的"静"，更偏向于狭义的、身体的"静"。你也可以把周敦颐的"主静"称为"主定"，"动亦定，静亦定"的"定"。心静，就是心定。

定，是天有定理，人有定心，胸有定见，志有定向。而人有定心，胸有定见，志有定向，都定在那天理上。

天理之外的，都不看不听，不想不做，这就是坚定不移，不为外物所移。

要想坚定不移，不为外物所移，那就不要老拿外物来"考验"自己，因为你不一定经得起考验。怎么办呢？就要"静"，尽量不接触，不收听、不收看，不乱说、不乱动。这就是孔子说的："非礼勿视，非礼勿听，非礼勿言，非礼勿动。"我们也可以改为"非理勿视，非理勿听，非理勿言，非理勿动"。还可以结合一句古训："亲贤臣，远小人"，小人，不一定是道德上的小人，主要是没有见识的人——他们都会影响你的定见。

人最糟糕的状态就是心不定：志向不定，意见看法不定，总是摇摆，总是在动。为什么摇摆？一是自己不定，二是受外物和别人的影响，三是有所疑惑、忧虑、恐惧。

孔子说："知者不惑，仁者无忧，勇者不惧。"这又回到智、勇、仁三达德上了。这智、勇、仁三达德，都靠一个"定"字。

说起来，"定"是第一达德。

**人生在世，就活一个"定"字。你要做的事情，就一直坚持。你对社会和事物的立场和看法，从未改变，这就是君子之定。

如果你定不下来，定不了事，那是因为定不了心；定不了心，那是因为有所疑惑、忧虑、恐惧。那就要问自己疑惑什么？忧虑什么？恐惧什么？

是什么呢？无非是毁誉得失。志向不够坚定，内心不够自信。

读书要还原作者的语境

原文

　　来书云："此心'未发'之体，其在'已发'之前乎？其在'已发'之中而为之主乎？其无前后、内外而浑然一体者乎？今谓心之动静者，其主有事无事而言乎？其主寂然、感通而言乎？其主循理、从欲而言乎？若以循理为静、从欲为动，则于所谓'动中有静，静中有动''动极而静，静极而动'者，不可通矣；若以有事而感通为动，无事而寂然为静，则于所谓'动而无动，静而无静'者，不可通矣。若谓'未发'在'已发'之先，静而生动，是至诚有息也，圣人有复也，又不可矣；若谓'未发'在'已发'之中，则不知'未发''已发'俱当主静乎？抑'未发'为静而'已发'为动乎？抑'未发''已发'俱无动无静乎？俱有动有静乎？幸教。"

　　"未发之中"，即良知也，无前后、内外而浑然一体者也。有事、无事可以言动、静，而良知无分于有事、无事也；寂然、感通可以言动、静，而良知无分于寂然、感通也。动、静者，所遇之时。心之本体固无分于动、静也。理无动者也，动即为欲。循理，则虽酬酢万变而未尝动也；从欲，则虽槁心一念而未尝静也。"动中有静，静中有动"，又何疑乎？有事而感通固可以言动，然而寂然者未尝有增也；无事而寂然固可以言静，然而感通者未尝有减也。"动而无动，静而无静"，又何疑乎？无前后内外而浑然一体，则至诚有息之疑不待解矣。"未发"在"已发"

之中，而"已发"之中未尝别有"未发"者在；"已发"在"未发"之中，而"未发"之中未尝别有"已发"者存。是未尝无动、静，而不可以动、静分者也。

凡观古人言语，在以意逆志而得其大旨；若必拘滞于文义，则"靡有孑遗"者，是周果无遗民也。周子"静极而动"之说，苟不善观，亦未免有病。盖其意从"太极动而生阳，静而生阴"说来。太极生生之理，妙用无息，而常体不易。太极之生生，即阴阳之生生。就其生生之中，指其妙用无息者而谓之动，谓之阳之生，非谓动而后生阳也；就其生生之中，指其常体不易者而谓之静，谓之阴之生，非谓静而后生阴也。若果静而后生阴，动而后生阳，则是阴阳、动静，截然各自为一物矣。阴阳一气也，一气屈伸而为阴阳；动、静一理也，一理隐显而为动、静。春夏可以为阳为动，而未尝无阴与静也；秋冬可以为阴为静，而未尝无阳与动也。春夏此不息，秋冬此不息，皆可谓之阳，谓之动也。春夏此常体，秋冬此常体，皆可谓之阴，谓之静也。自元、会、运、世、岁、月、日、时以至刻、秒、忽、微，莫不皆然。所谓"动静无端，阴阳无始"，在知道者默而识之，非可以言语穷也。若只牵文泥句，比拟仿像，则所谓"心从《法华》转，非是转《法华》"矣。

华杉详解

陆原静来信问：

"喜怒哀乐之未发谓之中，发而皆中节谓之和。"这人心是"未发"的本体，是在"已发"之前呢？还是在"已发"之中并且主导着"已发"呢？或者是"未发""已发"不分前后内外而浑然一体呢？

说心的动和静，是就有事、无事而言呢？还是就寂然不动、感物而通而言呢？又或者，是就遵循天理和顺从私欲而言呢？如果说遵循天理是静，顺从私欲是动，那么程子说的"动中有静，静中有动""动极而静，静极而动"等，就都说不通了。

如果说有事而感物相通为动，无事而寂然不动为静，那周敦颐《太极图说》里所谓"动而无动,静而无静",又说不通了。

如果说"未发"在"已发"之先,是先有静,然后生动,那《中庸》说的"至诚无息"又不对了!静的时候就是停息,这就不是至诚无息,是至诚有息了。周敦颐说的"性焉安焉之谓圣,复焉执焉之谓贤",也不对了。因为有停息,所以要恢复那状态,那圣人也有恢复的时候了。

如果说"未发"在"已发"之中,不是分开的,那么请问:是"未发""已发"都主于静呢?还是"未发"为静,"已发"为动呢?是"未发""已发"都无动无静呢?还是"未发""已发"都有动有静呢?

请老师教我!

陆原静发出这种提问,我看是表面上很认真学习,实际上完全不学习!什么是学习?是学而时习之,学到了要习,要练习、演习,放自己身上去做,切实笃行,自然知行合一。那你自然就有体会。纠着字眼抬杠,还把历代先贤全都抬翻了,这不是学习,是玩物丧志。

前面我们已经说过,此静不是彼静,此动不是彼动。同一个词,在不同语境中含义不一样。从根本上说,人类的语言不足以完全表达人类的思想。所以禅宗说"不立文字",就是说,写下来就是错。但是,思想总要传承,总得有文字记录。那记录下来的文字,要想还原那思想,还得靠你自己去知行合一。**所以,纠缠文字本身就不是正确的学习态度。**

维特根斯坦说:词语的游戏规则,在语言游戏中建立,又在游戏中修改。我时常觉得,应该把词语从我们的沟通、交流中抽离出来,送去清洗。清洗干净之后,再送回我们的交流中。就是说,同一个词,你也在说,我也在说,但是我们说的不是一个意思。

即使把词语清洗干净,意思都一样了,送回到交流中,还是不能一致。因为同样的词、同样的话,语境不一样,上下文不一样,意思就不一样。

最糟糕的,就是把别人的一个词或一句话,从这个语境中抽离出来,再送到另一个语境中去抽打。陆原静干的就是这个事。如果要这样干,不如不学。

王阳明回信说:

"未发之中",就是良知,没有前后,没有内外,浑然一体的心之本体。

有事、无事，可以说一个是动，一个是静，而良知不分动和静。寂然不动，感物而通，可以说一个是静，一个是动，而良知不分是寂然不动还是感物而通。动不动，通不通，良知都在。动还是静，是看当时的具体情况。心之本体是不分动、静的。

理，是不动的定理。动，就是欲望了。如果遵循天理，就算处于人事应酬万变之中，也没有动。而如果顺从物欲，就是心如槁木，也不算静。这"动中有静，静中有动"，又有什么疑问呢？

有事而感物相通，固然可以说是动，然而寂然不动的心未尝有增加；无事而寂然不动者，固然可以说是静，然而其感物相通的心未尝有减少。不增不减，才是本体。"动而无动，静而无静"，又有什么疑问呢？

没有前后内外，浑然一体，至诚无息，自然无疑，说什么至诚有息呢？

"未发"就在"已发"之中，但"已发"之中未尝还有一个"未发"存在；"已发"在"未发"之中，但"未发"之中未尝还有一个"已发"存在。所以说心体不是没有动、静，只是不可以用动、静来区分心体。

但凡古人的话，都在于用心体察，通晓其义。如果拘泥于文字，断章取义，那你看《诗经》里那句话"周余遗民，靡有孑遗"，结合上下文意思，是说旱情很严重，周的子民没有不遭遇灾难的。如果不看上下文，纠结字面意思，那就是周没有遗民了，人都跑光了，死光了。周敦颐说"静极而动"，如果你不管语境，不管上下文，那也会读出毛病来。他在《太极图说》中，从"太极动而生阳，静而生阴"，一路说过来。太极生生不息的道理，妙用无穷，其本体却是恒定不变。太极的生生不息，就是阴阳的生生不息。在其生生不息之中，就其妙用无穷就是动，阳在此运动中产生，而不是运动之后才产生阳。在其生生不息之中，就其本体恒定不变而言就是静，阴在此静止中得以产生，而不是静止之后才产生阴。如果真的是静止之后才产生阴，运动之后才产生阳，那么阴阳、动静就各自是不同的物了。阴阳是同一种气，气收缩为阴，伸展为阳；动静只是一理，理隐蔽起来是静，显现出来是动。春夏可以说是阳和动，但是春夏未尝没有阴和静。秋冬是阴和静，但秋冬不是没有阳和动。春夏秋冬变化不息，这就是阳和动；春夏秋冬都有常定之态，就是阴和静。从元、会、运、世、岁、月、日、时，以至刻、秒、忽、微，不管多少时间，全都是如此。所谓"动静无端，阴阳无始"，这个道理对于通晓大道的人来说，可以默会而知，却无法用言语表达、穷尽。如果只拘泥于字句，比拟模仿，那就是所谓"《法华经》支配着心转，不是心支配着《法华经》转"。

不要钻牛角尖

原文

来书云："尝试于心，喜、怒、忧、惧之感发也，虽动气之极，而吾心良知一觉，即罔然消阻，或遏于初，或制于中，或悔于后。然则良知常若居优闲无事之地而为之主，于喜、怒、忧、惧若不与焉者，何欤？"

知此，则知"未发之中""寂然不动"之体，而有"发而中节"之和、"感而遂通"之妙矣。然谓"良知常若居于优闲无事之地"，语尚有病。盖良知虽不滞于喜、怒、忧、惧，而喜、怒、忧、惧亦不外于良知也。

华杉详解

这里还是在讨论"喜怒哀乐之未发谓之中，发而皆中节谓之和"。

陆原静来信问：

我曾经在心中验证过欢喜、愤怒、忧虑、恐惧等感情的生发。有时候，虽然气得不得了，但我心中的良知一有醒觉，马上气就消了。有时是在刚一开始动气时就得到遏制，有时是动气到一半得到制止，有时是过后才后悔。但是，良知好像在某个悠闲无事的地方主宰着我的感情、情绪，与我的欢喜、愤怒、忧虑、恐惧等感情似乎都没关系，不参与。这是怎么回事呢？

王阳明回信说：

你明白了这一点，也就明白了"未发之中""寂然不动"的本体。无论你当时在发什么情绪，你的良知都在那里，不增不减、寂然不动。同时，你也能体会到发而中节之和，感而遂通之妙：良知一觉醒，马上就和了，就通了。但是，你说"良知好像在某个悠闲无事的地方待着",这话还有些毛病。所谓良知并不滞留于喜、怒、忧、惧,但当你喜、怒、忧、惧的时候,也并不在良知之外。

什么意思呢?喜怒哀乐之未发谓之中,发而皆中节谓之和。那良知寂然不动,是不动于理,并非不动于情;但它也会动、会发,发而中节之喜、怒、忧、惧,都不外乎良知。

原文

来书云:"夫子昨以良知为照心。窃谓良知,心之本体也;照心,人所用功,乃戒慎恐惧之心也,犹思也。而遂以戒慎恐惧为良知,何欤?"

能戒慎恐惧者,是良知也。

华杉详解

陆原静来信问:

先生昨天说良知就是照心。我认为良知就是心的本体。照心,是人所用的功夫,是戒慎恐惧之心,好比是心思。然而先生却将戒慎恐惧说成是良知,为什么呢?

这陆原静,又来了,纠缠字眼。

照心,心如明镜,物来心照。那心擦亮了,能照万事万物,就是照心;擦亮了,没有遮蔽,没有灰尘,就是本体。所以照心就是良知。照心用什么去照?就是用良知去照。陆原静不知道为什么要把良知当本体,却把照心当功夫。当你擦亮照心,自然物来心照,不用另外再去下功夫。

戒慎恐惧,就是慎独。《中庸》:"是故君子戒慎乎其所不睹,恐惧乎其所不闻。莫见乎隐,莫显乎微,故君子慎其独也。"在人所看不见、听不见的地方,也警醒谨慎,不可有失德、失礼之处。戒慎恐惧,慎独。我之良知,人所不知,唯有天知地知,所以戒慎恐惧自然就是良知了。

王阳明似乎不想跟他纠缠了。回信只写了一句话:

能让人戒慎恐惧的那个东西,就是良知。

原文

　　来书云："先生又曰'照心非动也'，岂以其循理而谓之静欤？'妄心亦照也'，岂以其良知未尝不在于其中、未尝不明于其中，而视听言动之不过则者，皆天理欤？且既曰妄心，则在妄心可谓之照，而在照心则谓之妄矣。妄与息何异？今假妄之照以续至诚之无息，窃所未明，幸再启蒙。"

　　"照心非动"者，以其发于本体明觉之自然，而未尝有所动也，有所动即妄矣；"妄心亦照"者，以其本体明觉之自然者，未尝不在于其中，但有所动耳，无所动即照矣。无妄、无照，非以妄为照、以照为妄也。照心为照，妄心为妄，是犹有妄、有照也。有妄、有照则犹二也，二则息矣。无妄、无照则不二，不二则不息矣。

华杉详解

这封信讨论的问题，是接着前面《答陆原静书》的第一封信。

这回陆原静来信又问：

先生说照心是不动的，难道说因为它遵循天理，所以就是静吗？先生又说，妄心也能照，难道是因为良知也未尝不在那妄心之中，良知未尝不澄明于妄心之中，而人的视听言动能不越过准则，都是天理的作用吗？但是，既然叫妄心，那良知在妄心中，就是澄明的；在照心之中呢，就是烦乱的了。那烦乱不就是停息了吗？就不是至诚无息了呀？现在把妄心之照和至诚无息联系起来，我就搞不明白了，请先生再教导我啊！

现在我们基本知道陆原静研究问题的路子，他就是在老师不同的话里找矛盾。他这种学习方法，我称之为"纠错型"，或"找碴儿型"，钻牛角尖。不管老师跟他说得多明白，他都能从里面发掘出不明白来。如果实在找不到不明白的地方，他也能把老师这次的话和上次的话，或其他老师的话，比照出不明白来。然后，他又来提问了。

王阳明回信说：

照心是不动的，因为它来自心的本体的自然明觉，所以不曾动，动了就是妄；说妄心也能照，因为妄心之中也有心的本体，自然明觉。但是它动了，动了就是妄，妄动；它若不动呢，就能照。说无妄、无照，并不是把妄心当照心，把照心当妄心。把照心称作照，妄心称作妄，这就是有妄和照的区分；有区分，就是二，二就是停息。如果没有妄和照的区分，就是不二。一心不二，就是至诚无息。

不要"将迎意必"

原文

　　来书云："养生以清心寡欲为要。夫清心寡欲，作圣之功毕矣。然欲寡则心自清，清心非舍弃人事而独居求静之谓也，盖欲使此心纯乎天理而无一毫人欲之私耳。今欲为此之功，而随人欲生而克之，则病根常在，未免灭于东而生于西。若欲刊剥洗荡于众欲未萌之先，则又无所用其力，徒使此心之不清。且欲未萌而搜剔以求去之，是犹引犬上堂而逐之也，愈不可矣。"

　　必欲此心纯乎天理而无一毫人欲之私，此作圣之功也。必欲此心纯乎天理而无一毫人欲之私，非防于未萌之先而克于方萌之际不能也。防于未萌之先而克于方萌之际，此正《中庸》"戒慎恐惧"、《大学》"致知格物"之功，舍此之外，无别功矣。夫谓"灭于东而生于西""引犬上堂而逐之"者，是自私自利、将迎意必之为累，而非克治、洗荡之为患也。今曰"养生以清心寡欲为要"，只"养生"二字便是自私自利、将迎意必之根。有此病根潜伏于中，宜其有"灭于东而生于西""引犬上堂而逐之"之患也。

华杉详解

陆原静来信问：

养生的关键在于清心寡欲。能清心寡欲，做圣人的功夫也就到位了。但是，欲望少了，心自然就清静了。清心寡欲，并不是要舍弃人事，离群独居以求清静，而是要此心纯乎天理，没有一丝一毫人欲私心。现在，我也想下这功夫，但却总是无从着手。如果随着人欲的发生而克制它吧，那病根常在，未免东边克制住了，它又从西边冒出来了。如果要在人欲还没有萌动的时候就把它扫除涤荡吧，它都还没有萌动，我往哪儿用力呢？到处挖掘人欲，反而搞得自己心里不得清静。而且，那人欲明明没有萌动，我非要去把它挖出来，就好像厅堂上本来没有狗，我自己牵一只狗上来，又再把它撵出去，这更加不行啊！

王阳明回信说：

做圣人的功夫，就这一个，惟精惟一，就是必须做到此心精纯，一心不二，纯乎天理，没有丝毫人欲私心。而要做到惟精惟一，路径也只有一个，就是在私欲萌发之前防范，在私欲萌动之时克制。这就是《中庸》的戒慎恐惧，慎独功夫；这就是《大学》的格物致知，随事随物随时格正自己，致良知。除此之外，没有别的路径和别的办法。

你所谓"灭于东而生于西""引犬上堂而逐之"之类的说法，正是你的毛病所在。什么病？就是孔子所言"意必固我"的"意必"。

《论语》："子绝四：毋意、毋必、毋固、毋我。"

孔子杜绝了四大毛病：不要主观臆断；不要期必，期待结果一定会怎样；不要固执己见；不要太自我，成了我执。

你的毛病，就在于将迎意必，而不是你真的在扫除涤荡自己的私欲所带来的困惑。什么灭东生西，引犬上堂，都是主观臆断，没事找事。而信中开篇第一句已经暴露了你的一切，"养生以清心寡欲为要"，你要的是"养生"，不是修身，养生是你的目的，你的私欲，你将迎意必、准备迎接、意在必得的病根。这私欲的病根一直在那里潜伏着，"灭于东而生于西"——你灭东灭西，都没有灭到它。"引犬上堂而逐之"——那狗一直在你心堂上坐着呢！

你想得，所以就失去了；
只有你不想得，它自己才会来

原文

来书云："佛氏于'不思善、不思恶时认本来面目'，于吾儒'随物而格'之功不同。吾若于不思善、不思恶时用致知之功，则已涉于思善矣。欲善恶不思而心之良知清静自在，惟有寐而方醒之时耳。斯正孟子'夜气'之说。但于斯光景不能久，倏忽之际，思虑已生。不知用功久者，其常寐初醒而思未起之时否乎？今澄欲求宁静，愈不宁静；欲念无生，则念愈生。如之何而能使此心前念易灭、后念不生，良知独显而与造物者游乎？"

"不思善、不思恶时认本来面目"，此佛氏为未识本来面目者设此方便。"本来面目"即吾圣门所谓"良知"。今既认得良知明白，即已不消如此说矣。"随物而格"，是致知之功，即佛氏之"常惺惺"，亦是常存他本来面目耳。体段工夫大略相似。但佛氏有个自私自利之心，所以便有不同耳。今"欲善恶不思而心之良知清静自在"，此便有自私自利、将迎意必之心，所以有"不思善、不思恶时用致知之功，则已涉于思善"之患。孟子说"夜气"，亦只是为失其良心之人指出个良心萌动处，使他从此培养将去。今已知得良知明白，常用致知之功，即已不消说"夜气"。却是得兔后不知守兔而仍去守株，兔将复失之矣。"欲求宁静""欲念无生"，此正是自私自利、将迎意必之病，是以"念愈生"而"愈不宁静"。良知只是一个良知，而善恶自辨，更有何善何恶可思？良知之体本自宁静，今却又添一个求宁静；本自生生，今却又添一个欲无生。非独圣门致知之功不如此，虽佛氏之学亦未如此将迎意必也。只是一念良知，彻头彻尾，无始无终，即是前念不灭，后念不生。今却欲前念易灭而后念不生，是佛氏所谓"断灭种性"，入于槁木死灰之谓矣。

华杉详解

陆原静来信问：

这佛家"在不思善，也不思恶的时候体认本来面目"，和我们儒家"在事物上格正自己"的功夫不同。如果在不思善、不思恶的时候，下致知的功夫，其实就已经在思善了。要想善恶都不想，而心中的良知清静自在，那只有在睡觉早上刚醒的时候。这正是孟子"夜气"之说，就是晚上宁静时产生出来的良知。但是，这一刻光景也不长久，倏忽之间，思虑已生，夜气没了，清静也没了。不知道那用功时间长的人，是否能够长时间保持刚睡醒时那种思虑未起的状态。现在我越是求宁静，就越是不得宁静；越是想不生念头，那念头就越要生发出来。怎么样才能做到让心中前面的念头灭去，后面的念头不要生出来，只有那良知独显，而与天地之造物者同游呢？

这陆原静问问题真是能把人急死！他表面上勤学好问、在下功夫，实际上完全没入门，对他要学的东西完全没概念。他若真是在下致良知的功夫，就根本不会提这些问题。他只是"知道"有"致良知"这个功夫，然后一直在那儿"探讨"，还批评佛家功夫不如儒家。佛家的功夫他懂吗？儒家的功夫他会吗？他从来没有笃行过。他若真知道"随物而格"之功，就该知道"必有事焉"。给老师写信，就会谈具体事、具体"格"的感受，就不会写这些空话了。

也难为王阳明，每次耐心地回答他。

王阳明回信说：

"在不思善、也不思恶的时候体认本来面目"，是佛家给不识得本来面目的人设的一个方便法门。佛家讲的"本来面目"，就是我们说的良知，是一回事。如果识得本来面目、识得良知，就不需要跟他讲这个了。

"随物而格"，是"致知"的功夫，和佛家说的"常惺惺"是一回事，就是保持警醒状态，也是时时存养本来面目，致良知而已。儒、佛两家的修行功夫大体相似，只是佛家多了一个自私自利之心，所以不同而已。

你今天说希望自己能不思善、不思恶而良知清醒自在，这就是已经有自私自利、将迎意必之心了，期待着自己得到这"效果"。想"得"，得到那自己主观臆想，期待必得的"不思善、不思恶而良知清醒自在"的状态。所以你就有了"在不思善、不思恶的时候，下致知的功夫，其实就已经在思善了"这样的病痛。

明白了吗？**你想"得"，所以你就失去了。只有你没有想"得"，它自己才会"来"。**

孟子讲"夜气"，也是跟那些失去了良知的人讲的。

所以你看，"夜气"是孟子讲那"坏人"的。他说，再坏的人，早上刚起床时也总有一点萌动的良知，如果能抓住这一点点良知培养，也可以变成好人。

那么，如果那人本来就是好人、就有良知，那你就直接下致良知的功夫，就不用讲夜气了。这时候来讲夜气，就好像守株待兔，兔子已经得手了，不守着兔子，还去守着那树桩，那得到的兔子不又跑掉了吗？你说想求宁静、想不生欲念，这正是自私自利、将迎意必的毛病。这是念头越生，越不宁静的原因。

良知就是良知，自然能辨别善恶，有什么思善思恶呢？没有什么需要你去思的。良知的本体，本来就是宁静，你上哪里去求一个宁静呢？你懂了，自然就静了；你没懂，上哪里去求静？良知的本体，本来就是生生不息，你又上哪里去求一个念头不生呢？不光是儒家的致知功夫是这样，佛家也没有你这么去修行的。只是一念良知，彻头彻尾，无始无终，就是前念不灭、后念不生。你今天想要前念易灭、后念不生，那反倒是佛家批评的"断灭种性"，是心灵处于死寂状态，那就成了槁木死灰了！

我们不要老想着"我要做一个好人"，这也是将迎意必，要结果。我们要关注具体事，每时每刻每件事，具体怎么做，而不是去给自己做鉴定。这样的修行，就是格物致知，就是儒家说的"应事、接物、待人"的日用常行，就是佛家说的"挑水砍柴"。

从陆原静身上看到六大流行"学习病"

原文

　　来书云："佛氏又有'常提念头'之说，其犹孟子所谓'必有事'，夫子所谓'致良知'之说乎？其即'常惺惺'，常记得、常知得、常存得者乎？于此念头提在之时，而事至物来，应之必有其道。但恐此念头提起时少、放下时多，则工夫间断耳。且念头放失，多因私欲客气之动而始，忽然惊醒而后提。其放而未提之间，心之昏杂多不自觉。今欲日精日明，常提不放，以何道乎？只此常提不放即全功乎？抑于常提不放之中，更宜加省克之功乎？虽曰常提不放，而不加戒惧克治之功，恐私欲不去。若加戒惧克治之功焉，又为'思善'之事，而于本来面目又未达一间也。如之何则可？"

　　戒惧克治即是"常提不放"之功，即是"必有事焉"，岂有两事邪？此节所问，前一段已自说得分晓，末后却是自生迷惑，说得支离，及有"本来面目未达一间"之疑，都是自私自利、将迎意必之为病。去此病，自无此疑矣。

华杉详解

陆原静收到老师的回信，他没有去落实笃行，又继续在字里行间找"问题"。这"问题"又来了：

老师上次信中跟我讲到佛家的"常惺惺"，我想起佛家还有一个"常提念头"的说法，这和孟子的"必有事焉"是不是一个意思呢？和老师说的"致良知"是不是一个意思呢？和上次您教我的"常惺惺"，时常保持清醒、时常要记得、时常要知得、时常要存养，是不是一个意思呢？假如我把这念头提着，而事物到来，我必然有回应之道。但是，就怕我这念头提起的时候少、放下的时候多，那我的工夫就间断了。而且这念头的放失，大多是因为内心的私欲和外来的扰动，就算是突然醒觉，意识到了，赶紧把念头提起来，那么，在念头放失之后和提起来之前那一段时间，还是昏聩杂乱不自觉的啊！现在我希望自己能做到信念日益精进明白，念头常提不放，应该用什么方法呢？只要这念头常提不放，就是全部的功夫吗？还是在常提不放之外，还要再加上省察克治的功夫呢？您看，如果常提不放，但是不加以省察克治的功夫，那恐怕私欲不能被克去；如果加以省察克治的功夫呢，就又成了我上封信说的"思善"了，这样心体又不在"本来面目"上。老师啊！我该怎么办才好？

王阳明看了陆原静的信，知道上封信都白说了。这次他没有再耐心重复，简单写了几句回复：

戒慎恐惧，省察克治，就是常提不放，就是"必有事焉"，哪有两件事？哪有什么念头提起来还分有克治和没克治？你这封信问的，上封信已经问过，我也回答得非常明白了。你自己却又生出迷惑，说得支离破碎，又说出"思善"和"本来面目"的关系来——这就是我说的你自私自利、将迎意必的病根。去除了这个弊病，你自然就没有这些疑虑了！

陆原静的将迎意必，就是他任何时候都在着急——什么时候修成正果啊？于是他就每一分钟都搞得自己心烦意乱，又不停地把他的"焦虑之箭"射向老师。

原文

来书云："'质美者明得尽，渣滓便浑化。'如何谓'明得尽'？如何而能'便浑化'？"

良知本来自明。气质不美者，渣滓多、障蔽厚，不易开明。质美者，渣滓原少，无多障蔽，略加致知之功，此良知便自莹彻。些少渣滓如汤中浮雪，如何能作障蔽？此本不甚难晓，原静所以致疑于此，想是因一"明"字不明白，亦是稍有欲速之心。向曾面论"明善"之义，"明则诚矣"，非若后儒所谓"明善"之浅也。

华杉详解

陆原静来信问：

程颢先生说："气质美好的人明德尽显，缺点也就融化消失了。"怎样才能做到明德尽显，让缺点都融化消失呢？

看来陆原静读书很多。读各种书，问各种问题，就是假学习，不是真学习。前面的没做，这问题越问越"高端"。他问如何让缺点消失，这就是没有"必有事焉而勿正"，没有在具体事上下功夫，而是空问缺点如何消失。你具体要改正什么缺点，就说什么缺点，而不是空泛地谈缺点。

王阳明回信说：

良知本来就自明、尽明、无处不明。只是气质差的人，渣滓多、障蔽厚，不容易开明。气质美的人呢，渣滓少、障蔽也少，略加致知之功，轻轻一擦，这良知的心镜就晶莹透彻了。那些许渣滓，就像一锅汤里面飘进几多雪花，当然障蔽不了。

这个道理本来非常简易明白，不存在什么问题。而你之所以问这个问题，我估计有两个原因：一是你对"明"字的含义还不明白，总以为自己要拿个什么东西去擦、去磨，有个什么"明"的动作功夫。我之前当面跟你说过"明善"的意思，明，就是诚，一片赤诚，诚心诚意，至诚无息。问自己诚不诚就好了。第二个原因，是因为你太急，贪巧求速，总想找到一个什么办法、功法，让自己也赶紧明得尽。你要找的那个办法、功法实在是没有，就一个"诚"字而已。

《答陆原静书》大半读下来，我们可以总结一下陆原静的"学习病"。**这些"学习病"今天仍很普遍：**

一是焦虑盲目症，总担心自己落伍了，赶不上新时代了，到处去学新东西，不懂得温故而知新，不懂得从浅近处下手，不懂得在自己的事情上反复学，而是永远追新逐异、一心另辟蹊径。总之，哪里有大路，就不往哪里走，一定去断蹊僻径。

二是纠错症，老师跟他讲什么，他都不关注正确的部分，只关注他以为"错误"的部分，一定给你挑出错来，然后找老师纠缠。

三是胜心，老想胜过别人。他读儒学，就说佛家的思想不如儒学。他连儒学都没学通，怎么有资格评价呢？他的专业不是佛学，佛学和儒学谁对谁错、谁强谁弱，关他什么事呢？这根本不是他该想的，也不是他有学力去讨论的。

四是纠缠字眼，在文句中找矛盾。

五是从来不落实去做，成天以空谈为务。空谈的背后，是一种虚荣心作怪，向同学老师显示自己知道得多，诸子百家都晓得，信手拈来，就能辨析讨论。再者是懒惰，读书多、谈资广，其实是玩物丧志；而切实笃行，那太累人，所以永远不会去做。

六是"期必"心急症，要修炼做圣人，恨不得每一分钟都要检查一下成了没有。大大低估了成功所需要的时间，不能做到"勿忘勿助，必有事焉而勿正"。

有这六大毛病，永远学不成。治这六大病的药就一味——致良知。 陆原静不懂得致良知。作为王阳明老师的著名弟子，他只是知道有"致良知"这个说法，其他道理完全不知道，也不相信"致良知"的功夫，所以从来不会去做。也真难为了王老师一遍一遍苦口婆心跟他说。《传习录》里，还数他笔记记得多。同学们还很喜欢他，都觉得多亏有原静，他问得细，老师也答得细，让大家听到了好多"新东西"！

这六种"学习病"，流行几千年了，愈演愈烈，永远治不了。染上这六种"病"，那永远都学不成。学不成倒也"没关系"，不耽误夸夸其谈，而且还可以开讲座赚其他病友的钱，因为大家都有病，也就不以为病了。"流行病"越严重，赚钱越多。

在困勉之中，循着良知良能，也是生知安行

原文

　　来书云："聪明睿知，果质乎？仁义礼智，果性乎？喜怒哀乐，果情乎？私欲、客气，果一物乎？二物乎？古之英才，若子房、仲舒、叔度、孔明、文中、韩、范诸公，德业表著，皆良知中所发也，而不得谓之闻道者，果何在乎？苟曰此特生质之美耳，则生知安行者不愈于学知困勉者乎？愚意窃云，谓诸公见道偏则可，谓全无闻，则恐后儒崇尚记诵训诂之过也。然乎？否乎？"

　　性一而已。仁义礼知，性之性也；聪明睿知，性之质也；喜

怒哀乐，性之情也；私欲、客气，性之蔽也。质有清浊，故情有过、不及，而蔽有浅深也。私欲客气，一病两痛，非二物也。张、黄、诸葛及韩、范诸公，皆天质之美，自多暗合道妙，虽未可尽谓之知学、尽谓之闻道，然亦自有其学、违道不远者也。使其闻学知道，即伊、傅、周、召矣。若文中子，则又不可谓之不知学者，其书虽多出于其徒，亦多有未是处，然其大略则亦居然可见。但今相去辽远，无有的然凭证，不可悬断其所至矣。

夫良知即是道。良知之在人心，不但圣贤，虽常人亦无不如此。若无有物欲牵蔽，但循着良知发用流行将去，即无不是道。但在常人多为物欲牵蔽，不能循得良知。如数公者，天质既自清明，自少物欲为之牵蔽，则其良知之发用流行处，自然是多，自然违道不远。学者，学循此良知而已。谓之知学，只是知得专在学循良知。数公虽未知专在良知上用功，而或泛滥于多歧、疑迷于影响，是以或离或合而未纯。若知得时，便是圣人矣。后儒尝以数子者尚皆是气质用事，未免于行不著、习不察，此亦未为过论。但后儒之所谓著、察者，亦是狃于闻见之狭、蔽于沿习之非，而依拟仿象于影响形迹之间，尚非圣门之所谓著、察者也。则亦安得以己之昏昏而求人之昭昭也乎？所谓生知安行，"知行"二字，亦是就用功上说。若是知行本体，即是良知良能，虽在困勉之人，亦皆可谓之生知安行矣。"知行"二字更宜精察。

华杉详解

陆原静来信问：

聪明睿智，真的是人的质地吗？仁义礼智，真的是人的天性吗？喜怒哀乐，真的是人的性情吗？内心的私欲和外来的邪气，是一个东西还是两个东西？古代的英才，比如张良、董仲舒、黄宪、诸葛亮、王通、韩琦、范仲淹等，道德、功业都表现卓著，都是从他们的良知中生发出来，但又不能说他们够得上是得闻大道的人，这是为什么呢？如果说他们天资卓著，那天资卓著，就是生知安行的人了。他们既然是生知安行的人，又算不上得闻大道的人，那岂不是生知安行者，还不如一些学知利行、困知勉行的人了吗？我觉得，如果说这几位先贤对道的体认还有偏差的话，还算可以；但是，要说他们对道完全没认识，恐怕就是后儒过分注重记诵训诂而形成的偏见了。

不问问自己有没有资格，就敢给古人打分，本身就是一种"病"。张良，字子房，汉初三杰之一，刘邦的重要谋士。董仲舒，汉武帝的国师，"罢黜百家，独尊儒术"的倡导者。黄宪，字叔度，东汉大儒，有"颜回"之称。诸葛孔明，不用介绍了。文中子王通，前面王阳明和弟子们讨论过，隋朝大儒，时称"王孔子"，模仿孔子，仿制六经，著"续六经"和《中说》。韩琦、范仲淹，北宋出将入相的两大柱石之臣，世称"韩范"。

这些人，都是中华上下五千年最杰出的人，而陆原静评价说："不能说他们对道完全没有认识，只不过他们对道的体认还有偏差罢了。"要说这个话，首先你要比他们都高明，然后你要对道有完全彻底的体认，才能去评价别人体认了多少。自己连边都没挨着，怎么就敢臧否古人呢？

《论语》记载："子贡方人。子曰：'赐也贤乎哉？夫我则不暇。'"

"方"，是比方，较其短长。子贡平时喜欢臧否人物、较其短长，谁谁谁怎么样，谁谁谁不怎么样。老师都听烦了，说："子贡啊，你这也看不上，那也瞧不起，你自己就那么贤良吗？要是我啊，可没那么多闲工夫去说别人！"

不过，朱熹注解说，比方人物以较其短长，也是穷理之事。观察他人，是重要的修身学习方法。

我们看看王阳明怎么回答吧。

天命之谓性，性就是一个。仁义礼智，是性的本性；聪明睿智，是性的质地；喜怒哀乐，是性的性情；内心的私欲和外来的邪气，是性的蔽障。质地有清浊之分，所以性情有过与不及的差异，蔽障有浅深的不同。至于私欲和客气，你看见那外物，起了欲望，是一病两痛，是一个东西，不是两个东西。

张良、黄宪、诸葛亮、韩琦、范仲淹等人，都是天资卓越，自然多与大道之妙暗合，就算不能说他们学问通透，大道彰明，也离得不远。如果他们再进一步，就是伊尹、傅说、周公、召公那样的圣贤了。

要说文中子王通，你可不能说他不明白圣学。他的书，有人说是他徒弟写的，不是他写的，有的地方也不全对，但他的学问大体是看得明白的。因为时间久远，也不能考证到确然的证据，但我们不能武断地去给他打分，说他的学问到了哪一步、还没到哪一步。

良知就是大道，良知自在人心，不但圣贤，常人也无一例外。如果没有物欲障蔽，这良知扩展开去，就无处不是道。但是，常人多为物欲所蔽，不能遵循良知行事。你说到的几位先贤，天资清明，又较少为物欲所牵引障蔽，他们的良知生发、运用、扩展、流行的地方，自然就多，自然就违道不远。

如果说要学习，也是学习致良知，循着良知行事。如果说懂得学习，也是懂得惟精惟一，专注在学习循着良知。几位先贤，虽然还不懂得专注在良知上用功，或者兴趣广泛，受到别的东西影响，所以和良知、大道，有时相符，有时有差距，还不够精纯。如果精纯了，那他们都是圣人了。

后世儒者评价说，他们只是凭天才成就，未免落入"行不著，习不察"，这个评价或许也不算过分。但是，这些说别人"行不著，习不察"的人，自己是不是著和察呢？他们的所谓著和察，也不过是拘泥于狭隘的见闻，障蔽于错误的陋习，模仿圣人的影响、行迹罢了，并不是圣学真正的著和察。自己都没搞明白，还能说别人吗？

"行不著，习不察"出自《孟子》：

> 孟子曰："行之而不著焉，习矣而不察焉，终身由之而不知其道者，众也。"

义利分明叫"著"，洞悉精微叫"察"。孟子说，做了却不明白，习惯了而不觉察，一辈子走在这条道路上，却还是不了解这道的，就是芸芸众生吧。

王阳明最后总结说：

所谓生知安行，"知行"二字，是就用功而言，去下"知"的功夫，去下"行"的功夫，去下"知行合一"的功夫。这知行的本体，就是良知良能。这样，就算是困知勉行的人，在困勉之中，找到良知良能，循着良知良能，那也是生知安行了。所以这"知行"二字，更要精细地去体察。

"知行本体是良知良能""困勉之中也可谓生知安行",这两句话真是醍醐灌顶!因为我们都是困知勉行的人。不是时时刻刻都有良知罩着,总是犯了错、吃了亏,才醒觉,然后去改过。改过的时候呢,往往还是为了毁誉得失,进入学知利行,为了利而行。一旦为了脱困,为了得利,必然有障蔽。

《中庸》说:"或生而知之,或学而知之,或困而知之,及其知之,一也;或安而行之,或利而行之,或勉强而行之,及其成功,一也。"不管你是生知安行、学知利行,还是困知勉行,只要你知了、行了,结果都是一样的。我很长时间不能理解,这三重境界差得天远地远,怎么能一样呢?王阳明这里说清楚了,在良知良能上一样;知行本体一样是良知良能,始终在致良知上下功夫。

苦不苦,想想阳明亡命天涯处;
乐不乐,学习颜回箪食瓢饮、鼓瑟高歌

原文

来书云:"昔周茂叔每令伯淳寻仲尼、颜子乐处。敢问是乐也,与七情之乐同乎、否乎?若同,则常人之一遂所欲,皆能乐矣,何必圣贤?若别有真乐,则圣贤之遇大忧、大怒、大惊、大惧之事,此乐亦在否乎?且君子之心常存戒惧,是盖终身之忧也,恶得乐?澄平生多闷,未尝见真乐之趣,今切愿寻之。"

乐是心之本体,虽不同于七情之乐,而亦不外于七情之乐。虽则圣贤别有真乐,而亦常人之所同有,但常人有之而不自知,反自求许多忧苦,自加迷弃。虽在忧苦迷弃之中,而此乐又未尝不存。但一念开明,反身而诚,则即此而在矣。每与原静论,无非此意。而原静尚有"何道可得"之问,是犹未免于骑驴觅驴之蔽也!

华杉详解

陆原静来信问:

在《河南程氏遗书》中，程颢说："昔受学于周茂叔，每令寻颜子、仲尼乐处，所乐何事？"周敦颐先生要程颢去寻找体会孔子、颜回的快乐。请问先生，这孔子、颜回的快乐，和普通人的七情之乐一样不一样呢？如果是一样的，那普通人只要自己想要的得到了，都能快乐，何必去做圣贤呢？如果说圣贤另外有常人没有的真正的快乐，那当圣人遇见大忧、大怒、大惊、大惧之事的时候，这快乐还在不在呢？圣学又说，君子要常存戒慎恐惧之心，这时时刻刻都在戒慎恐惧，那是终身之忧，怎么能有快乐呢？我素来多烦闷，没有得到过真正的快乐，现在十分真切地想要得到它！

王阳明回信说：

孔、颜的快乐，是心的本体，虽然和普通人的七情之乐有所不同，但也不外乎七情之乐。虽然圣人别有真乐，但那快乐也是常人所同有的。但是，常人有这快乐，自己却不知道，反而自己去找来很多的忧苦，自行迷茫，遗弃了真正的快乐。就算你在苦恼迷茫之中的时候，那快乐又何尝不在呢？只要你一念开明，反求诸己，就能感受到这种快乐。这个问题，是我经常和你讨论的，无非就是这个意思。而你还要问有什么办法可寻，那真是骑驴找驴了。

这里讲讲我的学习体会。

先说颜回的快乐。《论语》中说：

> 子曰："贤哉回也！一箪食，一瓢饮，在陋巷，人不堪其忧，回也不改其乐。贤哉回也！"

孔子赞叹颜回：颜回真是贤德的人啊！一天就吃一箪饭，喝一瓢水，住在很窄小的破房子里。换个人，早就不胜忧愁苦闷，颜回却仍然不改其乐。颜回啊颜回，真是贤德的人啊！

富而不骄易，安贫乐道难。颜回就能在贫困中，自得其乐。

至于圣贤之遇大忧、大怒、大惊、大惧之事，此乐亦在否？此时我们就要学王阳明了，因为我们的人生际遇中那点忧怒惊惧，跟他所遇到的相比，简直都不是事儿！他能此心光明、不改其乐，正是在龙场最悲苦的时候，磨砺出了他的良知之学，我们有什么好抱怨的呢？

苦不苦，想想阳明亡命天涯处。

乐不乐，学习颜回箪食瓢饮，鼓瑟高歌。

人生遇到悲苦困难处，更要建立快乐本体。

学问贵在反求诸己，
不是靠学知识、求解答就能得到

原文

来书云："《大学》以'心有好乐、忿懥、忧患、恐惧'为不得其正，而程子亦谓'圣人情顺万事而无情'。所谓有者，《传习录》中以病疟譬之，极精切矣。若程子之言，则是圣人之情不生于心而生于物也，何谓耶？且事感而情应，则是是非非可以就格。事或未感时，谓之有则未形也，谓之无则病根在。有无之间，何以致吾知乎？学务无情，累虽轻，而出儒入佛矣，可乎？"

圣人致知之功，至诚无息。其良知之体，皦如明镜，略无纤翳。妍媸之来，随物见形，而明镜曾无留染，所谓"情顺万事而无情"也。"无所住而生其心"，佛氏曾有是言，未为非也。明镜之应物，妍者妍、媸者媸，一照而皆真，即是"生其心"处。妍者妍、媸者媸，一过而不留，即是"无所住"处。病疟之喻，既已见其精切，则此节所问可以释然。病疟之人，疟虽未发，而病根自在，则亦安可以其疟之未发，而遂忘其服药调理之功乎？若必待疟发而后服药调理，则既晚矣。致知之功，无间于有事无事，而岂论于病之已发未发邪？大抵原静所疑，前后虽若不一，然皆起于自私自利、将迎意必之为祟。此根一去，则前后所疑，自将冰消雾释，有不待于问辨者矣。

华杉详解

陆原静来信问：

《大学》里说"心有好乐、忿懥、忧患、恐惧"为"不得其正",程颢先生又说"圣人情顺万事而无情"。所谓有,《传习录》中曾经以病疟来打比方,十分精辟。说他虽然没有表现出来,但是平时好色、好名、好利的病根还在。就像病疟一样,虽然不是一直发病,但病根还在,不能说他是无病之人。

如果像程颢先生所说:"圣人情顺万事而无情。"那么圣人的情不是产生于心,而是产生于物了。你看,他是随着事物的感发而相应产生感情,其中的是是非非才得以格正。那么,如果没有感受到事物,说有情,则情还未显现;说无情,却是病根一般潜伏着。有情和无情之间,怎样才能实现自己的良知呢?学习一定要达到无情的境界,这样牵累虽然少了,却又离开儒学,遁入佛学了,这样可以吗?

这是《答陆原静书》的最后一篇了。原静的问题,就是永远不能开始真正切己体察、事上琢磨、知行合一地学习,一直在替古人、替儒道释打文字官司。他对程颢的话的理解本身是错的;在错误的理解下,自然又提出错误的问题,把自己卡住了。正如他自己所说:"澄平生多闷,未尝见真乐之趣。"他这样"学习",如何能不闷?油盐不进,永远拒绝真知,专注于找疑惑,又怎能得到真乐?总是骑驴找驴,还南辕北辙。

王阳明回信说:

圣人致知的功夫,就是至诚无息,一片至诚,没有一刻停息。圣人良知的本体,皎洁如明镜,不曾有纤毫染着,美丑随时在静中显现它的形象,而明镜的本体未尝沾染,这就是所谓"情顺万事而无情",就是物来心照,物去不留。"无所住而生其心",佛家的这一说法本来不错。明镜照物,美者自美,丑者自丑,一照而不曾滞留,就是"无所住"的意思。你对于疟疾的比喻已经理解得很透彻了,那么这事儿就已经说完了。有疟疾的人,疟疾虽然没有发作,但病根还在,难道可以因为病没有发作就忘记吃药调理的功夫吗?如果一定要等到病发之后才吃药调理,就为时已晚了。致知的功夫,有事无事都不曾间断,哪管病是发作还是没发作。你的疑问前后不一,但都是一个病,就是自私自利,刻意追求,将迎意必,然后不去笃行,就在那儿纠结我功夫练不成怎么办。这个病根去除了,前前后后这许多疑问,自然冰消雾散,这些问题也就都不存在了，无须如此"学问思辨"。

原文

钱德洪跋

《答原静书》出，读者皆喜澄善问、师善答，皆得闻所未闻。师曰："原静所问，只是知解上转，不得已与之逐节分疏。若信得良知，只在良知上用功，虽千经万典无不吻合，异端曲学一勘尽破矣，何必如此节节分解？佛家有'扑人逐块'之喻：见块扑人，则得人矣；见块逐块，于块奚得哉？"在座诸友闻之，惕然皆有惺悟。此学贵反求，非知解可入也。

华杉详解

十六封信的《答陆原静书》终于结束了，钱德洪在后面写了一个跋：

《答陆原静书》公开刊行之后，大家都非常喜欢，觉得陆原静很善于提问题，老师又讲解得很细致，让大家学到了好多以前没听说过的东西。

王阳明就说：

陆原静所问的都是在认知、理解的层面打转，没有知行合一，没有切身体会，都是空对空的空谈。我被逼无奈，也不得不跟着他的逻辑，一节一节地条分缕析给他解释。

陆原静只是知道有良知这回事，没有知行合一，没有真正相信良知。如果他真的相信我的良知之说，那就只需在良知上用功。那即使千经万典，也没有不吻合的地方，异端邪说自然破去，何必如此一节一节地讲呢？这样一节一节地讲，一节讲完，又生一节，永远也讲不完。佛家有"狗不咬人却去追逐石块"的比喻：那人扔石头打狗，狗看见石头，当然要去扑咬那扔石块的人，如果去扑那石块，在石块上能得到什么呢？

在座的同学们听闻后都惕然有所醒悟。**先生的学问贵在反求诸己，并不是靠学知识、求解答就能得到的。**

良知不滞留于见闻，也不离开见闻

原文

答欧阳崇一

崇一来书云："师云：'德性之良知，非由于闻见。若曰多闻择其善者而从之，多见而识之，则是专求之见闻之末，而已落在第二义。'窃意良知虽不由见闻而有，然学者之知，未尝不由见闻而发。滞于见闻固非，而见闻亦良知之用也。今日'落在第二义'，恐为专以见闻为学者而言。若致其良知而求之见闻，似亦知行合一之功矣。如何？"

良知不由见闻而有，而见闻莫非良知之用。故良知不滞于见闻，而亦不离于见闻。孔子云："吾有知乎哉？无知也。"良知之外别无知矣。故致良知是学问大头脑，是圣人教人第一义。今云专求之见闻之末，则是失却头脑，而已落在第二义矣。近时同志中，盖已莫不知有致良知之说，然其功夫尚多鹘突者，正是欠此一问。

大抵学问功夫只要主意头脑是当。若主意头脑专以致良知为事，则凡多闻多见，莫非致良知之功。盖日用之间，见闻酬酢，虽千头万绪，莫非良知之发用流行。除却见闻酬酢，亦无良知可致矣，故只是一事。若曰致其良知而求之见闻，则语意之间未免为二。此与专求之见闻之末者虽稍不同，其为未得精一之旨，则一而已。"多闻，择其善者而从之，多见而识之。"既云"择"，又云"识"，其良知亦未尝不行于其间，但其用意乃专在多闻多见上去择、识，则已失却头脑矣。崇一于此等处见得当已分晓，今日之问，正为发明此学，于同志中极有益。但语意未莹，则毫厘千里，亦不容不精察之也。

华杉详解

欧阳德，字崇一，号南野，江西泰和人，王阳明弟子，进士，官至礼部尚书。

欧阳德来信问：

先生教导我们说，德性的良知不是靠看得多、听得多得来的。如果说听得多，然后选择好的来听从；见得多，然后从中认识到，那是专求见闻之末，已经落在次一等的层次了。但是，我觉得良知虽然不是从见闻中来，然而学者的见闻未尝不是从见闻中产生的，现在说见闻落在次一等的层次，恐怕是针对专门将见闻当学问的人而言的吧？如果他以致良知为目的、在见闻中探索，应该也是知行合一的功夫吧？

王阳明回信说：

你问了一个好问题！

良知并非是由于见闻而产生的，但是，所见所闻，无非都是良知运用之处。因此，良知不滞留于见闻，也不离开见闻。孔子说："我有知识吗？我没有啊！"良知之外，就没有什么其他的知。所以这致良知，是学问的大头脑，是圣人教人的第一义。如果专在见闻末节上追求，就失去了头脑，已经落入次一等了。最近同学们都知道了有致良知之说，但是功夫还有许多糊涂的地方，就差你这么一问。

大体而言，学问功夫主要在于把握宗旨，把握主意、头脑。如果把致良知作为为学的宗旨，那么多见多闻也无非是致良知的功夫。日常生活中，见识、应酬何其繁多，千头万绪，也无非是良知的发用流行。除了见闻、应事、接物、待人，也没有别的什么致良知运用的地方，所以只是这一件事。

如果说良知要在见闻上探求，这语意之间，又分成两截了。这样说，虽然和那些不懂得致良知，专求见多闻广的末流人士稍有不同，但在没有得到惟精惟一的宗旨上是一样的。

"多闻，择其善者而从之，多见而识之"。既然说"择"，又说"识"，就是以良知来"择"、来"识"，良知的运用也未尝不在其间了。只是其用意专在多闻多见上去择、识，就已经失去头脑了。你在这些问题上应该说已经明白，今日一问，正是为了阐明致良知的学问，对同学们极有教益。只是因为语意还不够通透，便会差之毫厘、失之千里，所以不能不审慎体察。

王阳明这里引用孔子的话，并且似乎直接批评在所闻所见上去择、识，"则已失却头脑矣"。这个批评挺严重的。我们把他引用的这两段孔子的话复习一下。

第一句，关于孔子说的"我有知乎哉？无知也。"

《论语》原文如下：

> 子曰："吾有知乎哉？无知也。有鄙夫问于我，空空如也。我叩其两端而竭焉。"

孔子说："别人拿问题来问我，他的问题，我都知道答案吗？我也不知道。他来问我的时候，我脑子里是一片空白，我只是就着那问题拆解来反问他，几个回合，就'竭焉'了，他自己就把答案说出来了。"这是孔子的教学法，不是直接回答学生的问题，而是就那问题反问他，一步一步推进，让他自己找到答案。

所以王阳明说，良知之外别无知矣。孔子用良知良能，引导提问者自己分析，运用自己的良知找到答案。

第二句，"多闻，择其善者而从之，多见而识之"。《论语》原文是：

> 子曰："盖有不知而作之者，我无是也。多闻，择其善者而从之，多见而识之，知之次也。"

孔子说："大概有并不知道而妄自造作就敢写书的吧！我没有这毛病。我呢，一是多听多闻，选择好的来采信依从。多见多识（识：记忆，认识，识别），全记在心里。这是次一级的知了。"

这里分了见和闻。孔子修《春秋》，把历史资料分了三个等级：有见，有闻，有传闻。有见三世，有闻四世，有传闻五世；所见六十一年，所闻八十五年，所传闻九十六年。

孔子说他是次一级的知，是比什么次一级呢？这是讲他著《春秋》，写历史。亲身经历，亲眼所见，那是上一级的知。听人家讲的，就是次一级。听人讲还分好多级，有当事人讲的，有不同的当事人讲的，有采访到当事人的儿子孙子转述的，等等。你多见多闻，搜集尽量多的历史资料，对不同人的不同说法进行比对，从里面挑选、识别、判断出你认为可信的叙述和合理的解释。

所以孔子这段话是讲他怎么著《春秋》、写历史，和良知说没有关系。

孔子也说："我非生而知之者，好古，敏以求之者也。"见识一定要广博，但又一定要聚焦，惟精惟一，这没法说清，只有自己去把握。我的体会，关键还是志向，人一旦志有定向，做什么都清楚。边界清楚，就能在一条路、一个范围内反复用力，致良知、致良能。

丧尽天良的会议

原文

来书云："师云：'《系》言"何思何虑"，是言所思所虑只是天理，更无别思别虑耳，非谓无思无虑也。心之本体即是天理，有何可思虑得？学者用功，虽千思万虑，只是要复他本体，不是以私意去安排思索出来。若安排思索，便是自私用智矣。'学者之蔽，大率非沉空守寂，则安排思索。德辛壬之岁着前一病，近又着后一病。但思索亦是良知发用，其与私意安排者何所取别？恐认贼作子，惑而不知也。"

"思曰睿，睿作圣""心之官则思，思则得之"思其可少乎？沉空守寂与安排思索，正是"自私用智"，其为丧失良知，一也。良知是天理之昭明灵觉处，故良知即是天理，思是良知之发用。若是良知发用之思，则所思莫非天理矣。良知发用之思，自然明白简易，良知亦自能知得；若是私意安排之思，自是纷纭劳扰，良知亦自会分别得。盖思之是非邪正，良知无有不自知者。所以认贼作子，正为致知之学不明、不知在良知上体认之耳。

华杉详解

欧阳崇一来信，问到在前面《启问道通书》里讨论过的"何思何虑"一节：

先生说："《系辞》里的'何思何虑'，是说所思所虑只是天理，除了天理之外，没有别的思虑，并不是说完全没有思虑。心的本体就是天理，有什么好思虑的呢？学者用功，即便千思万虑，也只是要恢复这心的本体，不是刻意去安排思索出来。如果安排思索所得，就是自私用智了。"

学者的弊病，大多不是枯守空寂，就是刻意思索。我在辛巳到壬午年间，犯枯守空寂的毛病，现在呢，又犯刻意思索的毛病。

但是，思索也是良知的作用，这与刻意思索有什么区别呢？我很怕自己分辨不清，跑偏了，自作聪明，认贼作子，还迷惑而不知。请先生教我！

王阳明回信说：

《尚书》讲"思曰睿，睿作圣"，通过不断的思考，可以成就智慧，而有智慧的人能够成为圣人。《孟子》说"心之官则思，思则得之"，心的功能就是思考，思考就能有所得。思虑难道能少吗？枯守空寂与可以安排思索，都是"自私用智"，在丧失良知这一点上是一样的。良知是天理的昭明灵觉之处，所以良知就是天理，思考就是良知的作用。如果思考都是从良知发出来的，那思考的对象无非就是天理。良知发出来的思考，自然简单明了，良知也自然可以认清。如果是可以安排出来的思考，自然是纷纷扰扰，良知也自然能够分辨。思考的是非邪正，良知没有不知道的。之所以出现认贼作子的情况，正是由于不明白致知的学问，不知道在良知上体认。

这封信讨论的问题非常紧要！切中了我们很多人的毛病。

首先提一个目标，就是砍掉我们80%的思考。因为我们80%的思考都是私意安排，都是任智用私，都是任其私智，都是无效的思考、添乱的思考、犯病的思考。要时刻给自己的思考做清理，只留下良知的思考。

怎么理解良知的思考和私意安排、任智用私、任其私智的思考呢？我们想象一个场景，比如公司里的一个提案会：一个同事做提案，然后大家讨论。

提案是关于一个问题的解决方案。

那我们讨论的是什么？这区别就来了。

按理说，我们开这个会，目标是讨论我们要解决的某个问题，其中一个同事提了一个解决方案，我们带着自己的思考，一起来讨论怎么解决这个问题。

但是，多数的会议不是这样开的，提案之后，讨论的标的变成了不是要解决的问题，而是那个提案本身。大家不是把自己对如何解决问题的思考贡献出来，而是来评判那个提案，来给这个提案打分。

看出区别没有？

如果大家发言所说的，都是自己对如何解决问题的思考，这就是良知良能，群策群力。

如果大家发言所说的，都是对别人方案的评价，这就是"私意安排"，刻意安排了一个提案来讨论。

"私意安排"之后，就开始"任智用私"。相当多的人发言，是完全不负责任，就在别人的方案上找问题、挑毛病，显示自己的聪明博学。他根本不关心如何解决问题，因为这不是他的责任，是提案者和决策者的责任。

相互有不同意见之后，讨论就更加偏离解决问题的良知，而是各自维护自己的面子和地位，这会议就进入纷纷扰扰的状态。问题到底该怎么解决，倒成了次要的事。

最后，有点话语权的人都"任其私智"，要让自己的意志得到实现。

整个会议，就进入丧尽天良的状态，良知不见了。

把时间推到会议之前，那个做方案的人，他的方案是不是良知发用呢？

如果他心中无私，不在乎毁誉得失，一心只想这问题应该怎么解决，那么他的良知良能就能发挥出来。如果他心里想着怎么让这方案通过，这已经有私意介入，他就是私意安排的刻意思索了，那他的方案一定有毛病。方案本来就来路不正，对提案会议上的讨论意见，他也希望能委曲求全、勉力妥协，能把这事继续推进下去。他的"推进"下去，就是继续扭曲下去而已，也是任智用私，机关算尽，最后落得一地鸡毛。

问一问自己，做了多少丧尽天良的方案，开了多少丧尽天良的会议，有多少私意安排、任智用私、任其私智的毛病，赶快回到良知良能的道路上来！良知大道，是何等光明，何等洒脱简易！谁用谁知道！

良知的方案和开会原则：

方案不被通过，不问客户，只问自己的良知。良知告诉你，客户的意见有价值，就吸收。良知告诉你，客户不懂，就不要迎合客户修改。用之则行，舍之则藏，转身就走，不要耽误客户找别的合作伙伴。

开会讨论别人的工作成果，只帮忙，不添乱。只贡献自己的解决方案，不挑别人的毛病。

当做则做，当止则止；当生则生，当死则死

原文

　　来书又云："师云：'为学终身只是一事，不论有事无事，只是这一件。若说宁不了事，不可不加培养，却是分为两事也。'窃意觉精力衰弱、不足以终事者，良知也；宁不了事，且加休养，致知也。如何却为两事？若事变之来，有事势不容不了，而精力虽衰，稍鼓舞亦能支持，则持志以帅气可矣。然言动终无气力，毕事则困惫已甚，不几于暴其气已乎？此其轻重缓急，良知固未尝不知，然或迫于事势，安能顾精力？或困于精力，安能顾事势？如之何则可？"

　　"宁不了事，不可不加培养"之意，且与初学如此说亦不为无益。但作两事看了，便有病痛在。孟子言"必有事焉"，则君子之学终身只是"集义"一事。义者，宜也，心得其宜之谓义。能致良知则心得其宜矣，故"集义"亦只是致良知。君子之酬酢万变，当行则行，当止则止，当生则生，当死则死，斟酌调停，无非是致其良知，以求自慊而已。故"君子素其位而行""思不出其位"。凡谋其力之所不及，而强其知之所不能者，皆不得为致良知。而凡"劳其筋骨，饿其体肤，空乏其身，行拂乱其所为，动心忍性以增益其所不能"者，皆所以致其良知也。若云"宁不了事，不可不加培养"者，亦是先有功利之心，较计成败利钝而爱憎取舍于其间，是以将"了事"自作一事，而"培养"又别作一事，此便有是内非外之意，便是"自私用智"，便是"义外"，便有"不得于心，勿求于气"之病，便不是致良知以求自慊之功矣。

　　所云"鼓舞支持，毕事则困惫已甚"，又云"迫于事势，困于精力"，皆是把作两事做了，所以有此。凡学问之功，一则诚，二则伪。凡此皆是致良知之意，欠诚一真切之故。《大学》言"诚其意者，如恶恶臭，如好好色，此之谓自慊"。曾见有恶恶臭、好好色而须鼓舞支持者乎？曾见毕事则困惫已甚者乎？曾

有迫于事势、困于精力者乎？此可以知其受病之所从来矣。

华杉详解

欧阳崇一来信问：

先生说："终身为学只是一件事，不论有事无事，只是这一件事。如果说宁可不做事，也不能不加存养的功夫，就是将为学的功夫分成两件事了。"

但是我觉得，感到精力衰弱、不能做事的，是良知；宁可不做事，也要加以存养的，是致知。这怎么成了两件事呢？如果事情来了，必须要应对，那精神虽然衰弱，但鼓舞精神也能坚持。就像孟子说的，以志帅气，用意志统率气力即可。但是，说话的力气都没有，再做完这事情，疲惫得不得了，那不是透支自己的身体吗？这之间的轻重缓急，良知未尝不知道，但是迫于形势，又怎么顾得上自己的身体？或者，身体精疲力竭，又怎么顾得上那事情？两者之间，哪头是为学，是良知？我不知道了。

王阳明回信说：

"宁可不做事，也不能不加存养的功夫"。跟初学者这么说说，也没坏处。但是，把做事和存养分成两件事，就是病根所在。孟子说"必有事焉"，什么叫"事"？不是工作、学习的具体事才叫事。事，就是用功，就是存养，就是随时良知发见。君子之学，终身只是"集义"这一件事，集义而生，生生不息，时刻只在一个集义之事。什么是义呢？义就是宜，心能够处事得宜就是义。能致良知，则心得其宜。君子待人接物、应对事变，当做则做、当止则止，当生则生、当死则死，斟酌思考，无非是致其良知，以求心安理得而已。所以孔子说"君子素位而行"，随遇能安，在什么位置就做什么事。又说君子"思不出其位"，不在其位，不谋其政，只思考自己的事，只管好自己的事。凡是去谋划自己力所不能及的，强行要去干自己才智所不能胜任的事的，都不是致良知。

孟子说："故天将降大任于是人也，必先苦其心志，劳其筋骨，饿其体肤，空乏其身，行拂乱其所为，所以动心忍性，增益其所不能。"当上天要把大任交给一个人的时候，一定先将他置于困穷之地，内则苦其心志，让他不得舒展。外则劳其筋骨，饿其体肤，穷乏其身，使其不得安养。见有行事，总不让他如意，来震动他的心志，坚韧他的性情，增加他的能力。这都是为了帮助他致良知。至于说："宁可不做事，也不可不加培养。"这是什么呢？这是先有了功利之心，想要"修成正果"，计较成败利害，而以爱恶取舍，所以就把做事和存养心体分成两件事了。完成那件具体事，是一个成果；存养，又是一个成果，比较这两者的得失损益，这就有了内外之分，做事是外，存养是内，总之全都不对了，这就是"自私用智"了。

告子说，仁在人心之内，而义在人心之外。孟子就批评他的"义外"之说，义也在内，在自己心里。告子又说："不得于心，勿求于气。"这句话，孟子是同意的。朱熹说："于心有所不安，则当力制其心，而不必更求助于气，此所以固守其心而不动之速也。"你如果说不清楚某个东西，你就别碰它，不要说，也不要放在心上纠结。如果你做一件事心有不安，那你就不要做，把心放下，不要给自己鼓气去做。而你所纠结的是顾工作还是顾身体的"两难"，就已经不是致良知以求心安理得的功夫了。

你又说："强行鼓起劲头去干，干完之后更加精疲力竭。"又说："迫于形势，困于精力。"都是把一件事分成两件看了，所以才有这纠结。学问之功，惟精惟一，只有一，没有二。一，就是诚；二，就是伪。伪在哪儿？伪在有了私心，**有了利害得失的比较，就成了"用智自私"**。一就是一，就是一个良知。二，就是两头要比一比了。所以只要是有了三心二意，都是致良知的诚心还不够真切的缘故。

《大学》里说："诚其意者，就如喜好美色一样，就如厌恶恶臭一样，自己心安、快意、满足。"你见过好色的人要鼓起劲头去好色吗？你见过厌恶恶臭的人要强打起精神去厌恶吗？你见过好色、恶臭之后精疲力竭的人吗？你见过迫于形势被迫好色、困于精力不能厌恶恶臭的人吗？良知自然好美色，良知自然恶恶臭。想想这个道理，你就知道自己的病根了。

欧阳崇一这个问题，也问出了我的病根：总是在身体和工作之间摇摆，背后还是毁誉得失、贪功图利的私心在作怪，包括"贪学"，也是贪。致良知的功夫，还得更加警醒体察。

不怕被别人欺，怕的是自欺

原文

来书又有云："人情机诈百出，御之以不疑，往往为所欺；觉则自入于逆、亿。夫逆诈，即诈也；亿不信，即非信也；为人欺，又非觉也。不逆、不亿而常先觉，其惟良知莹彻乎？然而出入毫忽之间，背觉合诈者多矣。"

"不逆不亿而先觉"，此孔子因当时人专以逆诈、亿不信为心，而自陷于诈与不信；又有不逆、不亿者，然不知致良知之功，而往往又为人所欺诈，故有是言。非教人以是存心，而专欲先觉人之诈与不信也。以是存心，即是后世猜忌险薄者之事。而只此一念，已不可与入尧舜之道矣。不逆、不亿而为人所欺者，尚亦不失为善，但不如能致其良知，而自然先觉者之尤为贤耳。崇一谓"其惟良知莹彻"者，盖已得其旨矣然亦颖悟所及，恐未实际也。

盖良知之在人心，亘万古、塞宇宙而无不同。"不虑而知""恒易以知险""不学而能""恒简以知阻""先天而天不违。天且不违，而况于人乎？况于鬼神乎？"夫谓背觉合诈者，是虽不逆人，而或未能无自欺也；虽不亿人，而或未能果自信也。是或常有求先觉之心而未能常自觉也。常有求先觉之心，即已流于逆、亿而足以自蔽其良知矣，此背觉合诈之所以未免也。

君子学以为己，未尝虞人之欺己也，恒不自欺其良知而已；未尝虞人之不信己也，恒自信其良知而已；未尝求先觉人之诈与不信也，恒务自觉其良知而已。是故不欺则良知无所伪而诚，"诚则明"矣；自信则良知无所惑而明，"明则诚"矣。明、诚相生，是故良知常觉、常照。常觉、常照则如明镜之悬，而物之来者自不能遁其妍媸矣。何者？不欺而诚，则无所容其欺，苟有欺焉而觉矣；自信而明，则无所容其不信，苟不信焉而觉矣。是谓"易以知险，简以知阻"，子思所谓"至诚如神，可以前知"者也。然子思谓"如神"、谓"可以前知"，犹二而言之，是盖推言思诚者之功效，是犹为不能先觉者说也。若就至诚而言，则至诚之妙用即谓之"神"，不必言"如神"；至诚则"无知而无不知"，不必言"可以前知"矣。

华杉详解

欧阳崇一来信问：怕被别人骗，怎么办？

信中说：

人情诡诈多变，如果不加怀疑防备，往往就被人骗。如果事先防备呢，觉得自己又先落入逆、亿，自己先去怀疑别人、猜测别人。这逆诈就是欺诈，猜测就是不诚信，被人欺骗又是自己不觉悟，怎么都不对。要想不去怀疑、猜测他人，又能自然察觉对方是不是要骗我，只有良知透彻的人才做得到吗？然而诚实和欺诈的差别实在是太过细微，因为不能觉悟的人和欺诈的人，都很多啊！

欧阳崇一讲的"逆、亿"，出自《论语》：

子曰："不逆诈，不亿不信，抑亦先觉者，是贤乎！"

逆，是预先揣度。亿，是臆想。先觉，是无心而自然知觉。

孔子说，不预先揣测别人会骗我，也不凭空猜测别人会不老实；然而，当对方稍有不诚不信的时候，又能马上自然察觉，这样的人，才是贤者吧！

这句话既深不可测，又特别简单，清澈见底！什么意思呢？**真正至诚的人，谁也骗不了他！因为他最知道诚是怎么回事；你稍有不诚，他马上"自动跳表"，觉察出来**。所以《中庸》里讲至诚无息，无息则博厚，则悠远，则高明。无息，是没有间断，不会去揣测别人对我诚不诚，我永远都是至诚待人，所以至诚者博厚，厚德载物；至诚者悠远，走得远，走得长；至诚者高明，谁也骗不了他，活在他人想象之外。所以《中庸》说"至诚之道，可以前之"，事先就知道。又说"至诚如神"，就跟神一样。

王阳明回信说：

孔子说不预先揣测别人会骗我，也不凭空猜测别人会不老实；然而，当对方稍有不诚不信的时候，又能马上自然察觉。那是针对当时的人说的。他们一方面因为总去提防、猜测别人，而把自己陷于欺诈和不诚信；另一方面因为不知道有致良知的功夫，又总是被人骗。所以，孔子的话，不是要人存防备、猜测之心，来预先觉察别人的欺诈。因为你存了这个心，就成了猜忌浅薄之人，就远离了尧舜之道。不去防备别人、猜测别人，而被人骗，那至少你自己还不失为一个好人，只是赶不上那些能其致良知，不需要防备就能事先觉察对方不老实的人罢了。你说的"良知晶莹透彻者"，就已经得其要旨了。不过，这也只是你的聪明领悟到的，在实际中恐怕还不能做到。

良知之在人心，亘古不变，充塞宇宙。《孟子》说："人之所不学而能者，良能也；所不虑而知者，良知也。"不学而能、不虑而知、不思而得，这都是宝贵的良知、良能、本能、自觉。

《易经》说："夫乾，天下之至健也。德行恒易以知险。夫坤，天下之至顺也，德行恒简以知阻。"乾坤天地，大道至简，道德行为的力量，就是始终简易平常，自然知道何处有险阻。

《易经》说："先天而不违。天且不违，而况于人乎？况于鬼神乎？"与天地万物为一体的圣人，能够通晓天地万物的道理，先于天道，而天道的运行不会与他违背。天道都不会与他的德行相违背，何况人呢？何况鬼神呢？

那些不能觉悟、欺诈不实的人，虽然不欺骗别人，但未必能做到不自欺；虽然不猜度别人，但自己未必能做到自信。所以呢，总存着要事先觉察他人意图的心，却不能觉察自己。先存了要提防觉察他人的心，就已经流于逆、亿，已经遮蔽自己的良知了。这就是为什么他们无法免于不能觉悟和被欺诈的缘故。

《论语》说："古之学者为己，今之学者为人。"学习是为自己学，不是为别人学。不是为了觉察别人，是为了觉察自己；**不是为了防备别人骗自己，只是为了不要欺骗自己的良知而已；不是担心别人不信任我，只是始终相信自己的良知而已；不是为了能事先醒觉别人是不是要骗我，只是始终醒觉自己的良知而已。**

不自欺欺人，良知自然真诚无伪，诚实无欺。《中庸》说："诚则明。"心中至诚，自然明觉；自信则良知无所疑惑而明觉，所以又说"明则诚"。明、诚相生，所以良知常存、常照，就像一面明镜高悬，万事万物在它面前也无法掩饰其美丑。为什么呢？良知不欺诈就是真诚，真诚就无法容忍欺诈，如果有人欺诈，马上能够察觉；良知自信明觉，所以无法容忍不诚信，如果有人不诚信，马上能够察觉。这就是"易以知险，简以知阻"，简单得很！

子思在《中庸》里说："至诚如神，可以前知。"但是子思说"如神"，说"可以前知"，还是分作两件事来说，是说至诚的功效，也还是说给那些不能先觉的人的。在我看来，至诚就是神，不是"如神"；至诚无知无不知，不用说"可以前知"。

王阳明的话，非常清楚明白了。但是要知行合一，在实际中做到，那又是一回事。我的体会，防骗哲学：首先是不怕吃亏，不占别人便宜就行；不怕被骗，自己不骗别人就行。有了这个态度，有了这个自信，再去修炼自己。一辈子不骗人似乎很容易，但不骗自己就很难。而骗了自己——自欺欺人——自欺必然要欺人，所以不骗别人也很难！**防备自己不要骗自己，不要骗别人，这都已经防不过来，哪顾得上防备别人是不是骗子！**"古之学者为己，今之学者为人"。咱们要紧的是自己不要成了骗子，别人是不是骗子，就实在顾不上了。

凡事不能只"动脑筋"，还得靠身体力行

原文

答罗整庵少宰书

某顿首启：昨承教及《大学》，发舟匆匆，未能奉答。晓来江行稍暇，复取手教而读之。恐至赣后人事复纷沓，先具其略以请。

来教云："见道固难，而体道尤难。道诚未易明，而学诚不可不讲。恐未可安于所见而遂以为极则也。"

华杉详解

罗整庵，就是罗钦顺，字允升，号整庵。明代江西泰和人。进士，官至吏部尚书。少宰，是明代吏部侍郎的别称。罗整庵是明代"气学"代表人物，学术上主张理得于天而具于心，理气本为一物。罗整庵给王阳明写了一封信，批

评他的心学和对旧本《大学》的思想。

这是王阳明的回信：

昨天收到您的信，承蒙您给我讲解《大学》，但是匆忙中要开船远行，没有来得及回复。今早起来，趁行船空闲，把您的信又读了一遍。恐怕到了江西之后，人事又繁忙起来，所以先在这里简单回复，请您指教。

您教导我说："能看见大道固然很难，而体认大道更加困难。道不容易弄明白，所以学问还是不能不讲。不能满足于自己的所见所闻，就以为那就是标准了。"

罗整庵和王阳明辩驳的问题，正是三百年前鹅湖之辩，朱熹和陆九渊辩得面红耳赤的问题。朱熹强调"格物致知"，认为格物就是穷尽事物之理，致知就是推致其知以至其极。主张多读书，多观察事物，根据经验，加以分析、综合与归纳，然后得出结论。

陆九渊则认为，格物就是体认本心。他主张"发明本心"，下"易简功夫"，心明则万事万物的道理自然贯通，不必多读书，也不必忙于考察外界事物，去此心之蔽，就可以通晓事理，所以尊德性，养心神是最重要的。他反对多做读书穷理之功夫，以为读书不是成为至贤的必由之路。

最后两人谈不拢，朱熹说陆九渊不读书，只是"枯禅"；陆九渊说朱熹死读书不解决问题，只是"支离"。

陆九渊性格狂放，还写了两句诗贬斥朱熹：

易简功夫终久大，支离事业竟浮沉。

这个问题我们之前讨论过。陆九渊和后来的王阳明，他们可不是不读书，他们读的书比谁都多！你跟他讨论哪本书、哪一段，他们都比你熟悉，比你明白。他们是读遍天下之书后，悟出来光靠书不行，或者说主要不是靠书。**读书是靠大脑；但体认大道，不能只靠脑子。我们凡事习惯了"动脑筋"，还得靠手脚，用身体发肤的接触去学习；靠心，用心去反复体会。**这就是发明本心，知行合一，致良知，发掘良知良能。

但是，别人体会不到他们的后一节体验，只揪着前一节，就成了读书无用论、讲学无益论，这就辩了三百年。罗整庵批评王阳明"学问还是不能不讲，不能满足于自己的所见所闻，就以为那就是标准了"，这当然不是王阳明的意思,只是断章取义了。王阳明无论读书还是讲学,下的功夫都不比他少。

孔门之学是身心之学

原文

幸甚幸甚!何以得闻斯言乎?其敢自以为极则而安之乎?正思就天下之有道以讲明之耳。而数年以来,闻其说而非笑之者有矣,诟訾之者有矣,置之不足较量辨议之者有矣,其肯遂以教我乎?其肯遂以教我而反复晓谕,恻然惟恐不及救正之乎?然则天下之爱我者,固莫有如执事之心深且至矣,感激当何如哉!夫"德之不修,学之不讲",孔子以为忧。而世之学者稍能传习训诂,即皆自以为知学,不复有所谓讲学之求,可悲矣!夫道必体而后见,非已见道而后加体道之功也;道必学而后明,非外讲学而复有所谓明道之事也。然世之讲学者有二:有讲之以身心者,有讲之以口耳者。讲之以口耳,揣摸测度,求之影响者也;讲之以身心,行著习察,实有诸己者也。知此则知孔门之学矣。

华杉详解

荣幸之至!让我能听到您的教诲。我怎敢把自己的见闻就当成最高标准呢?我怎么会不讲求学问呢?我正想就天下之道把它讲明白啊!但是这些年来,听到我的学说,非议嘲笑的有之,恣意谩骂的有之,不屑一顾的有之,哪有人像您这样肯教我呢?哪有人像您这样,不仅肯教我,而且反复晓谕,唯恐我不能改正呢?天下真正关心爱护我的人,没有比您更加悉心深切的,我感激不尽!

您说学不可不讲,孔子也说过:"德之不修,学之不讲,闻义不能徙,不善不能改,是吾忧也。"德行不修养,学问不讲求,听到正确的做法不能跟从,知道自己的过错却不能改正——这是孔子都深为担忧的事情。

但是,当世的学者,稍微读了几本书,晓得几个词儿,就自以为很有学问,不再去反复讲求——这实在是可悲啊!大道,一定是自己体认了,才能看见;不是先看见了道,然后再下体认的功夫。大道一定要学习了才能明白,不是除了学习、讲求之外另外还有个明道的事。但是,世间的讲学者有两种:一种是用身心来讲的,一种是用口耳来讲的。用口耳来讲的人,都是揣摩和猜测,得到的都是捕风捉影之事。用身心讲学的人,讲的都是自己身上的东西、自己的实践体会。如果明白这个道理,就明白孔门的学问了。

王阳明讲这个口耳之学和身心之学的区别,非常本质和重要。

一个人如果什么都能讲,所谓"打通儒道释",还能把儒道释和"东西方文明",加上量子力学、基因工程等,都讲到一块儿,那他讲的就全是揣摩测度、捕风捉影的事,因为他不可能对这些领域都懂,他的学问全部来自孔子说的"道听而途说"。对这些领域完全不了解的人,还觉得他好有学问,对他崇拜得五体投地。其实,他这是典型的孔子口中的"今之学者为人",是为了台下的追捧和学费而讲,而不是为了自己。荀子说的"口耳之学"——"小人之学也,入乎耳,出乎口,口耳之间则四寸耳,曷足以美七尺之躯哉",就是耳朵听来的,嘴巴讲出去,学问在他的身体里,就经过了从耳朵到嘴巴这四寸,没有"学以润身",没有"实有诸己",没有"知行合一"。他也没法知行合一,为什么呢?因为知行合一不了!儒道释,价值观不一样,行为准则不一样,是照谁教的行动呢?量子力学、基因工程,他更知行合一不了,因为他不是科学家啊,也和大家一样,在手机上看来的。不行动,就是空谈;空谈,就毫无意义。王阳明说了,大道,一定是自己体认了,才能看见;不是先看见了道,然后再下体认的功夫。你不可能把儒道释的大道都看见,只能看见一个。有人说他确实看见了,那他看见了什么呢?不是大道,是三个大门——他哪个门也没进,都是站在外面看。所谓儒道释"三通",就是在门外通,大门都朝着大街开嘛,就像我家的门和美国总统家的门也是相通的。但是,进了门就不通了。都没入门,算什么学问!

用身心讲学的人呢,行著习察。义利分明叫"著",洞悉精微叫"察"。每做一件事,都义利分明,养成了好习惯,而且时刻保持觉察。他说的,就是他做的。

20世纪的哲学巨匠维特根斯坦在剑桥大学做哲学教授,学校要求他给学生讲哲学史，他拒绝了。他说："我觉得一个哲学家不应该讲别人的哲学。"他就是身心之学的标准，只讲自己的身心如何体认世界。至于别人怎么体认，同学们有兴趣可以自己去看，他不讲。

我们如果认真去学儒家，学王阳明，一定是先立志，立志做一个儒者；再立敬，以崇敬的心去学习；再切实笃行，学到了就做。这才是身心之学，美七尺之躯哉！

儒家是行动，不是学问。

王阳明谈《大学》旧本

原文

来教谓某："《大学》古本之复，以人之为学但当求之于内，而程、朱格物之说不免求之于外，遂去朱子之分章，而削其所补之传。"

非敢然也。学岂有内外乎？《大学》古本乃孔门相传旧本耳，朱子疑其有所脱误而改正补缉之；在某则谓其本无脱误，悉从其旧而已矣。失在于过信孔子则有之，非故去朱子之分章而削其传也。夫学贵得之心，求之于心而非也，虽其言之出于孔子，不敢以为是也，而况其未及孔子者乎？求之于心而是也，虽其言之出于庸常，不敢以为非也，而况其出于孔子者乎？且旧本之传数千载矣，今读其文词，既明白而可通，论其工夫，又易简而可入。亦何所按据而断其此段之必在于彼、彼段之必在于此，与此之如何而缺、彼之如何而补，而遂改正补缉之，无乃重于背朱而轻于叛孔已乎？

华杉详解

这里讨论的是王阳明提倡恢复《大学》旧本的问题。《大学》提出"格物、致知、诚意、正心、修身、齐家、治国、平天下"这八条目，然后对其中的后六个条目都有明确解释，但就是没解释格物、致知。所以朱熹认为，这一段竹简亡失了。他就按二程的解释和自己的理解，补写了一段加进去。朱熹的补写，得到大家的认可，三百年来，成了权威解读。王阳明却认为他妄自添加，《大学》里面本来就没有那一段，要恢复之前的旧版本。

王阳明在信中对罗整庵说：

您信中说我恢复《大学》的古本，是因为我认为为学应该求之于内，而二程、朱熹的格物之说不免求之于外，所以我否定了朱熹所分的章节，删除了他补写的"格物外传"。

我不敢说是这样。学问有什么内外呢？删去朱熹补写的章节，和学问是内是外没有什么关系。《大学》的古本，就是孔门传下来的旧版本；是朱熹觉得这版本有错误、有脱落，要把它补上去。我则认为它没错误、没脱落，一切依从旧本就是了。您说我过分信任孔子倒是有的，真不是我要故意取消朱熹的章节划分和删除他补写的外传。

做学问，贵在有得于心，如果求之于心而觉得有误，即便是孔子说的话，也不敢说是正确的，何况是不如孔子的人呢？我为什么要信朱熹，不信孔子呢？如果求之于心而觉得是正确的，即便是一般人说的话，也不敢说是错误的，何况是出自孔子之口呢？况且《大学》旧本已经传世数千年了，如今读其文字，十分明白、通畅，论其功夫，又简单明了，又有什么根据断定这一段一定在那里、那一段一定在这里，这里缺了什么、那里补了什么，于是加以纠正增补呢？大家批评我不该恢复旧本，那不是对违背朱熹十分在意，对违背孔子毫不在意吗？

王阳明这个说法，把信孔子还是信朱熹二选一的选择题提出来，有点吓人，但是估计对方不一定接受。因为《大学》和《论语》不同，孔子也没见过《大学》。

《大学》原是《小戴礼记》第四十二篇。《小戴礼记》亦称《小戴记》，即《礼记》，编定该书的是西汉礼学家戴德和他的侄子戴圣。戴德选编的八十五篇本叫《大戴礼记》；戴圣选编的四十九篇本叫《小戴礼记》，即我们今天见到的《礼记》，其中《大学》这一章相传为曾子所作。到了北宋，程颢、程颐竭力尊崇，南宋朱熹又作《大学章句》，最终和《中庸》《论语》《孟子》并称"四书"。宋、元以后，《大学》成为学校官定的教科书和科举考试的必读书，对中国古代教育产生了极大的影响。

朱熹在《大学章句·序》中说："周朝衰落后，没有圣贤之君，学校荒废，教化陵夷，风俗颓败。"这时候孔子兴起圣学，三千弟子，都听闻了他的学说，而其中曾子独得其宗，写成《大学》。但是，从孟子以后，这些思想就失传了。文字虽然还在，理解其思想的人就很少了。

到了宋代，程颢、程颐两位老师出现，继孟子之绝学，又特意挑出《大学》这本书，作为范本教材。又对它重新编辑，让它更加条理清晰、思想突出，这样，让古代大学教学的方法，圣人经典的核心思想，都灿然重现于世。"我呢，也从二位老师那里学到了这本书。但是，看见篇章颇有丢失的部分，所以也顾不上自己的鄙陋，又编辑一遍，并且加上一些自己的意思，补上它的阙略，以留给后世的君子斧正。虽然我非常清楚，这僭越之罪，无所逃避，但是，对国家教化民众、移风易俗，对学者修己治人，也未免没有一点小帮助吧！"

从上面我们可以看到，《大学》相传是曾子所作，甚至可能是秦汉时儒者伪托曾子之作，秦汉儒者编辑的；西汉时戴德、戴圣又编辑一遍；到了宋代，程颢、程颐编辑一遍；朱熹最后编辑定本，并将之与《论语》《孟子》《中庸》并列为四书。

所谓"四书"，四本书就是朱熹挑选出来的，朱熹是总编辑。所以四书的内容，当然朱熹是权威。至于王阳明对其思想别有发明，那是新的学术成果，谈不上谁对谁错。王阳明的格物致知，致良知说流传下来，成为儒家思想的巅峰之一；但是他倡导的旧本《大学》并不能取代朱熹编辑的版本。今天我们学习的还是朱熹版，就是这个原因。

诚意正心，至诚如神

原文

来教谓："如必以学不资于外求，但当反观内省以为务，则

'正心诚意'四字亦何不尽之有？何必于入门之际，便困以'格物'一段工夫也？"

诚然诚然！若语其要，则"修身"二字亦足矣，何必又言"正心"？"正心"二字亦足矣，何必又言"诚意"？"诚意"二字亦足矣，何必又言"致知"、又言"格物"？惟其工夫之详密，而要之只是一事，此所以为"精一"之学，此正不可不思者也。夫理无内外，性无内外，故学无内外。讲习讨论，未尝非内也；反观内省，未尝遗外也。夫谓学必资于外求，是以己性为有外也，是"义外"也、"用智"者也；谓反观内省为求之于内，是以己性为有内也，是"有我"也、"自私"者也，是皆不知性之无内外也。故曰"精义入神，以致用也；利用安身，以崇德也""性之德也，合内外之道也"。此可以知"格物"之学矣。

华杉详解

罗整庵来信批评王阳明：

如果按你的说法，做学问不用向外求，那《大学》八条目"格物、致知、诚意、正心、修身、齐家、治国、平天下"，有六条就够了，从诚意、正心开始就行了，何必要从格物开始呢？为什么在一入门的时候，要拿格物这段功夫来困扰人呢？

罗整庵的问题不太对，他问：既然王阳明说做学问不用向外求，为什么还要格物，而格物就是向外求。但这是朱熹对格物的解释。王阳明对格物的解释，并非向外求，而是以良知是非善恶的标准去判断、格正自己。

王阳明的回信：

诚然！诚然！您说得有道理。如果拣紧要的说，"修身"两个字也够了，何必要说"正心"呢？"正心"两个字也够了，何必又要加一个"诚意"呢？"诚意"两个字也够了，何必又要讲"致知""格物"呢？那下功夫的科目次序，非常详密，但就其关键而言，就是一件事，这就是所谓"惟精惟一"之学，正是我们不能不认真思考的。**理没有内外，性没有内外，所以学问也没有**

内外。朋友一起讲习讨论，未尝不是向内求；反观自省，也未必就丢掉了外。

如果认定学问一定是向外求，就是认为自己的天性里有外在的成分，就是孟子批评告子的"义外"，就是"用智"。如果认为反观自省就是只有内、没有外，就是认为自己的性有内在的成分，就是"有我"，就是"自私"，都是不懂得性无内外的道理。所以《易经》说："精义入神，以致用也；利用安身，以崇德也。"对精微事物的探求能够达到神妙的境界，便能够经世济用；对于精微道理运用得好，便能够安静身心，涵养品德。《中庸》说："性之德也，合内外之道也。"明白这些，就明白我的格物之学了。

离开了具体事儿讲道理，就是空谈

原文

"格物"者，《大学》之实下手处，彻首彻尾，自始学至圣人，只此工夫而已，非但入门之际有此一段也。夫"正心""诚意""致知""格物"，皆所以"修身"；而"格物"者，其所用力日可见之地。故"格物"者，格其心之物也，格其意之物也，格其知之物也；"正心"者，正其物之心也；"诚意"者，诚其物之意也；"致知"者，致其物之知也。此岂有内外彼此之分哉？理一而已。以其理之凝聚而言则谓之性，以其凝聚之主宰而言则谓之心，以其主宰之发动而言则谓之意，以其发动之明觉而言则谓之知，以其明觉之感应而言则谓之物。故就物而言谓之格，就知而言谓之致，就意而言谓之诚，就心而言谓之正。正者，正此也；诚者，诚此也；致者，致此也；格者，格此也。皆所谓穷理以尽性也。天下无性外之理，无性外之物。学之不明，皆由世之儒者认理为外、认物为外，而不知"义外"之说，孟子盖尝辟之，乃至袭陷其内而不觉，岂非亦有似是而难明者欤？不可以不察也！

凡执事所以致疑于"格物"之说者，必谓其是内而非外也，必谓其专事于反观内省之为，而遗弃其讲习讨论之功也，必谓其一意于纲领本原之约，而脱略于支条节目之详也，必谓其沉溺于枯槁虚寂之偏，而不尽于物理人事之变也。审如是，岂但获罪于圣门、获罪于朱子？是邪说诬民、叛道乱正，人得而诛之也，而况于执事之正直哉？审如是，世之稍明训诂、闻先哲之绪论者，皆知其非也，而况执事之高明哉？凡某之所谓"格物"，其于朱子九条之说，皆包罗统括于其中。但为之有要，作用不同，正所谓毫厘之差耳。然毫厘之差而千里之缪，实起于此，不可不辨。

华杉详解

格物，是《大学》里开始切实下功夫的地方，但并不只是开始阶段；从开始学习到成为圣人，从头到尾只有这一个格物的功夫而已。正心、诚意、致知、格物，都是为了修身，而格物正是每天功夫体现出来、看得见的地方。格物，是格其心之物，格其意之物，格其知之物；正心，是正其物之心；诚意，是诚其物之意；致知，是致其物之知也。总之是必有事焉，面前有一物，有件事儿，就此物此事，格物、致知、诚意、正心；这没有内外彼此之分，所以一辈子的学问功夫，只是一个格物。

王阳明的意思，就好像物来心照，**心是一片明镜，无善无恶心之体；只有那物来了，一照就照出善、恶来**。所以诚意正心修身，你都看不见，看见都是从物上看见，所以格物是"其所用力日可见之地"。

王阳明接着说：

天理只有一个，惟精惟一，天理凝聚在人身上就叫性，凝聚之主宰就叫"心"，心的发动就叫"意"，发动而明觉就叫"知"，其明觉感应的对象就是"物"。针对这物而言就叫"格"，针对知而言就叫"致"，针对意而言就叫"诚"，针对心而言就叫"正"。正，是正这个东西；诚，是诚这个东西；致，是致这个东西；格，是格这个东西。这就是所谓穷理尽性。天下没有性外之理，没有性外之物。圣学不能彰明，都是因为儒者认为理在外、物在外，而不知道孟子曾经专门批判过告子的"义在外"之说，以至于沿袭、深陷其中而不自觉，这难道不是似是而非，难以明白吗？对此不能不认真体察！

您怀疑我的格物之说，认定我是只向内求，而反对外求，认为我专注于反观内省，遗弃了讲习讨论的功夫，认为我只重视学问的纲领本原，却忽略了具体的条目枝节，认为我沉溺于枯槁空虚的偏执，而不务人情事变。如果真是这样，难道我仅仅获罪于孔子、朱子吗？我这是用邪说来欺骗百姓、叛离纲常、扰乱世道，人人得而诛之啊！更何况像您这样正直的人呢？如果真是这样，世间稍微懂得训诂的人，知道一点圣人的言论，都能明白我说的是错的，何况您这么高明的人呢？我所说的格物，将朱子的九条方法都已经囊括其中了。但是我说得更加扼要，作用之处和朱子的方法有所不同，正所谓毫厘之差而已。但是，所谓差之毫厘、失之千里，正是由此而起，不可不辨明。

知我者谓我心忧，不知我者谓我何求

原文

孟子辟杨、墨至于"无父无君"。二子亦当时之贤者，使与孟子并世而生，未必不以之为贤。墨子"兼爱"，行仁而过耳；杨子"为我"，行义而过耳。此其为说，亦岂灭理乱常之甚，而足以眩天下哉？而其流之弊，孟子至比于禽兽、夷狄，所谓以学术杀天下后世也。

华杉详解

孟子骂杨朱、墨翟是无父无君的禽兽。这两位也是当时的贤者，如果和孟子生活在同一个时代，孟子恐怕也会承认他们是贤者，怎么会骂得这么狠呢？

墨子兼爱，那是行仁过了。杨朱为我，那是行义过了。他们讲的都是仁义，只是尺度太过，并非要行恶。杨、墨的学说，真到了灭天理、乱纲常，而扰乱天下人心的地步吗？然而，孟子却认为他们学说的弊病足以伤害天下以至后世，一定要极端地将他们指斥为禽兽、夷狄，以警醒后人。

这里解释一下孟子对杨、墨的批评。

墨子兼爱，是爱无等、差，爱天下每一个人，都一样地爱。孟子就说这是禽兽。儒家的基本观念，是爱有等、差，推己及人，由近及远。爱自己，然后能爱家人；爱家人，然后能爱别人；孝敬父母，然后能忠诚于君王。所谓亲亲仁人，对自己家人是亲，对天下人是仁。如果都一样，伦理就乱了。

我们经常说那个笑话问题：如果老婆和老娘同时掉进水里，你先救谁？这个问题没答案，也没有案例，但我们在新闻报道中看过这样的案例：自己家小孩和别人家小孩同时掉水里，该先救谁？这个答案很明显，当然是先救自己家小孩。但是就有先救别人家孩子，结果自己孩子被淹死的，新闻报道还宣传他无私。这就是王阳明说的"以学术杀天下后世"了。就是那种"行仁而过"的宣传，杀了他的孩子。

杨朱呢，他的学说和墨翟相反，他是极端自私，所谓"拔一毛而利天下而不为"，你拔我一根毛，说对天下有利，我也不拔给你！他这样说，不是没有道理，他是说，你别拔我的毛，我也不拔你的毛，关键是强调君王不要拔老百姓的毛。不要做圣人，不要帮别人，关键是也不要侵犯别人。这样人人为自己，都别管别人，也别侵犯别人，自然天下太平。所以王阳明说他是"行义而过"。杨朱说得不错，但是过了。

儒家讲中庸之道，无过不及，关键是把握那个度。 福利社会，人人都有保障，很好啊。但是，勤劳的人养活懒人，这就不对。这就好比墨子的兼爱，行仁太过，最后国家会崩溃。低税收社会，政府只管公共服务就行，各人凭本事吃饭，谁也别管谁，很有道理啊！但是，朱门酒肉臭，路有冻死骨，这就好比杨朱，行义太过，也不对。

原文

今世学术之弊，其谓之学仁而过者乎？谓之学义而过者乎？抑谓之学不仁、不义而过者乎？吾不知其于洪水、猛兽何如也！孟子云："予岂好辩哉？予不得已也。"杨、墨之道塞天下，孟子之时，天下尊信杨、墨，当不下于今日之崇尚朱说。而孟子独以一人呶呶于其间。噫，可哀矣！韩氏云："佛、老之害甚于杨、墨。韩愈之贤不及孟子，孟子不能救之于未坏之先，而韩愈乃欲全之于已坏之后,其亦不量其力,且见其身之危,莫之救以死也。"呜呼!若某者,其尤不量其力,果见其身之危,莫之救以死也矣!夫众方嘻嘻之中,而独出涕嗟若;举世恬然以趋,而独疾首蹙额以为忧。此其非病狂丧心,殆必诚有大苦者隐于其中。而非天下之至仁,其孰能察之?

华杉详解

王阳明接着说:

今世学术之弊,是学仁学过了呢,还是学义学过了呢?还是说学不仁、不义都过了呢?我不知道跟洪水猛兽相比怎么样。

孟子说:"我是喜欢跟人辩论吗?我是不得已啊!"在孟子的时代,杨、墨之道充塞天下,天下学子,不是推崇杨朱,就是推崇墨翟,不下于今日之推崇朱熹。而孟子一个人絮絮叨叨在那儿呼喊,可哀啊!韩愈说:"佛家、道家的危害,甚于杨朱、墨翟。以韩愈之贤明,不及孟子。孟子不能救之于未坏之先,而韩愈却想全之于已坏之后。他也是自不量力,身陷危险,也没人救他。"

唉!像我这样的人,更是自不量力,发现自己身陷危险,却没人能救我于死地。天下之人都在嘻嘻哈哈,而我在这里痛苦哀叹;举世之人都在趋炎附势,我却在这里愁眉不展。如果不是我丧心病狂,就一定是我心中有极大的愁苦。如果不是天下最为仁爱的人,谁又能体察到我心中的愁苦呢?

韩愈排斥佛、老,是冒着生命危险的。因为唐朝皇室,多是狂热的佛教徒。在韩愈的时代,佛教地位更高。唐宪宗派使者去凤翔迎佛骨,韩愈毅然上《论佛骨表》,极力劝谏,认为国家供奉佛骨实在荒唐,要求将佛骨烧毁,不能让天下人被佛骨误导。宪宗览奏后非常生气,要处死韩愈,最后在朝臣说情下,将其贬为潮州刺史。

在王阳明的时代,王阳明虽功盖天下,却始终没能进入中央政府,成为国家领导人。他的学说被官僚阶层排斥是重要原因之一。

政治必有学说,学术就是政治,所以王阳明时常强调他另立新说所冒的生命危险,并不为过。

原文

　　其为《朱子晚年定论》，盖亦不得已而然。中间年岁早晚，诚有所未考，虽不必尽出于晚年，固多出于晚年者矣。然大意在委曲调停，以明此学为重。平生于朱子之说，如神明蓍龟，一旦与之背驰，心诚有所未忍，故不得已而为此。"知我者谓我心忧，不知我者谓我何求。"盖不忍抵牾朱子者，其本心也；不得已而与之抵牾者，道固如是，"不直则道不见"也。执事所谓"决与朱子异"者，仆敢自欺其心哉？夫道，天下之公道也；学，天下之公学也。非朱子可得而私也，非孔子可得而私也。天下之公也，公言之而已矣。故言之而是，虽异于己，乃益于己也；言之而非，虽同于己，适损于己也。益于己者，己必喜之；损于己者，己必恶之。然则某今日之论，虽或与朱子异，未必非其所喜也。"君子之过，如日月之食，其更也，人皆仰之"，而"小人之过也，必文"。某虽不肖，固不敢以小人之心事朱子也。

华杉详解

我写《朱子晚年定论》，也是不得已而为之。其中采录的文字，时间早晚，确实有未加考证的不准确之处。虽然并不全然是朱子晚年文字，但大部分是他晚年所作。我的主要目的是调和朱熹与陆九渊的学问，以彰明圣学为重任。我一生始终将朱熹的学说奉为神明，一旦要与之背离，确实有诸多不忍，所以我也是不得已而为之啊！"知我者谓我心忧，不知我者谓我何求！"我本不忍心与朱子对抗，只是不得已才如此，因为圣人之道本就如此。孟子说："不直，则道不见也。"不说直话，真理就显现不出来。您说我"决意要与朱子对立"，我怎敢如此欺骗自己？道为天下公，大道是天下的大道，圣学是天下的公学，并非朱子可以私有，也非孔子可以私有。天下公有的东西，应该秉公而论。所以只要说得对，即便与自己不同，也是对自己有益；只要说得不对，即便与自己相同，也是损害自己。有益于自己的，自己一定喜欢；损害自己的，自己必定讨厌。既然这样，那么我现在的观点，虽然与朱子相异，却未必不是朱子喜欢的。《论语》说："君子之过也，如日月之食焉。过也，人皆见之。更也，人皆仰之。"君子的过错，就好比日食、月食，当他犯错的时候，全天下都看见了；当他改正的时候，全天下都仰望着。然而，"小人之过也必文"，小人一定会掩饰自己。我虽然不够贤明，但我也不能用小人之心来对待朱子，觉得他说得不对，还不说出来、替他掩饰啊！

原文

　　执事所以教，反复数百言，皆以未悉鄙人"格物"之说。若鄙说一明，则此数百言，皆可以不待辨说而释然无滞。故今不敢缕缕，以滋琐屑之渎。然鄙说非面陈口析，断亦未能了了于纸笔间也。嗟乎！执事所以开导启迪于我者，可谓恳到详切矣！人之爱我，宁有如执事者乎？仆虽甚愚下，宁不知所感刻佩服？然而不敢遽舍其中心之诚然而姑以听受云者，正不敢有负于深爱，亦思有以报之耳。秋尽东还，必求一面，以卒所请，千万终教！

华杉详解

您的教诲有数百言之多，都是因为没有理解我的格物之说。如果对我的学说理解了，那么这数百言不用辩论也可释然。所以我现在不再详细论述，以免过于琐碎。而且我的学说除非当面陈述，无法以纸笔说清楚。唉！您对我的开导是那样恳切详细。人之爱我，能有您这样深切的吗？我能不感动佩服吗？然而，我不能放弃我心中的诚意而默默听取您的意见，正是因为不敢辜负您的深爱，也希望能够回报您啊！等到秋天过去，我回来之后，一定登门求教，届时还希望您能够指导我！

我心光明，只凭着大是大非去行

原文

答聂文蔚

　　夏间远劳迂途枉顾问证，惓惓此情何可当也！已期二三同志，更处静地，扳留旬日，少效其鄙见，以求切劘之益；而公期俗绊，势有不能，别去极怏怏，如有所失。忽承笺惠，反复千余言，读之无任浣慰。中间推许太过，盖亦奖掖之盛心，而规砺真切，思欲纳之于贤圣之域。又托诸崇一以致其勤勤恳恳之怀，此非深交笃爱，何以及是？知感知愧，且惧其无以堪之也。虽然，仆亦何敢不自鞭勉，而徒以感愧辞让为乎哉？其谓"思、孟、周、程，无意相遭于千载之下。与其尽信于天下，不若真信于一人。道固自在，学亦自在，天下信之不为多，一人信之不为少"者，斯固君子"不见是而无闷"之心。岂世之谆谆屑屑者知足以及之乎？乃仆之情，则有大不得已者存乎其间，而非以计人之信与不信也。

华杉详解

聂文蔚就是聂豹，字文蔚，号双江。江西永丰人。官至兵部尚书，太子少傅。对王阳明极为崇拜，王死后，聂文蔚立王阳明牌位再拜，始称门生。

有劳你夏天绕道来我这儿，不知疲倦地询问论证，这种情分我真是不敢当啊！本来已经约好两三位同道好友，想找一个安静的地方待上十来天，我也好好汇报一下思想，让大家在切磋磨砺中能有所收获。但公事繁忙，这次做不到了。你走之后，我十分惆怅，若有所失。不想忽然收到你的来信，洋洋洒洒千余言，读了非常欣慰。

信中你对我推许太过了，这也是你对我夸奖激励的一番美意，规正磨砺的真切用心，希望我能够步入圣贤的行列吧！你又委托欧阳崇一转达对我的恳切关怀，如果不是深交笃爱，怎会如此？我既感动又惭愧，又惶恐自己担不起你的夸赞啊！但是，尽管如此，我又怎能不自我鞭策，而仅仅是感激、辞让呢？

你说："子思、孟子、周敦颐、程颢等人，并不期望千年后为人所理解，与其让天下人都相信你，不如被一个人笃信。大道是自然而然存在的，圣学也自然而然存在，天下人尽信不算多，只有一个人笃信也不算少。"这就是《周易》说的："遁世无闷，不见是而无闷。"即便不被世人肯定，自己待着也不郁闷。这样的心态，岂是世上浅薄琐屑的人所能理解的？但是，对我来说，则有许多万不得已的苦衷，并不是计较他人相信与否。

聂文蔚提出的这个问题，是个大问题。为什么高处不胜寒？因为你看得见的东西，其他人都看不见，你跟他说，他还不信。他看不见，他就觉得你说的不存在、你说的没价值。这时候呢，《易经》就说"不见是而无闷"，我也不郁闷，你们不懂就算了。《论语》说："人不知而不愠，不亦君子乎！"人家不理解我，我也不生气，这才是君子啊！又说："用之则行，舍之则藏。"得用于世，我就勇往直前；不见用于君，我就卷而怀之，带进棺材也不遗憾。或者，我著之于书，扔下思想的漂流瓶，传之后世，等谁捡到，再继我这"往圣之绝学"吧！

但是，这些观念都是讲自己的心态，是关注自己，不是关心他人、关心社会，是可做可不做，做不到就不做的心态。用孟子对"四大圣人"的分类来说——"伯夷，圣之清者也。伊尹，圣之任者也。柳下惠，圣之和者也。孔子，圣之时者也"，属于"圣之时者"。孟子说他愿意学习孔子，那么孔孟都是圣之时者。王阳明呢，和伊尹一样是"圣之任者"。"任"，是"狂者进取"，以天下为己任，非干不可！伊尹作为辅政大臣，能把荒淫无道的君王太甲软禁三年，令其反思悔过，还真把他改造好了，又迎回来，成为一代明君。王阳明呢，面对荒唐到极点、搞得全国暗无天日的正德皇帝，他也是毫不妥协，我心光明，只凭着良知，凭着大是大非去行。儒家很多时候讲明哲保身、讲妥协的艺术，王阳明则是奋不顾身，不妥协。

只要不存私心，一切凭良知，做什么都容易

原文

夫人者，天地之心。天地万物，本吾一体者也。生民之困苦荼毒，孰非疾痛之切于吾身者乎？不知吾身之疾痛，无是非之心者也。是非之心，不虑而知，不学而能，所谓良知也。良知之在人心，无间于圣愚，天下古今之所同也。世之君子，惟务致其良

知，则自能公是非、同好恶，视人犹己、视国犹家，而以天地万物为一体，求天下无治不可得矣。古之人所以能见善不啻若己出，见恶不啻若己入，视民之饥溺犹己之饥溺，而一夫不获若己推而纳诸沟中者，非故为是而以蕲天下之信己也，务致其良知求自慊而已矣。尧、舜、三王之圣，言而民莫不信者，致其良知而言之也；行而民莫不说者，致其良知而行之也。是以其民熙熙皞皞，杀之不怨，利之不庸。施及蛮貊，而凡有血气者莫不尊亲，为其良知之同也。呜呼！圣人之治天下，何其简且易哉！

华杉详解

人是天地之心，天地万物本来与我一体。老百姓的困苦荼毒，难道不也是痛切在我身上吗？如果自己身上的苦痛都不知道，那就是没有是非之心了。是非之心，不需要深思熟虑就能知道；不需要学习，自然就会，这就是所谓良知。良知人人都有，古往今来天下所有人都一样，无论圣贤还是愚夫愚妇。世之君子，只要问自己的良知，自然能秉公判别是非，自然能与他人同好同恶，自然能把他人当自己一样看待，把国家当自己家一样爱护和建设，而以天下万物为一体。人人有良知，要想天下不大治都不可能。

古代的圣贤，之所以能看见人家有好运、好思想、好观念、好办法、好东西，就好像自己也有一样高兴，不会去嫉妒他人，与人为善，善与人同，赶紧跟人家学；看见人家遭遇了坏事，就好像落到自己头上一样，觉得自己有帮助解决问题的迫切责任。

孟子说大禹和后稷："禹思天下有溺者，由己溺之也；稷思天下有饥者，由己饥之也。"大禹是负责治水的，只要天下有一个人掉水里淹死了，他都觉得是自己推下去的，因为是他在治水的时候，没有在岸边建好防护设施啊！后稷是负责农业的，只要天下还有一个人挨饿，他都认为是他让人家饿着的，绝对不会推给天灾，因为是他的农业技术水平和仓储转运安排还不够啊！

孟子又说伊尹："思天下之民，匹夫匹妇有不被尧、舜之泽者，若己推而内之沟中。其自任以天下之重如此，故就汤而说之以伐夏救民。"他还没有出仕的时候，商汤几次去请他。他以天下为己任，觉得天下的百姓，只要有一个家庭还没有得到尧舜之治的恩泽，就是自己把他们推进沟里去的，所以他接受商汤的请求，出山伐夏桀以救天下。

这些人啊，他们并不是要求天下人都相信自己，不过是要致其良知以求问心无愧罢了：我明明看见了，我怎么能袖手旁观，不去帮助他们呢？以尧、舜、大禹、商汤、周文王的圣德，他们说什么话，老百姓都相信，是因为他们致良知说话；他们做什么，老百姓都高兴，因为他们致良知而行。所以他们的人民和平安乐，就算被处死也没有怨言，知道自己该死；给好处也不答谢，知道那是自己应得的。把这样的教化推及蛮荒之地，凡是有血气的人没有不孝敬双亲的，这是因为人的良知是相通的。

唉！圣人治理天下是多么简单容易啊！

是啊，不存私心，一切凭良知，做什么都容易！

私智与公善

原文

后世良知之学不明，天下之人用其私智以相比轧。是以人各有心，而偏琐僻陋之见，狡伪阴邪之术，至于不可胜说。外假仁义之名，而内以行其自私自利之实；诡辞以阿俗，矫行以干誉；掩人之善而袭以为己长，讦人之私而窃以为己直；忿以相胜而犹谓之徇义，险以相倾而犹谓之疾恶；妒贤忌能而犹自以为公是非，恣情纵欲而犹自以为同好恶。相陵相贼，自其一家骨肉之亲，已不能无尔我胜负之意、彼此藩篱之形，而况于天下之大、民物之众，又何能一体而视之？则无怪于纷纷籍籍而祸乱相寻于无穷矣。

华杉详解

后世良知之学不再昌明，天下之人都自作聪明，用自己的"私智"互相倾轧，个个都自有一套主意。那些偏狭、琐碎、浅陋的所谓见解，狡诈、虚伪、阴险、邪门的所谓技术，多得都说不过来。外表都以仁义的名义包装起来，而实际上全是自私自利。以各种诡辩的言辞来迎合世俗的要求；以各种矫揉造作的行为来博取自己的名誉；明明是别人好的东西，他偏要去攻击，为的是显出自己那一套才是本事；对别人的隐私肆意攻讦，来显示自己的正直；相互怨愤而争斗，搞得跟为正义而斗争似的；用心险恶地相互倾轧，还做出一副疾恶如仇的姿态；嫉贤妒能而排挤他人，却装扮成大公无私；恣情纵欲，却包装成与民同乐；即使是骨肉之亲的一家人，也要互相欺凌侵害，要分出胜负，要架起藩篱。更何况天下之大，民物众多，他怎么能一体视之呢？这就难怪天下纷纷扰扰，祸乱无穷了。

王阳明这一番话骂得尖刻，每一个字都精准得不得了，对应着人的毛病，五百年后的今天，还全都对得上！我们要反复仔细地研读，切己体察，自己有没有这些毛病——不用说，当然有！没有就是圣人了。所以要改。修身即改过，所谓良知良能，每个人本来都没毛病，长大了就有了毛病，意识到了，想读书、学习、进步，主要就是改掉毛病，回到本体。

孟子说四端，人都有善端。毛病呢，也有端，要从根本上治。王阳明这一段话，我觉得有两端，可以切己体察一下。

一个是"自其一家骨肉之亲，已不能无尔我胜负之意、彼此藩篱之形"。自家兄弟，也要争个胜负短长，也有隔阂。这个已经一竿子打到绝大多数人了。读者可以对照一下自己是不是。如果是，自家兄弟都争短长，或者觉得是别人不对——那么你对外人怎么样，就可以想象了。

曾国藩就专门反省过这个问题。他是家里的大哥，自认为承担着教育、提携弟弟妹妹的责任。所以，凡是有弟弟们表现不好的，他都认为是自己的责任，是自己不孝，没把弟弟妹妹们带好，先自己反省一通。这是在自己家里，践行伊尹的"圣之任者"之道：思天下之民，匹夫匹妇有不被尧、舜之泽者，若己推而内之沟中。对外方面呢，他说："绝对不能在外人面前说一些话，让别人认为是我好，而我的兄弟不如我。"这种话，恐怕我们说得多了。曾国藩就说，即便你没有直接说兄弟的不是，但可能有一些抱怨，让人家很认同你，觉得你好，你弟弟确实不如你、确实有问题。这不就是王阳明说的"讦人之私而窃以为己直"吗？在自己家里没守住，对外人就更不客气了，就会发展到"损人之善而袭以为己长"：人家明明做得很好，你不向人家学习也就罢了，为了显示自己有本事，还要攻击别人，把别人贬得一无是处，让大家觉得你才有本事。

所以，**修养自己，应该从自己家里开始练。这是一个发端处。**

第二个发端处，就是"私智"。这个词要划重点，"私智"的反义词是什么呢？是"公善"。儒家的思想，"善为天下公"，是很重要的一条！读一段《孟子》：

> 孟子曰："子路，人告之以有过，则喜。禹闻善言，则拜。大舜有大焉，善与人同，舍己从人，乐取于人以为善。自耕稼、陶、渔以至为帝，无非取于人者。取诸人以为善，是与人为善者也。故君子莫大乎与人为善。"

孟子讲德行的三个境界：闻过则喜，闻善则拜，与人为善。

子路在第一个境界，闻过则喜。子路是勇于自修自正的人，心里唯恐自己有什么错误，自己却不知道。所以有人给他指出来，他就特别高兴，欣然接受，心里很感激，庆幸可以改正错误。

大禹在第二个境界，闻善则拜。他是不自满的人，心里唯恐有什么善言不知道、有什么该做的事还没做，所以一听到善言建议，就肃然拜受，心里很感激，庆幸可以去做。

但是，子路之喜，是盯着自己身上找问题，还未能忘我；大禹之拜，是看见善言善行在别人身上，还未能忘人。至于大舜，其境界就大于子路和大禹，他看见善，认为善为天下公的道理，不是一人之私物，既不把它当成自己的，也不把它当成别人的，而与人共有其善，同行其善。如果看见自己的做法不好，别人的好，马上舍己从人。

所以孟子说"君子莫大乎与人为善"，与人为善，意思不是对人好，而是能跟从别人的善，是君子最大最重要的德行。这个太重要了！

我们平时夸人有学问，总爱说"您有自己的东西"，或者说"观点自成一体"。其实，凡是"有自己的东西"，或者"观点自成一体"的，要么是别人不理解瞎说，要么是他根本就没学问。万物一体，理一不二，凡是"自成一体"的，肯定是错的。只要是找到了正确的，都殊途同归，就那一个道理。而那些自称有"新理论"的呢,王阳明说过,那也是因为争胜,有"胜心"。"前人之说本已完备,非要另立一说以胜之",还颇能骗一些无知的粉丝。

把这个问题看透了,我们就能舍己从人、善与人同,不再追求与众不同了,就像托尔斯泰说的"幸福的家庭都是相似的,不幸的家庭各有各的不幸"。正确的东西都是一致的,错误才千姿百态,与众不同。

天下人的心,就是我的心

原文

仆诚赖天之灵,偶有见于良知之学,以为必由此而后天下可得而治。是以每念斯民之陷溺,则为之戚然痛心,忘其身之不肖,而思以此救之,亦不自知其量者。天下之人见其若是,遂相与非笑而诋斥之,以为是病狂丧心之人耳。呜呼,是奚足恤哉?吾方疾痛之切体,而暇计人之非笑乎?人固有见其父子兄弟之坠溺于深渊者,呼号匍匐,裸跣颠顿,扳悬崖壁而下拯之。士之见者,方相与揖让谈笑于其傍,以为是弃其礼貌衣冠而呼号颠顿若此,是病狂丧心者也。故夫揖让谈笑于溺人之傍而不知救,此惟行路之人,无亲戚骨肉之情者能之,然已谓之"无恻隐之心,非人矣"。若夫在父子兄弟之爱者,则固未有不痛心疾首,狂奔尽气,匍匐而拯之。彼将陷溺之祸有不顾,而况于病狂丧心之讥乎?而又况于蕲人信与不信乎?呜呼!今之人虽谓仆为病狂丧心之人,亦无不可矣。天下之人心,皆吾之心也。天下之人犹有病狂者矣,吾安得而非病狂乎?犹有丧心者矣,吾安得而非丧心乎?

华杉详解

我靠着上天的眷顾,偶然龙场顿悟,发现良知的学说,认为只有致良知,天下才能得到治理。所以每每想到百姓的堕落,就为之戚然痛心,忘记了自己也是不肖之人,不自量力,想要拯救天下。世人看到我这样做,就纷纷嘲笑我、诋毁我，认为我是丧心病狂的人。唉！这有什么可顾忌的呢？我感受到的是切肤之痛，哪有工夫去计较别人的非议和嘲笑？如果有人看到自己的父子兄弟坠入深渊，一定会大喊着爬过去，鞋帽掉了也全不在意，攀着悬崖绝壁而下，希望能够救人。而那些看到这幅场景的士人，正揖让谈笑于其旁，以为旁边这个衣衫不整、大喊大叫的家伙，一定是个丧心病狂之人。

看见有人掉下悬崖，还在旁边说说笑笑而不知道去救人，这只有那些没有骨肉亲情的人才做得出来，正是孟子说的"无恻隐之心，非人也"，简直不是人啊！如果是有父子兄弟亲情的人，一定感同身受、痛心疾首，匍匐而下去救人。他自己的亲人掉下去了，他一定会奋不顾身去救人，还在乎谁讥笑他、不相信他吗？

呜呼！今天的士人虽然说我是丧心病狂，也未尝不对吧！大禹视民之饥溺为己之饥溺，只要天下还有人挨饿，就好比自己在挨饿；只要天下有一人掉进水里，就好像自己掉进了水里。天下万物一体，天下人的心，就是我的心。天下还有那么多病狂的人，那不就是我病狂吗？天下还有那么多丧心的人，那不就是我丧心吗？

原文

昔者孔子之在当时，有议其为谄者，有讥其为佞者，有毁其未贤、诋其为不知礼，而侮之以为"东家丘"者，有嫉且沮之者，有恶而欲杀之者。晨门、荷蒉之徒，皆当时之贤士，且曰："是知其不可而为之者欤？""鄙哉！硁硁乎！莫己知也，斯已而已矣。"虽子路在升堂之列，尚不能无疑于其所见，不悦于其所欲往，而且以之为迂。则当时之不信夫子者，岂特十之二三而已乎？然而夫子汲汲遑遑，若求亡子于道路，而不暇于暖席者，宁以蕲人之知我、信我而已哉？盖其天地万物一体之仁，疾痛迫切，虽欲已之而自有所不容已。故其言曰："吾非斯人之徒与而谁与？""欲洁其身而乱大伦。""果哉，末之难矣！"呜呼！此非诚以天地万物为一体者，孰能以知夫子之心乎？若其"遁世无闷""乐天知命"者，则固"无入而不自得""道并行而不相悖"也。

华杉详解

我们看看孔子当年吧,他受的误解和诋毁也不少啊!他要恢复君臣之礼,对国君礼数周全得不得了,其他人都烦他,说他谄媚,说他是佞臣。

鲁国的大夫孙武公开在朝廷说:"子贡贤于仲尼。"说孔子的东西都是虚的,子贡才有真本事,能落地。

孔子进鲁国大庙,每件东西都仔细询问。又有人说闲话:"孰谓鄹(zōu)人(鄹人是指鲁国鄹邑大夫、孔子的父亲叔梁纥)之子知礼乎?入大庙,每事问。"谁说孔丘知礼啊,进到大庙里,啥都不知道,样样东西都要问别人。

孔子的西边邻居轻视孔子,贬称他为"东家丘"。

孔子任鲁国大司寇,齐国害怕鲁国因此强大起来,嫉恨他,就送美女、乐队给鲁国国君和当权者季孙氏,让他们疏远孔子,最终逼走了孔子。

还有想杀他的。孔子周游列国,进入宋国,宋国的桓魋怕他介入宋国朝政,派人去刺杀他。

而晨门、荷蒉之徒呢,虽然是当时的贤士,却也说孔子的风凉话,说什么"这就是那个知其不可为而为之的傻家伙吗?""见识浅陋,又固执得很!自己的学说没有人理解,就算了吧,到处招摇、兜售什么呢?"等等。

虽然子路对于圣学已十分明白,但有时也难免怀疑孔子。孔子要去见南子,他就不高兴,而且认为孔子迂腐。

所以当时不信任孔子的人,难道仅仅是十分之二三吗?但是孔子依然积极奔走,就像在道路上寻找自己失踪的儿子一样整天奔波,无暇在温暖的被窝里睡上一觉,这难道只是为了让世人了解自己、相信自己而已吗?或许孔子有与天地万物一体的仁爱之心,痛切至深,就算自己想要不管,也身不由己。所以,隐士说他不该管这些终究也管不了的事,他说:"我不与世人相处,又跟谁在一起呢?"他又批评那些有德的隐士:"想要洁身自好,守了小德,却败坏了天下的大伦理。"

《论语》记载:

> 子击磬于卫,有荷蒉而过孔氏之门者,曰:"有心哉,击磬乎!"既而曰:"鄙哉!硁硁乎!莫己知也,斯己而已矣。深则

厉，浅则揭。"子曰："果哉！末之难矣。"

孔子在卫国住的时候，有一天自己在家里击磬，自娱自乐敲一曲。有一个挑着草筐（"蒉"，草编的筐子，一般用来担土的）的汉子，从孔子门前过，听见音乐声，就停下来欣赏，感叹说："有心哉，击磬乎！"这击磬的人，大有心事啊！又听了一阵子，摇头了——鄙哉——这人的心思，还是鄙薄啊！修养不够！你听他那磬声，硁硁的（硁是敲打石头的声音），那声音透着鄙薄，透着固执，透着愤激。他想说什么呢？无非是"莫己知也"，没有人知道我啊！没有人理解我啊！没有人用我啊！就那点事儿！"斯己而已矣"，你敲来击去，还不都是在敲打自己，抱怨自己怀才不遇吗？你多大点心胸啊？！

"深则厉，浅则揭。"这是《诗经》上的一句诗，讲过河的。厉，是穿着衣服直接过；揭，是把衣服下摆抓手上提起来过。为什么呢？那水深的时候，你把裤腿卷起来，衣服下摆拎起来，也是没什么用，因为水淹到你胸口了，这种情况下你就别管衣服湿不湿了，你肯定湿透；只有不管衣服，小心摸石头过河，才能保证自己不摔倒、不淹死。只有那水浅的时候，你把裤腿卷起来、衣服下摆拎起来，那还有点用。

这话什么意思呢？社会太黑暗了！水都淹到脖子了，你还卷起裤腿过河，那就是晨门说的，明知不可为而为之。明知不可为，你为它干吗呢？还苦闷，还把个磬敲得跟破锣似的。

孔子听到挑筐汉子的乐评，说："果哉！末之难矣。"他的评论也太果决了，我真还找不到话来反驳他。

那么多人，不管是好人还是坏人，都不理解孔子。如果不是以天下万物为一体的人，谁能理解孔子的心呢？至于那些"不见于世却不郁闷""乐于天道，安于天命"的人，当然可以做到"到哪儿都自得其乐""大道并行却不会互相违背"了。

看来，王阳明不想做一个遁世无闷、乐天知命者，不想做一个无入而不自得、道并行而不相悖的人，他要承担责任，要改变社会。

有一个人相信我的良知之学，就不算少

原文

仆之不肖，何敢以夫子之道为己任？顾其心亦已稍知疾痛之在身，是以彷徨四顾，将求其有助于我者，相与讲去其病耳。今诚得豪杰同志之士，扶持匡翼，共明良知之学于天下，使天下之人皆知自致其良知，以相安相养，去其自私自利之蔽，一洗谗妒胜忿之习，以济于大同，则仆之狂病固将脱然以愈，而终免于丧心之患矣。岂不快哉？

华杉详解

像我这样才疏学浅之人，怎么敢以孔子之道为己任呢？只是我的心也稍微知道一点身上的病痛，所以彷徨四顾，想找到能对我有帮助的人，一起切磋讲习，去除病痛。现在如果能得到志同道合的豪杰之士，相互扶持、相互匡正，让良知之学彰明于天下，让全天下的人都懂得其良知，互相帮助、互相存养，去除自私自利的弊病，洗去诋毁、嫉妒、好胜、易怒的恶习，以实现天下大同，那我的狂病也脱然痊愈，最终免于丧心病狂的祸患，岂不快哉？

原文

嗟乎！今诚欲求豪杰同志之士于天下，非如吾文蔚者而谁望之乎？如吾文蔚之才与志，诚足以援天下之溺者。今又既知其具之在我，而无假于外求矣，循是而充，若决河注海，孰得而御哉？文蔚所谓"一人信之不为少"，其又能逊以委之何人乎？

华杉详解

唉！如今我要寻求志同道合的豪杰之士于天下，除了你聂文蔚，我又能指望谁呢？以文蔚的才干和志向，诚然可以救援天下溺水之人。如今，你又明白了良知之学，知道一切良知良能，都只在自己身上，不假外求，只要循着这良知，扩充这良知良能，就像黄河决口，汇入大海，谁拦得住呢？就像你所说的，有一个人相信我的良知之学，也不算少！自然你是当仁不让，你又何必谦

逊、委托他人？

原文

　　会稽素号山水之区，深林长谷，信步皆是；寒暑晦明，无时不宜。安居饱食，尘嚣无扰。良朋四集，道义日新。优哉游哉！天地之间宁复有乐于是者！孔子云："不怨天，不尤人，下学而上达。"仆与二三同志方将请事斯语，奚暇外慕？独其切肤之痛，乃有未能恝然者，辄复云云尔。

　　咳疾暑毒，书札绝懒。盛使远来，迟留经月，临岐执笔，又不觉累纸。盖于相知之深，虽已缕缕至此，殊觉有所未能尽也。

华杉详解

会稽山山清水秀，深林幽谷，随处可见；寒暑阴晴，无时不宜。安居饱食，尘嚣无扰。好朋友聚在一起，切磋道义，日日精进，那优哉游哉的悠闲自在，天地间难道还有比这更大的快乐吗？

《论语》有一段：

　　子曰："莫我知也夫！"子贡曰："何为其莫知子也？"子曰："不怨天，不尤人。下学而上达，知我者其天乎！"

孔子对子贡说："没有人了解我吧！"子贡说："夫子道高德厚，天下皆知，怎么说没人了解您呢？"孔子说："我不怨天，不尤人。下学而上达，了解我这一点的，大概只有上天吧！"

我和几位同道想要努力遵循孔子的教诲，哪来的时间还能去外面探求呢？只是对于切肤之痛，无法漠不关心，于是写了这封信回复你。

我因为天气炎热，一直咳嗽，懒于写信。你派人远来，停留数月，临别提笔，没想到又写了这么多。我们相知颇深，虽然写了这么多，却还是觉得有好多话没有说完。

论证越精细,离大道越远

原文

得书,见近来所学之骤进,喜慰不可言。谛视数过,其间虽亦有一二未莹彻处,却是致良知之功尚未纯熟,到纯熟时自无此矣。譬之驱车,既已由于康庄大道之中,或时横斜迂曲者,乃马性未调、衔勒不齐之故。然已只在康庄大道中,决不赚入旁蹊曲径矣。近时海内同志,到此地位者曾未多见,喜慰不可言,斯道之幸也!

华杉详解

收到你的来信,见你近来学问进步很快,非常欣慰。你的信,我仔细读了几遍,其间有一二还不通透的地方,那是致良知的功夫还不够纯熟,等到纯熟了,自然就没毛病了。这就好像驾车,已经走在康庄大道上,但有时走得不算太直,还有迂回曲折,那是马性还没有调教好、缰绳没有勒齐的缘故。但是,人已经在康庄大道上,绝对不会再蹿到旁蹊曲径去。在最近的其他同学中,还没有达到你这种境界的,所以我非常欣喜和快慰,这也是圣道之幸事啊!

原文

贱躯旧有咳嗽畏热之病,近入炎方,辄复大作。主上圣明洞察,责付甚重,不敢遽辞。地方军务冗沓,皆舆疾从事。今却幸已平定,已具本乞回养病,得在林下稍就清凉,或可瘳耳。人还,伏枕草草,不尽倾企。外惟浚一简,幸达致之。

华杉详解

我最近身体不太好,咳嗽,怕热,到了南方,更加发作得厉害。主上圣明洞察,托付给我的责任很重,我不敢推辞。地方军务又十分冗杂,我只能带病处理。如今幸已平定,我已经上奏折请求回乡养病。如果能到林下清凉处疗养,或许还能痊愈吧。送信来的人就要回去,我趴在枕头上,草草给你写几句,匆忙间也难以诉说得尽。

另外，给惟浚的信，也烦请你转交给他。

原文

来书所询，草草奉复一二。

近岁来山中讲学者，往往多说"勿忘勿助"工夫甚难。问之，则云："才着意便是助，才不着意便是忘，所以甚难。"区区因问之云："忘是忘个甚么？助是助个甚么？"其人默然无对，始请问。区区因与说，我此间讲学，却只说个"必有事焉"，不说"勿忘勿助"。"必有事焉"者，只是时时去"集义"。若时时去用"必有事"的工夫，而或有时间断，此便是忘了，即须"勿忘"；时时去用"必有事"的工夫，而或有时欲速求效，此便是助了，即须"勿助"。其工夫全在"必有事焉"上用，"勿忘勿助"，只就其间提撕警觉而已。若是工夫原不间断，即不须更说"勿忘"；原不欲速求效，即不须更说"勿助"。此其工夫何等明白简易！何等洒脱自在！今却不去"必有事"上用工，而乃悬空守着一个"勿忘勿助"，此正如烧锅煮饭，锅内不曾渍水下米，而乃专去添柴放火，不知毕竟煮出个甚么物来！吾恐火候未及调停，而锅已先破裂矣。近日一种专在"勿忘勿助"上用工者，其病正是如此。终日悬空去做个"勿忘"，又悬空去做个"勿助"，渀渀荡荡，全无实落下手处，究竟工夫只做得个沉空守寂，学成一个痴騃汉。才遇些子事来，即便牵滞纷扰，不复能经纶宰制。此皆有志之士，而乃使之劳苦缠缚，担搁一生，皆由学术误人之故，甚可悯矣！

华杉详解

这一段讲的是《孟子》的"必有事焉"和"勿忘勿助"。

最近来山里跟我讨论学问的，好多人谈到"勿忘勿助"的工夫很难！我就奇怪了，问：这么简单的事，难在哪里？他说："稍有意念就是拔苗助长，稍不注意呢，又落入'忘'了，所以太难了！"

我问："你说的忘是忘记了什么呢？你说的助又是助了个什么呢？"对方默然答不上来，又来请教。

我就说，我这里讲学，不谈勿忘勿助，只说必有事焉。必有事焉，就是时时刻刻去集义，时时刻刻下这"必有事"的功夫，一刻也不间断，一事也不违背。若是间断了、违背了，就是忘了，这时候就要勿忘。如果贪巧求速，老想下点快功夫，就是拔苗助长了，这时候就要提醒自己勿助。所以一切功夫，专注于"必有事焉"。"勿忘勿助"不过是给你提个醒。这是何等明白简易，洒脱自在！今天你不去"必有事焉"上下功夫，空悬个"勿忘勿助"，要找点事来"勿忘"，又要找点事来"勿助"，就像要煮饭，你锅里既不放米又不放水，尽惦记着添柴放火，那你要煮出个什么东西来？我恐怕火候还没调停到位，锅已经烧裂了。近日这些专注在"勿忘勿助"上用功的，病根就在这儿。成天悬空去做个"勿忘"，又悬空去做个"勿助"，茫茫荡荡，完全没有实际下手的地方，最终只落得个死守空寂，学成个痴呆汉，刚遇到一点事，就会心绪纷乱，啥也应付不了。这些人，也算是有志之士，却因此劳苦困扰，耽误一生，这都是学术的错误耽误人的缘故。真是可怜啊！

原文

夫"必有事焉"只是"集义"，"集义"只是致良知。说"集义"则一时未见头脑，说"致良知"即当下便有实地步可用工。故区区专说"致良知"。随时就事上致其良知，便是"格物"；着实去致良知，便是"诚意"；着实致其良知，而无一毫意必固我，便是"正心"。着实致真知，则自无忘之病；无一毫意必固我，则自无助之病。故说"格、致、诚、正"，则不必更说个"忘、助"。孟子说"忘、助"，亦就告子得病处立方。告子强制其心，是助的病痛；故孟子专说助长之害。告子助长，亦是他以义为外，不知就自心上"集义"、在"必有事焉"上用功，是以如此。若时时刻刻就自心上"集义"，则良知之体洞然明白，自然是是非非，纤毫莫遁，又焉有"不得于言，勿求于心；不得于心，勿求于气"之弊乎？孟子"集义""养气"之说，固大有功于后学，然亦是因病立方，说得大段，不若《大学》"格、致、诚、正"之功，尤极精一简易，为彻上彻下、万世无弊者也。

华杉详解

必有事焉而勿正，只是集义的功夫；集义的功夫，只是致良知而已。光说集义，一时不知道从哪里集；说个致良知，就有下手的地方了。所以我专门讲致良知。随时就具体事情致良知，就是"格物"；着实去致良知，就是"诚意"；着实去致良知，没有意必固我，没有一丝一毫的主观臆断，没有期必其效验，没有固执己见，没有执着于自我，就是"正心"。着实致良知，自然就没有"忘"之病；没有一丝一毫的意、必、固、我，自然就没有"助"之病。所以，说了"格物、致知、诚意、正心"，也就没有必要再讲"勿忘勿助"了。

孟子讲"勿忘勿助"，那是有他说这话的对象和语境。他是针对告子的毛病而言，对症下药。告子强制其心，正是"助"的病痛，所以孟子专门讲拔苗助长之害。告子拔苗助长，是因为他以义为外，不懂得在自己心上集义，不懂得在"必有事焉"上用功。如果他时时刻刻在自己心体上集义，其良知之体自然明白，自然是是非非纤毫分明。

孟子的"集义""养气"之说，自然是大有功于后学。但是，也是因病立方、对症下药，针对告子讲的，不如《大学》里格物、致知、诚意、正心的功夫，尤其惟精惟一，简易明白，上下通透，千秋万世永无弊病。

原文

圣贤论学，多是随时就事，虽言若人殊，而要其工夫头脑，若合符节。缘天地之间，原只有此性、只有此理、只有此良知、只有此一件事耳。故凡就古人论学处说工夫，更不必搀和兼搭而说，自然无不吻合贯通者；才须搀和兼搭而说，即是自己工夫未明彻也。

近时有谓"集义"之功，必须兼搭个致良知而后备者，则是"集义"之功尚未了彻也。"集义"之功尚未了彻，适足以为致良知之累而已矣。谓"致良知"之功，必须兼搭一个"勿忘勿助"而后明者，则是"致良知"之功尚未了彻也。"致良知"之功尚未了彻也，适足以为"勿忘勿助"之累而已矣。若此者，皆是就文义上解释牵附，以求混融凑泊，而不曾就自己实工夫上体验，是以论之愈精，而去之愈远。

华杉详解

圣贤讲学，大多是就事而论，每一句话，都是针对当时的语境、对象，他们的说法不一样，只是语境不同、说话对象不同、上下文不同、角度不同。但是，他们的功夫主旨却是一致的，就像兵符一样严丝合缝，一点差别也没有。为什么呢？因为这天地间，只有这一个性，只有这一个理，只有这一个良知，只有这一件事而已。

所以，凡是就古人论学之处讨论功夫，不能把他们不同的话掺和、兼搭、比对着说，自然就能吻合贯通。你照孟子说的去下功夫也行，照子思说的去下功夫也行。你非要把他们不同角度的话拿来比对，来找不同、找不通、找麻烦，那就是自己功夫还没有明白通透。比如孟子说"集义"，你照着做就是了；如果你必须结合"致良知"才能理解完备，那是因为你"集义"的功夫还没明白罢了。集义的功夫没明白，那恰恰成了致良知的牵累，两个都搞不成。

如果你下"致良知"的功夫，又非要时刻悬着个"勿忘勿助"来提醒自己，那是你致良知的功夫还没搞明白罢了。致良知的功夫没搞明白，那恰恰又成了"勿忘勿助"的牵累，还是两个都搞不成。

所有这些出现的问题，都是就着文字上解释，牵强附会。表面上是在求融会贯通，其实是都没有在自己身上切实下功夫体验。所以，论证得越精细，偏离大道越远！

原文

文蔚之论，其于"大本达道"既已沛然无疑，至于"致知""穷理"及"忘助"等说，时亦有搀和兼搭处。却是区区所谓康庄大道之中，或时横斜迂曲者。到得工夫熟后，自将释然矣。

华杉详解

你的观点，在"大本达道"上，已经没有问题，只是关于致知、穷理、

"勿忘勿助"等说法,还有掺和、兼搭的地方。也就是我所说的,在康庄大道上,但是还有迂回曲折。等到你功夫纯熟了,自然自己就通透了。

因病发药和因药发病

原文

文蔚谓"致知之说,求之事亲、从兄之间,便觉有所持循"者,此段最见近来真切笃实之功。但以此自为不妨,自有得力处;以此遂为定说教人,却未免又有因药发病之患,亦不可不一讲也。

盖良知只是一个天理。自然明觉发见处,只是一个真诚恻怛,便是他本体。故致此良知之真诚恻怛以事亲便是孝,致此良知之真诚恻怛以从兄便是弟,致此良知之真诚恻怛以事君便是忠。只是一个良知,一个真诚恻怛。若从兄的良知不能致其真诚恻怛,即是事亲的良知不能致其真诚恻怛矣;事君的良知不能致其真诚恻怛,即是从兄的良知不能致其真诚恻怛矣。故致得事君的良知,便是致却从兄的良知;致得从兄的良知,便是致却事亲的良知。不是事君的良知不能致,却须又从事亲的良知上去扩充将来。如此,又是脱却本原,着在支节上求了。良知只是一个,随他发见流行处,当下具足,更无去来,不须假借。然其发见流行处,却自有轻重厚薄、毫发不容增减者,所谓"天然自有之中"也。虽则轻重厚薄、毫发不容增减,而原又只是一个;虽则只是一个,而其间轻重厚薄,又毫发不容增减。若可得增减,若须假借,即已非其真诚恻怛之本体矣。此良知之妙用,所以无方体、无穷尽,"语大天下莫能载,语小天下莫能破"者也。

华杉详解

你说到致知的学说,在侍奉父母、尊崇兄长上磨炼体察,就觉得有所持守、遵循，就找到路子了。这一段最能体现你近来所下的真切笃实的功夫。你自己这样做没问题，有一个切实用力的地方。但是，把这个作为定说来教别人，那就变为：你对自己是因病发药，别人拿了你的药，又因药发病了。所以这个地方我必须得跟你讲一讲。

良知只是一个天理自然明觉发见的地方，良知的发见，就是对他人真诚的恻隐之心，这就是他的本体。致良知的真诚恻隐以侍奉双亲就是孝，以遵从兄长就是悌，以侍奉君王就是忠。只是一个良知，只是一个真诚恻隐。如果遵从兄长的良知不能真诚恻隐，那就是侍奉双亲的良知没有真诚恻隐；如果侍奉君王的良知没有真诚恻隐，那就是遵从兄长的良知没有真诚恻隐。所以，致得侍奉君王的良知，就是致了遵从兄长的良知；致了遵从兄长的良知，就是致了侍奉双亲的良知。不是说先有侍奉双亲的良知，然后再扩充开来，有了侍奉君王的良知。如果这样，又脱离了本原，在枝节上求了。

良知只是一个，随它发挥呈现，自然完备，无来无去，也无须假借于外。然而它的发挥呈现，自然有轻重厚薄，丝毫不能增减，这就是程颐先生说的"事事物物都有一个天然的中在其上，不待人安排也"。良知只有一个，虽然只有一个，但是其轻重厚薄恰如其分，不增不减，无过不及。如果可以增减，如果可以向外求，那就不是它真诚恻隐的本体了。这就是良知的妙用，没有形体，无穷无尽。《中庸》说："君子语大，天下莫能载焉；语小，天下莫能破焉。"说它大，天下任何东西都装载不下它；说它小，天下任何东西都不能再把它分割成更小的单位。

聂文蔚所说的体会，从事亲、从兄的致良知，推及忠君的致良知。这是我们熟悉的。儒家抓住善端扩充，是推己及人、由近及远的方法论。王阳明却说他不对。那我们觉得谁对呢？还是王阳明前面说的，只问自己的行动，别管圣人的对错，"就着文字上解释，牵强附会，表面上是在求融会贯通，其实是都没有在自己身上切实下功夫体验，所以论证得越精细，离大道越远！"

这里要强调因病发药和因药发病的观念。

圣人论道，是因病发药。 比如王阳明是因聂文蔚的病，给他发一个药，这药不是给你吃的，你别拿起就吃，又吃出病来，成了因药发病。当思想成为文字，它已经死了。所以才有"不立文字"之说。然而，不立文字，又没有一下手处，又必须有文字，包括"不立文字"，也是四个字。读书，是自己去复活古人的思想，你也不可能百分之百复活，只是致自己的良知而已。

行动的入手处，就是孝悌、洒扫

原文

孟氏"尧舜之道，孝弟而已"者，是就人之良知发见得最真切笃厚、不容蔽昧处提省人。使人于事君、处友、仁民、爱物，与凡动静、语默间，皆只是致他那一念事亲、从兄真诚恻怛的良知，即自然无不是道。盖天下之事虽千变万化，至于不可穷诘，而但惟致此事亲、从兄一念真诚恻怛之良知以应之，则更无有遗缺渗漏者，正谓其只有此一个良知故也。事亲、从兄一念良知之外，更无有良知可致得者，故曰："尧舜之道，孝弟而已矣。"此所以为"惟精惟一"之学，放之四海而皆准，施诸后世而无朝夕者也。

文蔚云："欲于事亲、从兄之间，而求所谓良知之学。"就自己用工得力处如此说，亦无不可。若曰致其良知之真诚恻怛以求尽夫事亲、从兄之道焉，亦无不可也。明道云："行仁自孝弟始，孝弟是仁之一事，谓之行仁之本则可，谓是仁之本则不可。"其说是矣。

华杉详解

孟子说："尧舜之道，孝悌而已。"是在良知发见的最真切笃厚、最不容易蒙蔽之处提醒人，让人在侍奉君上、朋友相处、仁爱人民、爱惜万物，以及一动一静、说话或沉默之间，都能放大、扩充他那一念侍奉双亲、遵从兄长的良知，如此则自然处处都符合大道。

天下之事虽然千变万化，不可穷尽，但只要你用这一念侍奉双亲、遵从兄长的真诚恻隐之良知来应对，就不会有任何遗漏缺失之处，这正是只有这一个良知的缘故。除了侍奉双亲、遵从兄长的这一念良知之外，更没有别的良知可以致。所以说，"尧舜之道，孝悌而已"，放之四海而皆准，施之于后世也永远不会过时。你说自己想在侍奉双亲、遵从兄长之间，求所谓良知之学。就自己的用功着力处讲，这也没有什么不可以。如果反过来，说以致良知的真诚恻隐来探求侍奉双亲、遵从兄长的道理，也没有什么不可以。但是，明道先生程颢说："行仁从孝悌开始，孝悌是仁的一件事，说孝悌是行仁之本，是可以的。但是，如果说孝悌是仁之本，就不对了。"这是你要注意的。

读圣贤书要慢，行仁自孝悌始，我们就想一想，自己做到孝悌了吗？不用说，肯定都没做到，都有差距、这就要想一想、补一补。再往后，推而广之，对老板、对客户，真诚恻怛吗？真把他放在心上，尽心尽力替他考虑吗？与朋友相处，够实在吗？爱惜万物，晚上加班离开公司的时候，检查门窗了吗？关电脑了吗？动静语默，说话应对，都做到"喜怒哀乐之未发谓之中，发而皆中节谓之和"吗？不自我检查一下，还觉得自己是个好人，一检查，就发现自己"缺德"了，缺得厉害！能不汗流浃背吗？良知之学，处处都是用功着力处，良知只有一个，只是你真要养成"致"的习惯。

致良知，是一种习惯。

习惯靠行动养成，行动有一个入手处，就是孝悌，就是洒扫。

要养成一个致良知、致良能的习惯，没有前面的行动磨炼，就永远没有后面的习惯。打扫卫生，就是工作致良知、致良能的入手处。你不重视清洁卫生，就不会有后面的好习惯。就像你在家里不在乎，就不可能在单位里很优秀。

能致良知，则能致良能；良知良能，则无所不能——这就是王阳明向我们展现的人生道路。

真正至诚的人，谁也骗不了他

原文

"亿、逆、先觉"之说，文蔚谓"诚则旁行曲防，皆良知之用"，甚善甚善！间有搀搭处，则前已言之矣。惟浚之言，亦未为不是。在文蔚须有取于惟浚之言而后尽，在惟浚又须有取于文蔚之言而后明。不然则亦未免各有倚着之病也。舜察迩言而询刍荛，非是以迩言当察、刍荛当询而后如此。乃良知之发见流行，光明圆莹，更无挂碍遮隔处，此所以谓之大知。才有执着意必，其知便小矣。讲学中自有去取分辨，然就心地上着实用工夫，却须如此方是。

华杉详解

"亿、逆、先觉"之说，是指《论语》里的话，前面讲解过的。

王阳明信中说：

关于"亿、逆、先觉"，你说"只要真诚，就算是旁门左道，刻意提防，也都是良知的作用"，这个认识非常好！不过其中也有掺和的地方，我前面也已经讲过了。惟浚的话也不算错。对你而言，要吸取惟浚的话才能完备；对于惟浚来说，他要吸取你的话才能明白。否则，你们都各有偏倚之处。孔子说："舜其大知也与！舜好问而好察迩言，隐恶而扬善，执其两端，用其中于民，其斯以为舜乎。"对浅近之言，也要加以思考，并向樵夫们请教。并不是这浅近之言值得思考，也不是应该去问樵夫，而是舜的良知发见，自然光明莹透，毫无任何障碍。他不会去想什么事值得问，什么事不值得问；也不会去想什么人值得问，什么人不值得问——这就是大智慧。一有执着和主观臆断、期必，就成了小聪明。讲学中自然有取舍分辨，但是，在心中实地下功夫，就必须如此才行。

这里，王阳明赞赏聂文蔚"只要真诚，就算是旁门左道，刻意提防，也都是良知的作用"的说法。我猜是因为他曾经剿匪，对那穷凶极恶的土匪也是以一片赤诚的良知相待；但是，当对方不可救药的时候，他的手腕也远超常人。

在夭寿不二、修身以俟上用功，
就是尽心知天的开始

原文

"尽心"三节，区区曾有生知、学知、困知之说，颇已明白，无可疑者。盖尽心、知性、知天者，不必说存心、养性、事天，不必说"夭寿不二，修身以俟"，而存心、养性与"修身以俟"之功已在其中矣。存心、养性、事天者，虽未到得尽心、知天的地位，然已是在那里做个求到尽心、知天的工夫，更不必说"夭寿不二，修身以俟"，而"夭寿不二，修身以俟"之功已在其中矣。

华杉详解

关于尽心、养性、事天三节，我之前曾用生知安行、学知利行、困知勉行的道理来阐述，应该已经说得非常明白，没什么可怀疑的了。达到尽心、知性、知天境界的人，不必说存心、养性、事天，也不必说夭寿不二、修身以俟，而存心、养性与修身以俟的功夫已经在其中了。致力于存心、养性、事天的人，虽然还没有达到尽心、知天的境界，但是已经在那里做追求尽心、知天的功夫了，更不必说夭寿不二、修身以俟，而夭寿不二、修身以俟的功夫已经在其中了。

原文

譬之行路，尽心、知天者，如年力壮健之人，既能奔走往来于数千里之间者也；存心、事天者，如童稚之年，使之学习步趋于庭除之间者也；"夭寿不二，修身以俟"者，如襁抱之孩，方使之扶墙傍壁，而渐学起立移步者也。既已能奔走往来于数千里之间者，则不必更使之于庭除之间而学步趋，而步趋于庭除之间自无弗能矣；既已能步趋于庭除之间，则不必更使之扶墙傍壁而学起立移步，而起立移步自无弗能矣。然学起立移步，便是学步趋庭除之始；学步趋庭除，便是学奔走往来于数千里之基。固非有二事，但其工夫之难易则相去悬绝矣。

华杉详解

这就好比走路，尽心、知天的人，就好像年富力强的人，能够奔走往来于数千里之间。而存心、事天的人呢，就好像是幼稚园的儿童，正在院子里学习走路。夭寿不二、修身以俟的人，则像是襁褓中的婴孩，刚刚扶着墙壁学习站立行走。

那既然已经能奔走往来数千里，自然不必让他去学习在庭院中走路，他自然能在庭院中走。那已经能在庭院里走动的人，也不用让他学习去扶着墙壁站立行走，他自然站得起来、走得动。而扶着墙壁学习站立行走的人，自然是学习在庭院中走路的开始，自然是学习能往来千里奔走的基础。**所以这都是一件事，不是两件事，只是功夫的难易程度相差悬殊。**

原文

心也，性也，天也，一也。故及其知之成功则一。然而三者人品力量自有阶级，不可躐等而能也。细观文蔚之论，其意似恐尽心、知天者，废却存心、修身之功，而反为尽心、知天之病。是盖为圣人忧工夫之或间断，而不知为自己忧工夫之未真切也。吾侪用工，却须专心致志，在"夭寿不二，修身以俟"上做，只此便是做尽心、知天功夫之始。正如学起立移步便是学奔走千里之始，吾方自虑其不能起立移步，而岂遽虑其不能奔走千里？又况为奔走千里者而虑其或遗忘于起立移步之习哉？

文蔚识见本自超绝迈往，而所论云然者，亦是未能脱去旧时解说文义之习，是为此三段书分疏比合，以求融会贯通，而自添许多意见缠绕，反使用工不专一也。近时悬空去做勿忘勿助者，其意见正有此病，最能担误人，不可不涤除耳。

华杉详解

心、性、天，本质是一个，所以三者最后的成功是一样的。但是三者的品行、才能存在差异等级，因此不能超越自己的能力去修养。我仔细思考了你的观点，你的意思是担心尽心、知天的人，反而荒废了存心养性、修身以俟的功夫。你这是替圣人操心，担心他的功夫不要间断了，却没有替自己着急。你自己的功夫还不够真切啊!

我们用功,专心致志,在夭寿不二、修身以俟上做,这就是尽心、知天的功夫的开始。正如学习扶墙站立走动,就是学习奔走千里的开始。我正担心自己不能站立起步,怎么会担心自己不能奔走千里呢?又哪里顾得上去操心那些能够奔走千里的人不要忘了站立起步的功夫呢?

你的见识本来超凡脱俗,却说出这些没逻辑的话,究其原因,还是因为你没有脱去读书在文义上纠缠的坏习惯。你把这三段书割裂开来,分析比对,以求融会贯通,结果把自己给绕进去了,用功也不专心专一了。近日那些悬空去下所谓"勿忘勿助"功夫的,也是这个毛病。这毛病最耽误人,一定要改掉!

原文

所论"尊德性而道问学"一节,至当归一,更无可疑。此便是文蔚曾着实用工,然后能为此言。此本不是险僻难见的道理,人或意见不同者,还是良知尚有纤翳潜伏。若除去此纤翳,即自无不洞然矣。

华杉详解

"尊德性而道问学"出自《中庸》:"君子尊德性而道问学,致广大而尽精微,极高明而道中庸。"

朱熹注解说:"尊",是恭敬奉持;"德性",是我受之于天的正理;"道",是通过;"道问学",就是通过问而学。"尊德性",是存心而极乎道体之大者;"道问学",是所以致知而近乎道体之细者。这两者,是修德凝道之大端。

一般人认为,心学偏重于尊德性,理学偏向于道问学。就格物致知的解释,朱熹的解释偏向于道问学,王阳明的解释偏向于尊德性。聂文蔚就说,尊德性和道问学是一件事。

王阳明就赞赏他的认识:

你认识到"尊德性而道问学"是一件事,不是两件事——这是毫无疑问的。正因为你自己着实用功,才能说出这样的话。如果是在文字上比对,那又出毛病了,就不会有这样的切身体会。这本来不是什么生僻难懂的道理,人们却有不同意见，还是因为良知中还有灰尘潜伏。如果能扫除这些灰尘，自然就豁然通透了。

原文

  已作书后，移卧檐间，偶遇无事，遂复答此。文蔚之学既已得其大者，此等处久当释然自解，本不必屑屑如此分疏。但承相爱之厚，千里差人远及，谆谆下问，而竟虚来意，又自不能已于言也。然直戆烦缕已甚，恃在信爱，当不为罪。惟浚处及谦之、崇一处，各得转录一通寄视之，尤承一体之好也。

  右南大吉录。

华杉详解

信写完之后，我躺在屋檐下，正好闲来无事，就再写几句。文蔚的学问已经得到要领，这些问题，时间长了自然明白，本来不需要我这样条分缕析地细讲。但是承蒙你的厚爱，又不远千里派人来，谆谆下问，我不能辜负你的来意。但是我把话说得直白又琐碎，怕你心烦。不过自恃你对我的信任和爱护，应该不会怪罪我吧！惟浚、谦之、崇一那里，也烦请你分别抄送一份给他们，让他们共同分享我们的讨论。

以上是南大吉记录的。

蒙以养正，在童蒙时期就养成一身正气

原文

    训蒙大意，示教读刘伯颂等

  古之教者，教以人伦。后世记诵词章之习起，而先王之教亡。今教童子，惟当以孝、弟、忠、信、礼、义、廉、耻为专务。其栽培涵养之方，则宜诱之歌诗以发其志意，导之习礼以肃其威仪，讽之读书以开其知觉。今人往往以歌诗、习礼为不切时

务，此皆末俗庸鄙之见，乌足以知古人立教之意哉！

华杉详解

训蒙，教育儿童。教读，是社学的讲师。王阳明于正德十三年（1518）平定南赣匪乱后，建立社学，教育当地儿童。这篇文章是写给教读刘伯颂等人看的儿童教育指导方针。

古代的教育，主要是教人以人伦。后世记诵辞章的风气兴起之后，真正的教育就消亡了。如今我们教育儿童，应当以孝、悌、忠、信、礼、义、廉、耻的品格为重点。而栽培涵养的方法呢，则应该以咏诵诗歌来激发他们的志气意趣，以学习礼仪来端庄他们的仪表，以劝勉读书来开启他们的心智。现在的人，往往认为咏诵诗歌、学习礼仪为不切时务、不务正业，而这正是鄙陋庸俗的见解，又怎么能明白古人办教育的本意呢！

原文

大抵童子之情，乐嬉游而惮拘检。如草木之始萌芽，舒畅之则条达，摧挠之则衰痿。今教童子，必使其趋向鼓舞，中心喜悦，则其进自不能已。譬之时雨春风沾被，卉木莫不萌动发越，自然日长月化；若冰霜剥落，则生意萧索，日就枯槁矣。故凡诱之歌诗者，非但发其志意而已，亦所以泄其跳号呼啸于咏歌，宣其幽抑结滞于音节也；导之习礼者，非但肃其威仪而已，亦所以周旋揖让而动荡其血脉，拜起屈伸而固束其筋骸也；讽之读书者，非但开其知觉而已，亦所以沉潜反复而存其心，抑扬讽诵以宣其志也。凡此皆所以顺导其志意，调理其性情，潜消其鄙吝，默化其粗顽，日使之渐于礼义而不苦其难，入于中和而不知其故，是盖先王立教之微意也。

华杉详解

大致说来，儿童天性喜欢玩乐，不愿被拘束，就像草木刚刚萌芽，让它舒畅地生长就能枝条畅达，如果摧残阻挠，它就会衰败萎靡。如今教育儿童，必须积极鼓舞他的天性，寓教于乐，使得他们心中喜悦，在不知不觉中进步。就像时雨春风滋润花木，花木没有不发育生长的。如果受到冰霜的侵袭，就会生意萧索，日渐枯槁。

所以，通过咏诵诗歌，不仅可以培养他们的志气意趣，也可以在咏诵中宣泄他们呼啸跳号的精力，在音律中发散他们的抑郁之情。通过学习礼仪，不仅能端庄他们的仪表，也可以在打躬作揖中活动血脉，在叩拜屈伸之间强筋健骨。通过全面读书，不仅可以开启他们的心智，而且可以在反复讨论中存养心体，在褒贬讽誉中宣扬志气。

凡此种种，都是顺导其志气意趣，调理其性情，在不知不觉中消除他们的鄙陋吝啬，在潜移默化中化去他们的粗劣顽皮，使得他们日渐习惯于礼义而不会感到辛苦，心中中正平和而无须刻意为之。这就是先王立教的深刻含义。

原文

若近世之训蒙稚者，日惟督以句读课仿，责其检束而不知导之以礼，求其聪明而不知养之以善，鞭挞绳缚，若待拘囚。彼视学舍如囹狱而不肯入，视师长如寇仇而不欲见，窥避掩覆以遂其嬉游，设诈饰诡以肆其顽鄙，偷薄庸劣，日趋下流。是盖驱之于恶而求其为善也，何可得乎？

华杉详解

近世教育儿童，每天只知道讲句读、讲课文，责备、检查、约束，而不懂得用礼义来引导；总想让他变得更聪明，而不懂得用善来培养，用鞭子抽打、用绳子束缚，就像对待囚犯一样。那孩子们自然把学校看作监狱，不肯进来；把老师看作寇仇，躲得越远越好；想方设法逃学去嬉游玩耍，弄虚作假去肆意顽皮；一个个变得偷鸡摸狗，浅薄庸劣，日趋下流。这是把他往恶里赶，还想要他善，怎么可能呢？

原文

凡吾所以教，其意实在于此。恐时俗不察，视以为迂，且吾亦将去，故特叮咛以告。尔诸教读，其务体吾意，永以为训，毋辄因时俗之言，改废其绳墨，庶成"蒙以养正"之功矣，念之念之！

华杉详解

我的儿童教育主张，就是这个。我恐怕世俗不能明白，还以为是我迂腐，而且我马上就要离开了，所以特意对你们叮咛嘱咐，你们务必要体察我的用意，作为终身的训导，不要因为一时的世俗之言，就废除了我定的规矩。这样，或许你们能够成就先王所说的"蒙以养正"，在童蒙时期就养成一身正气的功德吧！诸位务必切记！

持续自我纠错，就是持续进步

原文

教约

每日清晨，诸生参揖毕，教读以次遍询诸生：在家所以爱亲敬长之心，得无懈忽未能真切否？温凊定省之仪，得无亏缺未能实践否？往来街衢步趋礼节，得无放荡未能谨饬否？一应言行心术，得无欺妄非僻未能忠信笃敬否？诸童子务要各以实对，有则改之，无则加勉。教读复随时就事，曲加诲谕开发，然后各退，就席肄业。

华杉详解

每天清晨上学，同学们参拜行礼完毕，老师要依次提问学生：在家时亲爱家人、尊敬长辈之心，是不是真切而没有懈怠？在照顾父母冬暖夏凉、早晚问安的礼节上，是否躬身实践而没有遗漏？在街上行走时，是否注意礼节而没有放浪形骸？一言一行，心中念头，有没有欺天罔人，有没有非分之想，有没有贪巧求速，而未能忠信笃敬？

各位同学一定要自我检查，务实应对，有则改之，无则加勉。

老师再根据同学的回答，随时就其具体事情，委婉地加以启发引导，然后让他们各自退回自己的座位，开始一天的学习。

王阳明这几个问题很好，曾子说："吾日三省吾身：为人谋而不忠乎？与朋友交而不信乎？传不习乎？"替人家办事是否不够尽心？和朋友交往是否不够真诚？老师传授的知识是否复习了呢？

每天问自己几个问题，做个自我检查。持续纠错，就是持续进步，这是个好习惯。

管住孩子之前，要先管住自己

原文

　　凡歌诗，须要整容定气，清朗其声音，均审其节调，毋躁而急，毋荡而嚣，毋馁而慑。久则精神宣畅，心气和平矣。每学量童生多寡，分为四班。每日轮一班歌诗，其余皆就席，敛容肃听。每五日则总四班递歌于本学，每朔望集各学会歌于书院。

华杉详解

凡是吟诵诗歌，整理仪容、平定呼吸，使得声音清朗、节奏均匀，不急不躁、不散漫、不喧嚣、不气馁、不害怕，时间长了，自然精神宣畅，心气平和。每个学校，应该按学生的多寡，分为四个班。每天轮流一个班朗诵诗歌，其余的学生收敛仪容，严肃静听。每五天让四个班依次在本校朗诵，每月初一、十五则组织各学堂到书院集体朗诵。

原文

　　凡习礼，须要澄心肃虑，审其仪节，度其容止。毋忽而惰，毋沮而怍，毋径而野，从容而不失之迂缓，修谨而不失之拘局。久则体貌习熟，德性坚定矣。童生班次皆如歌诗，每间一日则轮一班习礼，其余皆就席敛容肃观。习礼之日，免其课仿。每十日则总四班递习于本学。每朔望则集各学会习于书院。

华杉详解

凡是学习礼仪,必须澄明内心,排除杂虑。老师要认真审查学生的礼仪程序、容貌举止,不疏忽、不懈怠、不拘谨、不害羞、不随便、不粗野,从容而不迂缓,谨慎而不紧张。时间长了,自然形成躯体记忆,体态、容貌都纯熟了,德性也坚定了。学生的班次和诗歌朗诵一样。每隔一天就轮流一个班练习礼仪,其他学生在座位上端正严肃地观摩。练习礼仪那一天,不要布置其他作业。每隔十天,集合四个班依次练习礼仪。每月初一、十五,则全体到书院练习。

原文

凡授书,不在徒多,但贵精熟。量其资禀,能二百字者止可授以一百字,常使精神力量有余,则无厌苦之患,而有自得之美。讽诵之际,务令专心一志,口诵心惟,字字句句,紬绎反复。抑扬其音节,宽虚其心意。久则义礼浃洽,聪明日开矣。

华杉详解

老师讲课,内容不要太多,贵在精熟。根据学生的资质禀赋,能学习两百字的,只给他教一百字,让他的精神有余,没有辛苦厌烦的情绪,而有收获的喜悦。诵读讲解的时候,一定要他专心致志,口中所读,心中所想,字字句句,反复理清头绪,音节要抑扬顿挫,心胸要宽广虚静。时间长了,自然义礼贯通,聪明日开了。

原文

每日工夫,先考德,次背书诵书,次习礼或作课仿,次复诵书讲书,次歌诗。凡习礼歌诗之类,皆所以常存童子之心,使其乐习不倦,而无暇及于邪僻。教者如此,则知所施矣。虽然,此其大略也,"神而明之,则存乎其人"。

华杉详解

每日功夫,先考察学生的品德,然后背书诵书,其次练习礼义或作考试程文,再次是读书、讲课,再次是朗诵诗歌。这都是为了让这些课业时刻装在孩子心上,让他乐于学习而不知疲倦,没有心思去搞歪门邪道之事。老师们能够了解这一点,就知道该如何教育学生了。当然,这里也只是说个大概,正如《周易》所说:"神而明之,则存乎其人。"其中的神妙之处,还得各人自己去领悟。

王阳明的儿童教育法,说得非常精准。我在家时,也自己辅导孩子,**难处倒不在于管住孩子,而在于管住自己。因为你要孩子不懈怠,实际上却往往是自己先懈怠了。毋忽而惰,首先还在自己。**

第四章

传习录下

身、心、意、知、物都是一个东西

原文

陈九川录

正德乙亥,九川初见先生于龙江。先生与甘泉先生论"格物"之说。甘泉持旧说。先生曰:"是求之于外了。"甘泉曰:"若以格物理为外,是自小其心也。"九川甚喜旧说之是。先生又论"尽心"一章,九川一闻却遂无疑。

华杉详解

以下为陈九川记录。

正德十年(1515),我第一次在龙川见到先生。当时,先生正与湛若水讨论"格物"之说。湛若水持旧说。先生说:"那你就是求之于外了。"湛若水说:"如果探求物理,就是在心外探求,那是把自己的心看得太小了。"我听了,甚以为然,觉得湛若水说得对。后来,先生又详细讲解了孟子"尽心"一章,我才对先生的学说没有疑问。

原文

后家居,复以"格物"遗质。先生答云:"但能实地用功,久当自释。"山间乃自录《大学》旧本读之,觉朱子"格物"之说非是,然亦疑先生以意之所在为物,物字未明。

华杉详解

后来在家闲居,我又向先生请教"格物"的学说。先生回答说:"你只要不是在字义上纠结,而是自己切己用功,时间长了,自然明白。"在山中居住的期间,我就自己抄录了《大学》旧本研读,越来越觉得朱熹的格物说法不对。

但是，对先生所说：意的所在之处就是物，这"物"的含义不明白。

原文

己卯，归自京师，再见先生于洪都。先生兵务倥偬，乘隙讲授。首问："近年用功何如？"

九川曰："近年体验得'明明德'功夫只是'诚意'。自'明明德于天下'，步步推入根源，到'诚意'上再去不得，如何以前又有格致工夫？后又体验，觉得意之诚伪必先知觉乃可，以颜子'有不善未尝不知，知之未尝复行'为证，豁然若无疑，却又多了'格物'功夫。又思来吾心之灵何有不知意之善恶？只是物欲蔽了，须格去物欲，始能如颜子'未尝不知'耳。又自疑功夫颠倒，与'诚意'不成片段。后问希颜，希颜曰：'先生谓格物、致知是诚意功夫，极好。'九川曰：如何是诚意功夫？希颜令再思体看。九川终不悟，请问。"

华杉详解

正德十四年（1519），我从京城归来，在南昌又见到先生，先生军务繁忙，只能抽空讲学，他首先问我："近来用功如何？"

我说："今年我体会到'明明德'的功夫只是'诚意'。《大学》说：'古之欲明明德于天下者，先治其国；欲治其国者，先齐其家；欲齐其家者，先修其身；欲修其身者，先正其心；欲正其心者，先诚其意；欲诚其意者，先致其知；致知在格物。物格而后知至，知至而后意诚，意诚而后心正，心正而后身修，身修而后家齐，家齐而后国治，国治而后天下平。'从'明明德于天下'，一步步往前推，推到'欲正其心者，先诚其意'，我都明白。

"但是，从诚意再往前推，就不懂了。为什么要先'格物致知'才能'诚意'呢？后来又体会琢磨，觉得要诚意，必须得知道是非吧？确实是要先有知觉才行。孔子说颜回'有不善未尝不知，知之未尝复行'，什么是不善，他大概都知道，一旦知道，就绝不会去做。这可以说是要先知道是非，然后才能有诚意的证明。这样，我对'致知'也没有疑问了。

"但是，'致知'前面怎么又多了一个'格物'呢？我想，凭借心的灵明，怎么会不知道是非善恶呢？只是被物欲遮蔽了吧？一定要格去物欲，才能像颜回那样无所不知了。那么，'格物'就是格去物欲了。想来想去，我又开始怀疑自己是不是把功夫搞颠倒了，和'诚意'功夫脱节，就去问希颜。希颜说：'老师讲的，格物致知就是诚意的功夫，不是已经很明白吗？'我问他：'为什么是诚意的功夫呢？'希颜说：'你自己再想想看。'我始终没有想明白，请先生指点。"

原文

先生曰："惜哉！此可一言而悟，惟浚所举颜子事便是了。只要知身、心、意、知、物是一件。"

九川疑曰："物在外，如何与身、心、意、知是一件？"

先生曰："耳、目、口、鼻、四肢，身也，非心安能视、听、言、动？心欲视、听、言、动，无耳、目、口、鼻、四肢亦不能。故无心则无身，无身则无心。但指其充塞处言之谓之身，指其主宰处言之谓之心，指心之发动处谓之意，指意之灵明处谓之知，指意之涉着处谓之物，只是一件。意未有悬空的，必着事物，故欲诚意，则随意所在某事而格之，去其人欲而归于天理，则良知之在此事者，无蔽而得致矣。此便是诚意的功夫。"

九川乃释然破数年之疑。

华杉详解

先生回答说："真是可惜啊！这一句话就说明白的事儿，你纠结了几年！你所举的颜回的例子就已经很明白了。你只需要知道身、心、意、知、物都是一个东西。"

我不明白了："物在外，怎么能和身、心、意、知是一件东西呢？"

先生说："耳、目、口、鼻、四肢，这是身。没有心，怎么能视、听、言、动呢？心想要视、听、言、动，但是没有眼、耳、口、鼻、四肢，它也视、听、言、动不了。所以，没有心，就没有身；没有身，就没有心，身心一体。就其充塞于形体而言就是身，就其主宰之处而言就是心，心的发动就是意，意的灵明就是知，意所作用的对象就是物——都是一体的。意不可能是悬空的，总要作用于具体事物。所以，要'诚意'就必须随事随物，在意所指向的具体事物上去格，去其人欲而归于天理，则良知在这件事物上，就没有蒙蔽而得以致良知了。这就是诚意的功夫。"

老师一席话，如醍醐灌顶，我数年的疑惑豁然开朗。

原文

又问："甘泉近亦信用《大学》古本，谓'格物'犹言'造道'，又谓穷理如穷其巢穴之穷，以身至之也，故格物亦只是随处体认天理。似与先生之说渐同。"

先生曰："甘泉用功，所以转得来。当时与说'亲民'字不须改，他亦不信。今论'格物'亦近，但不须换'物'字作'理'字，只还他一物字便是。"

华杉详解

我又问："湛若水近来也渐渐相信《大学》古本了。他说格物就是造道，就是提高品德修养，又说穷理就是穷其巢穴之穷，要亲身抵达。所以格物也只是随处体认天理，似乎逐渐向先生的学说靠拢了。"

先生说："湛若水很努力用功，所以他能转变过来。当时跟他说，《大学》古本：'大学之道，在明明德，在亲民，在止于至善。'朱熹说'亲民'应该改为'新民'，这没道理，不需要改。他还不信。现在连我的'格物'之说，他也接受了。不过，他用不着穷理来讲格物，就讲一个'物'字就行了。"

王阳明的意思是，**大道昭彰，你认识到了就行了，不要又牵涉些概念进来比对，又生枝节。**

原文

后有人问九川曰："今何不疑'物'字？"

曰："《中庸》曰'不诚无物'，程子曰'物来顺应'，又如'物各付物''胸中无物'之类，皆古人常用字也。"他日先生亦云然。

华杉详解

后来有人问我:"现在你对'物'字怎么没有疑惑了呢?"

我说:"《中庸》讲'不诚无物',程颢说'物来顺应',又说:'物来则知起,物各付物,不役其知,则意诚不动。'还有'胸中无物'等说法,都是古人常用的字,不用想太多,反而搞出事来。"后来先生也这样说。

静不下来,是因为心不正

原文

九川问:"近年因厌泛滥之学,每要静坐,求屏息念虑,非惟不能,愈觉扰扰。如何?"

先生曰:"念如何可息?只是要正。"

曰:"当自有无念时否?"

先生曰:"实无无念时。"

曰:"如此却如何言静?"

曰:"静未尝不动,动未尝不静。戒谨恐惧即是念,何分动静?"

曰:"周子何以言'定之以中正仁义而主静'?"

曰:"'无欲故静',是'静亦定,动亦定'的'定'字主其本体也。戒惧之念是活泼泼地,此是天机不息处,所谓'维天之命,于穆不已'。一息便是死。非本体之念即是私念。"

华杉详解

九川问:"近年来我因为讨厌流行泛滥的学问,每每要静坐,以求排除杂念思虑,什么都不想。但是,结果不仅做不到,反而更加心烦,怎么回事呢?"

先生回答说:"念头怎么能停息呢?只是要正,不是要息。"

九川问:"那就不存在没有念头的时候了吗?"

"确实是不存在没有念头的时候。"

"如果是这样，那如何理解静呢？"

"静未尝不动，动未尝不静。戒慎恐惧，都是念头，哪里分什么动静呢？"

"那周敦颐先生为什么要'主静'呢？他为什么说'定之以中正仁义而主静'？"

"关键在'定'，不在'静'。周先生说，无欲就是静，'静亦定，动亦定'的'定'字，主导着心的本体。戒慎恐惧的念头是活泼泼的，正是天机不息之处。《诗经》说'维天之命，于穆不已'，想那天道的运行，美好、肃穆，永不停息。一停息就是死亡，不是本体的念头就是私念。"

王阳明这一段讲解，把静坐修养的道理讲透了。我们修养静坐，好多人说静不下来，就是因为老去追求"什么都不想"，**越追求什么都不想，想得越多；越着急自己怎么还在想，越静不下来。**一般老师会说："你不要管它，有什么念头，任它来去。"这还是没有说到点子上。**王阳明说，心不是要死寂一般的静，而是要平静的定；念头不是要停息，是要正。**正是什么呢？没有私念就是正。比如着急自己怎么还静不下来，这就是违背了"勿忘勿助""必有事焉而不预期其效"的教诲，是存了私心了。

所谓静不下来，不是心不静，是心不正。

原文

又问："用功收心时，有声、色在前，如常闻见，恐不是专一？"

曰："如何欲不闻见？除是槁木死灰、耳聋目盲则可。只是虽闻见而不流去便是。"

曰："昔有人静坐，其子隔壁读书，不知其勤惰。程子称其甚敬。何如？"

曰："伊川恐亦是讥他。"

华杉详解

又问："用功收心的时候，如果有声色在前，还像平时一样去看、去听，恐怕是不专一吧？"

先生说："怎么会不看不听呢？除非是槁木死灰、耳聋目盲。只是你不要被看见、听见的东西牵引着走就是了。"

九川说："《河南程氏遗书》上讲一个故事，说许渤和他的儿子就隔着一个窗户，他在静坐，他儿子在读书，他都不知道他儿子是勤奋还是懒惰。程颐先生夸他说：'此人持敬如此！'为何？"

先生说："你怎么知道程颐先生是夸他？或许是讽刺他呢。"

原文

又问："静坐用功，颇觉此心收敛。遇事又断了，旋起个念头，去事上省察。事过又寻旧功，还觉有内外，打不作一片。"

先生曰："此'格物'之说未透。心何尝有内外？即如惟浚今在此讲论，又岂有一心在内照管？这听讲说时专敬，即是那静坐时心，功夫一贯，何须更起念头？人须在事上磨炼，做功夫乃有益。若只好静，遇事便乱，终无长进，那静时功夫，亦差似收敛，而实放溺也。"

后在洪都，复与于中、国裳论内外之说，渠皆云："物自有内外，但要内外并着功夫，不可有间耳。"以质先生。

曰："功夫不离本体，本体原无内外。只为后来做功夫的分了内外，失其本体了。如今正要讲明功夫不要有内外，乃是本体功夫。"是日俱有省。

华杉详解

又问："静坐用功，感觉这心还是比较收敛的。遇到事情来，功夫中断了。马上起个念头到那事上去省察。事情过去之后，再回来寻找之前的功夫，仍然觉得内与外有差别，无法融为一体。"

先生说："你这是对我格物的学说还没有通透，必有事焉，物来则格。心有什么内外呢？就像你此刻在这里讲论，难道这讲论是外，里面还有一个心在照管着吗？这听讲的时候专心持敬，就是那静坐时的心，功夫是一贯的，哪有事情来了又专起一个念头去处理那事？人本来就是要事上磨炼，做功夫才有益。

如果你一味喜欢静守，事情一来就乱了，终究没有长进。那种一味求静的功夫，看似收敛，其实是在放纵心体。"

后来在南昌，我又和于中、国裳讨论内与外的学说，他们都说，事物本来就有内外之分，只是要内外一起用功，不可间断。大家一起去问先生。

先生说："功夫离不开本体，本体没有内外。把功夫分为内外的人，是因为他失去了本体。如今我们正要讲明功夫不要有内外，才是本体功夫。"

这一天，大家都有所省悟。

失了本体，无论求静、求内，还是求外，都是悬空去求。把握本体，则浑然一体。

学问之道无他，不自欺而已

原文

又问："陆子之学何如？"

先生曰："濂溪、明道之后，还是象山，只还粗些。"

九川曰："看他论学，篇篇说出骨髓，句句似针膏肓，却不见他粗。"

先生曰："然。他心上用过功夫，与揣摹依仿、求之文义自不同。但细看有粗处，用功久，当见之。"

华杉详解

又问："陆九渊的学问怎么样呢？"

先生回答说："在周敦颐、程颢之后，还是数陆九渊最得圣道，只是粗糙些。"

我说："看他论学，篇篇都说出骨髓，句句都是针砭膏肓，没觉得粗糙啊！"

先生说："是的。他在心体上下过功夫，与只是揣摩先贤意思、依葫芦画瓢、在文字上探求学问的人，自然不同。但是仔细看看，还是有粗糙之处的。你用功时间再长些，自然就看得到。"

原文

　　庚辰，往虔州再见先生，问："近来功夫虽若稍知头脑，然难寻个稳当快乐处。"

　　先生曰："尔却去心上寻个天理，此正所谓'理障'。此间有个诀窍。"

　　曰："请问如何？"

　　曰："只是致知。"

　　曰："如何致？"

　　曰："尔那一点良知，是尔自家底准则。尔意念着处，他是便知是，非便知非，更瞒他一些不得。尔只不要欺他，实实落落依着他做去，善便存，恶便去，他这里何等稳当快乐！此便是'格物'的真诀、'致知'的实功。若不靠着这些真机，如何去格物？我亦近年体贴出来如此分明，初犹疑只依他恐有不足，精细看，无些小欠阙。"

华杉详解

正德十五年（1520），我又到赣州去见先生，问："近来功夫虽然稍微知晓一些，但是很难达到一种安心愉悦的境界。"

先生说："你成天在心上找天理，自然辛苦紧张，不得放松。这就是所谓的理障，把自己给憋住了。要破这个理障，我倒有个诀窍。"

"什么诀窍啊？"

"就是致知。"

"如何致知？"

"就是你自己那一点良知，是你自己的准则。你的意念所到之处，是对的，他自然就知道是对；是错的，他自然就知道是错，一点都瞒不了他。你只要不欺他，实实在在照着他所知的去做，善念便存，恶念便去。这是何等安心快乐！这就是格物的真诀，致知的实功。如果不依靠这些真机，如何去格物？

我也是近年来才体会得这样分明。开始的时候，我也曾怀疑，光靠良知恐怕不够吧？仔细体察之后才发现，丝毫不曾欠缺！"

王阳明这一番议论，把致良知之说又有发明。良知自然会知，我们的一言一行，一举一动，对的错的我们自己都知道，只是有了将迎意必之心，有了"要提高自己的修养"的私心，时不时想检查一下效果，就给自己整出"理障"来。

每个人胸中都有个圣人

原文

在虔与于中、谦之同侍。先生曰："人胸中各有个圣人，只自信不及，都自埋倒了。"因顾于中曰："尔胸中原是圣人。"

于中起，不敢当。

先生曰："此是尔自家有的，如何要推？"

于中又曰："不敢。"

先生曰："众人皆有之，况在于中？却何故谦起来？谦亦不得。"

于中乃笑受。

又论："良知在人，随你如何，不能泯灭。虽盗贼亦自知不当为盗。唤他做贼，他还忸怩。"

于中曰："只是物欲遮蔽。良心在内，自不会失。如云自蔽日，日何尝失了？"

先生曰："于中如此聪明，他人见不及此。"

华杉详解

在赣州与于中、谦之一起陪同先生。先生说："每个人胸中都有一个圣人，只是自信不够，自己把心中的圣人给埋没了。"然后看着于中说："你胸中本来有个圣人。"

于中赶紧站起来，说不敢当。

先生说："每个人都有，何况于中。怎么要谦虚起来呢？这是谦让不得的。"

于中只好笑着接受了。

先生又说："良知在人，随你如何，也不能泯灭。就算是盗贼，他也知道自己不该做贼，你喊他是贼，他还不自在呢！没有说被人喊是贼还很自豪的。"

于中说："良心在内，自然不会丢失，只是被物欲遮蔽了。就像乌云遮蔽了太阳，太阳还在那儿呢，并没有丢掉。"

先生说："于中如此聪明，他人没有这般见识。"

"致知"二字，真是千古圣传之秘

原文

先生曰："这些子看得透彻，随他千言万语，是非诚伪，到前便明。合得的便是，合不得的便非，如佛家说'心印'相似。真是个试金石、指南针。"

华杉详解

先生说："把这些道理看得透彻了，随他千言万语、是非诚伪，到跟前就自然明白，合得上的就是对，合不上的就是错。就像佛家说的'心印'一样，真是个试金石、指南针。"

王阳明说试金石、指南针，我倒想起了照妖镜。因为我们自己也曾经是"妖"。把那私心杂念的"妖"一点点去除了，致良知的心之明镜擦亮了，透彻了，如有那外面的"妖"来访，自然一照便知，因为自己都经历过。

原文

先生曰:"人若知这良知诀窍,随他多少邪思枉念,这里一觉,都自消融。真个是'灵丹一粒,点铁成金'。"

华杉详解

先生说:"人如果掌握了这良知的诀窍,随他多少邪思枉念,这良知一觉察,都自然消融了。真是灵丹一粒,点铁成金。"

原文

崇一曰:"先生致知之旨发尽精蕴,看来这里再去不得。"

先生曰:"何言之易也?再用功半年看如何?又用功一年看如何?功夫愈久,愈觉不同。此难口说。"

华杉详解

欧阳崇一说:"先生把致良知的宗旨阐释得如此淋漓尽致,在这个问题上实在已经没有再深入的余地了。"

王阳明批评他:"你不要说得太轻易了!再下半年功夫,看看如何?再用一年功夫,又如何?功夫越久,越觉得不同,不要轻易讲这样的话!"

我们的任何认识,不管自以为多么深刻、通透,都只代表自己此时此刻的认识水平,不代表明天不会变化。也许过了三年,觉得"又通透了",那就说明前面还没通透。

原文

先生问九川:"于致知之说体验如何?"

九川曰:"自觉不同。往时操持,常不得个恰好处,此乃是恰好处。"

先生曰:"可知是体来与听讲不同。我初与讲时,知尔只是忽易,未有滋味。只这个要妙,再体到深处,日见不同,是无穷尽的。"

又曰："此'致知'二字，真是个千古圣传之秘，见到这里，'百世以俟圣人而不惑'。"

华杉详解

先生问九川："你对'致知'之说体会得怎么样？"

九川回答说："感觉和以前不一样了。以前操持时常常不能恰到好处，现在可以了。"

先生说："你知道了吧，自己笃行体会得来的，和听讲得来的是不一样的。我刚跟你讲的时候，知道你也是稀里糊涂，没有得到个中滋味。这其中的要妙，你再往下体会，越到深处，每一天感受都不一样，是没有止境的。"

又说："这'致知'两个字，真是千古圣传之秘。能认识到这一层，就算百世之后，再有圣人复出，也不会有疑问。"

原文

九川问曰："伊川说到'体用一原，显微无间'处，门人已说是泄天机。先生致知之说，莫亦泄天机太甚否？"

先生曰："圣人已指以示人，只为后人掩匿，我发明耳，何故说泄？此是人人自有的，觉来甚不打紧一般。然与不用实功人说，亦甚轻忽，可惜彼此无益；与实用功而不得其要者提撕之，甚沛然得力。"

又曰："知来本无知，觉来本无觉。然不知则遂沦埋。"

华杉详解

九川问："程颐先生说：'至微者理也，至著者象也；体用一原，显微无间。'体，指本原、本体；用，指显现、作用。隐微的理与显著的象，二者统一，没有间隙。无形的理，当以物象来显示其意义和功能，而有形之物，本于无形之理。所谓一源，即源于一理，理为根本。他说到这个，他的门生都说他泄露了天机。那先生您的'致知'之说，莫不是泄露了更多天机？"

先生说："圣人已经指给大家看了，那《大学》旧本白纸黑字写着：'格物致知'，大家自己没理解，又曲解，我把它重新说清楚而已，何谈泄露？这良知也本是人人都有的，只是人们自己不在意罢了。但是，如果给那些不去切实下功夫的人说，他们对此肯定十分轻视，对彼此都没有益处。给那些求上进、下笃行功夫，却又不得要领的人说呢，一提就起，一撕就开，如决江河，沛然有力，势不可挡！"

所谓上士闻道，勤而行之；中士闻道，若存若亡；下士闻道，大笑之。不笑不足以为道也。

又说："知道了才知道自己本来无所谓知道，觉悟了才知道自己本来无所谓觉悟。但是如果不知道，自己的良知便会沦陷、埋没。"

如果你困知勉行，学知利行之后，进入了生知安行的境界，也就无所谓知，无所谓觉。但如果不知不觉，就难免沦陷、埋没了。

原文

先生曰："大凡朋友，须箴规指摘处少，诱掖奖劝意多，方是。"

后又戒九川云："与朋友论学，须委曲谦下，宽以居之。"

华杉详解

先生说："对朋友，应当少一些批评指责，多一些劝导鼓励为好！"
后来又告诫九川说："和朋友讨论学问，应该委屈谦卑，宽以待人。"

批评伤感情，所以孟子有"易子而教"之说：父亲不亲自教导自己的儿子，与别人交换着教。父亲教育儿子必然要用正确的道理；用正确的道理行不通，接着便会动怒。一动怒，就伤感情了。儿子会说："你用正确的道理教育我，而你自己就没做到！"这样，父子之间就伤了感情。古时候相互交换儿子进行教育，父子之间不求全责备。相互求全责备，会使父子关系疏远，没有比父子疏远更不幸的了。

所以，朋友之间批评太多，也会使关系疏远。不要认为你是对他好，就批评他，要委婉，多夸奖，用夸奖来覆盖批评。家人之间更不要相互批评指责。面对自己亲近的人，我们总是太放松自己，没有戒慎恐惧，随便说话，所以总是伤害亲人。

原文

九川卧病虔州。

先生云："病物亦难格，觉得如何？"

对曰："功夫甚难。"

先生曰："常快活便是功夫。"

华杉详解

九川卧病赣州。

先生问："生病这个事也很难格啊！你格得怎么样？"

九川说："这功夫可不好下呀！"

先生说："时常保持快活，便是功夫。"

病这个东西，我格它的体会是：与疾病共存，而不是与疾病斗争。接受了再处理，夭寿不二，正是在生病的时候修。

用功时间长了，自然就有勇气

原文

九川问："自省念虑，或涉邪妄、或预料理天下事，思到极处，井井有味，便缱绻难屏。觉得早则易，觉迟则难。用力克治，愈觉扞格。惟稍迁念他事，则随两忘。如此廓清，亦似无害。"

先生曰："何须如此，只要在良知上着功夫。"

九川曰："正谓那一时不知。"

先生曰："我这里自有功夫，何缘得他来？只为尔功夫断了，便蔽其知。既断了，则继续旧功便是。何必如此？"
　　九川曰："直是难鏖。虽知，丢他不去。"
　　先生曰："须是勇。用功久，自有勇。故曰'是集义所生者'。胜得容易，便是大贤。"

华杉详解

　　九川问："我反省自己的念头思虑，有时候是一些邪念妄念，有时候是思考平治天下，想到极处，沉醉其中，津津有味，便难以摈去。觉察得早的话还好些，觉察得越晚就越难以去除，越用力克治，阻力越大。只有转移自己的注意力，去想其他事，才能忘掉。我这种清除思虑的方法，似乎也没有坏处。"

　　陈九川讲这种"转移"的方法，倒是一个方便法门，如果碰见焦虑、抑郁，找一些事做、找一些高兴的事情去想、找一个高兴的画面去关注，这是常用的"转移"，把自己从沉湎的念头里拔出来。陈九川也觉得自己这个办法不错。

　　不过，王阳明回答说："何须如此，你只在自己良知上下功夫就行了。"
　　九川说："我说的正是那良知没有醒觉的时候。"
　　"我这里自然是有功夫的，怎么会需要你再找其他方法呢？只是你功夫间断了，便遮蔽了良知。既然功夫间断了，接上就是，哪需要去找别的办法呢？"
　　"那真是一场鏖战啊！心里明白，却又去不掉。"
　　"这需要勇气！用功时间长了，自然就有勇气。所以孟子说这是集义所生。到时候能轻易战胜妄念，就是圣人了。"

原文

　　九川问："此功夫却于心上体验明白，只解书不通。"
　　先生曰："只要解心。心明白，书自然融会。若心上不通，只要书上文义通，却自生意见。"

第四章　传习录下　405

华杉详解

九川问:"这致良知的功夫,心体上倒是明白,但是解释不通书上的文句。"

先生说:"只要你解心。心明白,书自然融合。如果心上不通,却要把那书的文句搞通透,那反而生出事来。"

读书是要以书为镜,来观照自己,把自己的心搞通。如果心不通,却要把那书搞通,反而会给自己搞出更多事。读书之病就在这里了。所谓"古之学者为己,今之学者为人",也可以说,**读书是为了自己的心通透,不是为了把书弄懂。**心通了,书自然就懂了,甚至你比那作者还明白。

人生即学习,分分秒秒都是学问

原文

有一属官,因久听讲先生之学,曰:"此学甚好,只是簿书讼狱繁难,不得为学。"

先生闻之,曰:"我何尝教尔离了簿书讼狱悬空去讲学?尔既有官司之事,便从官司的事上为学,才是真格物。如问一词讼,不可因其应对无状,起个怒心;不可因他言语圆转,生个喜心;不可恶其嘱托,加意治之;不可因其请求,屈意从之;不可因自己事务烦冗,随意苟且断之;不可因旁人谮毁罗织,随人意思处之。这许多意思皆私,只尔自知,须精细省察克治,惟恐此心有一毫偏倚,杜人是非。这便是格物、致知。簿书讼狱之间,无非实学。若离了事物为学,却是着空。"

华杉详解

有一位属官,长时间听先生讲学,感慨说:"这学问太好了!可惜我文书、断案工作太繁忙了,没时间学啊!"

王阳明听到了，说："我什么时候叫你脱离文书、断案工作，悬空去学习呢？你既然有公务要做，就从那官司上学习，这才是真正的格物。比如断案，不能因为他回答时无礼，就起怒心；不可因为他嘴巴甜，就起个喜心；不可厌恶他托人说情，就加倍惩罚他；也不可因为他苦苦哀求，就随意答应；不能因为自己事务繁忙，就潦草断案；不可因为别人诬陷诋毁，就随别人的意思去判。这里面很多情况，都是自己的私意在作祟，这只有自己知道。要精细地省察克治，唯恐自己的心有一丝一毫的偏颇，就断错了案件。这便是格物致知。文书、断案工作，都是实实在在的学问。如果离开了具体事去做学问，反而会落空。"

人生即学习，分分秒秒都是学问，要随时省察克治。就像我们为客户服务，希望客户成功，这是良知；希望和客户合作成功，就是私心。这中间有天壤之别，会影响你的一举一动。如不省察克治，自己成了骗子都不知道，还以为自己在"努力拼搏"。**要修"夭寿不二"，先修"得失不二"**，就洒脱了、自由了，就有了孟子说的，集义而生的浩然之气，就能活在他人想象之外。

原文

虔州将归，有诗别先生云："良知何事系多闻，妙合当时已种根。好恶从之为圣学，将迎无处是乾元。"

先生曰："若未来讲此学，不知说'好恶从之'从个甚么。"

敷英在座，曰："诚然。尝读先生《大学古本序》，不知所说何事，及来听讲许时，乃稍知大意。"

华杉详解

我将要离开赣州的时候，写了一首诗告别先生："良知何事系多闻，妙合当时已种根。好恶从之为圣学，将迎无处是乾元。"

陈九川的诗，代表他对王阳明心学的学习心得，意思是说：良知是什么呢？是需要多闻多见才知道的吗？非也！每个人生来就有的。只要如恶恶臭，如好好色，顺着心中的好恶去做，就是圣学。如果将迎意必，存了刻意追求结果的心，则永远找不到进步的力量之源。

王阳明听了，提醒他说："你若没有来这里听讲学，那就不知道'好恶从之'的'从'是从什么。"

王阳明的意思是，你不要简单地讲好恶从之，不仔细体察，从的就不是良知，一不小心就从了自己的私欲了。

敷英在座，说："是啊，是啊，我曾经读过先生的《大学古本序》，根本读不懂，不知道先生说的是什么意思。来这里听讲，才稍微知道大意。"

原文

于中、国裳辈同侍食。

先生曰："凡饮食只是要养我身，食了要消化。若徒蓄积在肚里，便成痞了，如何长得肌肤？后世学者博闻多识，留滞胸中，皆伤食之病也。"

华杉详解

于中、国裳等同学一起陪先生吃饭。

先生说："饮食的目的在于滋养我们的身体，吃了一定要消化。如果只是蓄积在肚子里，就成了积食肿块，怎么吸收、长成肌肤呢？后世的学者追求博闻多识，留滞在胸中，都是消化不良的毛病。"

原文

先生曰："圣人亦是'学知'，众人亦是'生知'。"

问曰："何如？"

曰："这良知人人皆有，圣人只是保全、无些障蔽，兢兢业业、矍矍翼翼，自然不息，便也是学。只是生的分数多，所以谓之'生知安行'。众人自孩提之童，莫不完具此知，只是障蔽多，然本体之知自难泯息，虽问学克治，也只凭他。只是学的分数多，所以谓之'学知利行'。"

华杉详解

先生说:"圣人也是学而知之,众人也是生而知之。"

九川问:"这怎么理解呢?"

先生回答说:"这良知人人都有。圣人只是保全完整,没有任何障蔽。但圣人也在兢兢业业、孜孜不倦、自强不息地学习,只是他天生的成分多,所以说圣人是生而知之,安而行之。普通人从孩童时起,他的良知也完备如圣人,只是障蔽多了。但是他良知的本体并未泯息,即使学问克治,也是凭借这良知在学。只是学的成分多,所以叫学而知之,利而行之。"

不要急于改变别人,要花时间等待他

原文

黄以方问:"先生格致之说,随时格物以致其知,则知是一节之知,非全体之知也,何以到得'溥博如天,渊泉如渊'地位?"

先生曰:"人心是天、渊。心之本体无所不该,原是一个天,只为私欲障碍,则天之本体失了;心之理无穷尽,原是一个渊,只为私欲窒塞,则渊之本体失了。如今念念致良知,将此障碍窒塞一齐去尽,则本体已复,便是天、渊了。"乃指天以示之曰:"比如面前见天是昭昭之天,四外见天也只是昭昭之天,只为许多房子墙壁遮蔽,便不见天之全体。若撤去房子墙壁,总是一个天矣。不可道眼前天是昭昭之天,外面又不是昭昭之天也。于此便见一节之知即全体之知,全体之知即一节之知,总是一个本体。"

以下门人黄直录。

华杉详解

黄直,字以方。从这一条开始是他记录的。

黄以方问:"先生格物致知之说,随时格物以致其知,但这知,因所格之物,只是那一物之知,不是全体之知,怎么能达到'溥博如天,渊泉如渊'的境界呢?"

"溥博如天,渊泉如渊"是《中庸》里对圣人的论述:

> 唯天下至圣,为能聪明睿知,足以有临也;宽裕温柔,足以有容也;发强刚毅,足以有执也;齐庄中正,足以有敬也;文理密察,足以有别也。溥博渊泉,而时出之。溥博如天,渊泉如渊。见而民莫不敬,言而民莫不信,行而民莫不悦。

圣人的品质,聪无不闻、明无不见、睿无不通、智无不知,高过一世之人,方可居上而临下。圣人的仁德,宽广而不狭隘,优裕而不急迫,温和而不惨刻,柔顺而不乖戾,足以容蓄天下、包容万物。圣人的义德,奋发而不废弛,强健而不畏缩,刚断而不屈挠,果毅而不间断,则足以操守执持,而不为外物所夺。圣人的礼德,斋焉而极其纯一,庄焉而极其严肃,中焉而无少偏倚,正焉而无少邪僻,但凡处己行事,皆足以有敬而无一毫之慢。圣人的智德,必能作文章,而且章美内蕴,理而脉络中存,密而极其详细,察而极其明辨,于是非邪正,分毫无差,明明白白。

以上是圣人的"国家标准",能达到这个标准,就"溥博如天,渊泉如渊"了,如泉水之涌,洋溢于外,广博如天,民无不敬,民无不信,民无不悦。走遍天下,凡有血气的活物,都敬爱您,您就可以和天相配了。

先生说:"人心就是天、渊。心的本体无所不容,本来就是一个天。只是被私欲蒙蔽,天的本来体失落了。心中的理没有止境,本来就是一个渊,只是被私欲窒塞,渊的本体失落了。如今,念念不忘致良知,把蒙蔽和窒塞统统荡涤干净,心的本体就能恢复,心就又是天、渊了。"

先生又指着天说:"比如,现在所见的天,就是昭昭之天,在四周所见的天,也只是这昭昭之天。只因为有许多房子墙壁遮蔽了,就看不到天的全貌。若将房子墙壁全部拆除,就还是一个完整的天。不能认为眼前的天是昭昭之天，外面的天就不是昭昭之天了。从此处可以看出，部分的知也就是全体的知，全体的知也就是部分的知。知的本体始终是一个。"

黄直这个问题，也可以这样回答：格物致知，关键在格，知只是结果，那"格"，是是非善恶的标准，事物来了，拿出格子一格，便知是非善恶。所谓"无善无恶心之体，有善有恶意之动。知善知恶是良知，为善去恶是格物。"所以并没有"一节之知"，是全体之知在每一节显现出来而已。"天""渊"都在"格"中，"知"是结果。

原文

先生曰："圣贤非无功业气节，但其循着这天理则便是道。不可以事功气节名矣。"

华杉详解

先生说："圣贤并非没有建功立业的志向，只是他们遵循着天理，这就是道。圣贤并不以功绩为名。"

原文

"'发愤忘食'是圣人之志如此，真无有已时；'乐以忘忧'是圣人之道如此，真无有戚时。恐不必云得不得也。"

华杉详解

先生说："发愤忘食，圣人的志向就是如此，真没有停息的时候。乐以忘忧，就是圣人之道，真没有忧伤的时候。恐怕用不着去说什么做得到做不到。"

发愤忘食，乐以忘忧，都是圣人的本性。发愤忘食，不是他有"毅力"，而是他的本性，所谓"知之者不如好之者，好之者不如乐之者"。安贫乐道，人家是真乐，连"乐以忘忧"都谈不上，他是真无忧无虑。**所谓知者不惑、仁者不忧、勇者不惧，拥有智、勇、仁三达德的圣人，活在凡人想象之外**。你问他"怎么做到的"，他本体就这样，不用去"做"。

原文

先生曰:"我辈致知,只是各随分限所及。今日良知见在如此,只随今日所知扩充到底;明日良知又有开悟,便从明日所知扩充到底。如此方是精一功夫。与人论学,亦须随人分限所及。如树有这些萌芽,只把这些水去灌溉,萌芽再长,便又加水。自拱把以至合抱,灌溉之功皆是随其分限所及。若些小萌芽,有一桶水在,尽要倾上,便浸坏他了。"

华杉详解

先生说:"我们修炼致良知的功夫,也是各人随自己的认识能力去修。今天良知认识到这个程度,就把今天所悟到的扩充到底。明天良知又有开悟,便从明天的认知扩充到底。这才是惟精惟一的功夫。和别人讨论学问,也要根据他的能力情况。就像种树,这小树开始萌芽,就拿水去浇灌;萌芽再长,便又加水。树木从双手合握的大小到双臂合抱的大小,灌溉的多少都是随树的大小决定。如果只有一点点小萌芽,就把一大桶水都倾倒下去,那就把树给浇坏了。"

人和人是不同的,你认为理所当然的事,恐怕在别人想象之外。所以不能用自己的标准来要求别人,不要急于马上改变他,要花时间等待他。

从"我不该那么做"到"我不该那么想"

原文

问知行合一。

先生曰:"此须识我立言宗旨。今人学问,只因知行分作两件,故有一念发动,虽是不善,然却未曾行,便不去禁止。我今说个知行合一,正要人晓得一念发动处便即是行了。发动处有不善,就将这不善的念克倒了,须要彻根彻底,不使那一念不善潜伏在胸中。此是我立言宗旨。"

华杉详解

有人向先生请教知行合一。

先生说:"这就必须理解我的立言宗旨。今天的人,因为把知和行分成两件,所以当有一念发动的时候,这个念头虽然是不善的,但还没有去做这坏事,就不去禁止它。我今天说知行合一,就是要让大家晓得,念头发动的时候,就是已经行了。念头发动之处有不善,就要把这不善克制掉。必须彻头彻尾地不使那一念不善潜伏在胸中,这就是我立言的宗旨。"

从反省"我不该那么做",到反省"我不该那么想",这是知行合一的自省精神。曾子日三省吾身,蘧伯玉行年五十而知四十九年之非,王阳明提出了更高要求,要每天反省今天自己都动过些什么不善的念头。

原文

"圣人无所不知,只是知个天理;无所不能,只是能个天理。圣人本体明白,故事事知个天理所在,便去尽个天理。不是本体明后,却于天下事物都便知得,便做得来也。天下事物,如名物度数、草木鸟兽之类,不胜其烦,圣人须是本体明了,亦何缘能尽知得?但不必知的,圣人自不消求知;其所当知的,圣人自能问人,如'子入太庙,每事问'之类。先儒谓'虽知亦问,敬谨之至',此说不可通。圣人于礼乐名物不必尽知,然他知得一个天理,便自有许多节文度数出来。不知能问,亦即是天理节文所在。"

华杉详解

"圣人无所不知的,只是知道天理;圣人无所不能的,也只是能个天理。圣人的心,本体明白,所以事事都知道有个天理所在,就去尽个天理。但并不是本体明白之后,就于天下事都知道、都会做。天下事物,比如各种具体事物、规矩章程、草木鸟兽,不胜其烦,就算圣人心体再明白,又怎么能都知道呢?不需要知道的,圣人自然不消去求知;需要知道的,圣人自然会去问别人。"

比如孔子去鲁国祭祀周公的太庙，每样东西、每件事都要问。有人就嘲笑说："谁说孔丘知礼呀？"他进到太庙，啥都要问。

孔子听到了，回应说："这就是礼。"

对这一段的解释，朱熹的《四书章句集注》里说：孔子虽然知道，却还要问，还要确认，这是恭敬谨慎之至。王阳明就说，这样讲不通。那孔子第一次进到国家太庙，对于里面的各种物件，这个叫什么，那个叫什么，做什么用的，什么规矩章程，他没有必要都知道，也不可能都知道，问就是问。他心里本体明白，自然就晓得许多的规矩章程；不知道的就问，也是规矩章程所在。孔子说："是礼也。"问就是礼，就是这个意思。

原文

问："先生尝谓'善恶只是一物'。善恶两端，如冰炭相反，如何谓只一物？"

先生曰："至善者，心之本体。本体上才过当些子，便是恶了。不是有一个善，却又有一个恶来相对也。故善恶只是一物。"

直因闻先生之说，则知程子所谓"善固性也，恶亦不可不谓之性"，又曰"善恶皆天理。谓之恶者本非恶，但于本性上过与不及之间耳"，其说皆无可疑。

华杉详解

黄直问："老师曾经说，善恶只是一物。这善恶两端，就像寒冰和火炭一样相反，怎么说只是一物呢？"

王阳明回答说："至善，是心之本体。本体上稍稍过分了一些，就是恶了。不是心体上这边有一个善，那边又有一个恶来相对。所以说善恶只是一物。"

黄直听了先生此说，就理解了程颢先生说的"善固然是性，恶也不能说不是性"。又说："善恶都是天理。说它是恶的，本来也不是恶，只是本性上稍微有过分或者不及罢了。"黄直对这些说法都没有疑问了。

王阳明在晚年，将他的思想总结为四句："无善无恶心之体，有善有恶意之动，知善知恶是良知，为善去恶是格物。"这掀起了轩然大波的四句话，第一句就是"无善无恶心之体",和他在这里讲的,也是儒家一贯的观念——至善者,心之本体——完全不一样。将本体从至善,改成无善无恶,怎么也对不上。所以钱穆在写《阳明学述要》时,干脆在后面单列一章《王阳明晚年思想》,把四句教列到"晚年思想"里去,没放在阳明学述要的"本体"里。

好善如好好色,恶恶如恶恶臭,便是圣人

原文

先生尝谓:"人但得好善如好好色,恶恶如恶恶臭,便是圣人。"

直初时闻之,觉甚易,后体验得来,此个功夫着实是难。如一念虽知好善、恶恶,然不知不觉,又夹杂去了。才有夹杂,便不是好善如好好色、恶恶如恶恶臭的心。善能实实的好,是无念不善矣;恶能实实的恶,是无念及恶矣。如何不是圣人?故圣人之学,只是一诚而已。

华杉详解

先生曾经说:"人只要能像喜欢美色一样喜欢善,像厌恶恶臭一样厌恶恶,就是圣人了。"黄直我刚开始听闻的时候,觉得这很容易啊!后来实际体验过,才知道这功夫确实很难!比如心里虽然知道要好善恶恶,但不知不觉间又会夹杂其他念头。一夹杂了他念,就不是好善如好好色、恶恶如恶恶臭的心了。如果能切实地喜欢善,就没有一念不善;如果能切实地讨厌恶,就不会有一念是恶,怎么会不成圣人呢?所以啊,**圣人之学,只是一个诚字而已。**

黄直之言,确实是切实笃行之后,切己体察得来。我们真的像好色一样好善、别无他想吗?我们真的像恶恶臭一样厌恶恶,一有恶念,都觉得自己恶心吗?还是自欺欺人,给自己找理由,见善不能行、有恶不能避呢?

原文

问《修道说》言"率性之谓道"属圣人分上事,"修道之谓教"属贤人分上事。

先生曰:"众人亦率性也,但率性在圣人分上较多,故'率性之谓道'属圣人事。圣人亦修道也,但修道在贤人分上多,故'修道之谓教'属贤人事。"

又曰:"《中庸》一书,大抵皆是说修道的事,故后面凡说君子,说颜渊、说子路,皆是能修道的;说小人,说贤、知、愚、不肖,说庶民,皆是不能修道的。其他言舜、文、周公、仲尼,至诚至圣之类,则又圣人之自能修道者也。"

华杉详解

有人问《中庸》,"天命之谓性,率性之谓道,修道之谓教",先生的《修道说》讲,"率性之谓道"是圣人的事,"修道之谓教"是贤人的事。

先生说:"众人也都能率性而为。但是圣人率性的成分多,众人率性的成分少;所以'率性之谓道',是圣人的事。圣人也修道;但是贤人修道的成分多,所以'修道之谓教'属于贤人的事。"

王阳明这一段讲解,和前面说生知、学知类似:圣人是生而知之,但也有学而知之;常人是学而知之,但也有生而知之,只是成分多少不同。

先生又说:"《中庸》这本书,大概都是讲修道的事,所以后面凡是说到君子,说颜回、子路,都是讲能修道的人。凡是说到小人,说普通人,说贤、知、愚、不肖。说老百姓,都是讲不能修道的人。其他讲到舜、周文王、周公、孔子,至诚至圣之类,这些人又是圣人之中能够自然而然修道之人。"

原文

问:"儒者到三更时分,扫荡胸中思虑,空空静静,与释氏之静只一般。两下皆不用,此时何所分别?"

先生曰："动静只是一个。那三更时分空空静静的，只是存天理，即是如今应事接物的心。如今应事接物的心，亦是循此天理，便是那三更时分空空静静的心。故动静只是一个，分别不得。知得动静合一，释氏毫厘差处亦自莫掩矣。"

华杉详解

有人问："儒者到了夜半三更时分，扫荡胸中思虑，空空静静，和佛家的静也是一样的，二者的心，都不发挥作用。怎么区别儒家和佛家的静呢？"

王阳明回答说："动静一体，只是一个。那三更时分，空空静静的，只是存养天理，心里静静地存养着天理。这天理，就是现在应事接物的心。现在应事接物的心，也只是依循这天理，也就是那三更时分空空荡荡的心。所以说这动静只是一个，没法分别。理解了动静合一，就理解了儒家和佛家差之毫厘、失之千里的差别。"

原文

门人在座，有动止甚矜持者。先生曰："人若矜持太过，终是有弊。"

曰："矜持太过，如何有弊？"

曰："人只有许多精神，若专在容貌上用功，则于中心照管不及者多矣。"

有太直率者。先生曰："如今讲此学，却外面全不检束，又分心与事为二矣。"

华杉详解

门人在座，有位同学举止过于矜持。先生说："人如果过于矜持，终究是有弊端。"

问："矜持太过，怎么也有弊端呢？"

先生说："人只有这么多精力，如果专门在容貌举止上用功，就难免无暇顾及照管心体了。"

另一个同学又太不矜持、太直率，先生又批评他："如今在讲求这学问，你却在容貌礼仪上完全不加检点，那又是将心与事分成两截了。"

原文

门人作文送友行，问先生曰："作文字不免费思，作了后又一二日常记在怀。"

曰："文字思索亦无害。但作了常记在怀，则为文所累，心中有一物矣，此则未可也。"

又作诗送人。先生看诗毕，谓曰："凡作文字要随我分限所及，若说得太过了，亦非'修辞立诚'矣。"

华杉详解

门人写文章来送别友人，问先生说："写文章难免费思索，写了之后一两天，都还在想那文章。"

先生回答说："文字思索，也没有什么害处。但是已经写完了，还老惦记着，就为那文章所拖累了。心中滞留着一个事物，这就不太好。"

又有人写诗送人，先生看完后说："凡是写诗作文，要量力而行；如果说得太过、刻意雕琢，也就不是以诚挚的心修文立辞了。"

王阳明这个观点，王夫之论诗也说过。他说，你看见什么就写什么，写出来就是，别纠结。比如"推敲"，是"僧推月下门"还是"僧敲月下门"，取决于你看见没有，他推了就是推了，敲了就是敲了，你推敲这个干什么呢？

王阳明年轻时，也喜欢作诗，后来他不研究诗了，研究也成不了李白，还耽误自己做圣人学问，就放弃了。所以他也不愿意学生在琢磨诗文上耗费精力。

精力有限，要全部投入关键目标。

原文

"文公'格物'之说，只是少头脑。如所谓'察之于念虑之微'，此一句不该与'求之文字之中，验之于事为之著，索之讲论之际'混作一例看。是无轻重也。"

华杉详解

王阳明说:"朱熹的格物之说,只是缺少个关键。比如所谓'在念虑的细微处体察',这一句不该与'在文字中探求,在事物上验证,在讲学谈论中求索'混在一起,这就不分轻重了。"

原则只有一个,重点只有一个,在一个地方用力,就是致良知,其他都是辅助,这样用功的方向明确,积累也明确。如果各方面都差不多,就散了,容易跑偏。

我想起以前开过一次经营会,有同事说要保持客户稳定。我说不对!原则只有一个,就是要出好作品,不要去管客户稳定不稳定。你想他稳定,你就会以"维稳"的思维去和他周旋,恰恰把他给赶走了。总是有客户会离开我们的,你不能以留住每个客户为目标。一切以为他负责、出好作品为原则。要走的你不必去"稳"他,要来的他自己会来。

原则只有一个,原则高于得失,不能根据得失来选择对原则的执行尺度,甚至改变原则。

想太多,都是因为没有去做

原文

问"有所忿懥"一条。

先生曰:"忿懥几件,人心怎能无得,只是不可有所耳。凡人忿懥,着了一分意思,便怒得过当,非廓然大公之体了。故有所忿懥,便不得其正也。如今于凡忿懥等件,只是个物来顺应,不要着一分意思,便心体廓然大公,得其本体之正了。且如出外见人相斗,其不是的,我心亦怒。然虽怒,却此心廓然,不曾动些子气。如今怒人,亦得如此,方才是正。"

华杉详解

这位同学问的,是《大学》里讲"正心"一节:

所谓修身在正其心者,身有所忿懥,则不得其正;有所恐惧,则不得其正;有所好乐,则不得其正;有所忧患,则不得其正。

王阳明回答说:"愤怒等情绪,人心中怎么会没有呢?只是不应该'有所',不应该把这清楚地留滞在心中。多加了一分意思,就是愤怒过当,不是廓然大公之体了。所以有所忿懥,就不得其正。如果我对于愤怒等情绪,只要是物来顺应即可,不要添加一分自己的意思,便是心体廓然大公,得其本体之正了。比如外出,看见有人打斗,看见错的一方,我也愤怒。但是虽然愤怒,心中却是公正的,不会动气,因为跟我没有直接关系,就不会过分动情绪。参照这种情况,当别人跟我有冲突时,我动怒,也是像看别人冲突一样,这就是正了。"

我的体会是,**可以愤怒,但不要生气。因为一生气,就要找地方出气,就不得其正了。颜子不迁怒,就是不找别的地方出气。**

原文

先生尝言:"佛氏不着相,其实着了相。吾儒着相,其实不着相。"

请问。

曰:"佛怕父子累,却逃了父子;怕君臣累,却逃了君臣;怕夫妇累,却逃了夫妇。都是为个君臣、父子、夫妇着了相,便须逃避。如吾儒,有个父子,还他以仁;有个君臣,还他以义;有个夫妇,还他以别。何曾着父子、君臣、夫妇的相?"

华杉详解

先生曾经说:"佛家不执于相,其实着了相。我们儒家貌似执于相,其实不着相。"

同学问怎么讲。

先生说:"出家人害怕为父子所累,就抛弃父子之情;害怕被君臣关系连累,就不要君臣;害怕被夫妇关系连累,就不要夫妇。这都是为君臣、父子、夫妇着了相,便须逃避,伦理都不要了。我们儒家呢,有个父子关系,便用

'仁'来安顿他；有个君臣关系，就用'义'来安顿他；有个夫妇关系，就用'别'来安顿他，何曾着了父子、君臣、夫妇的相？"

王阳明这里大概有口误，父子有"亲"，不是父子有"仁"，所谓亲亲仁人，对亲人是"亲"，对外人是"仁"，亲比仁在先。或许还可以加上"悯"，仁者亲亲、仁人、悯物，这样的次序。

儒家的五伦：父子有亲，君臣有义，夫妇有别，长幼有序，朋友有信。父子之间的关系是"亲"，所以要易子而教，孩子交给别人教导，避免孩子不听话，自己动怒，伤了父子亲情。

君臣之间，臣待君以忠，君待臣以义。儒家的君臣关系是相互的，孟子告齐宣王曰："君之视臣如手足，则臣视君如腹心；君之视臣如犬马，则臣视君如国人；君之视臣如土芥，则臣视君如寇仇。"

夫妇有别，男人女人不一样，不是一个物种，不能相互理解的，就理解为"有别"，不要拿自己的标准去要求对方就是了。

长幼有序，朋友有信。长幼之间，以年龄排序；朋友之间，以信用为主。

原文

黄勉叔问："心无恶念时，此心空空荡荡的，不知亦须存个善念否？"

先生曰："既去恶念，便是善念，便复心之本体矣。譬如日光被云来遮蔽，云去，光已复矣。若恶念既去，又要存个善念，即是日光之中添燃一灯。"

以下门人黄修易录。

华杉详解

黄修易，字勉叔，王阳明弟子，从这一条开始，往下是黄修易记录的。

黄修易问："心中没有恶念的时候，空空荡荡的，不知道是不是应该存一个善念呢？"

先生说："没有恶念，就是善念，就已经是心之本体了。就像阳光被乌云遮蔽，乌云散了，阳光就恢复了。如果恶念已去，要再存一个善念，就好像在阳光下你又点一盏灯，干什么呢？"

想太多，都是因为没有去做，在那儿空想，便添出许多事来，这也是学习的普遍毛病。

原文

问："近来用功，亦颇觉妄念不生，但腔子里黑窣窣的，不知如何打得光明？"

先生曰："初下手用功，如何腔子里便得光明？譬如奔流浊水，才贮在缸里，初然虽定，也只是昏浊的。须俟澄定既久，自然渣滓尽去，复得清来。汝只要在良知上用功，良知存久，黑窣窣自能光明矣。今便要责效，却是助长，不成功夫。"

华杉详解

黄修直问："我近来用功，也颇有些妄念不生的感觉，但心底里黑漆漆的，不知道怎么样让它光明起来？"

先生说："刚开始用功，怎么就做得到我心光明？比如奔流的浊水，才把它贮藏在缸里，开始的时候，虽然也定下来，但还是浑浊的。等时间长了，慢慢沉淀，自然渣滓尽去，清亮起来。你只需要在良知上下功夫，良知存养久了，那黑暗自然光明了。如今你刚开始用功，就想要效果，这就是拔苗助长，不是真正的功夫。"

修炼任何功夫，始终记住"必有事焉而勿正"和"勿忘勿助"两条。所谓格物致知，一定是在具体事情上致良知。黄修直说他"颇觉妄念不生，但腔子里黑窣窣的"，就显然没有"必有事焉"，不是在事上琢磨，不是在具体事物上格物致知，所以才悬空生出这许多想法来；又预期其效，着急功夫怎么还没练成，这就拔苗助长了。

原文

先生曰："吾教人致良知，在格物上用功，却是有根本的学问，日长进一日，愈久愈觉精明。世儒教人事事物物上去寻讨，却是无根本的学问。方其壮时，虽暂能外面修饰，不见有过，老则精神衰迈，终须放倒。譬如无根之树，移栽水边，虽暂时鲜好，终久要憔悴。"

华杉详解

先生说："我教人致良知，在格物上下功夫，这是有根本的学问。一天比一天进步，时间越久，越能精进、明白。俗儒教人在事事物物上寻讨，那是没有根本的学问。当他年轻的时候，虽能暂时修饰外表，看不出有什么过错；但年老时精神衰微，就会支持不住。比如没有根的树，你把它移到水边，虽然暂时鲜好，终究要憔悴。"

有根之学，即使学得不多，但一天比一天精进明白。无根之学，如饥似渴到处去学，学得多了，就轰然倒塌。

只要有志向，千事万事都只是一件事

原文

问"志于道"一章。

先生曰："只'志道'一句，便含下面数句功夫，自住不得。譬如做此屋，'志于道'是念念要去择地鸠材，经营成个区宅；'据德'却是经画已成，有可据矣；'依仁'却是常常住在区宅内，更不离去；'游艺'却是加些画采，美此区宅。艺者，义也，理之所宜者也。如诵诗、读书、弹琴、习射之类，皆所以调习此心，使之熟于道也。苟不志道而游艺，却如无状小子，不先去置造区宅，只管要去买画挂、做门面，不知将挂在何处。"

华杉详解

有同学问《论语》"志于道"一章：

子曰："志于道，据于德，依于仁，游于艺。"

"志于道"，是有志于大道。儒家讲，学习进步也好，做人做事也好，首先是立志，志有定向。没有志，就不能开始。

"据于德"。据，依据，凭据，根据。根据德的标准来行事。郑玄注解为三德：至德、敏德、孝德。至德，是中和之德，致中和，包容万物，厚德载物，这是最大的德；敏德，敏于行的敏，仁义顺时，有仁有义，顺势而为，与时俱进，不死板；孝德，尊祖爱亲，首先是对自己家里人好，由内而外，由近及远。

"依于仁"。依，依从，依靠，始终一颗仁心，不离开仁。仁，爱人悯物，对他人有关爱之心，时时事事替他人着想。对其他生命、物件，也有一颗仁心，离开办公室随手关灯，不伤害小动物，这都是仁。城市规划设计能给小动物留出栖息地和生态走廊，遵从"物种间礼仪"，这也是仁。

"游于艺"。艺，是六艺：礼、乐、射、御、书、数，这是儒家要求必备的技艺。这里的游，一般解作游憩、闲暇无事之时，以六艺为乐，陶冶情操的意思。

王阳明讲解说：

只"志于道"一句，就已经涵盖了下面几句的功夫，自然不能只停留在"志于道"上面。好比盖这座房子，"志于道"是挑选木材，盖成房屋；"据于德"是房屋建成后，可以居住了；"依于仁"是要常常住在这房子里，不要离开。所谓"居仁行义"，"仁乃天下之广居"，要住在"仁"这房子里面，而不是外面，这样才能一举一动都是仁。仁是本性本体，而不是努力要求自己去行仁。"游于艺"则是装点、美化这房子，是"软装"。"艺"，就是"义"，是理之所宜者，如诵诗、读书、弹琴、习射之类，都是为了调养本心，使其能熟稔于道。如果不先"志于道"，就去"游于艺"，就像一个没头脑的小子，不去盖房子，只管先去买画来装点门面，那就不知道他那画要挂在什么地方了。

王阳明这里说"艺就是义"，还没人这么讲过，算是他的一个说法吧。

原文

问:"读书所以调摄此心,不可缺的。但读之之时,一种科目意思牵引而来,不知何以免此?"

先生曰:"只要良知真切,虽做举业,不为心累。总有累,亦易觉,克之而已。且如读书时,良知知得强记之心不是,即克去之;有欲速之心不是,即克去之;有夸多斗靡之心不是,即克去之。如此亦只是终日与圣贤印对,是个纯乎天理之心。任他读书,亦只是调摄此心而已,何累之有?"

曰:"虽蒙开示,奈资质庸下,实难免累。窃闻穷通有命,上智之人恐不屑此;不肖为声利牵缠,甘心为此,徒自苦耳。欲屏弃之,又制于亲,不能舍去,奈何?"

先生曰:"此事归辞于亲者多矣,其实只是无志。志立得时,良知千事万为只是一事。读书作文,安能累人?人自累于得失耳!"因叹曰,"此学不明,不知此处担搁了几多英雄汉!"

华杉详解

有同学问:"读书只是为了调养本心,这是不可或缺的。但是我读书的时候,科举的念头又被牵扯进来,不知道怎样才能避免呢?"

先生说:"只要你良知真切,即便是想要金榜题名,也不为之心累。或者就算心为之牵累了,自己也能察觉,克服它就是了。就像读书时,你的良知知道强记之心是不对的。程颢先生不是说了吗?读书求背诵,是玩物丧志,那你就马上克去这念头,不要去死记硬背。如果有贪巧求速的心,也是不对的,马上克去这念头。如果有多读多学、跟人比谁学问大的心,也是不对的,马上克去这念头。这样,**你终日只是和圣人对话、印证,就是一个纯乎天理之心**。不管如何读书,都是调摄此心而已,有什么牵累呢?"

那同学回答说:"虽然得到先生的开示,但是我资质庸下,还是难免受牵累。我也知道穷通有命的道理,上智之人可能不屑于中不中举之事。而我为声名利禄所牵引缠绕,心甘情愿为科举读书,实在是自己苦自己。我想要摒弃这种念头吧,又迫于父母的压力,无法舍去,这该如何是好?"

我也想读书不是为了高考,但父母天天要我考上名牌大学,我怎么办呢?

王阳明回答说:"把科举之累归罪于父母的人太多了,其实只是自己没有志向而已!如果有志向,良知主宰的千事万事,都只是一件事,读书作文怎么能累人呢?人自己患得患失,为此所累而已。"又叹息说,"良知的学说不彰明,不知道在这里耽误了多少英雄汉!"

王阳明的志向是什么呢?他从小就立志做圣人。所以第一次科举落榜,他说:"**我不以不中举为耻,我以不中举而动心为耻。**"毫不挂心,轻轻松松回家了,下回再来就是。

认识自己的问题,注意改变,就是贤人境界

原文

问:"'生之谓性',告子亦说得是,孟子如何非之?"

先生曰:"固是性,但告子认得一边去了,不晓得头脑。若晓得头脑,如此说亦是。孟子亦曰:'形色,天性也。'这也是指气说。"

又曰:"凡人信口说、任意行,皆说'此是依我心性出来',此是所谓'生之谓性',然却要有过差。若晓得头脑,依吾良知上说出来、行将去,便自是停当。然良知亦只是这口说、这身行,岂能外得气,别有个去行去说?故曰:'论性不论气,不备;论气不论性,不明。'气亦性也,性亦气也。但须认得头脑是当。"

华杉详解

有同学问:"告子说'生之谓性',也没错呀!孟子为什么说他不对呢?"

这段比较复杂,要先把他们讨论的问题讲清楚。

"生之谓性",是孟子与告子关于性善,还是性无善无恶的一段辩论:

告子曰："生之谓性。"

孟子曰："生之谓性也，犹白之谓白与？"

曰："然。"

"白羽之白也，犹白雪之白；白雪之白，犹白玉之白与？"

曰："然。"

"然则犬之性，犹牛之性，牛之性，犹人之性与？"

"生"，朱熹注解说，是指人与物之所以知觉运动者而言。告子的意思是，性无所谓善或者不善，性之在人，与生俱来。那与生俱来的东西，一是有知觉，二是能运动，这就是性。知觉运动之外，就没有其他什么性了。所以不管是性善论，还是性恶论，都不对，性没有善恶。

孟子就问："你说人生而有知觉运动，就是性，就没分别，那就好像凡物之白色者，同叫作白，就没分别吗？"

告子回答："当然，都是白色，就都是白，没有分别。"

"那白羽之白，和白雪之白，白玉之白，都没分别吗？"

告子说："没分别。"

孟子的意思是，知觉运动只是性的一方面，就好像白羽、白雪、白玉都白，但白只是它们天性的一方面。告子辩机，仓促之间，来硬的，硬说没分别。

孟子接着说："那人能知觉运动，就是性。狗也能知觉运动，牛也能知觉运动，那狗性跟牛性一样吗？牛性跟人性一样吗？"

朱熹加了一个按语，说：

性，是人所得于天之理；生，是人所得于天之气。性，是形而上的；气，是形而下的。人物之生，莫不有此性，也莫不有此气。以气来讲，则知觉运动，人和动物也没分别；但以理而言，人有仁义礼智的禀赋，就和动物不同了。

王阳明就回答说："告子的说法本来也没错，生固然是性，但是告子只认得一个方面，没有抓住本质。如果知道本质，这么说也没有什么不可以。孟子也说过：'形色，天性也。'但这是指气而言。"

王阳明引用的这一句，孟子曰："形色，天性也。惟圣人然后可以践形。"

"形"，是身体、形体；"色"，是形体的运用，脸上的神色，四肢的仪态。人皆有形有色，这是天生的，是天性。"践形"呢，就是起居言动，都恰到好处，无过不及。

说一个人"没正形"，嘻哈放纵，或者猥琐拘束，这都是不能践形。圣人呢，气禀极其清明，天赋气质，全尽而无亏；耳听目视，能践聪明之理；举手投足，无不恰到好处；说话做事，无不各尽其理。

程颐说：圣人尽得人道而充其形。人得天地之正气而生，与万物不同。既为人，须尽得人理，那才算个人。形色，众人有之而不知，贤人践之而未尽，能充其形的，唯有圣人。

程颐说了众人、贤人、圣人三种人，我们可以自己对号入座。我们肯定不是圣人，那众人和贤人呢？看看自己是哪一种。**首先，你认识到自己的问题，注意改变，这就进入贤人境界了。**自己总是有一些性格上的毛病，容易让别人不爽。自己爽了，别人就不爽；让别人爽了，又太压抑自己——这都是不能践形，形和色匹配不上。**要向圣人的方向靠拢，既自由自在，没有刻意做作，又情理浑全，让别人舒服，这就是修养了。**

这里"形色"就是气，就是气质；但气质背后的本质是天性。所以，有时候从性的角度去说，有时候从气的角度去说。孟子和告子可能也说同样的话，但是语境不同，背后的思想不同，不能就具体哪句话说他对不对。总之，孟子怎么说都是对，告子怎么说都是错。

王阳明接着说："但凡一个人信口说的、任意去做的，都说'这是依我的心性出来'，这就是'生之谓性'，然而这样做会有很多过错。如果能晓得关键所在，从良知出发去说、去做，那就自然得当。而良知，只是依靠这嘴巴来说，依靠这身体去做，靠这身体的知觉运动，又岂能在外面又得一个气呢？所以，气也在自己身上。程颢先生说：'只说性，不说气，就不完备；只说气，不说性，就不明白。'气就是性，性就是气，只需要抓住本质就得当。"

与人为善是君子最大的德

原文

又曰："诸君功夫，最不可助长。上智绝少，学者无超入圣人之理。一起一伏，一进一退，自是功夫节次。不可以我前日用得功夫了，今却不济，便要矫强做出一个没破绽的模样，这便是助长，连前些子功夫都坏了。此非小过，譬如行路的人遭一蹶跌，起来便走，不要欺人，做那不曾跌倒的样子出来。诸君只要常常怀个'遁世无闷，不见是而无闷'之心，依此良知，忍耐做去，不管人非笑，不管人毁谤，不管人荣辱，任他功夫有进有退，我只是这致良知的主宰不息，久久自然有得力处，一切外事亦自能不动。"

又曰："人若着实用功，随人毁谤，随人欺慢，处处得益，处处是进德之资。若不用功，只是魔也，终被累倒。"

华杉详解

先生又说："诸君用功，切不可'揠苗助长'。天资卓著的人绝少，学者不可能一步登天就成为圣人；在起起伏伏、一进一退之间，才是学问功夫的次序。不能因为我前些日子下功夫了，今天却不管用，就强装出一副没破绽的样子来，这就是揠苗助长，把前面下的功夫都破坏了。这不是小过错。比如行路之人，不小心跌了一跤，爬起来便走，不要欺骗别人，装出一副没有摔过跤的样子。你们只要怀着一颗'避世也不郁闷，不被人认可心里也不郁闷'的心，只管依照自己的良知去做，不管人的非议嘲笑，不管人的诋毁诽谤，不管人的赞誉辱骂，也不管自己的功夫是在进步还是退步，进步快还是慢，我只管由这致良知的心主宰而没有停息，久而久之，自然越来越有力量，一切外事外物，都不能摇动我心。"

王阳明此论，正是一切学问功夫的关键，总结起来就是五条：一是致良知，只在良知上下功夫；二是日日不断，时时刻刻不停息，必有事焉，至诚无息；三是不期必，不预期其效，不将迎意必，不"意必固我"，必有事焉而勿正，勿忘勿助，绝不揠苗助长；四是不被认可、不被任用也不在乎，用之则行，舍之则藏，人不知而不愠，遁世无闷，不见是而无闷，夭寿不二。

能深刻理解以上四条，久而久之，自然力量越来越大，你就能够……

慢着！一说"你就能够……"其实已经在预期其效了，在将迎意必了；再往下走一步，就是揠苗助长。

所以还有第五条：知之者不如好之者，好之者不如乐之者。我之所欲、所好、所乐者，就是我的良知，良知比什么都重要。致良知，我只是要致良知，其他结果是自己来的，不是我刻意去要的，来什么我都接着，来什么我都接受。

到了这个境界，是真功夫了。**真功夫表现出来是什么呢？就是不为外物所移，任他威逼利诱，我自岿然不动。**

这层功夫，我看到了。但有时候离它近，有时候又离它远，也是一起一伏，有进有退，日日修行中。

王阳明又说："人如果着实用功，随便他人如何诋毁、诽谤、欺辱、轻慢，都是自己受益之处，都是可以助长德性的资源。如果不用功，他人的意见就好比妖魔，终究会拖累到自己。"

别人诋毁、诽谤、欺辱、轻慢你，总是有个原因，提醒你思考一下、注意一下，也是受益。如果他的诋毁实在是无理和荒谬，克劳塞维茨也有一句话："批评意见无论多么荒谬，至少也给我们提供了一个别人看问题的角度。"还是受益。

原文

先生一日出游禹穴，顾田间禾，曰："能几何时，又如此长了！"

范兆期在旁曰："此只是有根。学问能自植根，亦不患无长。"

先生曰："人孰无根？良知即是天植灵根，自生生不息；但着了私累，把此根戕贼蔽塞，不得发生耳。"

华杉详解

先生有一天带大家在会稽山大禹墓游览，看见田间的庄稼，说："这么短的时间，又长得如此高了。"

弟子范兆期在旁边说："这是因为禾苗有根。学问如果能自己种下根，也不怕没有进步。"

先生说："人谁没有根呢？良知就是人天生的灵根，自然是生生不息的。只是被私意牵累，把这根戕害、蒙蔽了，不能生发出来罢了。"

原文

一友常易动气责人。先生警之曰:"学须反己。若徒责人,只见得人不是,不见自己非;若能反己,方见自己有许多未尽处,奚暇责人?舜能化得象的傲,其机括只是不见象的不是。若舜只要正他的奸恶,就见得象的不是矣。象是傲人,必不肯相下,如何感化得他?"

是友感悔。

曰:"你今后只不要去论人之是非,凡当责辩人时,就把做一件大己私,克去方可。"

华杉详解

一位学友,经常动气指责他人。先生就警告他说:"做学问,要反思自己,反求诸己。如果一味去指斥别人,只看到别人的不是,就看不见自己的毛病。如果能反省自己,便会看到自己许多不到位的地方,自己改进还顾不过来,哪里顾得上去指责别人,哪有时间去帮他改正?舜能感化他的弟弟象的傲慢,其关键在于他不去理会象的不是。如果舜要去规正象,那他就会看到象的许多不是,怎么感化得了他呢?"

这位学友听了之后,感到悔悟。先生又说:"你以后不要去论别人的是非,想要责备人的时候,就提醒自己,当成一件大的私意克去才行。"

舜的父亲瞽瞍和弟弟象,伙同后妈要杀掉他,最终舜却把他们都感化了。为什么呢?王阳明说过,因为"舜是世间大不孝之子,瞽瞍是世间大慈之父"——这是他俩的"自我鉴定"。瞽瞍觉得:"我对这儿子这么好,天下哪有我这样的慈父啊?他却对我这么不孝!对他妈也不好,对他弟弟也不好,如此逆子,真是死有余辜!"瞽瞍眼里,全是舜的毛病。舜呢?行有不得,反求诸己,当他发现父母和弟弟一起要杀他,他不是去看父母和弟弟的不是,而是怪自己:"我是多么不孝啊!让父母这么厌恶我,弟弟我也没带好,我真是这世间最不孝、最糟糕的长子!"由于在自己身上找问题,就在自己身上求改变,自己努力,最终感化了父母兄弟。

原文

先生曰:"凡朋友问难,纵有浅近粗疏,或露才扬己,皆是病发。当因其病而药之可也,不可便怀鄙薄之心。非君子与人为善之心矣。"

华杉详解

先生说:"凡是朋友之间讨论学问,纵使有人显出浅陋鄙薄,或者想要标榜自己的才智,那是他发病了。这时候,你对症下药,帮助他是可以的。但是,不可因此对他怀有鄙夷轻视的心,那就不是君子与人为善之心了。"

与人为善,意思是与别人共享善,共享善德、善行、善办法。孟子说:"故君子莫大乎与人为善。"与人为善是君子最大的德。孟子主要是讲"舍己从人",看见别人的办法好,马上照着做。与人为善,照他的善做,不在乎舍弃自己的思想或办法。王阳明此处讲的与人为善,是我善,他不善,我要真诚地把我的善分享给他、帮助他,不要瞧不起他。

与人为善背后的理念,是善为天下公。善不是你的,也不是我的,也不是孔子的,也不是苏格拉底的,是全人类的。没有什么谁谁谁的思想,天理只有一个,谁悟到了都是一样的。两人如果不一样,总有一个是错的,或者都是错的。

人们常犯的一个毛病,就是追求"有自己的东西",或者学问"自成一家"之类。如果你真的"自成一家",你肯定是错的。王阳明说,这是有"胜心"——"其说本已完备,非要另立一说以胜之"。前人在这方面的耕耘,学问已经很完备了,他非要换一些新词儿,说前面的过时了,这是他的新时代了。这就是没有"与人为善"之德。

其他的"吃瓜群众"呢,又喜新厌旧、贪巧求速、追新逐异,好为偏僻奇怪之论,老想听"新东西",学"新东西",不愿意下功夫在"老生常谈"上切实笃行、知行合一,这就是几千年来正学不彰、群魔乱舞的根源。所以,为往圣继绝学,是每一代都需要有人来担当的事——与人为善。

学习王阳明心学,就是学习几千年圣人传下来的那一点真骨血,改掉几千年人人都有的那几个老毛病。

读书是为自己，而不是为别人

原文

问："《易》，朱子主卜筮，程《传》主理，何如？"

先生曰："卜筮是理，理亦是卜筮。天下之理孰有大于卜筮者乎？只为后世将卜筮专主在占卦上看了，所以看得卜筮似小艺。不知今之师友问答、博学、审问、慎思、明辨、笃行之类，皆是卜筮。卜筮者，不过求决狐疑、神明吾心而已。《易》是问诸天。人有疑，自信不及，故以《易》问天。谓人心尚有所涉，惟天不容伪耳。"

华杉详解

卜筮，古时预测吉凶，用龟甲称卜，用蓍草称筮，合称"卜筮"。

有同学问："讲《易经》，朱熹侧重于卜筮，程颐侧重于天理，怎么理解？"

王阳明回答说："卜筮也是天理，天理也是卜筮。天理之大，有比卜筮还大的吗？只是后世只把卜筮看作占卦，所以把卜筮当成是雕虫小技，而不懂得今天我们师友之间博学、审问、慎思、明辨、笃行之类，也都是卜筮。卜筮，不过是解决自己心中的疑惑，让自己心中清明坚定而已。《易经》是借助于问天。其实不问天，问自己也行。人的自信不足，就借助《易经》来问天。就是说，人心或许还有所偏倚，而天是不欺人的。"

《易经》不仅是一部占卜之书，而是一部包罗万象的哲学著作，儒家将之列为五经之首。《易经》六十四卦，就是人的生活境遇中六十四种可能遇到的情况；而三百八十六爻，则表现了不同的状态。在这些状态中，你可以找到你所对应的境遇。在这种状态、这种境遇下，你该怎么办？《易经》就给你提供了思考路径和行动指南。在这个状态下，下一个状态是什么，《易经》也给你提供了变化的规律。这样一来，它不就有预测的功能了吗？

怎么找到你现在所处的是哪一卦、哪一爻呢？你若把它当算命的书，就拿几个钢镚去扔；你若把它当哲学书，就自己去查找、去琢磨。

所以王阳明说，我们师友之间，一起博学、审问、慎思、明辨、笃行之类，就和用那《易经》卜筮是一样的。

原文

黄勉之问："'无适也，无莫也，义之与比。'事事要如此否？"

先生曰："固是事事要如此，须是识得个头脑乃可。义即是良知，晓得良知是个头脑，方无执着。且如受人馈送，也有今日当受的，他日不当受的；也有今日不当受的，他日当受的。你若执着了今日当受的，便一切受去；执着了今日不当受的，便一切不受去。便是'适''莫'，便不是良知的本体。如何唤得做义？"

以下门人黄省曾录。

华杉详解

黄勉之问："《论语》里面说，君子没有什么非要怎样的，也没有什么非不要怎样的，一切只是以义为标准。是不是每件事情都要这样呢？"

先生回答说："当然是每件事都要这样处理，只是必须识得本质才行。义就是良知，良知自然知道该怎么做，不该怎么做，才不会执着死脑筋。比如人家送我东西，有的是今天可以接受，其他时间不能接受的；有的是今天不能接受，但其他时间可以接受的。你如果执着于今天可以接受，就接受了所有的馈赠；或者执着于今天不能接受，就拒绝了所有馈赠。这都是'适''莫'，就不是良知的本体，就不是义了。"

从这条开始往下，是门人黄省曾记录。黄省曾，字勉之，苏州人。

原文

问："'思无邪'一言，如何便盖得三百篇之义？"

先生曰："岂特三百篇？六经只此一言便可该贯。以至穷古今天下圣贤的话，'思无邪'一言也可该贯。此外更有何说？此是一了百当的功夫。"

华杉详解

问："孔子说：'诗三百，一言以蔽之，曰：思无邪。'这一句'思无邪'，怎么就能涵盖《诗经》三百篇的含义呢？"

王阳明回答说："岂止是《诗经》三百篇，就是六经也可以用'思无邪'一言以蔽之，以至于上下几千年穷尽古今圣贤所有的话，都可以用'思无邪'一言以蔽之。除了'思无邪'，还有什么话可以说？这就是一了百当的功夫。"

思无邪，就是没有私心，就是致良知。

原文

问"道心""人心"。

先生曰："'率性之谓道'，便是'道心'。但着些人的意思在，便是'人心'。'道心'本是无声无臭，故曰'微'。依着'人心'行去，便有许多不安稳处，故曰'惟危'。"

华杉详解

问"道心惟微""人心惟危"。

王阳明回答说："《中庸》讲'天命之谓性，率性之谓道'，这就是道心，是天地自然的心的本体。夹杂了些个人的私意，就是人心。道心无声无臭，所以是微妙的。人心呢，容易有所偏倚，照着人心去做，就容易跑偏、就不安稳。所以，人心像在危崖之上，人心惟危。"

知道道心惟微，人心惟危，才能戒慎恐惧，时刻警醒自己。

原文

问："'中人以下，不可以语上。'愚的人，与之语上尚且不进，况不与之语，可乎？"

先生曰："不是圣人终不与语，圣人的心，忧不得人人都做圣人；只是人的资质不同，施教不可躐等。中人以下的人，便与他说性、说命，他也不省得，也须慢慢琢磨他起来。"

华杉详解

问:"孔子说:'中等资质以下的人,不能跟他讲高深的东西。'那愚昧之人,跟他讲他都进步不了,不跟他讲,不是更让他堕落了吗?"

先生回答说:"圣人不是说不教他,而是不教他听不懂的,只教他浅显的、他能听懂的。圣人之心,恨不得人人都做圣人,哪会不管他呢?只是人与人资质不一样,要因材施教,不能跳级。那中等资质以下的,你跟他讲性、命这些哲学命题,他也理解不了,还是需要慢慢启发他。"

原文

一友问:"读书不记得,如何?"

先生曰:"只要晓得,如何要记得?要晓得已是落第二义了,只要明得自家本体。若徒要记得,便不晓得;若徒要晓得,便明不得自家的本体。"

华杉详解

一位同学问:"我读书老是记不住怎么办?"

先生回答说:"哪个要你记得?只要你晓得,不要你记得。要晓得、要理解,这已经是落入第二等了。第一等是明白自家的本体,读到了自己。如果你只要记得,那你就不理解、不晓得。如果你只要晓得,只是理解那文义,便不是明白自己的本体。"

读书求背诵,就跟求表演差不多,只是口耳之学,没有学以润身,学到自己身上去,学到自己心的本体。如果专注于学以润身,专注于致良知的本体,就不会背得那么多。这就是王阳明说的,"若徒要记得,便不晓得"。如果专注于去晓得,去训诂、抠字眼,比对文义,钻到"晓得"里去了,又成了"知道先生",仍然不是真学习。

古之学者为己,今之学者为人。读书是读自己,为自己学,学以润身,不是为别人学,不是搞背诵表演或引经据典舌战群儒。这是王阳明的学习学。

圣人也不免被人毁谤

原文

问:"'逝者如斯',是说自家心性活泼泼地否?"

先生曰:"然。须要时时用致良知的功夫,方才活泼泼地,方才与他川水一般。若须臾间断,便与天地不相似。此是学问极至处,圣人也只如此。"

华杉详解

问:"孔子说'逝者如斯',是不是也是在说他自己心性的生动活泼呢?"

王阳明说:"是的,要时时刻刻下致良知的功夫,才能活泼泼的,才能和那江水一样。如果有须臾的间断,就和天地不一致了。这就是学问的极致处,圣人也不过如此。"

这个提问,是问《论语》:

子在川上曰:"逝者如斯夫!不舍昼夜。"

孔子站在河边说:"逝去的东西就是这样啊!昼夜不息地向前!"

朱熹注解说,天地之化,往者过,来者续,无一息之停,这是道体本然。

程颐说,天地运行而不停息,日落则月升,冬去则春来,水流而不息,物生而不穷。这是道之本体,是天德。君子之德,以天德为法则,自强不息,纯而不已。

纯而不已,就是纯正而没有停息。就这么简单、单纯,但是日日不断、一刻不停,就是一直坚持努力!

化机不滞,道体本然,自强不息,纯而不已,也是《中庸》所论至诚无息之意。读者宜熟玩之,反复体会。这王阳明所说学问之极致,圣人也不过到此之处。

原文

问"志士仁人"章。

先生曰:"只为世上人都把生身命子看得太重,不问当死不当死,定要宛转委曲保全,以此把天理却丢去了。忍心害理,何者不为?若违了天理,便与禽兽无异,便偷生在世上百千年,也不过做了千百年的禽兽。学者要于此等处看得明白。比干、龙逄,只为他看得分明,所以能成就得他的人。"

华杉详解

接着问《论语》"志士仁人"那一章:

子曰:"志士仁人,无求生以害仁,有杀身以成仁。"

孔子说,有志之士和有仁德的人,不会为了求生而损害仁道,只会为了成全仁道而牺牲生命。

王阳明说:"这世上的人把生命看得太重了,也不问值不值得死,一定要委屈保全,却因此把天理丢弃了。如果忍心残害天理,还有什么干不出来呢?如果违背了天理,便与禽兽无异,就算你偷生在世上活了千百年,也不过做了千百年禽兽。学者要在此处看得明白。比干、龙逄,他们就看明白了,跟夏桀、商纣之类这样混下去,就是禽兽,所以宁死也要谏,所谓杀身成仁。"

原文

问:"叔孙武叔毁仲尼,大圣人如何犹不免于毁谤?"

先生曰:"毁谤自外来的,虽圣人如何免得?人只贵于自修,若自己实实落落是个圣贤,纵然人都毁他,也说他不着。却若浮云掩日,如何损得日的光明?若自己是个象恭色庄、不坚不介的,纵然没一个人说他,他的恶慝终须一日发露。所以孟子说:'有求全之毁,有不虞之誉。'毁誉在外的,安能避得?只要自修何如尔。"

华杉详解

这句提问,涉及到《论语》:

> 叔孙武叔毁仲尼，子贡曰："无以为也！仲尼不可毁也。他人之贤者，丘陵也，犹可逾也；仲尼，日月也，无得而逾焉。人虽欲自绝，其何伤于日月乎？多见其不知量也。"

叔孙武叔诋毁孔子。子贡训斥他说："你的诋毁是没有用的。孔子之圣，非他人可比，你是诋毁不了的。其他的贤者，虽然也异于常人，但造诣还不够高，就像丘陵一样，在平地上看着虽高，还是能登上去，跨越它；就算山外有山，一山更比一山高，但只要是山，总还是能登上去的。孔子就不同了，孔子之道，冠绝群伦，高视千古，就如那日月一般，与天地同运，万物都在他的照耀下，谁能逾越？

"纵有那不肖之人，要自弃于圣人之教，甚至对圣人放肆毁谤，又哪里伤得了圣人的道高德厚呢？就像你毁谤日月，能减一分日月的光辉吗？你自绝于日月，只是自不量力罢了。"

叔孙武叔是三桓之一，鲁国权贵，子贡火力全开，训他一点也不留情面，说他自绝于日月——那比今天说谁自绝于人民还严重。子贡文治武功，在鲁国也是安邦定国的超级名士，威望崇高，话语权很大。人可以说他不服孔子，但没人敢说他不服子贡。用"立德立功立言"三不朽来说，孔子是立德立言，而子贡对鲁国有很大的功劳。一般人对立功都没有异议，但德和言就不是所有人都能理解的。所以叔孙武叔敢非议孔子，子贡训他，他却不敢不服。

俗话说，不服高人有罪。子贡指出了这罪，罪在自绝于日月，自绝于光明，自绝于进步。而人性的弱点，在于有胜心。你们要说某某是高人，我偏不服他，以为就显得我厉害了。

这位同学就问："叔孙武叔诋毁孔子。大圣人为什么也免不了被人毁谤呢？"

王阳明回答说："毁谤是从外来的，即便是圣人也没法避免。人贵在自我修养，如果自己实实在在是个圣贤，纵然其他人都毁他，也说不着他。就像浮云遮住了太阳，又怎能损害太阳的光辉呢？但是，如果自己只是做出个恭敬端庄的相貌，心中却没有任何坚定的意志，纵然没有一个人毁谤他，他内心的恶魔终究有一天会爆发出来。所以孟子说：'想保全声誉往往却遭到毁谤，在预料不到的时候反而会受到赞誉。'毁誉都是外在的。如何能避免？只要加强自身修养就行了。"

孟子曰:"有不虞之誉,有求全之毁。"

"虞",预料。朱熹注解说:"行不得而偶得誉,是不虞之誉。求免于毁谤,反而招致毁谤,是求全之毁。"意思是说,毁誉之言,都不一定是事实。自己修养的人,不可以以别人对我的毁誉为忧喜。观察别人,也不可以以别人对他的毁誉为判断标准。

人都很在意别人对自己的毁誉。但是,毁和誉其实都靠不住。有时候你没做啥,别人可能因为喜欢你,而过分地夸赞你。有时候你也没做啥,但可能你的行迹引起了别人误会,他便要诋毁你。这两种情况都非常多,人在赞扬别人时,喜欢夸大;诋毁别人时,又为了表示自己的道德高尚,一味否定他人。

所以侥幸得志者很多,无辜受屈的也不少。如果这种情况发生在自己身上,该怎么办呢?

毁誉的哲学,一是不要当真,不以毁誉为进退。《孙子兵法》讲将道,其中说:"廉洁,可辱也。"你如果好名、自尊,别人拿污名来激你,你就可能干出以死明志的事情来,中了别人的奸计。所以,要不以毁誉而忧喜,不以毁誉为进退,守住自己的人格底线。

二是当遇到不虞之誉的时候,一定要及时撇清,不要模模糊糊地接受。名胜于实为耻,实胜于名为善,永远不要让你的名誉超过了你的实力。那是最危险的,一旦被人打回原形,怎么爬都爬不起来。特别是当你被吹捧过度,别人对你的要求也就更高,你必须用不断的胜利去支撑你的虚名——一次没撑住,就摔碎了。

特别要小心,越是对你好的人,越容易过分吹捧你,那对你是最有害的。因为任何一个不虞之誉,都是偷了其他人该得的名誉,把别人的功劳算在你自己身上了,这就会招来报应。如果自己去偷别人的名誉,那就更是不明智了。

三是当遇到求全之毁的时候,原则是"君子不辩诬",不辩,让他毁。所谓誉满天下,谤亦随之。毁与誉本是一对,秤不离砣,砣不离秤。不要把自己名声搞得那么好,那都是负担。你辩也辩不清,反而张扬了那诋毁。路遥知马力,日久见人心,让大家自己去发现那是诋毁。当诋毁不是由你自己辩明,而是在你的沉默中，由别人发现的时候，对你的诋毁就彻底失效了。

原文

刘君亮要在山中静坐。

先生曰："汝若以厌外物之心去求之静，是反养成一个骄惰之气了。汝若不厌外物，复于静处涵养却好。"

华杉详解

刘君亮要去山中静坐。王阳明说："你如果是嫌在这里待着烦，要去找个地方求清静，那恐怕反而养成骄傲懒惰的习气。如果并不厌弃外物，又去找个静处存养，那倒是好的。"

原文

王汝中、省曾侍坐。

先生握扇命曰："你们用扇。"

省曾起对曰："不敢。"

先生曰："圣人之学，不是这等捆缚苦楚的，不是妆做道学的模样。"

汝中曰："观'仲尼与曾点言志'一章略见。"

先生曰："然。以此章观之，圣人何等宽洪包含气象！且为师者问志于群弟子，三子皆整顿以对。至于曾点，飘飘然不看那三子在眼，自去鼓起瑟来，何等狂态！及至言志，又不对师之问目，都是狂言。设在伊川，或斥骂起来了。圣人乃复称许他，何等气象！圣人教人，不是个束缚他通做一般，只如狂者便从狂处成就他，狷者便从狷处成就他。人之才气如何同得？"

华杉详解

王汝中和黄省曾陪着先生。

先生拿着扇子说："你们也用扇子吧！"

黄省曾连忙站起来说："不敢！"

先生说:"圣人之学,不是这么拘束、痛苦的,热了就扇扇子,不要装出个做道学的样子。"

王汝中说:"看《论语》里孔子和曾子言志那一章,就大概可以看到。"

(这一章前面有过讨论,我们也详细讲过。)

王阳明回答说:"你说得对!从这一章看,圣人是何等宽宏、包容的气象!老师问各位同学的志向,子路、冉有、公西华,都正颜色、整仪容,认真回答。到了曾点,却飘飘然不把几位同学看在眼里,自己去弹起瑟来,这是何等洒脱狂放!等轮到他来讲自己的志向呢,又是一番狂言。别人都讲治国安邦之志,他说他的志向就是:暮春三月,和朋友们一起春游,下河洗澡,一路唱歌——这都是狂言。要是换了程颐老师,早就责骂他了。孔子呢,还称许他,说自己的志向和他的一样!你看这孔子,何等气象!圣人教人,不是要把人都教成一样,而是因材施教。对狂放不羁的人,就在狂放不羁处成就他;对洁身自好的人,就在洁身自好处成就他。"

原文

先生语陆元静曰:"元静少年亦要解五经,志亦好博。但圣人教人,只怕人不简易,他说的皆是简易之规。以今人好博之心观之,却似圣人教人差了。"

华杉详解

王阳明对陆元静说:"元静年轻时就想要注解五经,也是志在博学。但是圣人教人,只是怕人做不到简单明白,他说的都是简单明白的道理。用现代人崇尚博学的心态来看,却好像圣人教错了似的。"

博学还是简易,知行合一就是一把尺子。若能知行合一,自然简易,因为复杂了你也做不过来。如果不能知行合一,都是空谈,自然就广博起来。子路每听到一句善言,人家再接着讲第二句,他都捂起耳朵不听:"别说!别说!上一条还没有去做呢,不要听下一条。"

原文

先生曰:"孔子无不知而作,颜子有不善未尝不知,此是圣学真血脉路。"

华杉详解

先生说:"孔子从来没有自己不知道、没把握,还乱写的情况。颜回呢,什么地方还没做到、没做好,自己全都知道。这就是圣学的真骨血、真脉络。"

知之为知之,不知为不知,是知也。知道自己知道什么,也知道自己不知道什么。最糟糕的就是,不仅不知道,而且不知道自己不知道,反而以为自己全知道,那就完了。

原文

何廷仁、黄正之、李侯璧、汝中、德洪侍坐。先生顾而言曰:"汝辈学问不得长进,只是未立志。"

侯璧起而对曰:"琪亦愿立志。"

先生曰:"难说不立,未是'必为圣人'之志耳。"

对曰:"愿立'必为圣人'之志。"

先生曰:"你真有圣人之志,良知上更无不尽。良知上留得些子别念挂带,便非'必为圣人'之志矣。"

洪初闻时心若未服,听说到此,不觉愧汗。

华杉详解

何廷仁、黄弘纲、李琪、王畿、钱德洪几位同学陪着先生。先生看着大家说:"你们学问不长进,只是因为没有立志。"

李琪站起来说:"我愿意立志!"

先生说:"也不能说你没有立志,只是你所立的,不是一定要做圣人之志而已。"

李琪说:"愿立必为圣人之志。"

先生说:"你如果真有圣人之志,良知上自然无穷无尽,竭尽全力。如果良知上还留了些别的挂念,就不是一定要做圣人的志向了。"

钱德洪刚听老师讲时,心里还有些不服,听到这里,不禁汗流浃背。

原文

先生曰:"良知是造化的精灵。这些精灵,生天生地、成鬼成帝,皆从此出,真是与物无对。人若复得他完完全全,无少亏欠,自不觉手舞足蹈,不知天地间更有何乐可代!"

华杉详解

先生说:"良知是造化的精灵。这些精灵,生天生地,成就鬼神、天帝,都是从这良知上发出来,任何事物都无法与之比拟。人如果能完完全全恢复良知,没有任何欠缺,自然就会在不知不觉间手舞足蹈,不知道天地间还有什么快乐可以代替它!"

道就是良知

原文

一友静坐有见,驰问先生。

答曰:"吾昔居滁时,见诸生多务知解,口耳异同,无益于得,姑教之静坐。一时窥见光景,颇收近效;久之,渐有喜静厌动、流入枯槁之病。或务为玄解妙觉,动人听闻。故迩来只说'致良知'。良知明白,随你去静处体悟也好,随你去事上磨炼也好,良知本体原是无动无静的。此便是学问头脑。我这个话头,自滁州到今,亦较过几番,只是'致良知'三字无病。医经折肱,方能察人病理。"

华杉详解

一位同学练习静坐,觉得有所领悟,赶紧跑去跟老师汇报。

王阳明却对他汇报的收获不感兴趣,说:"我以前在滁州的时候,看到学生们都追求知识多、追求不同的解释,在口耳之学上较量短长、异同。这口耳之学,人之于耳,出之于口,在身上只经过了从耳朵到嘴巴这四寸,脑子都不过,怎么能学以润身?怎么能知行合一?于是我就教他们静坐,不要热烈讨论、舌战群儒,把学习搞成了比武。自己坐着好好想想,自己想自己的。这一下子,他们就很快看到了一些道理。刚开始是颇有成效,可等时间一长,毛病又出来了。或者是喜静厌动,成了个死树桩;或者神神叨叨讲他有什么玄解妙诀,耸人听闻,向人夸耀,静坐也成了比武了。所以静坐我也不讲了,近来我只跟人说'致良知'。良知明白了,随你静坐体悟也好,事上磨炼也好,良知的本体是无动无静的,这就是学问的头脑纲领。我这个话头,从滁州到现在,也试验过很多次;其他都可能被曲解,被跑偏,只有'致良知'这三个字,一点毛病没有!好比医生自己骨折过,才晓得骨折的病理一样。"

原文

　　一友问:"功夫欲得此知时时接续,一切应感处反觉照管不及;若去事上周旋,又觉不见了。如何则可?"

　　先生曰:"此只认良知未真,尚有内外之间。我这里功夫不由人急心,认得良知头脑是当,去朴实用功,自会透彻。到此便是内外两忘,又何心事不合一?"

华杉详解

一位同学问:"下功夫的时候,要让这良知不间断。但是应付事务时,反而觉得照管不到自己的良知;如果在事情上周旋,又感觉不到良知了,怎么办?"

王阳明回答说:"这是你对良知的认识还不真切,所以才有内外的区别。我这功夫不要人心急,不能求速。所谓'必有事焉而勿正',你已经在'正',在预期其效了;所谓'勿忘勿助',你已经在'助',准备揠苗助长了。你如果真正认识了良知,去朴实地下功夫,自然就会透彻,不会有什么'良知在,良知又不在了'之类的话。到那时候,就是内外两忘,心、事合一,不会说在处理事的时候,还要顾着别把心丢了。这都是什么话呀!"

原文

　　又曰:"功夫不是透得这个真机,如何得他充实光辉?若能透得时,不由你聪明知解接得来,须胸中渣滓浑化,不使有毫发沾带始得。"

华杉详解

王阳明又说:"功夫如果不是悟透了这良知的真机,如何能使它充实而有光辉?要想这良知通透,不是靠你的聪明才智去掌握许多知识,而是要将自己胸中的渣滓化去,使得心体里没有毫发的沾染、滞留才行。"

原文

先生曰:"'天命之谓性',命即是性;'率性之谓道',性即是道;'修道之谓教',道即是教。"

问:"如何道即是教?"

曰:"道即是良知。良知原是完完全全,是的还他是,非的还他非,是非只依着他,更无有不是处。这良知还是你的明师。"

华杉详解

王阳明说:"《中庸》开篇讲:'天命之谓性,率性之谓道,修道之谓教。'所以这命就是性,性就是道,道就是教。"

同学问:"为什么道就是教呢?"

王阳明回答说:"道就是良知。良知是完完全全的,是就是是,非就是非,是非只是依这良知来判断,更不会有一点差错。这良知就是你的明师。"

原文

问:"'不睹不闻'是说本体,'戒慎恐惧'是说功夫否?"

先生曰:"此处须信得本体原是'不睹不闻'的,亦原是'戒慎恐惧'的。'戒慎恐惧'不曾在'不睹不闻'上加得些子。见得真时,便谓'戒慎恐惧'是本体,'不睹不闻'是功夫亦得。"

华杉详解

《中庸》讲:"君子戒慎不睹,恐惧不闻。"在没人看见的地方,也保持谨慎警醒;在没人听到的地方,也唯恐自己有过错。这是慎独功夫。有同学就问:"是不是'不睹不闻'是讲本体,'戒慎恐惧'是讲功夫呢?"

王阳明回答说:"这里必须理解,本体本来就是不睹不闻的。谁看见,谁听见你的心之本体呢?只有你自己的良知知道。本体也本来就是戒慎恐惧的,一有邪念或过错,那良知自然就知。所以'戒慎恐惧'并没有在'不睹不闻'上再添加什么。等你想明白了,你说'戒慎恐惧'是本体,'不睹不闻'是功夫也行。"

这位同学的问题很典型,而很典型的问题就不是问题。很多问题的提出,都是因为那做学问的人,不是真做学问、不是实修,不是切实笃行、知行合一。他若去实修,根本就不会遇到这些问题。**在实际做的过程中遇到的问题,才是真问题。**根本没去做,悬空在那里想出来的问题,没有答案,答案会成为一个没完没了的新问题。

儒家养心,未曾离开事物,只是顺应天道

原文

问"通乎昼夜之道而知"。

先生曰:"良知原是知昼知夜的。"

又问:"人睡熟时,良知亦不知了。"

曰:"不知,何以一叫便应?"

曰:"良知常知,如何有睡熟时?"

曰:"向晦宴息,此亦造化常理。夜来天地混沌,形色俱泯,人亦耳目无所睹闻,众窍俱翕,此即良知收敛凝一时;天地既开、庶物露生,人亦耳目有所睹闻,众窍俱辟,此即良知妙用发生时。可见人心与天地一体。故'上下与天地同流'。今人不会宴息,夜来不是昏睡,即是妄思魇寐。"

曰："睡时功夫如何用？"

先生曰："知昼即知夜矣。日间良知是顺应无滞的，夜间良知即是收敛凝一的，有梦即先兆。"

华杉详解

有同学问《易经》里"通乎昼夜之道而知"一句。

王阳明回答说："良知本来就知昼知夜，白天晚上都知道。"

又问："那人睡着的时候，良知也不知道了呀？"

"良知如果不知道，怎么一叫他就醒了呢？"

"既然良知长知，怎么会有睡熟的时候呢？"

"晚上需要休息，这也是天地常理。夜来天地混沌，什么东西都隐藏不见了，人也眼不见、耳不闻，与外界相通的器官都闭合了，这就是良知收敛凝聚的时候。等到白昼到来，万物生长，人也眼有所见、耳有所闻，其他器官也运作起来，这正是良知妙用发生的时候。由此可见，人心和天地本是一体，正是孟子所说的，'上下与天地同流'。如今的人不懂得休息，夜间不是昏睡，就是胡思乱想做噩梦。"

"那睡觉时如何下功夫呢？"

"知道白天怎么做，自然就知道晚上怎么做。白天的良知畅行无阻，夜晚良知收敛凝聚，有梦就是先兆。"

这么说，失眠怎么办？还是致良知。

原文

又曰："良知在'夜气'发的方是本体，以其无物欲之杂也。学者要使事物纷扰之时，常如夜气一般，就是'通乎昼夜之道而知'。"

华杉详解

王阳明又说："良知在夜气中发的才是本体，因为没有物欲掺杂其中。为学之人，要在事物纷扰的时候也保持像在夜气中一样持守，这就是'通乎昼夜之道而知'。"

夜气，是孟子提出来的理论，指晚上静思所萌发的良知善念。日间纷扰，夜间宁静，人的良心也有所生息，积攒到平旦清晨之时，其良心发现，善念萌生，这就是夜气。就好像我们小时候，白天贪玩，到了晚上静下来，就有些悔悟，发誓"明天开始好好学习"；第二天又要贪玩的时候，想一想昨天晚上的念头，就是"夜气"，就是"通乎昼夜之道而知"了。

其实我们对所有的事情，应事、接物、待人，对家人、朋友、同事、客户，自己夜间静下来的时候都知道该怎么做，都发过愿，但到了白天，遇到那事的时候，私意萌发，良知又不见了。昼夜之道，存养夜气，知昼即知夜，知夜即知昼，通乎昼夜之道而知，这确实是一篇大文章。

原文

先生曰："仙家说到'虚'，圣人岂能'虚'上加得一毫'实'？佛氏说到'无'，圣人岂能'无'上加得一毫'有'？但仙家说'虚'从养生上来，佛氏说'无'从出离生死苦海上来，却于本上加却这些子意思在，便不是他'虚''无'的本色了，便于本体有障碍。圣人只是还他良知的本色，更不着些子意在。良知之'虚'便是天之太虚，良知之'无'便是太虚之无形。日、月、风、雷、山、川、民、物，凡有貌象形色，皆在太虚无形中发用流行，未尝作得天的障碍。圣人只是顺其良知之发用，天地万物俱在我良知的发用流行中，何尝又有一物超于良知之外，能作得障碍？"

华杉详解

王阳明说："道家讲一个'虚'，一语道尽，圣人也没法在那'虚'上再加一丝一毫的'实'。佛家讲一个'无'，也说绝了，圣人也没法在那上面再加一丝一毫的'有'。但是，道家讲'虚'，是从养生上说；佛家讲'无'，是要逃离生死苦海。这都是自己的私意了，在'虚'和'无'的本体上，又加了些意思，这就不是虚无的本色，对把握本体有妨碍了。圣人只是还他良知的本色，不添加任何意思。良知之"虚"便是天之太虚，良知之"无"便是太虚之无形。日、月、风、雷、山、川、民、物，凡是有样貌、形色的东西，都在天之太虚无形中发用流行，从未是天的障碍。圣人也是顺其良知地发用，又何尝有一物超越良知之外，能成为良知的障碍的？"

原文

或问："释氏亦务养心，然要之不可以治天下，何也？"

先生曰："吾儒养心，未尝离却事物，只顺其天，则自然就是功夫。释氏却要尽绝事物，把心看做幻相，渐入虚寂去了，与世间若无些子交涉，所以不可治天下。"

华杉详解

有同学问："佛家也专注于养心，为什么却不能用来治天下呢？"

王阳明说："我们儒家养心，未曾离开事物，只是顺应天道，自然就是功夫。佛家却要尽绝事物，把心看作幻相，逐渐就堕入虚寂中去了，与世间事物毫无交涉，所以不可以治天下。"

世间的道理，都特别简单朴实

原文

或问异端。

先生曰："与愚夫愚妇同的，是谓同德；与愚夫愚妇异的，是谓异端。"

华杉详解

有同学问"异端"，这是《论语》里的一句：

子曰："攻乎异端，斯害也已！"

做学问，如果专治异端邪说，那是最有害的。

什么是异端呢？张居正说，自古圣人继往开来，只是一个平正通达的道理，其伦则君臣、父子、夫妇、朋友，其德则仁、义、礼、智、信，其民则士、农、工、商，其事则礼、乐、刑、政。可以修己，可以治人。世道所以太平，人心所以归正，都由于此。舍此之外，就是异端，便与圣人之道相悖。人若惑于其术，专治而欲精之，造出一种议论，要高过于人，别立一个教门，要大行于世。将见其心既已陷溺，其说必然偏邪，以之修己，便坏了自己的性情；以之治世，便坏了天下风俗。世道必不太平，人心必不归正，其害有不可胜言者，所以说斯害也已！

我们平时的工作学习，也是一样。因为自己内心浮躁，不能踏踏实实、埋头苦干、潜心积累，总想一步登天，于是就去追逐种种一步登天的异端学说。这一说没能登上去，便去找下一说。世间大有"一步登天法"的各种专卖店，钻到那里面去，斯害也已！

世间的道理，都特别简单朴实。成功都是积累得来的，要学正学、走正道。靠的是天道酬勤，日日不断之功。

程颐、朱熹、张居正等，都站在儒家立场，以儒学为正学，以佛学、杨朱、墨子为异端。不过孔子那时，佛教还没传到中国，杨朱、墨子还没出生，他当然不是指他们，或许并不具体指谁。

钱穆对异端之说别有发明。他说，一事必有两头，如一线必有两端，你站在这一端，对面就是异端。对面的人看你，也是异端。孔子说不要攻乎异端，是教人对学问要通乎全体，不要走极端。如《中庸》所说，执其两端，而用其中。殊途也可能同归，否则道术不同，而使天下分裂，为害无穷。又说，异端也指歧途小道，小人也很有才，小道也很可观，用之皆吾资，攻之皆吾敌。你用他的才，他可以对你有帮助；你钻进去钻研他的学说，就掉坑里了。

王阳明怎么说呢？他说："和普通老百姓相同的，叫作同德。和普通老百姓相异的，就是异端。"

简单地说，**不合常识，就是异端。**

原文

先生曰："孟子不动心与告子不动心，所异只在毫厘间。告子只在不动心上着功，孟子便直从此心原不动处分晓。心之本体原是不动的，只为所行有不合义便动了。孟子不论心之动与不动，只是'集义'，所行无不是义，此心自然无可动处。若告子只要此心不动，便是把捉此心，将他生生不息之根反阻挠了，此非徒无益，而又害之。孟子'集义'工夫，自是养得充满，并无馁歉；自是纵横自在，活泼泼地。此便是浩然之气。"

华杉详解

王阳明说："孟子的不动心与告子的不动心，差别也只是在毫厘之间。告子是下功夫让自己不动心，孟子是在心原本不动之处用功。心的本体是不动的，只因为你行不合义、做了亏心事，心就动了。孟子不论心动还是不动，只是去'集义'，每时每刻每处，对每人每事都义，所行无不是义，这心自然没什么动不动的。而告子呢，他只要此心不动，要把捉住这心，不让它动，把这心生生不息的根阻挠了，这样不仅没什么好处，反而有害。孟子的'集义'工夫，是把心存养得充实，没有任何气馁、亏欠之处，自然纵横自在、生动活泼，这就是孟子的浩然之气。"

原文

又曰："告子病源，从'性无善无不善'上见来。'性无善无不善'，虽如此说，亦无大差。但告子执定看了，便有个无善无不善的性在内。有善有恶，又在物感上看，便有个物在外。却做两边看了，便会差。无善无不善，性原是如此。悟得及时，只此一句便尽了，更无有内外之间。告子见一个性在内，见一个物在外，便见他于性有未透彻处。"

华杉详解

又说："告子的病根，在于他对性无善无不善的观念。告子说无善无不善，也不算什么大错；但告子执着于此，就先把一个无善无不善的性放在内了。有善有恶呢，又从外物上看，这便有个物在外。这就把性和物分作两边看，就会有差错。无善无不善，性本来就是如此，领悟得及时，话说到这儿也就够了，没有什么内外之分。告子见得一个性在内，又见得一个物在外，便知道他对性的理解还不够透彻。"

王阳明认为，心外无物，不能把心和物分成两边看。

人之初，性本善。孟子说性善，告子说性无善无不善。王阳明说，告子这样讲"也没什么大错"，是他在这个观念上的立场有调整，所以晚年会说出"无善无恶心之体，有善有恶意之动，知善知恶是良知，为善去恶是格物"这样的四句教。

原文

　　朱本思问："人有虚灵，方有良知。若草木、瓦石之类，亦有良知否？"

　　先生曰："人的良知，就是草木、瓦石的良知。若草木、瓦石无人的良知，不可以为草木、瓦石矣。岂惟草木、瓦石为然？天地无人的良知，亦不可为天地矣。盖天地万物与人原是一体，其发窍之最精处，是人心一点灵明，风雨露雷，日月星辰，禽兽草木，山川土石，与人原只一体。故五谷、禽兽之类皆可以养人，药石之类皆可以疗疾，只为同此一气，故能相通耳。"

华杉详解

弟子朱本思问："人有灵性，所以有良知。那草木、瓦石之类，也有良知吗？"

王阳明说："人的良知，就是草木、瓦石的良知。如果草木、瓦石没有人的良知，那就不成其为草木、瓦石了。不仅是草木、瓦石，天地没有人的良知，也不成其为天地。因为天地万物与人只是一体，其最精妙灵窍之处，就是人心的一点灵明。风雨露雷、日月星辰、禽兽草木、山川土石，与人原是一体。所以五谷、禽兽之类皆可以养人，药石之类皆可以治病，因为人与外物所禀受的气是相通的，故人与万物都能够相通。"

原文

　　先生游南镇。一友指岩中花树问曰："天下无心外之物，如此花树，在深山中自开自落，于我心亦何相关？"

先生曰："你未看此花时，此花与汝心同归于寂；你来看此花时，则此花颜色一时明白起来，便知此花不在你的心外。"

华杉详解

先生游览南镇，一位友人指着岩石间的花树问："您说天下没有心外之物，那么就像这一树花，在深山中自开自落，和我的心有什么关系呢？"

先生说："你没有看见这花的时候，这花与你的心同归于寂静；你来看这花的时候，这花的颜色一下子就鲜明起来，便知这花并不在你的心外。"

原文

问："大人与物同体，如何《大学》又说个厚薄？"

先生曰："惟是道理自有厚薄。比如身是一体，把手足捍头目，岂是偏要薄手足？其道理合如此。禽兽与草木同是爱的，把草木去养禽兽，又忍得？人与禽兽同是爱的，宰禽兽以养亲与供祭祀、燕宾客，心又忍得？至亲与路人同是爱的，如箪食豆羹，得则生，不得则死，不能两全，宁救至亲，不救路人，心又忍得？这是道理合该如此。及至吾身与至亲，更不得分别彼此厚薄。盖以仁民爱物皆从此出，此处可忍，更无所不忍矣。《大学》所谓厚薄，是良知上自然的条理，不可逾越，此便谓之义；顺这个条理，便谓之礼；知此条理，便谓之智；终始是这条理，便谓之信。"

华杉详解

有同学问："圣人和万物同体，为什么《大学》却要分出厚薄来呢？"

这位同学所问的"厚薄"，是儒家时常讲的厚薄亲疏，次序要分清楚。出自《大学》里讲"格物、致知、诚意、正心、修身、齐家、治国、平天下"的次序：

> 物格而后知至，知至而后意诚，意诚而后心正，心正而后身修，身修而后家齐，家齐而后国治，国治而后天下平。自天子以至于庶人，一是皆以修身为本。其本乱而末治者否矣，其所厚者薄，而其所薄者厚，未之有也。

修身为本，齐家治国平天下为末。若这个根本混乱了，就不可能齐家治国平天下。张居正讲解说："就像那树根既枯了，却要它枝叶茂盛，必无此理。"

厚薄论。张居正讲解说，厚是指家，薄是指国和天下。因为家是亲，国和天下相对于家来说是疏。家庭是我应该爱的，国家、天下也是我应该爱的；但亲疏有别，家亲而国与天下疏。一定是先厚其所厚，然后能及其所薄，先爱家，然后才能爱国、爱天下。如果对自己家庭很薄，而对国家、对天下很厚，那一定是谎言，是假的。

这是儒家价值观的根本，讲到约束，要推己及人，先管好自己，再管别人；爱是由近及远，先爱自己家人，再爱别人，乃至爱国、爱天下。如果次序颠倒，他就是小人，甚至是禽兽。比如"大义灭亲"就是禽兽，不是儒家价值观。孟子说："如果舜的父亲杀了人，他是天子，他该怎么办？他应该抛弃天子之位带着父亲逃跑，而不是'秉公执法'。"

张居正自己也被人骂为"禽兽"，为什么呢？因为"夺情事件"。他的父亲去世后，他没有按规矩回家守孝二十七个月。因为他是首辅，改革正在关键时期，皇帝还小，不能亲政，他若离开，改革必功亏一篑。于是由皇上下诏"夺情"，不许回家，继续工作。所以群臣攻击他，不能为父尽孝，而能为君尽忠者，未之有也！

另一位被"夺情"的名臣是曾国藩，也是父亲去世。他当时正在主持军务，和太平天国作战，符合"夺情"条件，但他仍然离开军营，回家奔丧。他也挨了骂，左宗棠就写信骂他，说干戈之际，军情急迫，岂有此理。后来咸丰帝下诏"夺情"，曾国藩才回到军营。

我们来看看王阳明的回答：

"只是因为道理本来就有厚薄。你说圣人与万物同体，咱们这身体也是一体，但是遇到危险，用那手脚去保护头和眼睛，难道是偏要'薄'手脚吗？人对于禽兽和草木的爱是一样的，用草木去喂禽兽，又如何忍心呢？人对于人类和禽兽的爱是一样的，但是要把那禽兽宰了供养亲人、祭祀先祖、招待宾客，这又如何忍心呢？人对于至亲和路人的爱是一样的，但是如果只有一碗饭、一碗汤，得到就活、得不到就死，不能两全，那一定是救自己的亲人，那路人甲就不管了，这又如何忍心呢？这是因为道理本该如此。

"如果是我自己和至亲之间，那就不能分彼此厚薄了，因为仁民爱物都源自亲情，如果此处能忍心，那就没有什么不能忍心的了，那就什么坏事都干得出来。《大学》里讲的所谓厚薄，就是良知上自然的条理，不可逾越，这就是义；顺着这条理，就是礼；懂得这条理，就是智；始终坚持这个理，就是信。"

王阳明最后这样归纳出仁义礼智信，真是精准！

这里我们也可联系他前面的"异端论"：和普通老百姓想法一样的，就是同心同德；和普通老百姓想法不一样的，就是异端。

原文

又曰："目无体，以万物之色为体；耳无体，以万物之声为体；鼻无体，以万物之臭为体；口无体，以万物之味为体；心无体，以天地万物感应之是非为体。"

华杉详解

王阳明又说："眼睛无体，以万物的形状颜色为体；耳朵无体，以万物的声音为体；鼻子无体，以万物的气味为体；口无体，以万物的味道为体；心无体，以天地万物之是非感应为体。"

至诚之道，可以前知

原文

问"夭寿不二"。

先生曰:"学问功夫,于一切声利嗜好俱能脱落殆尽,尚有一种生死念头毫发挂带,便于全体有未融释处。人于生死念头,本从生身命根上带来,故不易去。若于此处见得破、透得过,此心全体方是流行无碍,方是尽性至命之学。"

华杉详解

有同学问"夭寿不二"。

王阳明回答说:"学问功夫,要能够摆脱一切名利嗜好,一心只在学问上。但是,只要还有一丝贪生怕死的念头,就是心的本体还没有融通的表现。人对于生死的念头,本来就是从生命的根子上带来的,所以不容易清除掉。如果在生死上能看得破、想得透,这颗心才是通透无碍的,这才是尽性至命的学问。"

"夭寿不二",摆脱死亡恐惧,有那么难吗?其实没那么难,你看那些过劳死的工作狂,他难道不是把工作看得比生死还重要吗?人或者好功名,或者好财货,或者好美色,或者就是好胜,要不断追逐新目标。总之,人好好多东西,其实都超过爱惜自己的身体和生命。学问功夫,无非是把好学、好仁、好义摆在第一位。你说安贫乐道难,他就乐道,对于他来说,就没什么贫不贫的。守财奴那么多,但对于轻财好义的人来说,钱财就是粪土,给别人就开心、守着就难受。知之者不如好之者,好之者不如乐之者,你真学进去了,找到那学问的快乐,这些问题就不存在了。

原文

一友问:"欲于静坐时,将好名、好色、好货等根,逐一搜寻、扫除、廓清,恐是剜肉做疮否?"

先生正色曰:"这是我医人的方子,真是去得人病根。更有大本事人,过了十数年亦还用得着。你如不用,且放起,不要作坏我的方子!"

是友愧谢。

少间曰:"此量非你事,必吾门稍知意思者,为此说以误汝。"

在坐者皆悚然。

华杉详解

一个同学问:"想在静坐的时候,把自己好名、好色、好货等病根逐一找出来,扫除干净,这是不是有点剜肉补疮的感觉啊?"

"于静坐时,将好名、好色、好货等根,逐一搜寻,扫除廓清。"这是王阳明教的自修方法。这位同学挑战老师,问这是不是"剜肉补疮",老师生气了。

王阳明板起脸,严肃地说:"这是我医人的方子,真是能去人的病根,即便有再大本事的人,再修十几年,也还用得着!你如果不用,你就放下、别管它。不要糟蹋了我的方子!"

那同学吓坏了,赶紧道歉。

王阳明顿了一会儿,又说:"我猜你自己想不到这一层,恐怕是我门下某些略知皮毛的弟子这样说,把你误导了。"

看来这位提问的同学是刚来,老师不怪他,要怪哪位师兄把他教坏了。是哪位师兄呢?一屋子人都吓得大气不敢出。

原文

一友问功夫不切。

先生曰:"学问功夫,我已曾一句道尽。如何今日转说转远,都不着根?"

对曰:"致良知盖闻教矣,然亦须讲明。"

先生曰:"既知致良知,又何可讲明?良知本是明白,实落用功便是。不肯用功,只在语言上转说转糊涂。"

曰:"正求讲明致之之功。"

先生曰:"此亦须你自家求,我亦无别法可道。昔有禅师,人来问法,只把麈尾提起。一日,其徒将其麈尾藏过,试他如何设法。禅师寻麈尾不见,又只空手提起。我这个良知,就是设法的麈尾,舍了这个,有何可提得?"

少间,又一友请问功夫切要。

先生旁顾曰:"我麈尾安在?"

一时在坐者皆跃然。

华杉详解

一个同学问:"我这功夫总是不够要切,怎么办?"

王阳明回答说:"学问功夫,一句致良知已经讲完了,为什么今天越说越远,都不着根!你还要我说啥?"

那同学回答说:"致良知我知道了,但也需要老师仔细讲明白呀!"

"既然已经知道致良知了,还有什么可以讲明的呢?良知本来就是明白的,你实实在在下功夫就是。你自己不肯用功,非要在言语上说来说去,越说越糊涂。"

"我正是请教老师这良知怎么致啊?"

"这也只能你自己去求,我教不了。以前有个禅师,有人来问佛法,他就把拂尘提起来。有一天,他的徒弟把拂尘给他藏起来,看他用什么办法讲。禅师找不到拂尘,就空手往上一提。我这个良知,就是这个说法的'拂尘',除了这个,又有什么值得一提的呢?"

过了一会儿,又有一位同学来请教功夫的要领。王阳明看着旁边的学生问:"我的拂尘呢?"

满座哄堂大笑。

原文

或问"至诚""前知"。

先生曰:"诚是实理,只是一个良知。实理之妙用流行就是神,其萌动处就是几。'诚、神、几,曰圣人'。圣人不贵前知,祸福之来,虽圣人有所不免,圣人只是知几,遇变而通耳。良知无前后,只知得见在的几,便是一了百了。若有个'前知'的心,就是私心,就有趋避利害的意。邵子必于前知,终是利害心未尽处。"

华杉详解

邵子,指邵雍,字尧夫,宋代理学家。

有同学问"至诚""前知"。至诚者能够先知先觉,能做到觉察事变。这是《中庸》里的话,前面学过。

王阳明说:"诚,是实理,只是一个良知。实理的妙用就是神,其萌动的地方,就是'几'。'几'是什么呢?是周敦颐说的:'寂然不动者,诚也;感而遂通者,神也;动而无形、有无之间者,几也。诚精故明,神应故妙,几微故幽。诚、神、几,曰圣人。'具备诚德,感悟神化,通晓几微,就是圣人。几微,是隐微的预兆。

"至诚之道,可以前知。但是,圣人并不贵在前知,也不是在追求前知;祸福之来,圣人自己也免不了。圣人只是能觉察那几微的变化,遇到变化能够通达而已。良知没有前后,只要知道那几微的前兆,便是一了百了。如果有个想要事先知道的心,想要趋利避害,那就是私心。邵雍研究术数之学,老是想预测吉凶,想要前知,这就是趋利避害的心还没有除尽。"

至诚之道,没有利害,只有义理。所以我心光明,意志坚定。因为心如明镜,所以物来心照;能通晓几微,于是可以前知。如果存了一个想要前知的心,想要趋利避害,自己的心就先浑浊了。那祸福之来,圣人都躲不掉,你哪里躲得掉呢?

所以,之所以可以前知,是因为不可前知,也没想要前知,那良知自己就前知了。**前知是结果,它自己来的,不是我要的。想要前知,就失去了良知,就不能前知了。**

世界在我心中,我心中有爱,则全世界充满爱

原文

先生曰:"无知无不知,本体原是如此。譬如日未尝有心照物,而自无物不照。无照无不照,原是日的本体。良知本无知,今却要有知;本无不知,今却疑有不知。只是信不及耳。"

华杉详解

王阳明说:"良知的本体,本来就是无所知而无所不知。比如那太阳,它也未尝有心去照耀万物,而自然无物不照,这就是太阳的本体。良知本来无知,你却要它有知;良知本来无所不知,你却怀疑它是不是不知。这都是对自己的良知不够自信罢了。"

原文

先生曰:"'惟天下至圣,为能聪明睿知',旧看何等玄妙,今看来原是人人自有的。耳原是聪,目原是明,心思原是睿知。圣人只是一能之尔,能处正是良知。众人不能,只是个不致知。何等明白简易!"

华杉详解

王阳明说:"《中庸》讲:'惟天下至圣,为能聪明睿知。'以前看这句话,觉得何等玄妙!今天看来,这聪明睿智,本是人人都有的。耳自然就聪,目自然就明,心思本来就睿智。圣人只是惟精惟一,耳目心思,都是一个本体,就能做到聪明睿智。这能的地方,就是良知。众人不能,是因为自己有所蒙蔽,不能致良知。这道理是何等简易啊!"

原文

问:"孔子所谓'远虑',周公'夜以继日',与'将迎'不同。何如?"

先生曰:"'远虑'不是茫茫荡荡去思虑,只是要存这天理。天理在人心,亘古亘今,无有终始。天理即是良知,千思万虑,只是要致良知。良知愈思愈精明,若不精思,漫然随事应去,良知便粗了。若只着在事上茫茫荡荡去思,教做远虑,便不免有毁誉、得丧、人欲搀入其中,就是'将迎'了。周公终夜以思,只是'戒慎不睹,恐惧不闻'的功夫。见得时,其气象与'将迎'自别。"

华杉详解

有同学问:"孔子说的'人无远虑,必有近忧',周公考虑问题,夜以继日,这和'将迎意必'不同。为什么呢?是不是也夹杂了趋利避害的私意呢?"

王阳明回答说:"孔子说的远虑,不是茫茫荡荡地去思虑,只是要存这天理。天理在人心,从古到今,无始无终。天理就是良知,千思万虑,只是致良知。良知越思考就越精细明白。如果不认真思考,漫不经心、随事而应,那良知就粗糙了。如果不在良知上思考,只在那事情会怎样发展上去茫茫荡荡地想,那就不免有毁誉、得丧、人欲掺入其中,就是将迎了。周公彻夜思考,也只是思考'戒慎不睹,恐惧不闻'的功夫。明白这一点,就能明白周公的境界和'将迎意必'的不同了。"

王阳明这一点说透了。我们经常就一件事情想来想去,焦虑抑郁,或者跟朋友讨论,把别人都说烦了。背后思虑的是什么呢?都是自己的毁誉、得失,而不是良知天理。若只在良知上想,自然我心光明,精细明白。

原文

问:"'一日克己复礼,天下归仁',朱子作效验说,如何?"

先生曰:"圣贤只是为己之学,重功夫不重效验。仁者以万物为一体,不能一体,只是己私未忘。全得仁体,则天下皆归于吾仁,就是'八荒皆在我闼'意。天下皆与其仁,亦在其中。如'在邦无怨,在家无怨',亦只是自家不怨,如'不怨天,不尤人'之意。然家邦无怨,于我亦在其中,但所重不在此。"

华杉详解

有同学问:"《论语》里孔子说:'一日克己复礼,天下归仁。'朱熹注解说,仁,是本心之全德;克,是胜;己,是己身之私欲;复,是反,回到;礼,是天理之节文。'一日克己复礼,则天下之人皆与其仁,极言其效之甚速而至大也。'哪一天能克己复礼,全天下的人就都与我一起归于仁德,其效验如此快速、如此高强。老师不是讲用功不要求效验吗?朱子怎么又讲效验呢？"

王阳明回答说："所谓'古之学者为己，今之学者为人'。圣人为学，是为自己学，不是为别人学，只问耕耘，不问结果，只管下功夫，不管什么时候出效果。仁者与万物一体，如果不能一体，那就是功夫还不到位，自己的私意还没有完全排除。等功夫下到位了，全无私意，全是良知，则'天下归仁'。天下归仁，不是天下人都和我一起归于仁，不是这样理解。是说仁在我的心中，我如果能做到了克己复礼，则天下尽归入我仁心之中。就是吕大临在《克己铭》中说的'四海八荒全在我心'的意思。天下都归于我的仁心，仁也在其中了。又比如《论语》中讲'在邦无怨，在家无怨'，也只是在自己家没有什么好怨的，就如同'不怨天，不尤人'的意思。对家对国都没有什么怨言，我自然也在其中，只是重点不在对自己的效验。"

"天下归仁"，钱穆说："人心之仁，温然爱人，恪然敬人。礼则主于恭敬辞让。心存恭敬，就不会对人傲慢。心存辞让，就不会伤害他人。那天下之大，无不尽归于我心之仁也。"

世界在我心中，我心中有仁，则满世界都是仁；我心中有爱，则全世界充满爱。就像后来王阳明说的，走到大街上，看见满大街走的都是圣人！因为自己有一颗圣人的仁心。

所以，为仁由己，而由人乎哉？为仁，全在自己，跟别人没关系。不要说社会怎么礼崩乐坏，首先你自己要去爱她！

原文

问："孟子'巧、力、圣、智'之说，朱子云'三子力有余而巧不足'，何如？"

先生曰："三子固有力，亦有巧。巧、力实非两事。巧亦只在用力处，力而不巧，亦是徒力。三子譬如射：一能步箭，一能马箭，一能远箭。他射得到俱谓之力，中处俱可谓之巧。但步不能马，马不能远，各有所长，便是才力分限有不同处。孔子则三者皆长。然孔子之和，只到得柳下惠而极；清，只到得伯夷而极；任，只到得伊尹而极，何曾加得些子？若谓'三子力有余而巧不足'，则其力反过孔子了。巧、力只是发明圣、知之义，若识得圣、知本体是何物，便自了然。"

华杉详解

这是问《孟子·万章下》。孟子评论四大圣人，说伯夷是圣之清者，伊尹是圣之任者，柳下惠是圣之和者，孔子是圣之时者。

伯夷之清介，眼睛里容不下沙子。跟人说话，人家帽子没戴正，他都看不惯，最后也因为看不惯周武王以臣伐君，不食周粟，饿死在首阳山。伯夷之清，要的是绝对正义，差一点他都不参与。

柳下惠，就是坐怀不乱的那个柳下惠，也是圣人。他和伯夷相反，他是圣之和者。给他官，他就做，曾经因为得罪权贵，被连降三级，他照样打马上任。他妻子都看不下去，说："人家这么羞辱你，你还不辞官回家，还给他们干？"柳下惠说："老百姓苦啊。我不去，别人去做官，他们更苦。我能帮助多少人就帮助多少人吧！"这样一来，他的名气大了，其他国家也来请他，他一概拒绝，说："我这样做官，他们请我去，最后我一样得罪他们，一样要被降被贬。既然都是被贬，何必离开父母之邦？"

伊尹是圣之任者，以天下为己任，非要干不可。他是商汤的开国功臣，又在商汤之后辅佐了商朝三代国君。在辅佐太甲的时候，太甲荒淫无道，换了别人，死谏而已，他能兵谏，把太甲抓起来，软禁在商汤墓旁，让他悔过三年，改好了，再回来做天子。太甲还真被改好了，后来成为一代明君。

孔子是圣之时者，无可无不可，"可以速而速，可以久而久，可以处而处，可以仕而仕"，用之则行，舍之则藏，不会像伯夷、柳下惠、伊尹那么极端。

孟子就推崇孔子，他说：

"孔子之谓集大成。集大成也者，金声而玉振之也。金声也者，始条理也；玉振之也者，终条理也。始条理者，智之事也；终条理者，圣之事也。智譬则巧也，圣譬则力也。由射于百步之外，其至，尔力也；其中，非尔力也。"

集大成，是指奏乐。一音独奏一遍叫一成，八音合奏一遍叫大成。金，是钟。声，是引起的意思。玉，是磬。

孔子是集大成者，集大成的意思，比如奏乐，以敲镈钟开始，以击特磬结束，有始有终。镈钟，是节奏条理的开始；特磬，是节奏条理的结束。条理的开始在于智，条理的结束在于圣。智好比技巧，圣好比力气。犹如在百步之外射箭，能射到，是你的力量；能射中，却不是靠力量。

这位同学问的巧、力、圣、智，就是关于这一段。朱熹注解说："三子则力有余而巧不足，是以一节至于圣，而智不足以及乎时中也。"伯夷、柳下惠、伊尹三人，都是力有余而巧不足，能在一个方面突出，达到圣人的程度，而智慧却不足以把握不偏不倚、无过不及的中庸之道。

王阳明解释说：

"伯夷、柳下惠、伊尹三人，当然都有力，也有巧。巧和力并非两回事，巧也体现在用力处。有力而不巧，那是蛮力。这三位就好比射箭，一个能步走射箭，一个能骑马射箭，一个能很远射箭。他射得到叫作力，射得中叫作巧。但是，能步走射箭的，不能骑马射箭；能骑马射箭的，不能很远射箭——都是各有所长，才力的局限不同。孔子则兼有三者之长。但是，孔子的和，不能超过柳下惠；清，不能超过伯夷；任，不能超过伊尹，何尝在三者的限度上再加了一些呢？如果说三者力有余而巧不足，那岂不是说三者的力反而超过孔子了？'智譬则巧也，圣譬则力也。'巧和力，只是拿来打比方，说明圣和智，不是比谁力大，谁力小。如果你能够知道圣、智的本体是什么，便自然了然于心了。"

"始条理者，智之事也；终条理者，圣之事也。智譬则巧也，圣譬则力也。"知道怎么做，是智、是巧；做到什么程度，是圣、是力。力，不是有多大力，是用多大力，不要力不够，也不要用力过猛，要恰到好处，发而中节，无过不及。

所以三子属于用力过猛，不是力比孔子大。

原文

先生曰："'先天而天弗违'，天即良知也；'后天而奉天时'，良知即天也。"

华杉详解

"先天而天弗违,后天而奉天时"出自《周易·乾·文言》:"先天而天弗违,后天而奉天时,天且弗违,而况于人乎,况于鬼神乎。"意为:先于天时而天不违背人意,后于天则人尊奉天时。前者是说,兴人事得天相合。庄氏注:"若在天时之先行事,天乃在后不违,是天合大人也。若在天时之后行事,能奉顺上天,是大人合天也。"

王阳明说:"所以天就是良知,良知就是天。"

原文

"良知只是个是非之心,是非只是个好恶。只好恶就尽了是非,只是非就尽了万事万变。"

又曰:"是非两字是个大规矩,巧处则存乎其人。"

华杉详解

王阳明说:"良知只是个是非心。是非只是好恶,如好好色,如恶恶臭,只一个好恶,就穷尽了是非的道理,只一个是非之心,就穷尽了万事万物的变化。"又说:"是非两个字是大规矩,做到什么程度则还在人。"

天下万事,不管是人际关系、国内政治,还是国际局势,都是黑白分明,清楚得很。说"没有对错",那都是各有利益立场,各有私心私利。若能致良知,则一切了然。孟子"四端论":"恻隐之心,仁之端也;羞恶之心,义之端也;辞让之心,礼之端也;是非之心,智之端也。"智譬则巧也,该怎么做,就以这恻隐之心去做,以羞恶之心去做,以辞让之心去做,以是非之心去做。不问毁誉得失,只凭着大是大非去行。做到什么程度呢?圣譬则力也,各人自己把握。

天理、人欲的分界处

原文

"圣人之知，如青天之日，贤人如浮云天日，愚人如阴霾天日。虽有昏明不同，其能辨黑白则一。虽昏黑夜里，亦影影见得黑白，就是日之余光未尽处。困学功夫，亦只从这点明处精察去耳。"

华杉详解

王阳明说："圣人的良知，就好像晴天的太阳；贤人的良知，好像多云天气的太阳；愚人的良知，好比阴霾天的太阳。虽然有昏暗明亮的区别，但是都能辨别黑白，这一点是一样的。这是因为太阳的余光没有完全消失。困知勉行、学知利行的功夫，就是从这一点去精确体察而已。"

原文

问："知譬日，欲譬云。云虽能蔽日，亦是天之一气合有的，欲亦莫非人心合有否？"

先生曰："喜、怒、哀、惧、爱、恶、欲，谓之七情。七者俱是人心合有的，但要认得良知明白。比如日光，亦不可指着方所，一隙通明，皆是日光所在。虽云雾四塞，太虚中色象可辨，亦是日光不灭处。不可以云能蔽日，教天不要生云。七情顺其自然之流行，皆是良知之用，不可分别善恶，但不可有所着。七情有着，俱谓之欲，俱为良知之蔽。然才有着时，良知亦自会觉；觉即蔽去，复其体矣。此处能勘得破，方是简易透彻功夫。"

华杉详解

有同学问："良知就好比太阳，私欲就好比乌云。乌云虽然能遮蔽太阳，但这乌云也是天地之间的气所本该有的，那私欲也是人本该有的吗？"

王阳明回答说："喜、怒、哀、惧、爱、恶、欲，这叫七情。七情都是人心应该有的，但是必须把良知体认明白。比如阳光，也不能局限在一个地方。只要有一个缝隙，有一丝光亮，都是阳光所在之处。虽然云能蔽日，但你不能叫天不要生云。七情顺其自然流行，都是良知的作用发生，你不能把这七情分别出哪些是善的、哪些是恶的，只是不可有所执着。执着在某一点上，这就是欲了，这都是良知的遮蔽。有所执着，良知自然会觉察，觉察后便要去掉蒙蔽，恢复本体。对于这个问题看得明白，才是简易透彻的功夫。"

吃一堑，长一德

原文

问："圣人'生知安行'是自然的，如何？有甚功夫？"

先生曰："'知行'二字即是功夫，但有浅深难易之殊耳。良知原是精精明明的，如欲孝亲，'生知安行'的只是依此良知落实尽孝而已；'学知利行'者只是时时省觉，务要依此良知尽孝而已；至于'困知勉行'者，蔽锢已深，虽要依此良知去孝，又为私欲所阻，是以不能，必须加人一己百、人十己千之功，方能依此良知以尽其孝。圣人虽是'生知安行'，然其心不敢自是，肯做'困知勉行'的功夫。'困知勉行'的，却要思量做'生知安行'的事，怎生成得？"

华杉详解

问："圣人生知安行是自然而然的，这话对吗？有什么功夫吗？"

王阳明说："知、行两个字，就是功夫，一个是良知，一个是笃行，但是有浅深难易的区别。良知原本是精察明白的，比如要孝敬父母，生知安行的人，只是依此良知，去笃行落实尽孝而已，这是自然而然的；学知利行的人，就要时刻省察醒觉，努力按照良知去尽孝；至于困知勉行者，因为良知受到蒙蔽禁锢已经很深了，周围的环境给他的惩戒也很痛彻了，他必须依此良知去尽孝了，但是为私欲所阻，又做不到，必须是以别人十倍百倍的功夫，才能依此良知去尽孝。圣人虽然是生知安行，但是他的内心却不敢自以为是，愿意下困知勉行的功夫。那困知勉行的人，却老是惦记着自己怎么能进入生知安行的境界，怎么可能呢？"

王阳明这一段，把生知安行和困知勉行说透了。之前我说过，我们都是困知勉行的人，总是吃一堑长一德吧。这里听王阳明讲来，那舜也是困知勉行的人了。他的父母、兄弟都想杀他，他这"困"是够大了。而他从来没有以生知安行为是，都是困知勉行去努力，最后感化了一家人。

吃一堑，长一德。**要认识到自己缺德。认为自己缺德，才会进德。别老惦记着自己缺钱，那就越来越缺德。**

原文

问："乐是心之本体，不知遇大故，于哀哭时，此乐还在否？"

先生曰："须是大哭一番了方乐，不哭便不乐矣。虽哭，此心安处即是乐也，本体未尝有动。"

华杉详解

问："快乐是心的本体，不知道遇到父母去世，在哀哭的时候，这快乐还在不在呢？"

王阳明说："必须是大哭一番之后才能快乐，不哭便无法快乐。虽然在哭，但心的本体并没有变，还是快乐的。"

原文

问："良知一而已，文王作《彖》，周公系《爻》，孔子赞《易》，何以各自看理不同？"

先生曰："圣人何能拘得死格？大要出于良知同，便各为说，何害？且如一园竹，只要同此枝节，便是大同；若拘定枝枝节节，都要高下大小一样，便非造化妙手矣。汝辈只要去培养良知，良知同，更不妨有异处。汝辈若不肯用功，连笋也不曾抽得，何处去论枝节？"

华杉详解

问:"良知只是一个,但是文王作《卦辞》,周公作《爻辞》,孔子写《十翼》,为什么他们对《易》理的看法如此不同呢?"

王阳明说:"圣人怎么会拘泥于教条呢?只要大体上是出于相同的良知,就是各为其说,又有什么害处?就像一个园里的竹子,只要长着竹子的枝节,就是大同。如果规定枝枝节节、长短大小都要一样,那就不是造化的神妙了。你们只要去培养自己的良知,良知相同,就不妨各自表述。如果不肯用功,就好比种竹子,连竹笋都发不出,还讨论什么枝节?"

原文

乡人有父子讼狱,请诉于先生。侍者欲阻之,先生听之。言不终辞,其父子相抱恸哭而去。

柴鸣治入问曰:"先生何言,致伊感悔之速?"

先生曰:"我言舜是世间大不孝的子,瞽瞍是世间大慈的父。"

鸣治愕然,请问。

先生曰:"舜常自以为大不孝,所以能孝;瞽瞍常自以为大慈,所以不能慈。瞽瞍只记得舜是我提孩长的,今何不曾豫悦我?不知自心已为后妻所移了,尚谓自家能慈,所以愈不能慈。舜只思父提孩我时如何爱我,今日不爱,只是我不能尽孝,日思所以不能尽孝处,所以愈能孝。及至瞽瞍底豫时,又不过复得此心原慈的本体。所以后世称舜是个古今大孝的子,瞽瞍亦做成个慈父。"

华杉详解

乡里有父子二人打官司,请王阳明裁断。先生的侍从意欲阻止,王阳明却让他们进来说话。话还没说完,父子二人就抱头痛哭而去。

弟子柴鸣治看见了,问:"老师,您跟他们说了什么呀?怎么这么快就让他们感化、悔悟了?"

王阳明说:"我说舜是世间大不孝之子,瞽瞍是世间大慈之父。"

柴鸣治惊了，老师怎么说反话？

王阳明说："舜总是觉得自己大不孝，所以能孝；瞽瞍常自以为是大慈，所以不能慈。瞽瞍记得这孩子是自己一把屎一把尿养大的，以前多可爱，现在怎么总是惹自己不高兴！却不知道自己的心被后妻改变了。这就是越自以为慈爱，越不能慈爱。舜呢，舜自认为自己是大不孝的人。他的父母、兄弟都想杀他，他心里就想：'小时候父亲多爱我啊，现在居然发展到要杀我，那一定是我大不孝，惹恼了父亲；我的弟弟想杀我，那我这个哥哥是怎么当的呢？怎么没教好弟弟呢？这又是一大不孝了；继母也想杀我，那也是我没能孝敬好她、讨得她的欢心。'总之一切都是自己的不孝。越觉得自己不孝，越是努力去孝，最终感化了一家人。

"等到瞽瞍高兴的时候，他不过是恢复了自己慈爱的本体。所以后世称舜是古往今来第一大孝子，瞽瞍也成了慈爱的父亲。"

我们心中本来就有天赋准则

原文

先生曰："孔子有鄙夫来问，未尝先有知识以应之，其心只空空而已。但叩他自知的是非两端，与之一剖决，鄙夫之心便已了然。鄙夫自知的是非，便是他本来天则，虽圣人聪明，如何可与增减得一毫？他只不能自信，夫子与之一剖决，便已竭尽无余了。若夫子与鄙夫言时，留得些子知识在，便是不能竭他的良知，道体即有二了。"

华杉详解

《论语》里孔子说："吾有知乎哉？无知也。有鄙夫问于我，空空如也。我叩其两端而竭焉。"

孔子应问无穷，不管来人请教他啥，他都能给对方启示。所以大家都赞叹老师真是太博学了，无所不知啊！

孔子回应说："吾有知乎哉？无知也。"我都知道吗？我实在也是无知啊！

"有鄙夫问于我，空空如也。"谁"空空如也"？问的人问得空空如也，孔子心里也是空空如也。那问的人没把问题问清楚，孔子当然也不知道他问的是啥。

"我叩其两端而竭焉。"我就从他所疑的两端反过来问他，一步一步问到穷竭处，则答案自现。

王阳明说："有农夫来向孔子请教，孔子并非有知识事先准备好了来回答他，心中也是空空如也。只是孔子根据农夫自己知道的是非两端，帮他分析，那农夫自己就弄明白了。那农夫自己明白的是非，就是他内心本来就有的天赋准则，即便如圣人那么聪明，又如何能增减得一毫？他只是不能自信，孔子帮他一分析，是非曲直就一览无余了。如果孔子和农夫谈话的时候，自己先有了知识，那反而不能竭尽农夫的良知，不能让农夫找到自己的本体和道的全体，而是两个人各自的思想在打架，道体就有二了。"

王阳明说"本来天则"，人人与生俱来这一点，东西方思想都一样。就像但丁《神曲》里的诗句："哦，尘世的动物！哦，愚钝的心灵！那意志本身就是善心，它永远不会离开作为至善的它自身。只要与它相符，就是正义；任何被创造出来的善，都不能把它吸引到自己身边，而是它在普照万物的同时，造成善。"

原文

先生曰："'烝烝乂，不格奸'，本注说象已进进于义，不至大为奸恶。舜征庸后，象犹日以杀舜为事，何大奸恶如之！舜只是自进于义，以义熏烝，不去正他奸恶。凡文过掩慝，此是恶人常态，若要指摘他是非，反去激他恶性。舜初时致得象要杀己，亦是要象好的心太急，此就是舜之过处。经过来，乃知功夫只在自己，不去责人，所以致得'克谐'。此是舜'动心忍性，增益不能'处。古人言语，俱是自家经历过来，所以说得亲切，遗之后世，曲当人情。若非自家经过，如何得他许多苦心处？"

华杉详解

《尚书·尧典》中记载，四岳（相传为唐尧四大臣：羲仲、羲叔、和仲、和叔）向尧推荐舜说："瞽子，父顽，母嚚，象傲，克谐以孝，烝烝乂，不格奸。"他是瞽瞍的儿子，父亲心术不正，母亲愚蠢而顽固，弟弟象傲慢而不友好；但他能和谐地与他们相处，用孝行感化他们。烝烝乂的"乂"，就是"义"。烝烝，一般解作厚美；或同"增"，是增进、发扬。只增进、发扬自己的仁义，不去格奸，不去指出、格正父母兄弟的奸恶。王阳明在这里把"烝"解作蒸、熏蒸。

王阳明说："'烝烝乂，不格奸'，原书的注解说象已经进步，接近于义，不至于做出大奸大恶的事。但舜娶了尧的两个女儿、被征召做官之后，象还成天想着杀了哥哥，霸占两个嫂子，还有比这更加大奸大恶的吗？舜只是自己发扬义，用义来熏蒸象，感化他，而不去指出、格正他的奸恶。凡事文过饰非，掩饰自己的奸恶，这是恶人的常态；如果你要去指责他的是非，反而适得其反，激起他更大的恶性，他更要害你，来证明他的正确和正义。舜开始时激得象要杀他，就是希望象变好的心太急，这就是舜的过失。经过了这番适得其反的过程，舜才体会到行有不得，反求诸己，只能在自己身上下功夫，不管对方多么不对，你怪他是没有用的。所以舜才能'克谐'，克制自己，和象和谐相处。这就是孟子说的：'故天将降大任于是人也，必先苦其心志，劳其筋骨，饿其体肤，空乏其身，行拂乱其所为，所以动心忍性，增益其所不能。'所以当上天要把君相之大任交给一个人的时候，一定先将他置于困境，内则苦其心志，让他不得舒展；外则劳其筋骨，饿其体肤，穷乏其身，使其不得安养；见有行事，总不让他如意，来震动他的心志、坚韧他的性情、增加他的能力。

"古人的话，都是从自己的经历中体验得来，所以说得亲切；传到后世，经过变通，仍能适用于人情事变。如果不是自己亲身经历过，怎能体会到圣人的苦心呢？"

王阳明这段话很重要。**当你觉得你的朋友、兄弟对你不好，你不要去指责他，指责会把他推向更坏的程度，也会激出你自己的坏来。你要一如既往地做他的好朋友、好兄弟，仍然以朋友、兄弟的爱待之，他自然会转变过来，因为他的心中，也有"本来天则"。**

大人物一生的事迹，都在他的音乐里

原文

先生曰："古乐不作久矣。今之戏子，尚与古乐意思相近。"

未达，请问。

先生曰："《韶》之九成，便是舜的一本戏子；《武》之九变，便是武王的一本戏子。圣人一生实事，俱播在乐中。所以有德者闻之，便知他尽善尽美与尽美未尽善处。若后世作乐，只是做些词调，于民俗风化绝无关涉，何以化民善俗？今要民俗反朴还淳，取今之戏子，将妖淫词调俱去了，只取忠臣孝子故事，使愚俗百姓人人易晓，无意中感激他良知起来，却于风化有益，然后古乐渐次可复矣。"

曰："洪要求元声不可得，恐于古乐亦难复。"

先生曰："你说元声在何处求？"

对曰："古人制管候气，恐是求元声之法。"

先生曰："若要去葭灰、黍粒中求元声，却如水底捞月，如何可得？元声只在你心上求。"

曰："心如何求？"

先生曰："古人为治，先养得人心和平，然后作乐。比如在此歌诗，你的心气和平，听者自然悦怿兴起，只此便是元声之始。《书》云'诗言志'，志便是乐的本；'歌永言'，歌便是作乐的本；'声依永，律和声'，律只要和声，和声便是制律的本。何尝求之于外？"

曰："古人制候气法，是意何取？"

先生曰："古人具中和之体以作乐。我的中和，原与天地之气相应，候天地之气，协凤凰之音，不过去验我的气果和否。此是成律已后事，非必待此以成律也。今要候灰管先须定至日，然至日子时恐又不准，又何处取得准来？"

华杉详解

王阳明说:"古乐不流行已经很久了。但是,今天的戏曲和古乐还是有些相近。"

钱德洪不明白,问为什么。

王阳明说:"《韶》是舜的音乐,《武》是周武王的音乐。圣人一生的事迹,都记录在这音乐中,所以有德者一听,就知道音乐是否尽善尽美。如果后世作乐,只是作些词调,和涵养民风民俗没有一点关系,那就不能用来教化风俗了。如今要民俗返朴还淳,就把现在的戏曲去掉淫辞滥调,保留那些忠臣孝子的故事,让普通老百姓容易懂得,无意中感动、激发他的良知,这就对风化有益,也能慢慢恢复古乐。"

王阳明这里说的,有德之人听了就知道乐曲是否尽善尽美,是指孔子。《论语》:

> 子谓《韶》,曰:"尽美矣,又尽善也。"谓《武》:"尽美矣,未尽善也。"

《韶》,是舜的乐。《武》,是周武王的乐。孔子评论音乐说,舜的音乐尽善尽美;周武王的乐,尽美,但是不能尽善。

美,是声容之盛,那音乐、舞蹈都太美了;善,是价值观,于声容之美,再到那人性至善的去处。

"尽美"是指歌,是艺术形式;"尽善"是指德,是思想价值。

为什么舜的音乐尽善尽美?周武王也是一代圣君,他却只能尽美,未能尽善呢?张居正注解说,舜的舞乐叫《大韶》,舜是生知安行的圣人,雍容揖逊而有天下,他心和气和,而天地也以和应之。他的舞乐,格神人,舞鸟兽,平和安详,其妙不可形容。周武王之乐叫《大武》,他虽然也是反身修德的圣人,救人民于水火,但他是征伐杀戮而得天下,其舞乐未免有赴汤蹈火的杀伐之气,所以说不能尽善。

舜的心境,前面说了,"烝烝乂,不格奸"。他的父母、兄弟都想害他,但他对他们没有任何恨,只有博大的爱。他只是增厚自己的仁德,不去说别人的不是,所以他的音乐中正平和,尽善尽美。武王的乐曲,目的就是要声讨纣王之十恶不赦，要激起仇恨。那这两首歌熏陶出来的国民感情和民风民俗就不一样了。**大人物一生的事迹，都在他的音乐里。**大唐盛世，李世民也有他的国乐，叫《秦王破阵乐》——不用说，跟《大武》一样，都是激越澎湃的。

  钱德洪问："我想找到元声却找不到，古乐恐怕很难恢复吧？"
  钱德洪的意思，找不到古乐的音准，怎么恢复呢？
  王阳明问："那你说这元声，到哪里去找呢？"
  钱德洪说："古人制管候气，这大概是寻找元声的方法吧？"

  前文说过，律管是用竹管或金属管制成的定音器具，也用来测候季节变化。因为土壤中的温度在不同的季节有不同的变化，"以管候气"便利用了这一现象——律管实际是一种"地温表"。这种通过地温变化来判断节气的做法，与现代通过气温来判断季节轮换的方法不同，但得到的结果却是一致的，这充分显示出古人的智慧。
  温度和湿度不同，律管的热胀冷缩、干湿不同，声音也有差别，以律管测节气，也可以从声音的细微差别来判断。一根律管，什么温度和湿度下的声音是音准，也有差别。所以这个难度很高。
  王阳明说："如果在草灰稻谷中去找元声，就像水底捞月一样，恐怕找不到。元声只能在你心上求。"
  问："心上怎么求呢？"
  "古人治天下，先将人心存养得心平气和，然后作乐。比如在吟咏诗歌时你心气平和，听的人自然愉悦兴起，这就是元声的发端。《尚书》说：'诗言志'，志就是乐的本；'歌咏言'，歌就是作乐的本；'声依永，律和声'，音律只要声音和谐，和谐的声音就是制定音律的本，何尝需要求之于外？"
  问："那古人制管候气之法是否可取呢？"
  王阳明回答说："古人具备中正平和的心体才能作曲。我心中的中和，本来与天地之气相应，候天地之气，协凤凰之音，不过是去验证我的气是否真的平和。这是制定了音律之后的事，不是根据这个来制定音律。如果要候着那灰管，等到那天敲出来的声音才是音准，首先必须确定冬至日。但是到了那天，到了冬至的子时，敲出来的声音怕也不一定准，因为不是每年冬至子时的温度、湿度都完全一样,所以敲出来的声音也不完全一样,那到哪里去找音准呢?"

学问之道,善与人同

原文

先生曰:"学问也要点化,但不如自家解化者,自一了百当。不然,亦点化许多不得。"

华杉详解

王阳明说:"学问也需要别人点化,但是不如自家领悟得来那么一通百通。如果自己不能领悟,别人也点化不了那么多。"

原文

"孔子气魄极大,凡帝王事业无不一一理会,也只从那心上来。譬如大树有多少枝叶,也只是根本上用得培养功夫,故自然能如此,非是从枝叶上用功做得根本也。学者学孔子,不在心上用功,汲汲然去学那气魄,却倒做了。"

华杉详解

王阳明说:"孔子气魄极大,但凡帝王的事业,他都一一研究过。不过这些学习研究,都是从他的本心得来,就像一棵大树,不管有多少枝叶,也只是在根本上下培养功夫,自然而然枝繁叶茂。如果只是在枝叶上下功夫,是成不了大树的。现在的学者学习孔子,不在自己本心上用功,却时刻想着去学习孔子的气魄,这是把功夫颠倒了。"

原文

"人有过,多于过上用功,就是补甑,其流必归于文过。"

华杉详解

王阳明说："人有过错，如果就盯着在自己的过错上用功，那就像修补打碎的瓦罐，时间长了必然会生出文过饰非的毛病。"

过错不是心的本体，是心有所偏倚；所以，改过不要执着在偏倚处用功，而是要回到本体上来，自然就没有过错了。本心是根本，过错是枝叶。本心偏倚了，才会长出过错的枝叶。所以功夫始终要下在本心上。

原文

"今人于吃饭时，虽无一事在前，其心常役役不宁。只缘此心忙惯了，所以收摄不住。"

华杉详解

王阳明说："现在有的人，吃饭的时候虽然没有其他事情要做，心中也不能宁静。这是因为他忙惯了，所以收摄不住。"

如今的人也一样，一顿饭独自吃都受不了，一定要找别人一起吃，"聊聊看有什么机会"，或者"加深朋友感情"。如果静下来什么也不做，他就恐慌，所以一颗心永远收摄不住。

原文

"琴瑟简编，学者不可无。盖有业以居之，心就不放。"

华杉详解

王阳明说："琴瑟与书籍，学者不可没有。因为有了这些事情来安定自己，心就不会放失了。"

对王阳明这句话，我的体会是，圣贤书就像一条路，你顺着这前人修好的路走，就不会跑偏。或者说像一个锚，锚定了，船就不会乱漂，不会放失。音乐呢，陶冶情操。书籍定志，音乐定情，这样情志就都不会放失了。

原文

先生叹曰:"世间知学的人,只有这些病痛打不破,就不是'善与人同'。"

崇一曰:"这病痛只是个好高不能忘己尔。"

华杉详解

王阳明叹息说:"世间懂得学问的人,只要这些毛病改不掉,就不是善与人同。"

欧阳崇一说:"这毛病只是要显得自己高明,不能放下自我罢了。"

善与人同,就是舍己从人,与人为善。孟子说:"取诸人以为善,是与人为善者也。故君子莫大乎与人为善。"真理只有一个,善为天下公,不是舜的、不是孔子的、不是孟子的,不是你的、不是我的,不管是谁认识到了,都是一样的,是同一个天理。但是很多人不愿意说什么东西是跟别人学的,一定要变成"自己的东西",显出自己的高明——这就是不能舍己从人,不能与人为善,不能善与人同。

更糟糕的是,有人为了哗众取宠,硬说前人的理论"过时"了,搞出一套新的来,去欺世盗名。王阳明说:"其说本已完备,非要另立一说以胜之。"这是有胜心,学问一有胜心,就失了心的本体,也失了学问的本体,不能善与人同。

学问之道,善与人同。为什么呢?古之学者为己,今之学者为人。跟前人一样,那是学到自己身上了。自成一家之言,那是为了博取别人的喝彩。

原文

问:"良知原是中和的,如何却有过、不及?"

先生曰:"知得过、不及处,就是中和。"

华杉详解

问:"良知本来是中正平和的,为什么却有过与不及的情况?"

答:"知道自己在哪里过了、在哪里不及,就是中正平和。"

不给别人添麻烦

原文

"'所恶于上'是良知,'毋以使下'即是致知。"

华杉详解

这是讲《大学》里的絜矩之道:

> 所谓平天下在治其国者,上老老而民兴孝,上长长而民兴弟,上恤孤而民不倍,是以君子有絜矩之道也。所恶于上,毋以使下;所恶于下,毋以事上;所恶于前,毋以先后;所恶于后,毋以从前;所恶于右,毋以交于左;所恶于左,毋以交于右;此之谓絜矩之道。

"絜矩之道",絜是度量,矩是尺子;絜矩之道,就是规范、示范,就是你要别人怎么做,你先怎么做。所以在上位的人孝敬老人,民间就会兴孝道。在上位的人尊敬兄长,民间就会兴悌道。在上位的人抚恤孤儿,人民就不会背叛。

第二层意思,你希望他人怎么对你,你就怎么对人。你不希望别人怎么对你,你就不要这样对人。这里的"你"和"人",不是相互关系,是你希望A怎么对你,你就怎么对B。

所以,你不希望上级怎么对你,你就不要那样对你的下级。

你不希望下级怎么对你,你就不要那样对你的上级。

你不希望在你前面的人给你留下什么麻烦,你就不要给后面的人添麻烦。

你不希望在你后面的人给你使什么手脚,你就不要给前面的人使手脚。

你不希望右边给你的,你不要给左边;你不希望左边给你的,你不要给右边。

这就是絜矩之道。

这里我们学到一个非常重要的道理,人与人之间的关系不是"相互的",不是一一对应的,不是"你怎么对我,我就怎么对你",不是"我希望你怎么对我，我就怎么对你"，而是"我希望别人怎么对我，我就怎么对你"。我怎么对你，和我有关，和你无关，因为絜矩之道，是示范给所有人。

所谓"你不仁，莫怪我不义"，那就是不义，必然在其他地方还要收到不义之报。你不仁，是你的事；我对你仁义，是我的良知。我对所有人都仁义，和你怎么对我没关系。

这就是絜矩之道了。

王阳明说："'所恶于上'是良知，'毋以使下'就是致良知。"你的良知知道自己不希望上级怎么对待你；致良知就是不要这么对待你下面的人。

今天我们最需要修的一个社会公德，就是不给别人添麻烦。比如不要乱扔垃圾，尽量少扔垃圾，就是不给环卫工人添麻烦。在日本，整个东京的大街小巷都没有一个垃圾桶，这就是因为人人都不给别人添麻烦，喝掉的水瓶都自己带回家扔。我在网上看到过一个视频，一位老人在火车上嗑瓜子，瓜子壳乱扔。列车员来收拾，说了他两句。可他却认为这本来就是列车员的工作，还故意把瓜子壳到处乱撒。这就是"所恶于上"太多，反而向下报复了。

原文

先生曰："苏秦、张仪之智，也是圣人之资。后世事业文章，许多豪杰名家，只是学得仪、秦故智。仪、秦学术善揣摸人情，无一些不中人肯綮，故其说不能穷。仪、秦亦是窥见得良知妙用处，但用之于不善尔。"

华杉详解

肯綮，意为筋骨结合的地方，比喻要害处或关节处。

王阳明说："苏秦、张仪的智慧，也具备了圣人的资质。后世很多豪杰名家，其事业文章，也只是学到了苏秦、张仪的皮毛。苏秦、张仪擅长揣摩人情，没有一点不切中要害的，所以他们游说天下，合纵连横，计策无穷无尽。苏秦、张仪都窥见了良知的妙用，但是他们都没有用在正道上。"

良知良能，无所不知，无所不能，取之不尽，用之不竭。

思想最高处，只有体会，没有词汇

原文

或问"未发""已发"。

先生曰："只缘后儒将'未发''已发'分说了，只得劈头说个无'未发''已发'，使人自思得之。若说有个'已发''未发'，听者依旧落在后儒见解。若真见得无'未发''已发'，说个有'未发''已发'，原不妨，原有个'未发''已发'在。"

问曰："'未发'未尝不和，'已发'未尝不中。譬如钟声，未扣不可谓无，既扣不可谓有。毕竟有个扣与不扣，何如？"

先生曰："未扣时原是惊天动地，既扣时也只是寂天寞地。"

华杉详解

问"喜怒哀乐之未发谓之中，发而皆中节谓之和"的"未发"和"已发"。

王阳明回答说："只是因为后儒将'未发'和'已发'分开说了，好像'未发'和'已发'是两回事，所以我就劈头盖脸跟他们说没有什么'未发''已发'，让他自己去思考。如果我也分两截说，听者依旧落在后儒见解上。如果他真的懂得了'未发'和'已发'，那即便分两截说也没关系。"

问："就好像这钟声，没有敲钟的时候，你不能说这钟没有声音；敲钟的时候，你也不能说这钟有声音。但毕竟有敲和不敲的区别，对吗？"

"不敲时的钟声本是惊天动地的，敲时的钟声原本是寂寞无声的。"

"喜怒哀乐之未发谓之中，发而皆中节谓之和"。如果把"未发"和"已发"分开来理解，那就不是在自己的中和上下功夫，老是在"发"上面下功夫，每次都要抓住自己："我要发而中节啊！我要致中和啊！"那累死了，已经不中不和了。要在未发——不，**要在本体上下功夫**。未发本是和，已发也是中，这才是真正的中和。

原文

问:"古人论性,各有异同,何者乃为定论?"

先生曰:"性无定体,论亦无定体。有自本体上说者,有自发用上说者,有自源头上说者,有自流弊处说者。总而言之,只是这个性,但所见有浅深尔。若执定一边,便不是了。性之本体,原是无善无恶的,发用上也原是可以为善、可以为不善的,其流弊也原是一定善、一定恶的。譬如眼,有喜时的眼,有怒时的眼,直视就是看的眼,微视就是觑的眼。总而言之,只是这个眼。若见得怒时眼就说未尝有喜的眼,见得看时眼就说未尝有觑的眼,皆是执定,就知是错。孟子说性,直从源头上说来,亦是说个大概如此;荀子性恶之说,是从流弊上说来,也未可尽说他不是,只是见得未精耳。众人则失了心之本体。"

问:"孟子从源头上说性,要人用功在源头上明彻;荀子从流弊说性,功夫只在末流上救正,便费力了。"

先生曰:"然。"

华杉详解

问:"古人论性,各有异同,什么才是定论呢?"

王阳明回答说:"性没有定体,论也没有定论。有的从本体上说,有的从发用上说,有的从源头上说,有的从流弊上说。总而言之,只是一个性,只是见解有浅深罢了。如果执着于一家之言,就跑偏了。性的本体,本来无善无恶,在作用上可以为善的,也可以为不善的;性的流弊也是有一定的善,一定的恶。好比眼睛,有高兴时的眼睛,有愤怒时的眼睛,直视时是正面看的眼睛,偷看时是窥视的眼睛。总而言之,只是同一个眼睛。如果看到愤怒时的眼睛就说没有高兴时的眼睛,看到直视时的眼睛就说没有窥视时的眼睛,这就都是偏执,显然是错误的。孟子说性,都是从源头上说的,也只说个大概。荀子说性恶,是从流弊上说的,也不能认为他说的就一定不对,只是认识还不够精到而已。但一般人却失去了心的本体。"

问:"孟子从源头上说性,要人用功,从源头上就开始明白透彻;荀子从流弊上说性,所以在功夫上就舍本逐末,白费了许多力气。"

王阳明说:"是的。"

这一段,可以和上一段参照思考。未发和已发,要在源头,在本体上用功,如果在每次"发"的时候把握住,那也要费好多力气。

原文

先生曰:"用功到精处,愈着不得言语,说理愈难。若着意在精微上,全体功夫反蔽泥了。"

华杉详解

王阳明说:"用功越到精微之处,就越难用言语表达,说理也就越难。如果执意在精微之处把它说清楚,功夫的全体反而被遮蔽了。"

这是个语言学问题,语言是大众交流形成的。需要经常交流的事情,才会形成准确的词汇。思想到了最高的境界,因为曾经到达的人太少,一百年里没有几个,相互之间也碰不上,基本没有什么交流机会,所以就没有形成词汇。你这时候非要找个词、找句话给它一个定论,就反而迷失了。

思想最高处,只有体会,没有词汇。

原文

"杨慈湖不为无见,又着在无声无臭上见了。"

华杉详解

杨慈湖即杨简,字敬仲,宋代慈溪人。学者称慈湖先生。陆九渊弟子。

王阳明赞扬杨慈湖:"杨慈湖并非没有见解,他只是执着在无声无味中体认罢了。"

不要试图让所有人都喜欢你

原文

"人一日间,古今世界都经过一番,只是人不见耳。夜气清明时,无视无听,无思无作,淡然平怀,就是羲皇世界;平旦时,神清气朗,雍雍穆穆,就是尧舜世界;日中以前,礼仪交会,气象秩然,就是三代世界;日中以后,神气渐昏,往来杂扰,就是春秋战国世界;渐渐昏夜,万物寝息,景象寂寥,就是人消物尽世界。学者信得良知过,不为气所乱,便常做个羲皇以上人。"

华杉详解

王阳明对弟子们说:"人在一日之间,就能把古今世界都游历一番,只是人自己没有意识到罢了。夜气清明的时候,不听不看,不思不作,淡然平怀,就是伏羲的时代;清晨时,神清气爽,安定庄严,就是尧、舜世界;将近中午,人来人往,礼仪交会,秩序井然,这是夏、商、周三代世界;到了下午,昏昏扰扰,杂人往来,这是春秋、战国;渐渐黄昏,万物休息,景象寂寥,这是人和物都消失殆尽的时代。学者如果能相信良知、依靠良知,不为外气所乱,就能常做一个伏羲时代的人。"

原文

薛尚谦、邹谦之、马子莘、王汝止侍坐,因叹先生自征宁藩以来,天下谤议益众。请各言其故。有言先生功业势位日隆,天下忌之者日众;有言先生之学日明,故为宋儒争是非者亦日博;有言先生自南都以后,同志信从者日众,而四方排阻者日益力。

先生曰:"诸君之言,信皆有之。但吾一段自知处,诸君俱未道及耳。"

诸友请问。

先生曰:"我在南都以前,尚有些子乡愿的意思在。我今信得这良知真是真非,信手行去,更不着些覆藏。我今才做得个狂者的胸次，使天下之人都说我行不掩言也罢。"

尚谦出曰："信得此过，方是圣人的真血脉。"

华杉详解

薛尚谦、邹谦之、马子萃、王汝止侍坐，大家感叹先生自从平定宁王之乱以来，天下诽谤、议论的人越来越多。先生就让大家谈谈，这是什么原因。

有人说，是因为先生功业、权势日盛，天下羡慕嫉妒恨的人就多了；有人说，是因为先生的良知之说越来越昌明，为宋儒争辩是非的人就越来越多了；有人说，自从先生到南京之后，学生信徒越来越多，所以四面八方排挤阻挠的人也越来越多。

王阳明说："你们说的这些因素，想来都有。不过，我知道我自己身上的原因，只是你们没有说到罢了。"

大家问什么原因。

王阳明说："我在到南京以前，还存有一些乡愿的念头，照顾一下别人的想法，希望不要刺激、得罪别人。如今呢，我坚信这良知的真是真非，只按着这真是真非、大是大非去行，毫不掩藏。我如今才有这狂放的心胸，使得天下人都说我行不掩言，做的不如说的好，那也没关系。"

薛尚谦起身说："相信这个道理，才是圣人的真血脉！"

这里的"乡愿"，就是好好先生，所有人都说他好，是媚世之人，见好人时，他也是好人；见坏人则同流合污。所谓"见人说人话，见鬼说鬼话，不人不鬼说神话"，这样讨得所有人喜欢。孔子说："乡愿，德之贼也。"这是欺世盗名之人。君子是见什么人都说一样的话，不改变自己的原则和立场。孔子又说："惟仁者能好人，能恶人。"既能爱人，又能憎恶人；既让一些人爱戴，又让另一些人憎恨，这才是仁者；价值观明确，爱憎分明，不跟人和稀泥。和稀泥，不敢得罪人，就是贼，德之贼。

我们自己也要注意，不要去刺激、挑衅别人；但也不要怕得罪人，以自己的价值标准行事就行。理念是：**不要试图让所有人都喜欢你。**

坏人不知道好人有多好，好人不知道坏人有多坏

原文

先生锻炼人处，一言之下，感人最深。

一日，王汝止出游归，先生问曰："游何见？"

对曰："见满街人都是圣人。"

先生曰："你看满街人是圣人，满街人倒看你是圣人在。"

又一日，董萝石出游而归，见先生曰："今日见一异事。"

先生曰："何异？"

对曰："见满街人都是圣人。"

先生曰："此亦常事耳，何足为异？"

盖汝止圭角未融，萝石恍见有悟，故问同答异，皆反其言而进之。

洪与黄正之、张叔谦、汝中丙戌会试归，为先生道途中讲学，有信、有不信。

先生曰："你们拿一个圣人去与人讲学，人见圣人来，都怕走了，如何讲得行？须做得个愚夫愚妇，方可与人讲学。"

洪又言："今日要见人品高下最易。"

先生曰："何以见之？"

对曰："先生譬如泰山在前，有不知仰者，须是无目人。"

先生曰："泰山不如平地大，平地有何可见？"

先生一言翦裁，剖破终年为外好高之病，在座者莫不悚惧。

华杉详解

王阳明点化人，一句话就能让人醍醐灌顶，让人有很深切的感受。

有一天，王艮出游回来，先生问："出门看见什么了？"

王艮说："看见满大街都是圣人！"

先生说："你看满街都是圣人，满街人倒都看你是个圣人。"

有一天，董沄出门回来，对先生说："今天看见一件怪事。"

先生问："什么怪事？"

答:"看见满大街个个都是圣人!"

先生说:"这不过是平常事,有什么大惊小怪的!"

好人眼中人人都是好人;坏人眼中人人都是坏人。如果坏人看见一个好人,居然没发现他的坏,肯定是因为有内情、有阴谋。所以坏人不知道好人有多好,好人不知道坏人有多坏。王阳明的弟子们,每日熏陶出圣人胸怀,心中充满仁爱,就看到满街个个都是圣人了。但是,王阳明对他们同样的汇报,回答却不同。大概是因为王艮的锋芒和棱角还不能收敛,董沄则是恍然有所领悟,所以先生有针对性地开导他们。

有一天,钱德洪、黄正之、张叔谦、王畿参加丙戌年会试回来,途中讲授先生的学问,有人信,有人不信。

王阳明说:"你们一个个扮成圣人去跟人讲学,别人看到圣人来了,都吓走了,怎么讲得通呢?只有做回愚夫愚妇,才能跟人讲学。"

钱德洪又说:"如今要分辨人品的高下最容易。"

先生问:"何以见得?"

钱德洪回答:"先生好比眼前的泰山,如果有人不知道仰望先生,那就是有眼无珠的人吧。"

王阳明回答说:"泰山没有平地大,平地又有什么值得仰望的?"

王阳明一句话,就破除了大家为外好高的毛病,在座者莫不悚然心惊。

要懂得向内求,懂得放低自己。人都愿意显得自己高,不知道高就是飘,也是拒他人于千里之外。

原文

癸未春,邹谦之来越问学,居数日,先生送别于浮峰。是夕与希渊诸友移舟宿延寿寺,秉烛夜坐。先生慨怅不已,曰:"江涛烟柳,故人倏在百里外矣!"

一友问曰:"先生何念谦之之深也?"

先生曰:"曾子所谓'以能问于不能,以多问于寡;有若无,实若虚;犯而不校',若谦之者,良近之矣。"

华杉详解

嘉靖二年(1523),邹谦之来绍兴问学,住了几天,走的时候先生送他到浮峰。当天晚上,先生与希渊等人乘船到延寿寺过夜,秉烛夜坐。先生惆怅不已,说:"江涛烟柳,谦之已经在百里之外了吧!"一位同学问:"先生怎么对谦之这么挂念啊?"先生回答说:"曾子讲的:'有才能,却向才能不如自己的人请教;学问多,却向学问比自己少的人请教;有才能倒像是没才能一样;有实学倒像是没学问一样;被别人冒犯也不计较。'像谦之这样的人,就接近这个标准了吧!"

四句教

原文

丁亥年九月,先生起复征思、田。将命行时,德洪与汝中论学。汝中举先生教言曰:"无善无恶是心之体,有善有恶是意之动。知善知恶是良知,为善去恶是格物。"

德洪曰:"此意如何?"

汝中曰:"此恐未是究竟话头。若说心体是无善无恶,意亦是无善无恶的意、知亦是无善无恶的知、物亦是无善无恶的物矣。若说意有善恶,毕竟心体还有善恶在。"

德洪曰:"心体是天命之性,原是无善无恶的。但人有习心,意念上见有善恶在。格、致、诚、正、修,此正是复那性体功夫。若原无善恶,功夫亦不消说矣。"

是夕侍坐天泉桥,各举请正。

先生曰:"我今将行,正要你们来讲破此意。二君之见,正好相资为用,不可各执一边。我这里接人,原有此二种:利根之人,直从本原上悟入。人心本体原是明莹无滞的,原是个'未发之中'。利根之人一悟本体，即是功夫，人己内外一齐俱透了。其次不免有习心在，本体受蔽，故且教在意念上实落为善去恶；功夫熟后，渣滓去得尽时，本体亦明尽了。汝中之见，是我这里接利根人的；德洪之见，是我这里为其次立法的。二君相取为用，则中人上下皆可引入于道。若各执一边，眼前便有失人，便于道体各有未尽。"

既而曰："以后与朋友讲学，切不可失了我的宗旨：'无善无恶是心之体，有善有恶是意之动，知善知恶是良知，为善去恶是格物。'只依我这话头，随人指点，自没病痛。此原是彻上彻下功夫。利根之人，世亦难遇。本体功夫一悟尽透，此颜子、明道所不敢承当，岂可轻易望人？人有习心，不教他在良知上实用为善去恶功夫，只去悬空想个本体，一切事为俱不着实，不过养成一个虚寂。此个病痛不是小小，不可不早说破。"

是日德洪、汝中俱有省。

华杉详解

嘉靖六年（1527），王阳明守孝期满、复职，奉命征讨广西思恩、田州的少数民族叛乱。出征前，钱德洪与王汝中讨论学问，王汝中举出王阳明的话说："无善无恶是心之体，有善有恶是意之动，知善知恶是良知，为善去恶是格物。"

钱德洪问："这句话怎么理解？"

王汝中说："这恐怕也还没有说尽，如果说心的本体是无善无恶的，意念也应该是无善无恶的意念，良知也应该是无善无恶的良知，物也应该是无善无恶的物。如果说意念有善恶，那么心的本体就还有善恶之分在。"

钱德洪说："天命之谓性，心的本体是上天赋予的本性，原本就是无善无恶的。然而性相近、习相远，有人习染了不同的东西，意念上便看到善恶。格物、致知、诚意、正心、修身，正是要回复天性本体的功夫。如果说原本就无善无恶，那就不需要说这番功夫了。"

当天晚上，两人陪同先生一起坐在天泉桥上，各自陈述自己的观点，请先生指正。

王阳明说:"我马上要走了,正要你们来把这四句教讲透。你们两位的看法,正好可以相互补充,不可各执一边。我开导人的方法一直就有两种:天资聪颖的人,直接从本原上领悟。人心的本体原本就透彻,原本就是个'未发之中'。聪明的人只要领悟了本体,便有了功夫,人与己、内与外就都贯通透彻了;资质较差的人,心中难免会受到习气的干扰,心的本体受到蒙蔽,所以就教他们在意念上切实去下为善去恶的功夫,功夫纯熟之后,心中的杂念都去除干净了,心的本体也就明白了。汝中的见解,在我这里是用来开导天资聪颖的人的;德洪的见解,在我这里是用来开导天资较差的人的。你们两人的观点相互补充运用,无论天资高下,都可以引导入道。如果各执一边,当下便有好多人不能入道,对于道也不能穷尽。"

王阳明接着说:"以后与朋友讲学,千万不要丢掉我的宗旨:'无善无恶是心之体,有善有恶是意之动,知善知恶是良知,为善去恶是格物。'只要按照我这四句话,随人所需进行指点,自然就没毛病。这本来就是上下通透的功夫。天资聪颖的人,本来也很难遇到;要把本体功夫一下子悟透,颜回、程颢也不敢当,怎么能轻易指望要求别人呢?人都有些坏习气,不教人在良知上切实地下为善去恶的功夫,只是悬空去想本体,一切事情都落不了地,不过养成个虚寂喜静的毛病。这不是小毛病,不能不提早说清楚。"

这一天,钱德洪、王汝中都有所领悟。

原文

先生初归越时,朋友踪迹尚寥落,既后四方来游者日进。癸未年已后,环先生而居者比屋,如天妃、光相诸刹,每当一室,常合食者数十人,夜无卧处,更相就席,歌声彻昏旦。南镇、禹穴、阳明洞诸山远近寺刹,徒足所到,无非同志游寓所在。先生每临讲座,前后左右环坐而听者,常不下数百人。送往迎来,月无虚日。至有在侍更岁,不能遍记其姓名者。每临别,先生常叹曰:"君等虽别,不出在天地间,苟同此志,吾亦可以忘形似矣。"诸生每听讲出门,未尝不跳跃称快。尝闻之同门先辈曰:"南都以前,朋友从游者虽众,未有如在越之盛者。"此虽讲学日久,孚信渐博,要亦先生之学日进,感召之机申变无方,亦自有不同也。

华杉详解

先生刚刚回到绍兴的时候，往来的朋友还不多。后来四面八方前来拜访的人越来越多。嘉靖二年以后，围绕先生周围居住的人也越来越多，比如天妃庙、光相寺，每间屋子经常有几十个人在一起吃饭。晚上床铺都不够，就轮流睡觉，歌声通宵达旦。南镇、禹穴、阳明洞等山中远近的寺庙，凡是步行能到的，都有同学们的住处。先生每次讲学，前后左右围着听讲的有数百人。送往迎来，一个月当中没有间断的日子，以至于有的同学在这里听讲一年，先生也记不住他的名字。每次有人要走，先生总是感慨说："你们虽然离开了，但还在天地间；只要我们志向相同，我不记得你们的相貌又有什么关系呢？"学生们每次听讲出门，总是欢呼雀跃。我曾听到同门师兄说："以前在南京讲学，来的人虽然也多，但还是不如在绍兴这么隆盛。"这固然是先生讲学时日久了，声誉越来越好，但关键还是先生的学说日益精进，感召学生的时机和方法巧妙无比，效果自然就有不同了。

既求物理，也要正事理

原文

黄以方录。

黄以方问："'博学于文'为随事学存此天理，然则谓'行有余力，则以学文'，其说似不相合。"

先生曰："《诗》《书》、六艺，皆是天理之发见，文字都包在其中。考之《诗》《书》、六艺，皆所以学存此天理也，不特发见于事为者方为文耳。'余力学文'亦只'博学于文'中事。"

或问"学而不思"二句。

曰："此亦有为而言。其实思即学也，学有所疑，便须思之。'思而不学'者，盖有此等人，只悬空去思，要想出一个道理，却不在身心上实用其力，以学存此天理。思与学作两事做，故有'罔'与'殆'之病。其实思只是思其所学，原非两事也。"

华杉详解

以下是黄以方记录的。

黄以方问："'博学于文'，是要人在遇到的事情上存养天理。但是，孔子又说'行有余力，则以学文'，这两个说法似乎有矛盾。"

黄以方问的这两句都是《论语》里的：

> 子曰："君子博学于文，约之以礼，亦可以弗畔矣夫！"

畔，就是叛，离经叛道。君子如果能广博地学习前人的典章古籍，又能用礼来约束自己，也就可以不离经叛道了。

> 子曰："弟子入则孝，出则弟，谨而信，泛爱众，而亲仁。行有余力，则以学文。"

后生小子，在家孝敬父母，出门尊敬兄长，做事踏实可靠，说话恪守诚信。对那寻常的众人，都一体爱之，不会瞧不起谁，憎恶、嫌弃谁。而对那有仁德的人，则更加亲厚。把这些都做到了，还有余力，就可以读书、学习文献了。

这一句非常深刻，张居正赞之为"万世之明训"。**德行实践是本，读书学习是末。如根本不固，学也枉然！**

德行如此，工作能力也是如此。我们的所有本事，并非全部从书本中学来，很大一部分是自己在实践中体悟、总结而得。懂得了之后，偶尔看到某书，发现与自己的想法相呼应，于是去读它，再顺藤摸瓜，去读那整个体系，通过读书来整理自己、提高自己，进行系统升级。

读书，一定是"行有余力"之后的事。

读生活是本，读书是末。我们每天都经历生活本身，没有从生活中留下点

滴印象，却埋头钻进书里去找，那是舍本求末。**行有余力，再去读书**。若根本不固，每读一本书，就是给自己挖一个坑，多一个困惑。若根本牢固，读书则信手拈来，一通百通。

"行有余力，则以学文。"也可以说是百战归来再读书。

所以，"博学于文"与"行有余力，则以学文"，只是孔子在不同场合、不同语境、以不同角度说的两句话。黄以方非要把这两句话拼到一起，说孔子自相矛盾，这已经犯了王阳明说的"不切己体察，事上琢磨，而是悬空在文义上比对"的毛病，不是真学习，是假学习。

黄以方对"博学于文"的理解也不对。博学于文的意思就是学文，就是读书，没有说是"随事学存此天理"。学文是读书，随事存养天理是读生活本身；黄以方在这里，又犯了学习的第二个毛病：擅自添加意思。

王阳明回答说："《诗》《书》、六艺，都是天理的发见，文字都包含在其中。考察《诗》《书》、六艺，就是学习存养天理，不是说显现在事情上才叫'文'。'则以学文'，也就是'博学于文'。"

有同学问《论语》中"学而不思"两句：

子曰："学而不思则罔，思而不学则殆。"

"学而不思则罔"。罔，是迷惘无所得。学而不思，是只顾读书学习，却不放在自己身上体会、不放在具体事情上琢磨。这样自以为都知道了，其实不过是鹦鹉学舌，晓得些说法，一到用时，还是迷惘，一点概念都没有。

"思而不学则殆"。反过来，自己成天瞎琢磨，不去读书、拜师、学习，则往往陷入思想空转，找不到出路。本来别人可以一语惊醒梦中人，本来你可以"听君一席话，胜读十年书"，偏不信书、偏不信别人，就要自己琢磨，那就更危殆了。这也是一种典型。

王阳明说："孔子这两句话，也是因病发药，针对特定的人说的话。实际上，思考就是学习，学习就是思考，学习有所疑问，就要思考嘛。思而不学的人也有，只是空想，要想出一个道理，却不在自己身上实际用力，以学习存养此天理。把思和学当成两件事情来做，就有'罔'和'殆'的毛病了。其实思只是思其所学，本来不是分开的两件事。"

原文

先生曰:"先儒解'格物'为'格天下之物',天下之物如何格得?且谓'一草一木亦皆有理',今如何去格?纵格得草木来,如何反来诚得自家意?我解'格'作'正'字义,'物'作'事'字义。《大学》之所谓'身',即耳、目、口、鼻、四肢是也。欲修身,便是要目非礼勿视,耳非礼勿听,口非礼勿言,四肢非礼勿动。要修这个身,身上如何用得工夫?心者身之主宰,目虽视,而所以视者心也;耳虽听,而所以听者心也;口与四肢虽言、动,而所以言、动者心也。故欲修身,在于体当自家心体,常令廓然大公,无有些子不正处。主宰一正,则发窍于目自无非礼之视,发窍于耳自无非礼之听,发窍于口与四肢自无非礼之言、动,此便是修身在正其心。"

华杉详解

王阳明此处讲解《大学》八条目——格物、致知、诚意、正心、修身、齐家、治国、平天下的逻辑次序。他说:"朱熹讲,格物是格天下之物。这天下之物,你哪里格得过来?又说'一草一木都有其理',那草木之理,你如何去格?就算格出来了,格物、致知、诚意、正心,怎么用那草木之理来诚我的意?所以我说格物的格,是格正的格,格,是正;物,是事。《大学》里讲修身的身,是耳目口鼻四肢。修身就是,眼睛非礼勿视、耳朵非礼勿听、嘴巴非礼勿言、四肢非礼勿动。要修这个身,是在身上下功夫吗?心是身的主宰,眼睛虽然能看,但是是心让它看;耳朵虽然能听,是心让它听;嘴巴和四肢能说话、能动,是心要它说话、要它动。所以,要修身,是要修自己的心体,时常保持宽阔、公正,没有一点不正的地方。心之主宰一正,则发动在眼睛上,就没有非礼之视;发动在耳朵上,就没有非礼之听;发动在嘴巴和四肢上,就没有非礼的言、动。这就解释了修身在于正心。"

原文

"然至善者,心之本体也,心之本体那有不善?如今要正心,本体上何处用得工?必就心之发动处才可着力也。心之发动不能无不善，故须就此处着力，便是在诚意。如一念发在好善上，便实实落落去好善；一念发在恶恶上，便实实落落去恶恶。意之所发既无不诚，则其本体如何有不正的？故欲正其心在诚意。工夫到诚意始有着落处。"

华杉详解

"为什么正心之前，先要有诚意呢？然而所谓至善，就是心的本体。心的本体没有什么不善的地方。如今要正心，在本体的什么地方下功夫呢？必须在心的发动处下功夫。心的发动就是意。心的发动不能做到一点不善也没有，所以就要在这个地方用力下功夫，这就是诚意。诚意就是正心的功夫。一个意念的发动是在好善上，就会实实在在落实去好善；如果意念的发动是在恶恶上，就会实实在在落实去恶恶。如果意念的发动没有一点不诚的地方，那本体就没有什么不正的。所以正心在于诚意，把功夫下在诚意上，才有着落。"

可以说，**诚意是功夫，正心是结果。**

原文

"然诚意之本，又在于致知也。所谓'人虽不知而己所独知'者，此正是吾心良知处。然知得善，却不依这个良知便做去，知得不善，却不依这个良知便不去做，则这个良知便遮蔽了，是不能致知也。吾心良知既不得扩充到底，则善虽知好，不能着实好了；恶虽知恶，不能着实恶了，如何得意诚？故致知者，意诚之本也。"

华杉详解

"而诚意之本，又在于致知。所谓慎独，别人不知道，只有自己知道的地方，就是我心之良知所在。如果知道这是善，却不依从自己的良知去做，知道这是不善，却不依从自己的良知不去做，这个良知就被遮蔽了，就不能致知了。我心之良知不能扩充到底，则对于善虽然知道是好的，却不能切实去好善；对于恶虽然知道是坏的，却不能切实去恶恶，这样怎么能做到意诚呢？所以说致知是诚意之本。"

原文

"然亦不是悬空的致知，致知在实事上格。如意在于为善，便就这件事上去为；意在于去恶，便就这件事上去不为。去恶固是格不正以归于正；为善则不善正了，亦是格不正以归于正也。如此，则吾心良知无私欲蔽了，得以致其极，而意之所发，好善去恶，无有不诚矣。诚意工夫实下手处在格物也，若如此格物，人人便做得。'人皆可以为尧舜'，正在此也。"

华杉详解

"但是，致知也不是悬空去致知，而是在具体事情上格。如果意在于为善，就在这为善的事情上去做。如果意在于去恶，就管住自己，不要去做这坏事。去恶，本就是把不正格为正。为善，是不善已经得到纠正，也同样是使格不正的念头归于正。如此，我心的良知就没有私欲遮蔽了，进而扩充到极致，则意念之发动，好善去恶，没有不诚的地方。诚意功夫的着手处，就在格物。如果这样来格物，则人人都会做。'人人都能成为尧舜那样的圣人'，就是这个意思。"

原文

先生曰："众人只说格物要依晦翁，何曾把他的说去用？我着实曾用来。初年与钱友同论，做圣贤要格天下之物，如今安得这等大的力量？因指亭前竹子，令去格看。钱子早夜去穷格竹子的道理，竭其心思，至于三日，便致劳神成疾。当初说他这是精力不足，某因自去穷格，早夜不得其理。到七日，亦以劳思致疾。遂相与叹圣贤是做不得的，无他大力量去格物了。及在夷中三年，颇见得此意思，乃知天下之物本无可格者。其格物之功，只在身心上做。决然以圣人为人人可到，便自有担当了。这里意思，却要说与诸公知道。"

华杉详解

王阳明说:"大家都说格物要照朱熹的办法,可真的有人试过他的办法吗?我是真试过。早年我和一个姓钱的朋友一起讨论,做圣贤要格天下之物,但哪能有这么大的力量呢?我就指着亭子前的竹子,让他去格一格看。钱同学就早晚去格竹子的道理,竭心尽力格了三天,弄得劳神成疾。我说这是他精力不足,我自己去格一格。从早到晚地格,也没格出什么道理。到了第七天,也把自己格出病来了。然后我们俩一起感叹:这圣人真是做不得,没有他那么大的力量去格物了。等我被发配到贵州,在龙场待了三年,我对格物的道理有了自己的心得,才知道天下之物本来没什么可以格的,格物之功,只能在自己身心上做,决然认为圣人是人人都可以当的,才有了自己的担当。这个道理,今天说给大家听。"

王阳明的格物论,我们可以理解、学习、笃行。但是,他对朱熹格物论的批评,却不一定对。如果朱熹在场,听到他说"格竹子就是静坐、对着竹子格",朱熹会同意说这就是他的意思吗?那竹子种在亭子前美观好看,不就是前人格物格出来的吗?竹笋可以吃,竹子可以种在园林做观赏植物,可以做建筑材料,也可以做笛子、扎竹筏,都是一代代的人格物格出来的,但不是静坐、对着竹子想出来的啊!王阳明的静坐格竹,也正中了他自己说的悬空去想、思而不学的毛病。他如果是画家,对着竹子静坐七天,研究那竹子该怎么画,一定在格物致知上大有收获,知道怎么画最好!

所以,朱熹的格物致知、王阳明的格物致知,我们都要格、都要学!

能知行合一的人,自然有忠恕之道

原文

门人有言,邵端峰论童子不能"格物",只教以洒扫应对之说。

先生曰:"洒扫应对就是一件物。童子良知只到此,便教去洒扫应对,就是致他这一点良知了。又如童子知畏先生长者,此亦是他良知处。故虽嬉戏中，见了先生长者，便去作揖恭敬，是他能格物以致敬师长之良知了。童子自有童子的格物致知。"

又曰："我这里言格物，自童子以至圣人，皆是此等工夫。但圣人格物，便更熟得些子，不消费力。如此格物，虽卖柴人亦是做得，虽公卿大夫以至天子，皆是如此做。"

华杉详解

弟子中有人说，邵端峰认为儿童不能格物，只能教给他们洒扫应对。

王阳明说："洒扫应对就是一件物。儿童的良知只到这个程度，就教他洒扫应对，也就是致他的良知了。又比如，儿童知道敬畏先生、长者，这也是他的良知所在。所以在嬉戏中见了先生、长者，便去作揖恭敬，这就是他能格物以致尊敬师长的良知了。儿童自然有儿童的格物致知。"

又说："我这里讲格物，从儿童到圣人，都是这一个功夫。但是圣人格物，功夫更纯熟，不需要费力气。这样的格物，就是卖柴的人也做得到，从公卿大夫到天子，也都是这样做。"

原文

或疑知行不合一，以"知之匪艰"二句为问。

先生曰："良知自知，原是容易的。只是不能致那良知，便是'知之匪艰，行之惟艰'。"

华杉详解

有同学怀疑知行不能合一，并举出《尚书》里的话："知之匪艰，行之惟艰。"匪，就是非，知之非艰，行之唯艰。这位同学就问："老师，《尚书》里都说，知道道理并不难，做起来就难。可见这知和行是两回事，为什么您说知行合一呢？"

王阳明训导他："良知自然知道，原本是容易的。只是你不能致良知，所以就'知之匪艰，行之惟艰'了。"

这位同学犯了三个老毛病：

1. 只是悬空去想，想出一堆毛病；而不是在自己身上切己体察，在事情上琢磨、切实笃行。

2. 文义上比对，拿圣贤的书来找不同；找到不同之后，就给自己找不通。那圣人说话，是有不同语境、不同上下文、不同角度的，都是因病发药。他把所有圣人治不同病的药都找出来比对，看圣人开的方子不一样，他就觉得没药吃，无药可救了。

3. 质疑老师。质疑老师是学习的大病。没有人强迫你来学，你觉得老师不行，你就走，不要在这儿上课。你觉得老师有的地方对、有的地方不对，那就抓住你觉得对的，赶紧笃行，去知行合一，自然把其他地方也搞通了。你非不信，非要老师在所有地方都"说服"你，那就是自误前程。

学习阳明心学，是"学懂几千年圣人传下来那一点真骨血，改掉几千年人人都有的那几个老毛病"。这学习的三个老毛病，在《传习录》的弟子提问中，反反复复、经常出现。王阳明有时候指出来，有时候不指出来；有时候耐心些，有时候就直接呵斥。读者自己可以注意体会。

原文

门人问曰："知行如何得合一？且如《中庸》言'博学之'，又说个'笃行之'，分明知行是两件。"

先生曰："博学只是事事学存此天理，笃行只是学之不已之意。"

又问："《易》'学以聚之'，又言'仁以行之'，此是如何？"

先生曰："也是如此。事事去学存此天理，则此心更无放失时，故曰'学以聚之'。然常常学存此天理，更无私欲间断，此即是此心不息处，故曰'仁以行之'。"

又问："孔子言'知及之，仁不能守之'，知行却是两个了。"

先生曰："说'及之'，已是行了；但不能常常行，已为私欲间断，便是'仁不能守'。"

华杉详解

还有来问的。这位同学又问:"知行怎么能合一呢?您看《中庸》说'博学之,审问之,慎思之,明辨之,笃行之',他都说了'博学',又说一个'笃行',那知和行分明是两件事啊。"

王阳明回答说:"博学只是事事学习存养此天理,笃行只是学习不要停止的意思。"

那位同学又问:"那《易经》呢?《易经》说'君子学以聚之,问以辩之,宽以居之,仁以行之',既说了'学以聚之',又说'仁以行之',可见知行还是两件事。这您又怎么解释呢?"

王阳明说:"也是一样,在每件事上学习存养天理,这心就没有放失的时候。孟子说'学问之道无他,求其放心而已',把放失的心找回来,聚拢回我的心之本体,就是'学以聚之'。时刻存养天理,生生不息,没有私欲使其中断,这就是'仁以行之'。"

这位同学读书比较多,他还有话问:"那孔子呢?孔子说:'知及之,仁不能守之;虽得之,必失之。'知道了一个道理,却不能以仁德去保持它,这样即便知道了也会失去。"

王阳明说:"谈到'及之',那就是已经行了,只是不能一直坚持去行,有私欲阻断,那就守不住。"

这位一直追问的同学,就是书读得太多,读出病来了。老师给他讲的每一句话,他都不往心里去,不切己体察、事上琢磨,而是马上找出另一个圣人的话来反驳。

知行合一,老师早就讲得再清楚明白不过了。说孝敬父母你知不知道?没人说不知道,但真知道的很少,全知道的可能一个也没有!因为你的"知道",只是晓得有孝敬父母这个说法,不是真知,只有去行了,真去做了,才是知道。那真去做了是不是就真知了呢?不是,是知道自己已经做到的部分,没做到的还是不知道!这就是知行合一。

晓得了这个道理这么简单,你就去做!什么也不做,在这儿问什么呢?能知行合一的人,自然就有忠恕之道。

心即理也,就是不要把心和理分开

原文

又问:"心即理之说,程子云'在物为理',如何谓'心即理'?"

先生曰:"'在物为理','在'字上当添一'心'字,此心在物则为理。如此心在事父则为孝、在事君则为忠之类。"

先生因谓之曰:"诸君要识得我立言宗旨。我如今说个'心即理'是如何?只为世人分心与理为二,故便有许多病痛。如五伯攘夷狄、尊周室,都是一个私心,便不当理。人却说他做得当理,只心有未纯,往往悦慕其所为,要来外面做得好看,却与心全不相干。分心与理为二,其流至于伯道之伪而不自知。故我说个'心即理',要使知心理是一个,便来心上做工夫,不去袭义于外,便是王道之真。此我立言宗旨。"

华杉详解

那位同学又问:"老师您说心即理,程颐先生却说在物为理,您和程颐先生说的不一样啊?"

王阳明回答说:"在物为理,前面应该加一个'心'字,此心在物为理,这是物理。如果此心在侍奉父亲上,就不是物理,而是孝敬之理;在侍奉君王上,就是忠君之理。"

王阳明接着说:"不要去抠字眼,你们要晓得我立言的宗旨。我说心即理,也是因病发药,针对世人把心和理分开的毛病。比如春秋五霸尊王攘夷,他们真心要尊王攘夷吗?不是,都是挟天子以令诸侯,为了自己的私心,所以不符合天理。有人却说他们是符合天理的,只是心还不够纯,往往羡慕他们的事功,只求表面上做得好看,却和心一点也不相干。把心和理分作两边,就会流于霸道、虚伪而不自知。所以我说心即理,就是要人在心上用功,不要去外面求义,这才是至纯至真的王道。这就是我立言的宗旨。"

这里的"袭义于义",一般认为是"袭义于外"之误,就是孟子说的"义袭而取"和"集义而生"的区别。**人应该集义而生，在自己心上求，一心纯正，居仁由义，把点点滴滴的义积攒起来，自然而然，生生不息；而不是义袭而取、大张旗鼓去干一件大仁大义的事——其实不过是为了取得自己的功名和荣耀。**春秋五霸都是义袭而取，不是真仁义。

原文

又问："圣贤言语许多，如何却要打作一个？"

曰："我不是要打作一个，如曰'夫道，一而已矣'，又曰'其为物不二，则其生物不测'，天地圣人皆是一个，如何二得？"

华杉详解

这位同学准备的问题真不少，老师的回答他似乎并不上心。他接着问下一个问题："圣贤言语那么多，先生您为什么说'道理只有一个'呢？"

王阳明说："我不是非要把它们概括成一个理，比如孟子说'世间的道只有一个'，《中庸》说'道与物并行不二，道生物神妙不测'，又说天人合一，天地和圣人都是一个，怎么能分为二个呢？"

原文

"心不是一块血肉，凡知觉处便是心。如耳目之知视听，手足之知痛痒，此知觉便是心也。"

华杉详解

"心并不是一块血肉，只要有知觉的地方就是心。比如耳朵、眼睛可以听或者看，手足知道痛痒，这就是心。"

"尊德性"与"道问学"是同一件事

原文

以方问曰:"先生之说格物,凡《中庸》之'慎独'及'集义''博约'等说,皆为格物之事?"

先生曰:"非也。格物即'慎独',即'戒惧'。至于'集义''博约',工夫只一般,不是以那数件都做'格物'底事。"

华杉详解

黄以方问:"先生所说的格物,是不是《中庸》里讲的'慎独',以及《孟子》说的'集义',《论语》里的'博我以文,约我以礼'等,都是格物的事呢?"

王阳明说:"不,格物就是慎独,就是戒惧,在别人看不到、听不到的地方,也保持戒惧,随时格正自己。至于'集义而生''博我以文,约我以礼',那只是一般的功夫,并不能说那几件都是格物的事。"

原文

以方问"尊德性"一条。

先生曰:"'道问学'即所以'尊德性'也。晦翁言:'子静以尊德性诲人,某教人岂不是道问学处多了些子?'是分'尊德性''道问学'作两件。且如今讲习讨论,下许多工夫,无非只是存此心,不失其德性而已。岂有'尊德性'只空空去尊,更不去问学?问学只是空空去问学,更与德性无关涉?如此,则不知今之所以讲习讨论者,更学何事?"

华杉详解

黄以方问"尊德性"一条。

这是《中庸》里的一句:

君子尊德性而道问学，致广大而尽精微，极高明而道中庸。

朱熹注解说："尊者，恭敬奉持之意。德性者，吾所受于天之正理。道，由也。尊德性，所以存心而极乎道体之大也。道问学，所以致知而致乎道体之细也。二者修德凝道之大端也。"

德性，天命谓之性，是我们受于天的正理。道，是由的意思，就是通过什么方法，由什么路径。所以这一条是说，恭敬奉持天理，要通过多问多学。

王阳明说："道问学，就是尊德性，这是一件事，不是两件事。朱熹和陆九渊鹅湖之辩，朱熹说：'子静（陆九渊，字子静）你以尊德性来教诲人，我教人，是不是道问学的成分多一些呢？'朱熹这样说，就把尊德性和道问学分成两件事了。如今我们讲习讨论，无非是存养此心，不失其德性而已。哪有人尊德性只是空空荡荡地去尊、不问不学的道理？又哪有道问学只是空空荡荡去问去学、又和德性不相干的道理？如果这两件事分开了，那更不知道我们今天讲习讨论的到底是什么了。"

孟子说："学问之道无他，求其放心而已。"就是把自己放失的心找回来。这也是"通过道问学来尊德性"的意思了。我们看朱熹的原注，也是这个意思。但是一辩论起来，就难免各自偏倚到自己的立场，显得朱熹站在道问学这一边，陆九渊站在尊德性一边，其实两位老师的思想，真有那么大区别吗？

君子不辩，而要明辨。是辨析，而不是辩论。一起辨析，则一起接近真理；相互辩论，则圣贤也起胜心，相互争胜，各自跑偏，相距越远。

原文

问"致广大"二句。

曰："'尽精微'即所以'致广大'也，'道中庸'即所以'极高明'也。盖心之本体自是广大底，人不能'尽精微'，则便为私欲所蔽，有不胜其小者矣。故能细微曲折无所不尽，则私意不足以蔽之，自无许多障碍遮隔处，如何广大不致？"

又问："精微还是念虑之精微，是事理之精微？"

曰："念虑之精微，即事理之精微也。"

华杉详解

接着问后两句：致广大而尽精微，极高明而道中庸。

王阳明说："尽精微，所以能致广大；能行中庸之道，所以他极高明。心的本体本来就是广大的，人不能尽精微，就会被私欲蒙蔽，在一些细微之处就会失德。所以如果能够在细微曲折之处都穷尽精微，那么私意就不会蒙蔽心体，自然就没有了许多障碍阻隔，又怎能不广大呢？"

又问："那精微是念虑的精微，还是事理的精微呢？"

王阳明回答说："一回事。念虑的精微，就是事理的精微。"

看不见、听不着的地方，才是良知的本体

原文

先生曰："今之论性者纷纷异同，皆是说性，非见性也。见性者无异同之可言矣。"

华杉详解

王阳明说："今天讨论性的人都在争辩异同，都是在空口说性，不是自己真的已经明心见性。如果真的懂得性，就没有什么异同可以争辩的了。"

原文

问："声、色、货、利，恐良知亦不能无？"

先生曰："固然。但初学用功，却须扫除荡涤，勿使留积，则适然来遇，始不为累，自然顺而应之。良知只在声、色、货、利上用工。能致得良知精精明明，毫发无蔽，则声、色、货、利之交，无非天则流行矣。"

华杉详解

问:"声、色、货、利,恐怕良知里也不能没有吧?"

王阳明说:"固然如此。但是初学用功,却需要扫除荡涤,不能有存留。这样,遇到声、色、货、利,也只是顺而应之,而不是被它牵累。致良知,就是要在声、色、货、利上用功,能致得良知精细明白,没有毫发遮蔽,则我与声、色、货、利的交往,也无非天经地义,自然而然。"

孔子说:"不义而富且贵,于我如浮云。"君子并非不要富贵,而是不要不义。如果取之不义,则舍弃之而不动心,不为声、色、货、利所牵累,这就是"致良知"。

原文

先生曰:"吾与诸公讲'致知''格物',日日是此,讲一二十年俱是如此。诸君听吾言,实去用功,见吾讲一番,自觉长进一番。否则只作一场话说,虽听之亦何用?"

华杉详解

王阳明对弟子们说:"我跟各位讲致知格物,每天都是这几句话,再讲一二十年,还是这几句话。你们听了我的话,实实在在去下功夫,那么每听我讲一次,自然就长进一次。否则只是一场空谈,虽然听了,又有什么用?"

这个太典型了!我们是不是都有一样的病?听到好的老师讲课,都如痴如醉:"老师讲得太好了!学到太多东西了!有这样的老师太幸福了!"下了课呢,自己该干啥还干啥,根本就没有按老师讲的去下功夫,却惦记着什么时候再有好的课程去听!

原文

先生曰:"人之本体,常常是寂然不动的,常常是感而遂通的。'未应不是先,已应不是后。'"

华杉详解

王阳明说:"人的本体时常是寂然不动的,又时常是一感应就通的。就像二程说的:'未有感应的心体未必在先,已有感应的心体未必在后。'"

原文

一友举:"佛家以手指显出,问曰:'众曾见否?'众曰:'见之。'复以手指入袖,问曰:'众还见否?'众曰:'不见。'佛说:'还未见性。'此义未明。"

先生曰:"手指有见有不见,尔之见性常在。人之心神只在有睹有闻上驰骛,不在不睹不闻上着实用功。盖不睹不闻是良知本体,'戒慎恐惧'是致良知的工夫。学者时时刻刻常睹其所不睹、常闻其所不闻,工夫方有个实落处。久久成熟后,则不须着力、不待防检,而真性自不息矣。岂以在外者之闻见为累哉?"

华杉详解

一位同学举佛家的例子问:"佛伸出手指说:'你们看见了吗?'大家说:'看见了。'又把手指缩回袖子里问:'你们现在看见了吗?'大家回答:'看不见。'佛说:'你们还没有见性。'这是什么意思呢?"

王阳明说:"手指有时看得见,有时看不见,但是你的见性常在。人的心神,只在看得见、听得着的地方驰骋,不在看不见、听不着的地方用功。却不知道看不见、听不着的地方,才是良知的本体,戒慎恐惧才是致良知的功夫。学者应该时时刻刻去学习、体察那些看不见、听不着的东西,这功夫才有一个切实的着落。时间长了,功夫纯熟,则无须刻意用力,不用时刻提防、省察自己去克己复礼,也能生知安行,坦然中道。就能像孔子说的'从心所欲不逾矩',这就是真性的生生不息,就是《中庸》'天命之谓性,率性之谓道'的率性而为,那就不会被外在的见闻所牵累。"

原文

问:"先儒谓'鸢飞鱼跃'与'必有事焉',同一活泼泼地?"

先生曰："亦是。天地间活泼泼地，无非此理，便是吾良知的流行不息。致良知便是'必有事'的工夫。此理非惟不可离，实亦不得而离也。无往而非道，无往而非工夫。"

华杉详解

程颢说："'鸢飞戾天，鱼跃于渊，言其上下察也'。此一段子思吃紧为人处，与'必有事焉而勿正'之意同，活泼泼地。"有同学就问程颢，这段话怎么讲。

这一段，是程颢讲子思的《中庸》，原文如下：

君子之道费而隐。夫妇之愚，可以与知焉，及其至也，虽圣人亦有所不知焉；夫妇之不肖，可以能行焉，及其至也，虽圣人亦有所不能焉。天地之大也，人犹有所憾。故君子语大，天下莫能载焉；语小，天下莫能破焉。《诗》云"鸢鸟戾天，鱼跃于渊"，言其上下察也。君子之道，造端乎夫妇，及其至也，察乎天地。

"君子之道费而隐"：费，是用之广；隐，是体之微。《传习录》讲这个，是和上一段讲手指看得见看不见相呼应。

君子之道广大而精微，放之四海而皆准。道理都非常简单，普通男女也能明白、能照做；但又非常精深，到那极致处，就其全体而言，圣人也不能都知道、都做到。

君子之道，近在夫妇居室之间，远在天地之外。所以君子说大，天地之大也装不下；君子说小，小到了夸克，谁也没法再把它打破。鹰击长空，鱼潜深渊，上下分明。君子之道，普通男女也可践行，但其高深的境界，则昭著天地。

程颢说，"鸢飞戾天，鱼跃于渊"就是君子之道，上通天、下接地，就是天地之间活泼泼的生机生意，和"必有事焉而勿正"的意思是一样的。

"必有事焉而勿正"，是孟子讲如何养浩然之气，集义而生。"必有事焉而勿正，心勿忘，勿助长也，无若宋人然。"时刻不能脱离大道，时刻都在事上磨炼，修行存养，而不预期其效验。勿忘勿助，不要像宋人那样，拔苗助长。

程颢就说"鸢飞戾天，鱼跃于渊"和"必有事焉而勿正"意思一样，都是生动活泼。

王阳明说："程颢先生说得也对，'鸢飞戾天，鱼跃于渊'出自《诗经》，原意就是形容万类霜天竞自由的景象。天地之间活泼泼地，无非就是这一个天理，就是我的良知流行不息。致良知，就是必有事焉的功夫。这个理，不仅不能脱离，也实在是无法脱离。世间所有的事都是这一个大道，走到哪儿，都是这一个功夫。"

放下自我，就是连通整个宇宙

原文

先生曰："诸公在此，务要立个必为圣人之心，时时刻刻须是'一棒一条痕，一掴一掌血'，方能听吾说话，句句得力。若茫茫荡荡度日，譬如一块死肉，打也不知得痛痒，恐终不济事，回家只寻得旧时伎俩而已，岂不惜哉？"

华杉详解

王阳明说："你们在这儿跟我学习，一定要有一个立志做圣人的心。朱熹说：'大概圣人做事，如所谓一棒一条痕，一掴一掌血，直是恁地。'打一棒，就留下一道痕迹；打一巴掌，就留下一掌血迹，结结实实地往自己身上学。只有这样，方能听我所言，句句得力。如果茫茫荡荡、浑浑噩噩地过日子，就好比一块死肉，被打也不知痛痒，这样恐怕最终也无济于事。回去后旧态复萌，自己原来怎样，现在还是怎样，这不可惜吗？"

原文

问："近来妄念也觉少，亦觉不曾着想定要如何用功，不知此是工夫否？"

先生曰："汝且去着实用工，便多这些着想也不妨，久久自会妥帖。若才下得些功，便说效验，何足为恃？"

华杉详解

问："我近来觉得自己妄念少了，也不去想一定要怎样用功，这是不是就是功夫呀？我的功夫是不是进步了？"

王阳明批评他说："你只要切实去用功，就多一些所谓妄念也没关系，时间长了自然就会妥帖。才刚开始用功，就想看到效果，觉得自己要大功告成了，这怎么靠得住呢？"

原文

一友自叹："私意萌时，分明自心知得，只是不能使他即去。"

先生曰："你萌时这一知处，便是你的命根。当下即去消磨，便是立命功夫。"

华杉详解

一位同学叹息道："私意萌发的时候，分明自己心里也晓得，但就是不能马上把它格去。"

王阳明说："你能觉察自己的私欲萌动，这一知就是你的命根；当下就去消除掉这私欲，就是你立命之本。"

原文

"夫子说'性相近'，即孟子说'性善'，不可专在气质上说。若说气质，如刚与柔对，如何相近得？惟'性善'则同耳。人生初时善原是同的，但刚的习于善则为刚善，习于恶则为刚恶；柔的习于善则为柔善，习于恶则为柔恶。便日相远了。"

华杉详解

王阳明说："孔子说'性相近，习相远'，就是孟子说的'性善'。不能仅仅在气质方面说性。如果说气质，比如有人气质刚强，有人气质柔和，这怎么相近呢？唯有在性善上相同相近而已。人在初生的时候，善都是相同的；但刚强的性格气质，习染于善则为刚善，习染于恶则为刚恶。柔和的性格，习染于善则为柔善，习染于恶则为柔恶，如此便愈行愈远了。"

原文

先生尝语学者曰："心体上着不得一念留滞，就如眼着不得些子尘沙。些子能得几多？满眼便昏天黑地了。"

又曰："这一念不但是私念，便好的念头亦着不得些子。如眼中放些金玉屑，眼亦开不得了。"

华杉详解

王阳明曾经对同学们说："心体上不能存留一丝念头，就好像眼里不能有尘沙。一点尘沙能有多少？但是进到眼睛里，就满眼昏天黑地。"

又说："这一念不仅是私念，善念也不能留。比如你眼里放的不是尘沙，是金屑、玉屑，你眼睛也还是睁不开。"

要保持心体空明，不能有预置的偏倚。不管是偏向好，还是偏向坏，都影响你对事物的判断，影响你不能格物致知。

原文

问："人心与物同体，如吾身原是血气流通的，所以谓之同体。若于人便异体了，禽兽、草木益远矣。而何谓之同体？"

先生曰："你只在感应之几上看，岂但禽兽、草木，虽天地也与我同体的，鬼神也与我同体的。"

请问。

先生曰："你看这个天地中间，甚么是天地的心？"

对曰："尝闻人是天地的心。"

曰："人又甚么教做心？"

对曰："只是一个灵明。"

"可知充天塞地中间，只有这个灵明。人只为形体自间隔了。我的灵明，便是天地、鬼神的主宰。天没有我的灵明，谁去仰他高？地没有我的灵明，谁去俯他深？鬼神没有我的灵明，谁去辨他吉凶、灾祥？天地、鬼神、万物离却我的灵明，便没有天地、鬼神、万物了；我的灵明离却天地、鬼神、万物，亦没有我的灵明。如此便是一气流通的，如何与他间隔得？"

又问："天地、鬼神、万物，千古见在，何没了我的灵明便俱无了？"

曰："今看死的人，他这些精灵游散了，他的天地万物尚在何处？"

华杉详解

问："人心与万物同体，比如我的身体，原本是血气流通的，因而可以说是同体。但是跟其他人，就是异体了。禽兽、草木，就相差更远了。为什么说我跟它们是同体呢？"

王阳明说："你只要在感应之微妙处看，岂但禽兽、草木，天地也是与我同体的。"

请问为什么。

先生说："你看这天地间，什么是天地之心？"

"听老师讲过，人是天地的心。"

"人的心又是什么呢？"

"只是一个灵明。"

"这你就明白了，充塞天地之间的，只是这一个灵明。人与人之间，人与天地万物之间，只是被各自的形体隔开罢了。我的灵明，就是天地鬼神的主宰。天没有我的灵明，谁去仰它的高？地没有我的灵明，谁去探它的深？鬼神没有我的灵明，谁去辨它的吉凶、灾祥？天地、鬼神、万物，离了我的灵明，就没有天地鬼神万物了。我的灵明离了天地、鬼神、万物，也没有我的灵明。如此，便是一气流通的，怎么能间隔得开呢？"

又问："天地、鬼神、万物，千古以来都在，为什么没了我的灵明，就都没有了呢？"

王阳明说："你看那死去的人，他的精灵游散了，他的天地、万物在哪里呢？"

傲慢与懒惰能毁掉你的一生

原文

先生起行征思、田，德洪与汝中追送严滩。汝中举佛家实相、幻相之说。

先生曰："有心俱是实，无心俱是幻；无心俱是实，有心俱是幻。"

汝中曰："有心俱是实，无心俱是幻，是本体上说功夫；无心俱是实，有心俱是幻，是功夫上说本体。"

先生然其言。

洪于是时尚未了达，数年用功，始信本体功夫合一。但先生是时因问偶谈，若吾儒指点人处，不必借此立言耳。

华杉详解

先生起行征讨思恩、田州，钱德洪与王汝中一路追着送到严滩。王汝中向先生请教佛家实相、幻相之说。

王阳明说："有心都是实相，无心都是幻相；无心都是实相，有心都是幻相。"

王汝中领悟说："有心都是实相，无心都是幻相，是从本体上说功夫；无心都是实相，有心都是幻相，是从功夫上说本体。"

王阳明说汝中理解得对。

钱德洪听不懂他们的对话。几年用功之后，才开始相信本体和功夫是合一的。但是，先生当时是根据王汝中的提问才偶然这样说，如果我们儒家要指点人，并不需要用这种说法来立言。

毕竟，实相、幻相是佛家说法，是另外一个话语体系，使用这词语，又牵动了另外一个天地，反而把同学们给搞糊涂了。

原文

尝见先生送二三耆宿出门，退坐于中轩，若有忧色。

德洪趋进请问。

先生曰："顷与诸老论及此学，真圆凿方枘。此道坦如大路，世儒往往自加荒塞，终身陷荆棘之场而不悔，吾不知其何说也！"

德洪退，谓朋友曰："先生诲人不择衰朽，仁人悯物之心也。"

华杉详解

钱德洪曾看见先生送两三位老先生出门，回来坐在走廊上，面有忧色，就走进去问先生怎么了。

王阳明回答说："刚才跟这几位老先生谈到我的致良知学说，话不投机，就像圆孔和方枘一样，格格不入。我这学说，大道就像大路一样平坦，世俗的儒者往往自己将道路荒芜、闭塞了，终身陷在荆棘丛中，还不知悔改，我真是不知道怎么说他们，无语了！"

钱德洪退下来后，对朋友说："先生诲人不倦，无论对象多么衰老腐朽，这是仁人悯物之心啊！"

原文

先生曰："人生大病，只是一'傲'字。为子而傲必不孝，为臣而傲必不忠，为父而傲必不慈，为友而傲必不信。故象与丹朱俱不肖，亦只一'傲'字，便结果了此生。诸君常要体此。人心本是天然之理，精精明明，无纤介染着，只是一'无我'而已。胸中切不可'有'，'有'即'傲'也。古先圣人许多好处，也只是'无我'而已。'无我'自能谦。谦者众善之基，傲者众恶之魁。"

华杉详解

王阳明说："人生最大的毛病，就是一个'傲'字。为人子，若傲，就一定不孝；为人臣，若傲，就一定不忠；为人父，若傲，就一定不慈爱；为人友，若傲，就一定不诚信。舜的弟弟象，尧的儿子丹朱，品行不好，都只是一个'傲'字，就断送了自己的一生。同学们要时常体会这一点。人心本是天然之理，精精明明，没有丝毫纤尘沾染，只是一个'无我'罢了。胸中一定不能'有我'，'有我'就是傲。古圣先贤许多的优点，也只是一个'无我'而已。无我，自然就能谦虚。谦虚是众善的基石，傲慢是万恶的根源。"

《论语》里说："子绝四：毋意、毋必、毋固、毋我。"孔子杜绝四个毛病：意必固我。意必固我，就是一个"傲"字。

曾国藩也说过："败人两字，非傲即惰。"**有两个毛病能毁掉你的一生，一个是傲慢，一个是懒惰。**

原文

又曰："此道至简至易的，亦至精至微的。孔子曰：'其如示诸掌乎。'且人于掌何日不见？及至问他掌中多少文理，却便不知。即如我'良知'二字，一讲便明，谁不知得？若欲的见良知，却谁能见得？"

问曰："此知恐是无方体的，最难捉摸。"

先生曰："良知即是《易》'其为道也屡迁，变动不居，周流六虚，上下无常，刚柔相易，不可为典要，惟变所适'。此知如何捉摸得？见得透时便是圣人。"

华杉详解

王阳明说："大道极其简易平常，也极其精微神妙。孔子说：'就像看自己的手掌一样。'人哪天不看到自己的手掌？但是你问他这手掌中有多少纹理，他却不知道。就像我所说的'良知'二字，一讲就明，谁不知道呢？但是，要真的体认到良知，却又有谁做得到呢？"

有同学问："这恐怕是良知没有方位、形体，太难把握。"

王阳明回答说："良知就是《易经》所说的'天道变动不居，周流于天地之间，上下流转没有常态，刚柔变化没有定体，没法写出规章守则，只能随时顺应变化'。这良知如何把握得住呢？你没法抓住一个固定的东西，说这就是良知，只有圣人才能体会得到。"

原文

问:"孔子曰:'回也,非助我者也。'是圣人果以相助望门弟子否?"

先生曰:"亦是实话。此道本无穷尽,问难愈多,则精微愈显。圣人之言本自周遍,但有问难的人胸中窒碍,圣人被他一难,发挥得愈加精神。若颜子闻一知十,胸中了然,如何得问难?故圣人亦寂然不动,无所发挥,故曰'非助'。"

华杉详解

问:"孔子说颜回对他没有帮助,圣人也希望学生能帮助他吗?"

这位同学问的是《论语》中"子曰:'回也非助我者,于吾言无所不说。'"(说,同"悦")孔子说:"颜回对我真是没什么帮助!不管我说什么,他没有不喜悦的!"

王阳明说:"这也是实话,圣人之道没有穷尽,问题疑难越多,其精微之处就越能显现。圣人之言本来已经体系完备,但是提问的人胸中有窒碍,圣人被他一问,就把道理发挥得越加精妙。颜回呢,闻一知十,老师才说一句,他胸中已经了然十句,所以不管老师说什么,他只是笑而不语。老师没人对话,胸中也只是寂然不动,没的发挥了。所以孔子说:颜回对我真是没什么帮助!"

原文

邹谦之尝语德洪曰:"舒国裳曾持一张纸,请先生写'拱把之桐梓'一章。先生悬笔为书,到'至于身而不知所以养之者',顾而笑曰:'国裳读书中过状元来,岂诚不知身之所以当养?还须诵此以求警?'一时在侍诸友皆惕然。"

华杉详解

邹谦之曾跟钱德洪说了一件事:
舒国裳拿了一张纸,请老师给他写一幅字。写什么呢?就写《孟子》"拱把之桐梓"一章：

孟子曰："拱把之桐梓，人苟欲生之，皆知所以养之者。至于身，而不知所以养之者，岂爱身不若桐梓哉？弗思甚也。"

拱把，拱是两手相合；把是一手把握，形容树木尚小。

孟子说："一两把粗的桐树、梓树，人要想让它生长起来，都晓得如何去培养。至于自己，却不知如何去培养，难道爱自己还不如爱那桐树、梓树吗？这也太不动脑筋了！"

王阳明写到"至于身，而不知所以养之者"一句，笑了，回头说："国裳读书，是中过状元的呢！还不知道应该修身养身吗？还要我写给他挂墙上，每天吟诵来警示自己？"

一时间在座的同学们都警醒起来。必有事焉，勿忘勿助，这最简单的道理，我们真的都能做到吗？

原文

嘉靖戊子冬，德洪与王汝中奔师丧至广信，讣告同门，约三年收录遗言。

继后同门各以所记见遗，洪择其切于问正者，合所私录，得若干条。居吴时，将与《文录》并刻矣，适以忧去，未遂。当是时也，四方讲学日众，师门宗旨既明，若无事于赘刻者，故不复营念。

去年，同门曾子才汉得洪手抄，复傍为采辑，名曰《遗言》，以刻行于荆。洪读之，觉当时采录未精，乃为删其重复，削去芜蔓，存其三分之一，名曰《传习续录》，复刻于宁国之水西精舍。

今年夏，洪来游蕲，沈君思畏曰："师门之教久行于四方，而独未及于蕲。蕲之士得读《遗言》，若亲炙夫子之教；指见良知，若重睹日月之光。惟恐传习之不博，而未以重复之为繁也。请裒其所逸者增刻之，若何？"洪曰然。师门致知格物之旨，开示来学，学者躬修默悟，不敢以知解承，而惟以实体得。故吾师终日言是而不惮其烦，学者终日听是而不厌其数。盖指示专一，则体悟日精,几迎于言前,神发于言外,感遇之诚也。

今吾师之没未及三纪,而格言微旨渐觉沦晦,岂非吾党身践之不力、多言有以病之耶?学者之趋不一,师门之教不宣也。乃复取逸稿,采其语之不背者,得一卷。其余影响不真,与《文录》既载者,皆削之。并易中卷为问答语,以付黄梅尹张君增刻之。庶几读者不以知解承而惟以实体得,则无疑于是录矣。

嘉靖丙辰夏四月
门人钱德洪拜书于蕲之崇正书院

华杉详解

这一段为钱德洪写的"跋",意思是这样的:

嘉靖七年冬,我和王汝中奔师丧到广信,讣告同门,约定三年之期,收录先生遗言。

之后同学们各自将自己记录的遗言寄过来,我选择其中切合先生思想的问对,再加上我自己记录的部分,得若干条。在苏州的时候,准备把这些记录和先生的《文录》一起刊印出来,结果又赶上我回家守丧,未能如愿。当时,四面八方讲授先生学问的人很多,师门宗旨已经昌明于天下,似乎也不需要再刊印出版,所以就把这个念头打消了。

去年,同学曾才汉得到我的手抄本,又广为采辑,并为一书,命名为《遗言》,在江陵刊印出版。我读了之后,觉得自己当时的采录也还不够精细,又删除重复的、削去芜杂的,只保留《遗言》三分之一的内容,取名为《传习续录》,在安徽宁国水西书院重新刊印出版。

今年夏天,我到湖北蕲春游学,沈思畏同学说:"师门之教久行于四方,唯独没有能传到蕲春。蕲春之士得读《遗言》,就像亲身聆听夫子的教诲一样,明白良知之致,犹如重睹日月之光。他们担心先生的传习所录,收集还不够广博,倒不觉得重复就是繁杂。您能不能把散佚的部分再增补刊印出来?"我答应了。

先生格物致知之说,开示后学,学者躬身修行,静默领悟,不敢以自己知道先生的说法来继承,而是以实际行动来体悟。所以,老师终日反复讲解也不厌烦，学者终日听讲也不嫌他重复。因为虽然反复指示的就那几句，而每一天的体悟都不一样，日益精进。老师话还没出口就能领悟，意思不待说明就已明白，这是师生之间真诚感遇的缘故。

如今老师去世还不到三纪（一纪为十二年），但那些格言的意旨已经觉得模糊了，是不是我们这些学生身体践行不力，或是谈论不够准确呢？后学之人，学习的教材不一样，志向也越发不一致，那是师门的教导未能弘扬了。于是重新找出散佚的书稿，采取其中意旨准确的，得一卷。其他不够真切，或者《文录》中已经刊印过的，就将之删去；并把中卷改成问答的形式，交给黄梅县令张先生刊刻。如果读者能够不以知道些说法为满足，而是身体力行去体悟，那他们对这部语录就不会有什么怀疑了。

嘉靖三十五年夏，四月
学生钱德洪谨拜写于蕲春崇正书院